老子学研究会　郑州大学老子学院　鹿邑老子学院（研究院）　共同主办

老子学集刊 第八辑

Collected Papers of
Laozi Studies

王中江◎主编

本期主题

道家"德"观念（上）

中国社会科学出版社

图书在版编目(CIP)数据

老子学集刊. 第八辑/王中江主编 . —北京：中国社会科学出版社，2023.6

ISBN 978 - 7 - 5227 - 2090 - 6

Ⅰ.①老… Ⅱ.①王… Ⅲ.①老子—哲学思想—文集
Ⅳ.①B223.15 - 53

中国国家版本馆 CIP 数据核字(2023)第 112718 号

出 版 人	赵剑英	
责任编辑	郝玉明	
责任校对	谢 静	
责任印制	王 超	

出 版	中国社会科学出版社	
社 址	北京鼓楼西大街甲 158 号	
邮 编	100720	
网 址	http://www.csspw.cn	
发 行 部	010 - 84083685	
门 市 部	010 - 84029450	
经 销	新华书店及其他书店	

印 刷	北京君升印刷有限公司	
装 订	廊坊市广阳区广增装订厂	
版 次	2023 年 6 月第 1 版	
印 次	2023 年 6 月第 1 次印刷	

开 本	710 × 1000	1/16
印 张	23.5	
字 数	335 千字	
定 价	119.00 元	

《老子学集刊》编辑委员会

目　录

"德"观念通论

老子的"德"观念

庄子的"德"观念

黄老的"德"观念

《老子》文本与思想

道家的伦理思想

会议综述

早期中国的"德"*

北京师范大学历史学院史学研究所　李　锐

摘要："德"是中国古代思想史上的一个重要观念，研究其始源义以及发展流变者颇多。鄙意过去从甲骨文入手研究字源的方法，还存在一些问题，应该关注文化人类学研究中的有关成果。"德"最初是一个氏姓宗族所有的特质，不同的族有不同的德。值得注意的是，"懿德"是不同种族可以共有的德。《老子》将德赋予了所有人，并且从道的高度论述德，讲治国之说，因此他的《德》篇为人所重视，但是论道的内容为时人所批评。因此其《德》篇被后人居首，《道》篇居后。后因秦焚书，论道的作品散佚，《老子》论道的内容为人所重，刘向将《道》篇放在《德》篇之前。

关键词：德　老子　道

　　"德"是中国古代思想史上的一个重要观念，以往的研究者经常从甲骨文、金文来讨论这个字的来源。殷卜辞有𢓩、𢓋、𢓇、𢓚等形字①，可以隶定为"徝"。此字历来有释"德""循"两种主

---

　　* 本文写作得到2019年度国家社会科学基金重大项目"出土简帛文献与古书形成问题研究"（编号：19ZDA250）、北京师范大学"学术思想专题研究"（编号：201904）科研基金的资助。

　　① 参见中国社会科学院考古研究所编《甲骨文编》，中华书局1965年版，第74页。

要说法，释德为孙诒让、罗振玉的意见①，近来学者则大多主张释循②。若然，则甲骨文中尚没有"德"字。但是甲骨文并不能反映当时社会生活的全部内容。如果《尚书·商书》中的某些篇章时代可靠，或者说有较早来源的话，则当时应该是有"德"字的。甲骨文"徝"或为"德"的初文，但是对于此字的考察，并不能在思想上给我们多大启发。周代金文中有不少"德"字，有不少学者进行了研究。但是此时的德字，和后世虽有联系，仍然不能反映"德"的源始意义。

至晚从《说文》以来，我们热衷于考察一个字的源始意义，认为一个字的源始意义可以贯通之后的引申义等。这样的考虑或许并不错，也有很多令人信服的成果。但是有一些字的源始意义，和引申义并不完全相关。特别是涉及一些有思想意义、哲学意味的关键字时，依法追根溯源，就经常令人啼笑皆非。比如郭店楚简中，"仁"字写作"忎"，上身下心，有一些学者认为这个字是会意字或形声兼会意字，说是什么心中关注别人的身体之意云云。其实，古代很多形声字并无确切的源始意义。就"忎"字而言，我们作会意字解释时，不妨考察一下心部字，看看能不能找到较多相近的例子。如果找不到，那显然就是我们过度诠释了。

中国学界从事思想、哲学研究者热衷于字源研究，近缘是西方哲学的有关研究，特别是海德格尔的《存在与时间》等作品。但是应该注意，西文和中国文字根本不同，而且即便是海德格尔解释"真理"为"去蔽"，也是一种哲学性解释，古典学研究者并不认同这种说法。就现在来看，中国系统性的文字出现于甲骨文，但是有思想意义的词汇之出现，尚应该在此之前。而甲骨文属于特殊性

---

① 参见（清）孙诒让《契文举例 名原》，中华书局 2016 年版，第 120 页；罗振玉《殷虚书契考释三种》，中华书局 2006 年版，第 527 页。孙诒让后来又释为"省"。（第 298 页）

② 参见于省吾主编《甲骨文字诂林》，中华书局 1996 年版，第 3 册，第 2250—2256 页。更详细的讨论可参见张靖《德字音义原始及文献新释》，硕士学位论文，清华大学，2019 年 6 月。

质的材料，并不能反映社会、生活、思想的全部，《尚书》亦然。因此，对于"德"的考察，我们应该打开视野。

一 德的源始意义

李宗侗认为性、德、精气、魂、道等观念，和文化人类学上的"马那"观念相似，这一观点很值得重视。文化人类学上讨论的许多观念，是在文字创造之前就出现了的。《国语·晋语四》载司空季子讲了一个著名的传说故事：

> 同姓为兄弟。黄帝之子二十五人凡黄帝之子二十五宗。其同姓者二人而已；唯青阳青阳，方雷氏之甥也与夷鼓夷鼓，彤鱼氏之甥也皆为己姓唯青阳与苍林氏同于黄帝，故皆为姬姓。其同生而异姓者，四母之子，别为十二姓其得姓者十四人，为十二姓。姬、酉、祁、己、滕、箴、任、荀、僖、姞、儇、依是也。① 同德之难也如是。昔少典娶于有蟜氏，生黄帝、炎帝。黄帝以姬水成，炎帝以姜水成。成而异德，故黄帝为姬，炎帝为姜，二帝用师以相济也，异德之故也。异姓则异德，异德则异类。异类虽近，男女相及，以生民也。同姓则同德，同德则同心，同心则同志。同志虽远，男女不相及，畏黩敬②也。黩则怨，怨乱毓灾，灾毓灭姓。是故娶妻避其同姓，畏乱灾也。故异德合姓，同德合义。

黄帝二十五子，但是只有二人同姓的故事，说明兄弟可以不同姓，姓与父母没有必然关系，关键在于"德"的异同，德决定了姓和

---

① 参见杨希枚《〈国语〉黄帝二十五子得姓传说的分析（上）》，《先秦文化史论集》，中国社会科学出版社1995年版，第216页。此段原文作："黄帝之子二十五人，其同姓者二人而已，唯青阳与夷鼓皆为己姓。青阳，方雷氏之甥也。夷鼓，彤鱼氏之甥也。其同生而异姓者，四母之子，别为十二姓。凡黄帝之子二十五宗，其得姓者十四人，为十二姓。姬、酉、祁、己、滕、箴、任、荀、僖、姞、儇、依是也。唯青阳与苍林氏同于黄帝，故皆为姬姓。"夷鼓即苍林。

② 《经义述闻》云"敬"为"故"之讹。

类，而不是相反。不同的德，就有不同的姓、族。"同德合义"，
"同德则同心，同心则同志"。

氏姓宗族之区分依据的"德"，看似指祖先的功德①，实际上
来源很古。有说指图腾，遂认为"姓"也是源于图腾；有说指
"马那"，或将图腾、马那二者相联系。从上引司空季子等人之语
可以看出，德实际上是一个氏姓宗族的人体内的一种特质，可好可
坏②，可同可异，可继可废。那有功者之德为正面的，是天降天生
的，可遗传，当继承发扬，后世遂有善义，如《尧典》说尧"克
明俊德"，《大学》也要"明明德"，墙盘（《殷周金文集成》
10175）铭文说文王："上帝降懿德大甹，匍有上下"，大盂鼎
（2837）铭文说："今我惟即型禀于文王正德。"但是古代的德也和
反面的词语联系在一起，如《尚书·立政》："桀德惟乃弗作往任，
是惟暴德，罔后。"

倪德卫（David S. Nivison）曾经提出过古代中国有一个"德"
的悖论："如果一个人想做得德之事，他必定是已经有了德；并且，
特别是，当一个人要听从那种导致他得德的教导时，他也必定是已
经有了德。"③ 这个描述只是针对后来的德，其实在源始思维里，
德本来就是人所有者。

"德"具有不可思议的"力"，能量，有"德"者能致物、制
物。《国语·周语中》载："叔父其茂昭明德，物将自至。"《吕氏
春秋·开春》云："王者厚其德，积众善，而凤凰、圣人皆来至
矣。"物怪不能伤害有德之人，如《左传·宣公三年》记王孙满

---

① 《国语·周语下》记太子晋说大禹能"克厌帝心。皇天嘉之，祚以天下，赐姓
曰'姒'，氏曰'有夏'，谓其能以嘉祉殷富生物也。祚四岳国，命以侯伯，赐姓曰
'姜'，氏曰'有吕'，谓其能为禹股肱心膂，以养物丰民人也。此一王四伯，岂繄多宠？
皆亡王之后也。唯能厘举嘉义，以有胤在下，守祀不替其典。有夏虽衰，杞、鄫犹在；
申、吕虽衰，齐、许犹在。唯有嘉功，以命姓受祀，迄于天下"。

② 参见杜正胜《古代物怪之研究（二）——一种心态史和文学史的探索》，《大陆
杂志》第 104 卷第 2 期。

③ David S. Nivison, Edited with an Introduction by Bryan W. Van Norden, *The Ways of
Confucianism*, Open Court, Chicago and La Salle, Illinois, 1996, P. 34. 参见倪德卫著、万白
安编《儒家之道：中国哲学之探讨》，周炽成译，江苏人民出版社 2006 年版，第 40 页。

说："昔夏之方有德也，远方图物，贡金九牧，铸鼎象物，百物而为之备，使民知神奸。故民入川泽山林，不逢不若。螭魅罔两，莫能逢之。用能协于上下，以承天休。"反过来，德不足，则招致恶物，或不能驱使物，不能致物。《尚书·立政》讲："其在受德昏，惟羞刑暴德之人，同于厥邦，乃惟庶习逸德之人，同于厥政。"《逸周书·常训》说："九德有奸，九奸不迁，万物不至。"德和物遂形成了一种互相联系乃至相为内外的关系。在这里隐藏着的是，德和物之间，以人为中介。

德既是"力"，也是各种能力的本源，德逐渐成为拥有诸种能力的原因。《管子·内业》讲的精气，也是一种"马那"，有源始思维的含义在其中，此篇的思想来源当很早。篇中说："是故此气也，不可止以力，而可安以德；不可呼以声，而可迎以意。敬守勿失，是谓成德。德成而智出，万物毕得。"这表明在源始的思想中，智是在德成之后自然达到的结果。而"成德"的方法是以德、意守气，这大概是后来诸子、养身家重视养气的来源之一，也是孟子所谓浩然之气与告子之气不同的原因。孟子的浩然之气是"集义所生"，是德，告子则是养精气而已。告子的养精气可能本身带有一般性的"德"之意义，孟子则强调了义这种道德性之德的意义。由此也不难发现，从源始思维而下，德和智本来是合一的。有些学者认为荀子只讲认知心，不讲道德心，恐怕可商，因为荀子对于《管子·内业》等稷下的思想比较熟悉。荀子的认知心可由"德成而智出"而来，尽管这个"德"在《内业》里可能没有那么强的道德意义，但是毕竟可以赋予它正面的道德意义。

因此，人应该认真对待本族、自己的"德"，发扬光大之，就可以多有所得，在古代就常以"得"来解释"德"，拥有诸多的能力，乃至受命。所以《中庸》说"大德者必受命"；而《尚书》中，商人提出要正德（《高宗肜日》），或许是可信的。周人多次提出要"敬德"，于是"德"逐渐只具有正面的意义。德在后来的思想发展过程中，和命、性、精、气、神等诸多观念发生了联系，它还和刑成为相反的范畴，它成了一个本源性的概念。

二 懿德

前述墙盘中的"懿德"这个观念很重要，见于多件青铜器铭文。西周中期的燹公盨铭文中讲禹治水之后，"自作配，享民，成父母。生我王，作臣，厥贵唯德，民好明德，任在天下。用厥邵好，益干（?）懿德，康亡不懋"①，因为禹"厥贵唯德"，所以"民"才好明德，在此之后还要进一步求懿德。连禹都不能直接获得懿德，看来史墙盘铭文说文王是"上帝降懿德大甹"，或许是后来的追颂。西周中期的霎仲觯（6511）铭文也记"匄三寿、懿德、万年"，可见此时仍然是要主动求懿德。

墙盘说文王的懿德是天降。《周颂·时迈》云："我求懿德，肆于时夏。"《时迈》是西周初的诗，《国语·周语上》祭公谋父说是"周文公之《颂》"，《左传·宣公十二年》则载楚庄王云"武王克商作颂"，可以认为《时迈》是武王克商后周公之作。文王有懿德，但是周公还要求取，这说明懿德不能被继承。周公既云求取，当是求得了，但似乎这懿德难以保持，所以富辰说："周之有懿德也，犹曰'莫如兄弟'，故封建之。"（《左传·僖公二十四年》）故《逸周书·祭公》（清华简《祭公之顾命》略同）讲周穆王向临终的祭公请求"公其告予懿德"。

但是西周中期的师訇鼎（2830）铭文说及"孙子一𦥑（任）皇辟懿德，用保王身"，时王是周恭王，其先王是多称无德的周穆王。②《祭公》既然说穆王曾请祭公告"懿德"，今皇辟尚有懿德，说明此时已认为懿德是可以传述的，周王是可以继承懿德的。西周晚期的单伯昊生钟（82）铭文说："余小子肇帅型朕皇祖考懿德"，这说明至晚此时贵族有懿德也可以让后代继承了。不过这显然是后来发展出的一种愿望，把懿德作为一个氏姓宗族的德。

---

① 参见李学勤《论燹公盨及其重要意义》，《中国古代文明研究》，华东师范大学出版社2005年版。

② 参见李学勤《师訇鼎剩义》，《新出青铜器研究》，文物出版社1990年版。

懿德有特别的意义，周宣王时尹吉甫所作的《大雅·烝民》曰："天生烝民，有物有则。民之秉彝，好是懿德。"此诗是美仲山甫的。《孟子·告子上》记孔子曰："为此诗者，其知道乎！故有物必有则；民之秉彝也，故好是懿德。"这是说在氏姓宗族所拥有的特质的"德"之外，还有一种"懿德"。懿德不同于单个的氏族、个人之德，是一个公认、共同、超越的德，可以由天降、求取等而获得。秉彝之民，都喜好懿德。过去的研究都已经注意到了各族的"德"不同，但是较少关注共通的"懿德"。

《尚书·咸有一德》以及清华简《尹诰》的"一德"，颇疑该读为"懿德"。因为该篇说"惟尹允及汤，咸有一德"，两个不同种族的人所都有的德，只能是"民之秉彝，好是懿德"的"懿德"。据《君奭》中周公所说的"我闻在昔，成汤既受命，时则有若伊尹，格于皇天"来看，成汤的懿德是由可以通天的伊尹所"允及"。伊尹之懿德，看来是天所予。汤之懿德，当然也可以算得上来自天。伊尹（挚）和商汤本非同姓，德不同。现在伊尹和汤都有了懿德，故同德、同心、同类，伊尹于是反省夏的失败是耗尽民力，不得民心，因此提出赏赐民众以收复民心的方法。① 这里通过懿德将伊尹和汤及其民众联系了起来，君臣民众之间，实际上有多种"德"作为联系纽带。"德"此时已经具有从血缘共同体到邦国共同体的属性。②

重视德的思想，到了东周发生了很大变化。德渐渐不再仅仅强调承自祖先，帅型祖考。因为伴随着天子权威的下降，诸侯及卿大夫地位的上升，贵族也可以立德、立功、立言了，当然他们仍然强

① 清华简《尹诰》云：唯尹既及汤咸有一（懿）德，尹念天之败西邑夏，曰："夏自竭其有民，亦惟厥终。非民亡与守邑，厥辟作怨于民，民复之用离心，我捷灭夏，今后曷不监？"挚告汤曰："我克协我友，今惟民远邦，归之。"汤曰："呜呼！吾何作于民，俾我众勿违朕焉？"挚曰："后其赉之，其有夏之金玉田邑，舍之，吉焉。"乃致众于亳中邑。
② 参见刘家和《先秦史学传统中的致用与求真》，《史学、经学与思想：在世界史背景下对于中国古代历史文化的思考》，北京师范大学出版社2005年版，第25页。

调帅型祖考；但一些贵族开始强调自身之德①，以至于后来连孔子都讲"天生德于予，桓魋其如予何?"（《论语·述而》）。所以《左传·僖公十二年》载："冬，齐侯使管夷吾平戎于王（周襄王），使隰朋平戎于晋。王以上卿之礼飨管仲，管仲辞曰：'臣，贱有司也。有天子之二守国、高在，若节春秋，来承王命，何以礼焉? 陪臣敢辞。'王曰：'舅氏，余嘉乃勋，应乃懿德，谓督不忘，往践乃职，无逆朕命。'""应"即报②，周王这是谓管仲有大功勋，故以上卿之礼来报其懿德，懿德成为有功勋者所配有的德了。结果是："管仲受下卿之礼而还。君子曰：'管氏之世祀也宜哉! 让不忘其上。'"君子赞赏管仲能让。

《襄公十三年》君子曰："让，礼之主也。范宣子让，其下皆让，栾黡为汰，弗敢违也。晋国以平，数世赖之……世之治也，君子尚能而让其下，小人农力以其上，是以上下有礼，而谗慝黜远，由不争也，谓之懿德。及其乱也，君子称其功以加小人，小人伐其技以冯君子，是以上下无礼，乱虐并生，由争善也，谓之昏德。国家之敝，恒必由之。"也是以让、不争为懿德、礼之主，反之则是昏德。国之兴亡，与之有关系。《昭公十年》晏子也说："让，德之主也。让之谓懿德。"

至此让就成了懿德的主要内容，但这也使懿德逐渐失去了其本来的重要意义。不过立德，毕竟还是在于以德服人，而不是以力服人，德超越了外在的事功，成为内在的德而不是外在之德，所以修德成了一项专门的技术，成了后来诸子所关注的一个核心观念。

---

　　① 参见罗新慧《"帅型祖考"和"内得于己"：周代"德"观念的演化》，《历史研究》2016 年第 3 期；杨小召《两周金文中效法祖先之德的观念及其演变》，《史学月刊》2019 年第 12 期。

　　② 阮元校勘记"应乃懿德"下引惠栋说："'应'读曰'膺'，言'膺受女匡辅之美德也'。古人皆以'应'为'膺'。"李学勤主编：《春秋左传正义》，北京大学出版社 2000 年版，第 420 页。由上下文来看，不可信。

三 《老子》的道与德

道这一观念在其发展过程中，也和精、气、一、言说等观念发生了联系，成了物的主宰，成了一个本源性的概念，道与德遂发生了交集。《管子·心术上》说："道之与德无间。"但是德与物之间很明显多隐藏着中介——人；德是人所具有的特质。而道则包举天地，可以是天道、地道、人道，道和物之间，不需要人作为中介就可以发生作用。① 在老子的时代，德还有着"含德之厚，比于赤子，蜂虿虺蛇不螫，猛兽不据，攫鸟不搏"（第 55 章）的源始性；而道则基本上可以直接和物发生关系——"道冲而用之，或不盈，渊兮似万物之宗"（第 4 章），"道者，万物之奥"（第 62 章），物包括了人，圣人和一般人。人也有人之道，只不过常常不合道，圣人则是合乎道的："天之道，其犹张弓与？高者抑之，下者举之；有余者损之，不足者补之。天之道，损有余而补不足。人之道则不然，损不足以奉有余。孰能有余以奉天下？唯有道者。"（第 77 章）②

《老子》一书，论"道"很有深度，但是这或许是在古书大量佚失的情况下给我们的一种错觉。与《老子》中论道的内容相并世的，尚有《管子》中的《内业》，《白心》，《心术》上、下等篇；论天道、重阴节并用之于战争的，有范蠡；由出土文献来看，上博简中的《恒先》《凡物流行》等篇中有些思想与《老子》相近，尤其是《凡物流行》的章节以"闻之曰"开始，表明所说的内容是当时皆可闻见的。虽然上博简的年代比传统记载的《老子》成书年

---

① 当然，就《老子》而言，其第 6 章"谷（裕）神不死，是谓玄牝。玄牝之门，是谓天地根。绵绵若存，用之不勤，裕即道，它神妙不死，被称为玄牝，玄牝所开之门，是天地之根，可以用之不尽。所以道和物之间，还不是直接有关，中间由天地万物之根转化为万物。如同《韩非子·解老》所说一样，道与物之间，还有理。

② 第 81 章"天之道，利而不害；圣人之道，为而不争"，帛书乙本、北大简本后一句均作"人之道"，不过揆诸上下文意，人所指还是圣人。

代可能要晚，但是只要我们抛开传统的"道家"观念，不把《恒先》《凡物流行》视作"道家"的作品——或看作未必直接受《老子》论"道"的内容影响的作品，那么我们就能明白在当时有大量的和《老子》中论"道"的思想深度接近的作品。而《老子》中引古语如"古之所谓曲则全者"（第22章），"《建言》有之"（第41章），"盖闻善摄生者"（第50章），"圣人云"（第57、78章），"用兵有言"（第69章），"天道无亲，常与善人"（第79章），"是谓"等来论述与道有关的内容，这种引用正表明这些内容当时的思想家都清楚，是公言，可共述。

但是当时子产已经用"天道远，人道迩"来排斥天道而看重人道了。因此，老子对于"先天地生"的道的探索，在当时可能并不代表最先进的内容。老子自述时人对其学说的评价是："天下皆谓我道大，似不肖。"① 这表明老子所论之道并不被天下人看重，且认为不肖。

《老子》的特别之处应该是论述人道，是圣人之道，是其德论，他是从"道"的高度来论德。不仅改造了当时的"德"论，也赋予了道以新的内容。德本来是某一氏姓宗族所拥有的特质，后嗣可继可废，圣德暴德皆可以役物。后来德的意义虽然转为正面，但仍然是君子之德。至《老子》，则将德赋予普遍的人，所谓"道生之，德畜之"（第51章），"含德之厚，比于赤子"（第55章）。

与儒家纷纷讲德相比，老子的德论的特别之处，在于他由道的高度提出的"大道废"这一问题。陈康在一篇文章中指出：《老子》中的道指普遍原理，独一无偶，不为时空所限。自此观之，"道"为一普遍有效之原理，其拘束力永恒弗替，此"道"之所以曰"常"。然老子又言"大道废"，大道苟废，胡可曰"常"？按老子之义，大道废弛，乃由于人之违道。人事范围而外，"道"则周行不殆。于是"道"有总义二焉：一为存有之原理，一为规范性之

① 王弼本之外诸本多作"天下皆谓我大"，非"我道大"。但"大"本来是老子对道的强为之名，此句若无"道"，或当读作"天下皆谓我'大'似不肖"。

原理。规范性之原理可从可违,向背任人自择,物则不能如是,唯受制于存有原理而已。于是人物之别以明。中国哲学中人之发现,自此始矣。①

道之所谓对于人事范围的规范性原理,即德。因此"大道废",其实是大德废,然后才"有仁义"。《庄子·马蹄》中讲至德之世就是如此:"至德之世,其行填填,其视颠颠。当是时也,山无蹊隧,泽无舟梁;万物群生,连属其乡;禽兽成群,草木遂长。是故禽兽可系羁而游,鸟鹊之巢可攀援而窥。夫至德之世,同与禽兽居,族与万物并,恶乎知君子小人哉!同乎无知,其德不离;同乎无欲,是谓素朴;素朴而民性得矣。及至圣人,蹩躠为仁,踶跂为义,而天下始疑矣;澶漫为乐,摘僻为礼,而天下始分矣。故纯朴不残,孰为牺樽!白玉不毁,孰为珪璋!道德不废,安取仁义!性情不离,安用礼乐!五色不乱,孰为文采!五声不乱,孰应六律!夫残朴以为器,工匠之罪也;毁道德以为仁义,圣人之过也。"

德本来是人的特质,人应该"德成而智出",以德制物、致物。或如老子所说,应该"知其雄,守其雌,为天下谿。为天下谿,常德不离,复归于婴儿。知其白,守其黑,为天下式。为天下式,常德不忒,复归于无极。知其荣,守其辱②,为天下谷。为天下谷,常德乃足,复归于朴。朴散则为器,圣人用之则为官长"(第28章),达至德足。"修之于身,其德乃真;修之于家,其德乃余;修之于乡,其德乃长;修之于邦,其德乃丰;修之于天下,其德乃普"(第54章),追求普德。"治人事天,莫若啬。夫唯啬,是谓早服。早服,谓之重积德。重积德,则无不克。无不克,则莫知其极。莫知其极,可以有国。有国之母,可以长久"(第59章),追

① 参见陈康(Chuang - hwan Chen),*What Does Lao-tzu Mean By The Term "Tao"*,《清华学报》(台湾)新第4卷第2期(1964年2月)。

② 《老子》第28章帛书本、北大本有"知其白,守其辱"(今本作"知其荣,守其辱"),又有"知其白,守其黑",意思重复,论者多以后人误增为说,难以信据。《老子》第41章讲:"大白若辱",辱多以为以白造缁之义,同黩或黢。此处白为素之义;辱,通欲,《老子》第19章有:"见(视)素抱朴,少私寡欲",与黑白不同。《淮南子·道应》引有"知其荣,守其辱",殆为区别"知其白,守其黑"而改。

求积德，长久。但是当时人却纷纷逞其私智，有为，想"不失德"，结果"无德"，想"以智治国"，结果"慧智出，有大伪"，不能"复命"，不知"玄德深矣，远矣，与物反矣"，导致天下大乱。

老子要人行事合乎天道，辅万物之自然，故特别贬斥当时已经呈现的"人之道"，而追求合乎道的圣人之道。

四　《老子》之《德》篇居首的原因

因此，即便老子是从道的高度来说德，《老子》在当时有影响之处，也不是道，而是德。笔者曾指出，《德》篇和《道》篇关系密切，但《道》篇先于《德》篇完成。一个比较明显的证据是，《老子》第67章云："天下皆谓我道大似不肖。夫唯大故似不肖。若肖，久矣其细也夫。"这说明老子的道论已经流传开来，当时已经有不少人在评论老子的"道"了。这些道论的确切内容虽在今日之理解或与古人不同，但我们可以看到《道》篇中有不少况道之言，如第14章："视之不见名曰夷。听之不闻名曰希。搏之不得名曰微。此三者不可致诘，故混而为一。其上不皦，其下不昧，绳绳不可名，复归于无物。是谓无状之状，无物之象，是谓惚恍。迎之不见其首，随之不见其后。"第21章："道之为物，惟恍惟惚。惚兮恍兮，其中有象。恍兮惚兮，其中有物。窈兮冥兮，其中有精。其精甚真，其中有信。"第25章："有物混成，先天地生。寂兮寥兮，独立不改，周行而不殆，可以为天下母。吾不知其名，字之曰道。强为之名，曰大。大曰逝，逝曰远，远曰反（返）。"第34章："大道泛兮，其可左右。"而类似的内容不见于《德》篇。第63章的"报怨以德"，《论语·宪问》云"或曰：'以德报怨，何如？'子曰：'何以报德？以直报怨，以德报德'"，或是对老子论德之言的响应。郭店简有传世本前六十六章的某些内容，但是第67章之后的章节一个都没有。这使我们有理由考虑老子的《道》篇或其中的部分内容，或包括《德》篇的某些内容（第67章之前者），可能先流传出去了。如果《老子》的《道》《德》二篇分篇很早的话，那应当是《道》篇先流传出去了。①

《德》篇中，老子在第51、65章，都提到玄德。虽然第10章也提及玄德，但第10章和第51章都说："生而不有，为而不恃（持），长而不宰，是谓玄德。"而第65章说："古之善为道者，非以明民，将以愚之。民之难治，以其智多。故以智治国，国之贼；不以智治国，国之福。知此两者，亦稽式。常知稽式，是谓玄德。玄德深矣，远矣，与物反矣，然后乃至大顺。"将玄德和治国以及与物的关系联系在了一起。第51章云"道之尊，德之贵，夫莫之命而常自然"，将道、德并论，可见《德》篇中有大幅提高德的地位和重要性之倾向。

因此，《道》篇早出，但是在当时老子论道之说得不到大家的理解与重视。《德》篇晚出，老子在其中提高了德的地位。汉简本将《德》篇作为"老子上经"，帛书本以及一些传世版本中都是《德》篇居首。这种安排，应该是在当时论道的内容尚多，《老子》中论道之说虽特殊而时人并未太看重；而其论《德》比较受重视，因为其中更多地涉及治国的内容。对此可以参考马王堆汉墓帛书中的《经法》诸篇。这些篇章虽然未必就是所谓的《黄帝四经》，但是应该视作一个篇章群，置于《老子》之前。此中开篇的《经法》就是讲治国者，而论道的《道原》则放在最后。

后世以《道》篇居首，则是因为秦火使子学传承、子书流传受到很大的打击，论道的著作有不少佚失，故而《恒先》《凡物流行》不为后人所见。《老子》则因易于流传，故《老子》论"道"的内容得以相对地凸显。而且道是终极性的观念，《文子》有《道原》篇、《淮南子》有《原道》篇，皆论道，都放在开篇，成为一种风气。到刘向校《老子》时，可能已经有专研《道》篇的书了，因此很可能是他把道篇放在了前面。谢守灏《混元圣纪》云"按刘歆《七略》：刘向雠校中《老子》书二篇，太史书一篇，臣向书

---

① 参见李锐《老子〈道〉〈德〉篇历时研究》，《江淮论坛》2021年第5期。

二篇，凡中外书五篇，一百四十二章，除重复三篇六十二章，定著八十一章，上经第一三十七章，下经第二四十四章"①，所引应该属于《别录》佚文。《汉书·艺文志》中有《老子傅氏经说》三十七篇，傅氏作《经说》三十七章，这很可能是《道》篇的经、说。刘向处置淮南王书，分为内外篇，颜师古注说"《内篇》论道，《外篇》杂说"，也是将论道的内容作为核心。

---

① 谢守灏：《混元圣纪》卷3，《道藏》，文物出版社、上海书店、天津古籍出版社1988年版，第17册，第814页B。董思靖《老子集解序说》则说："刘歆《七略》云：刘向定著二篇八十一章，上经三十四章，下经四十七章。"见《道藏》，第12册，第821页C。

道家的关系学说[*]

——以"德"观念为线索论道家哲学的内在构造

南开大学哲学院　叶树勋

摘要： 道家学说在深层之处具有独特的体系性。以"德"为线索，以关系为视域，有助于探察其内在构造。"德"是道家哲学中殊为紧要的观念，但以往对它的关注不是很多，这和它给人儒家色彩较浓而道家性不强的印象有关。突破这种印象，探析"德"在道家的意义可发现，它在道家哲学中担当十分关键的角色。整体上看，"德"在道家哲学中存在一个底层构造，道与物、道与人、己与他、王与民这四种关系是道家论"德"的基底，它在这些关系中均处于枢纽和关键的位置。基于"德"的这一特征，可以对道家哲学的构造进行深入考察，乃知道家哲学在很大程度上是一门"关系学说"。上述四种关系是道家思想的基本骨架，以此为基础道家贡献出世界观、心性论、伦理学和政治哲学几个方面的理论。

关键词： 道家　德　关系学说　道物关系　道人关系　己他关系　王民关系

引　言

观念和范畴的探讨是哲学史研究的一项基础工作，具体到道家

＊　本文系国家社会科学基金重大项目"黄老道家思想史"（编号：16ZDA106）、中央高校基本科研业务费专项资金资助项目"道家政治哲学研究"（编号：63213094）、霍英东教育基金会高等院校青年教师基金项目"道家哲学己物伦理问题研究"（编号：171089）的阶段性成果。

哲学亦然。① 在以往的道家研究中，相比于"道""自然""无为"等观念，"德"在某种程度上处于一种尴尬的位置。一方面，由于它在道家文本频繁出现，研究者在探讨道家思想时难免会涉及它；但在另一方面，由于它不像"道""自然""无为"那样具有鲜明的"道家性"（谈及"德"时我们首先想到的是儒家），因而它受到的关注难以和其他几个观念相提并论。

　　道家色彩不鲜明不代表它在道家哲学不重要。事实上，在道家哲学中"德"担当着十分关键的角色，这从《老子》（《道德经》）包括"道经"和"德经"两部分即可获知一二。"道"的突破是老子思想革命的一个方面，在此之外，其思想的创造性还表现于对殷周以降的思想主角——"德"——所进行的改造与重塑。在后来的庄子学说和黄老思想中，经老子重塑的"德"得到了传承与发展。可以说，"德"的重造与"道"的升华是道家"哲学突破"的两个基本维度，只是"道"的突破性太绚丽夺目，再加上"德"的儒家色彩被不断突显，以至于我们容易忽视它在道家哲学中的位置。

　　本着这样的问题意识，笔者曾对道家哲学里的"德"作过专门研究。② 过程中笔者发现，"德"作为一个观念具有一种比较重要但尚未引起关注的特征——它总是作为某种关系的枢纽出现。这里说的关系不是指"德"与其他观念的关系，而是指"德"观念所蕴含的作为其思想基底的某种框架。整体上看，这一框架包括了道与万物的关系、道与人的关系、行动者与他者的关系以及君王与民众的关系，而在这些关系中"德"皆处于枢纽的地位。拙著以四种关系为背景考察了"德"的内涵及其演变，鉴于关系学说的重要性

---

　　① 本文所称"道家"专指先秦道家，它包括作为源头的老子思想以及作为后续发展的庄子思想和黄老学说。关于《庄子》的作者，学界有不同看法，本文将其整体上视作庄子学派的作品，不区分内、外、杂篇。由于庄子是其间思想的主要创作者，行文中将直接称此书之作者为庄子。黄老学方面，本文将以《管子》四篇和《黄帝四经》为代表进行考察。目前一般都认为《管子》四篇是稷下黄老的作品，至于《黄帝四经》，多数观点认为是楚地黄老的作品。关于《庄子》、《管子》四篇和《黄帝四经》的成书年代，学界看法不一，本文将其平行看待，一并视作《老子》之后、秦代以前的道家典籍。

　　② 参见叶树勋《先秦道家"德"观念研究》，中国社会科学出版社 2022 年版。

和复杂性，现今打算把它提炼出来予以专论，希望能够为理解道家哲学的构造及其性格提供一种可资参考的进路。①

注意到"德"的关系性源于笔者对多种"德"义之联系的探察。道家哲学中"德"的含义复杂多样，那么，诸种一义项之间是否存在一定关联呢？沿此问题笔者注意到，道家论"德"总把它放在某种关系中，即便言论者没有明说这一点。把这些关系揭示出来，以之为框架展开考察，是理解"德"的一个方便法门。不仅如此，揭示这些关系也有助于把握道家哲学的内在结构。这些关系是道家哲学内部所蕴的基本骨架，以四种关系为基础，道家分别贡献出世界观②、心性论、伦理学和政治哲学这几方面的学说。这样一来，探讨"德"义之关联的工作就不仅有助于深入理解这一观念，同时也能找到把握道家哲学之构造的一种方式。③

接下来，我们将以"德"为线索，考察道家哲学中道与物、道与人、己与他、王与民这四种关系的形态。这四种关系分别是道家世界观、心性论、伦理学以及政治哲学的骨架，因而接下来的考察也将伴随对这些论域及其联系的探讨。

---

① 拙著的导论和结语对道家的关系学说有初步讨论，本文将在此基础上作进一步探究。另外，拙著是从观念史角度逐次考察几部典籍，针对"德"的一些关键问题乃分散在不同章节进行讨论。结语对某些问题进行了总结，但有些问题还不及论述，本文希望可以对此作一补充。

② 本文所称的"世界观"涵括了一般所说的"宇宙论"和"本体论"。在中国哲学里，一般认为"宇宙论"讨论的是宇宙万物的起源和生成问题，而"本体论"则关注万物存在的最高根据。道家哲学中这两个论域难以截然区分，"道"作为万物之本根既是万物生成的总根源，也是万物存在与活动的最高依据。此外，"本体论"这一范畴的使用会带来一些问题，对此郑开先生论之甚详，见《中国哲学语境中的本体论与形而上学》，《哲学研究》2018年第1期。故本文用"世界观"来统摄通常所说的这两个论域。

③ 关于道家哲学中的"关系"，过去已有学者从不同方面关注到。尤其是在道物关系上，研究者已多有探讨，此外也有学者注意到道物关系和王民关系的关联性。笔者对道家关系学说的关注离不开这些研究的启发。有关于此，可参见拙著《先秦道家"德"观念研究》，第41—42页。

一　"德"在道物关系与道家的世界观

（一）"德"在道物关系中的意义与角色

在关于道家世界观的研究中，道物关系是一个备受重视的话题。这不是学者有意选择的结果，而是道家世界观本来就以道物关系为骨架。如同郑开先生所强调的，道物关系是道家哲学中的"基本点"。① 道家基于道物关系呈现其世界观，而其世界观又是道家哲学体系的基础。郑先生所称的"基本点"，正是要表明道物关系的这一根本地位。

耐人寻味的是，本来作为人事观念的"德"在道家关于道物关系的言论中屡屡出现，成为其世界观中的一个重要符号。作为西周以降思想舞台的主角，"德"是周人人文意识高涨的核心标志。在儒家思想里它的内涵发生了很大转变，但它作为人事观念的面貌没有出现大的变化。道家之"德"不同于早初，也不同于儒家的一个地方即在于，它作为道物关系的枢纽出现于关于世界观的言论中。②

关于"德"在世界观中的表现，以往研究已有留意，学者们每每以"道"的功能或万物的属性解释之。③ 道家典籍中此两义都有出现，通常的解释具有文本上的依据。需进一步指出的是，这里其实正隐含着"德"作为道物关系之枢纽的意义："德"作为"道"的功能，指的是"道"生养万物、成就万物的作用；而在另一方面，"德"作为万物的属性则是指万物由"道"而得的使其存在成为可能的本质。可见，不管是表示"道"的功能，还是表示万物的属性，"德"都是作为联结道物关系的关键出现。

此外还需注意的是，此两义在道家思想中经历了一定的演变。为说明此点，我们来集中看看道家典籍的相关言论：

---

① 郑开：《道家形而上学研究》（增订版），中国人民大学出版社 2018 年版，第 60 页。

② 此是相对而言，儒家所言"德"并非毫无世界观意义，如《易传·系辞下》有言："天地之大德曰生。"

③ 这方面的研究情况可参见拙著《先秦道家"德"观念研究》，第 7—17 页。

道生之，德畜之，物形之，势成之。是以万物莫不尊道而贵德。道之尊，德之贵，夫莫之命而常自然。故道生之，德畜之：长之，育之，亭之，毒之，养之，覆之。生而不有，为而不恃，长而不宰，是谓玄德。（《老子》第51章）

泰初有无，无有无名；一之所起，有一而未形；物得以生谓之德；未形者有分，且然无间，谓之命；留动而生物，物成生理，谓之形；形体保神，各有仪则，谓之性。性修反（返）德，德至同于初。同乃虚，虚乃大，合喙鸣，喙鸣合，与天地为合。其合缗缗，若愚若昏，是谓玄德，同乎大顺。（《庄子·天地》）

虚无无形谓之道，化育万物谓之德。（《管子·心术上》经文）

天之道，虚其无形。虚则不屈，无形则无所位赿。无所位赿，故偏流万物而不变。德者，道之舍，物得以生生，知（智）得以职（识）道之精。故德者，得也。得也者，其谓所得以然也。以无为之谓道，舍之之谓德。故道之与德无间，故言之者不别也。间之理者，谓其所以舍也。（《管子·心术上》解文）

如上所见，道家以"道"和万物的关系为骨架陈述其世界观，而"德"的意义在不同的典籍里则有不同的侧重。《老子》从"道"的向度讲论"德"，用它来表征"道"的生蓄万物的玄妙功能。[①]《庄子》言"德"的向度发生了改变，它从万物的向度讲论"德"，以之表示万物由"道"而"得"的使其"生"成为可能的本质。至于《管子·心术上》，则同时包含两个向度，经文以"德"指涉

---

① 《老子》此章前半部分给人一种感觉，仿佛"道"与"德"并为生蓄万物的两个根源。但从此章末句所言的"生而不有，为而不恃，长而不宰，是谓玄德"可看出，"德"指的是"道"之"德"，它不是"道"之外的另一个根源。因此，不能把"道生之，德畜之"理解为"道"生万物，而作为另一个根源的"德"则畜养万物。"道生之，德畜之"是互文表达，它说的是"道"及其"玄德"生蓄万物。此章后半部分的"道生之，德畜之"在帛书甲本、乙本以及汉简本中皆作"道生之，畜之"，其义更加明朗。

"道"的化育万物的功能，其义类似于《老子》所言；而解文则以"德"表示"物得以生生"的依据，其义类似于《庄子》所言。①

在道家世界观中，作为形上本根的"道"和作为形下现象的万物相互依存。"道"的功能必然是指它生养、成就万物的作用，离开了万物，其功能无以表现；而万物则是由"道"而获得使其存在成为可能的本质，倘若无"道"，万物将失去存在的基础。有意思的是，对这两方面的情况，道家都用"德"进行表示：它或归属于"道"、指谓其功用，或归属于万物、指谓其性质。至于"德"具体属于哪方面，则取决于所在的语境，亦即，要看言论者到底是在强调"道"的表现，还是在关注"物"的存在。

总而言之，透过"德"的两种含义，我们可看到它在道家世界观中其实承担着道物关系之枢纽的角色："道"以其"德"成就万物，万物以其"德"纳"道"于自身。经由"德"的联结，本根之"道"和现象万物组成一个相互交通的结构，而这个结构也正是道家世界观的核心所在。道物关系是道家论"德"的一个基底，理解"德"义时这种关系之所以会产生关键的影响，根源在于它本身就是隐含于道家"德"观念之中的一个思想平台。

（二）道物关系中"德"义的两个关键问题

接下来着重讨论两个问题。一是，"德"的两种意义为何是两种而不是一种。二是，作为物性的"德"究竟是何种意义的物性。这两个问题不仅关乎"德"义，也涉及道物关系的内在构造。

既然"道"与万物相互依存，构成本根和现象的关系，那么似乎可说，所谓万物的属性其实也就是指"道"在万物之中所表现的

---

① 《管子·心术上》包含经文和解文两部分。解文的目的是要解释经文，但在上引两段中，解文对"德"的理解较之经文其实出现了一定变化（相关考述可参见拙著《先秦道家"德"观念研究》，第377—385页）。另外，在言及"物得以生生"之前，解文还说及"道之舍"。"舍"指馆舍。"德者，道之舍"是一种比喻，其意是说"德"是"道"在万物中的"驻留"，而这一"驻留"之"道"也就是"德"，即"物得以生生"的依据。

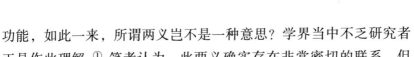

功能，如此一来，所谓两义岂不是一种意思？学界当中不乏研究者正是作此理解。① 笔者认为，此两义确实存在非常密切的联系，但它们首先是有区别的。是否注意到其间的区别，不仅影响到对"德"的理解，也将影响到对道物关系的认识。以下逐层解释之。

首先需明确，"德"是一个只表示实体之性状而不表示实体本身的观念。借用亚里士多德的话来说，"德"属于和实体范畴构成谓述关系的性质范畴。② 这意味着，不管"德"义如何复杂，都必然存在一个被它所谓述的实体，我们可称之为"德"的主体（归属者）。简单点来说，一旦说到"德"，都有一个"谁的德"的问题，而这个"谁"是我们首先要弄清楚的。在上引文段中，《老子》第51章以及《管子·心术上》经文所讲的都是"道"的"德"③，而《庄子·天地》和《管子·心术上》解文所说的则是万物的"德"。

---

① 比如严灵峰先生在强调"德"作为"道"之用的同时也指出："德"不能离"道"而为用，必须通于"物"而表现出来；"道"通于"物"而有得，故"道"所显现于"物"者为"德"（《老庄研究》，台北：台湾中华书局1979年版，第88页）。这已流露出把"道"之功能和万物之属性统一起来的意思，此等意思在陈鼓应先生的论述中更为明确："德"是"道"的作用，也是"道"的显现；混一的"道"在创生的过程中会内化于万物，而成为各物的属性，这便是"德"，简言之，落向经验界的"道"，就是"德"（《老庄新论》，商务印书馆2008年版，第148—149页）。孙以楷先生有类似之见，在解释老子所论"德畜之"时他提出：道内在于万物之中，万物由道而具有不同的特质，这就是道的功能（《老子通论》，安徽大学出版社2004年版，第473页）。在这些学者的理解中，所谓"道"的功能、所谓"物"的属性，其实是一回事。这里所举三例是此类观点中比较典型的论述，不少研究者虽未明言，但在其解释中往往会混同两义，比如在前面说了"德"是"道"之功用，而在后面某些地方又以物之属性展开论述。

② 亚里士多德将范畴分作十类，实体范畴以外的九类范畴（包括性质、状态等）和实体范畴构成谓述关系（《范畴篇》，秦典华译，载苗力田主编《亚里士多德全集》第1卷，中国人民大学出版社2016年版，第5—6页）。由此来看，"德"属于其间的性质范畴。此情况和古希腊哲学中的"德性"（ἀρετή）概念是类似的。亚里士多德在论述德性时就曾明确表示，德性属于和实体范畴相对的性质范畴（《尼各马可伦理学》，廖申白译注，商务印书馆2003年版，第14页）。

③ 在这种理解中，"道"也成了被"德"所谓述的实体。但正如郑开和林光华所指出的，我们不能把"道"理解为外在于人的实体或对象（参见郑开《中国哲学语境中的本体论与形而上学》，《哲学研究》2018年第1期；林光华《〈老子〉之道及其当代诠释》，中国人民大学出版社2015年版，第148—253页）。我们这里借用了实体和性质这两种范畴来说明"道"和"德"的关系，所言"实体"和作为外在对象的"实体"并非同指。

　　进一步来看，"德"在道物关系中的两种意味乃分别建立在"德"作为一个语词的两种语义的基础上。"德"表示"道"的功能，和它的恩德义有关，可以说前者是后者的哲理化结果："道"生养、成就万物正是对万物的一种大恩惠、大功德。至于"德"指涉万物的属性，则与它的获得义有关，前者也是后者的哲理化结果：万物由"道"而获得使其存在成为可能的本质。①由此亦见，"德"在道物关系中的两义还隐含着道家哲学和前诸子思想的某种关联。如果消解了两义的界限，那么不仅会把"德"的内涵给笼统化，同时也遮盖了道家之"德"和早初"德"观念的联系。

　　两义之所以有别，更深层的原因则在于道物关系的构造上。整体来看，道家哲学中的道物关系包括相分和融合两个方面，用"内在超越"的话来说，则是："道"既超越于万物又内在于万物。②这两个方面并非割裂而各存，它们是共存共在的，但不同的子或不同的典籍对它们会有不同的侧重。相对来说，老子更彰显道物相分的一面（"道"的超越性），而庄子则更强调道物融合的一面（"道"的内在性），至于《管子·心术上》的经文和解文，则分别类似于老子和庄子。

　　"德"在道物关系中的两种意义，正好反映了道家诸子对道物关系两个方面的不同侧重。就老、庄之间来看，它从"道"之功能转变为"物"之属性，这体现着从强调道物相分到强调道物融合的变化趋势。老子以"道"代"天"，重新确立世界的本根。"道"和"天"这两个概念存在很多差异，但"天"的超越品格在老子的"道"观念中仍有较多留存。庄子则淡化"道"的超越性，转

――――――――――

　　①　关于这点，孟旦（Donald J. Munro）已经注意到。他认为"德"表示"道"生成万物的表现和此字的恩惠义有关，而"德"表示事物的内在法则，则来自"德"与"得"的联合（《早期中国"人"的观念》，丁栋、张兴东译，北京大学出版社 2009 年版，第 138—139 页）。本文所论即受孟旦的启发。

　　②　"内在超越"之论常被用来解释儒家哲学，实际上道家哲学也存在此等义理。换个角度来说，"内在超越"的理论结构也有助于我们理解道家哲学。"内在超越"之论自其被提出以来，一直不乏质疑和批评的声音。在基本立场上，笔者肯定此论的成立。

而强调其内在性，诸如"（道）无所不在""（道）在屎溺""物物者与物无际"等言论（此数语均出自《庄子·知北游》），都是这种思想倾向的表现。庄子不仅通过诸种"道"论来说明其内在性，同时也通过对"德"的重新界定来指示这一情况。"道"无所不在，内在于每一物，其结果即物中之"德"。"德"的概念使"道"的内在性获得凝练表达。①

一种常见的观点认为，老子重宇宙论而庄子重本体论。一定程度上这可以反映老、庄二子在世界观方面的不同关注。根本上来说，此等变化其实关涉着老、庄对道物关系两个方面的不同侧重，或者说，是二子对"道"之性格的不同强调。老子之所以给人重宇宙论的印象，其根源在于他更强调道物相分的一面，更彰显"道"的超越性；而庄子会给人重本体论的印象，根本上是因为他更强调道物融合的一面，更突显"道"的内在性。因此，笔者主张突破宇宙论和本体论的话语模式，以世界观来统摄这两个论域，进而通过道物关系的变化来把握老、庄之间的思想变化。②

现在来讨论物性之"德"的具体意味。在以物性解"德"的观点中，不少学者认为"德"指的是事物各自的特性，亦即，万物皆由"道"而得其属性，它们各得其"德"，各自拥有自身的规定性。"德"在某些地方确实有表示事物特性的意思，比如庄子曾讲过"鸡德""狸德"③，用"德"表示鸡和狸猫各自的本性。但这不是物性之"德"的唯一意义，也不是它的根本意义。道家用以表示事物特性的概念还包括"性"，而"德"的概念在具有类似意义

---

① 在道物关系上老、庄强调不同的方面，不代表他们对另一面毫无考虑。比如老子说"万物得一以生"（《老子》第39章），这体现了道物融合的一面。又如庄子说"物物者非物"（《知北游》），这体现了道物有分的一面。《大宗师》有一段论"道"的经典之言："夫道，有情有信，无为无形；可传而不可受，可得而不可见；自本自根，未有天地，自古以固存；神鬼神帝，生天生地；在太极之上而不为高，在六极之下而不为深；先天地生而不为久；长于上古而不为老。"这也是道物有别的一个体现。

② 之所以不采用宇宙论、本体论的话语，也有前面在解释为何使用世界观这一范畴时提到的原因。

③ 《庄子·庚桑楚》："鸡之与鸡，其德非不同也，有能与不能者，其才固有巨小也。"《庄子·徐无鬼》："尝语君，吾相狗也。下之质，执饱而止，是狸德也。"

的同时，又具有"性"之概念所不具备的内涵，后者才是"德"更为根本的意义。这在前引《庄子·天地》之言即可看出："德"指的是"物得以生"的潜质，它是事物赖以生成的依据；"性"指的是事物各自所有的"仪则"，它是事物生成以后所现实拥有的特性。① 郑开先生曾把"德"的这层意思概括为"性之性"②。此语颇为精当，它指明了"德"义的一个关键——它是"性"之为"性"的深层依据。

以事物各得其性解释"德"，可能是受了柏拉图"分有"学说的影响。当我们把道物关系类比于柏拉图思想中的理念和事物的关系时，很容易会得出这种看法。道家哲学中存在类似的思想，"性"的概念以及某些地方具有类似之义的"德"，都可以被看作事物"分有""道"的表现。但"德"的另一层意思，亦即它不同于"性"的那种意思，又使得道家思想中的道物关系和柏拉图思想中的理念和事物的关系出现很大差异。道家思想中隐含着一种由"道"而"德"、由"德"而"性"的理路，这在庄子思想中尤为典型（老子未言"性"，这种理路并不清楚）。在此理路中，"德"是作为一个贯通形上和形下的概念出现的。如果从"一""多"关系来看，那么"道"指向的是形上的"一"，"性"指向的是形下的"多"，而"德"则指向"多"中之"一"。经由"德"的联结，"道"和万物之间并非表现为二元分立的关系，而是构成一个相互交通的有机体。

（三）道家世界观的其他关系结构

以上解释了"德"在道物关系的两个紧要问题。有待补充的是，道物关系是道家呈现世界观的基本骨架，但不是唯一的骨架，

---

① "德"的这种意义还见于以下文段。《庄子·天地》："故通于天地者，德也；行于万物者，道也。"《庄子·天地》："形非道不生，生非德不明。"《庄子·庚桑楚》："道者，德之钦也；生者，德之光也；性者，生之质也。"

② 郑开：《道家形而上学研究》（增订版），第376—377页。

在此之外道家世界观还包括气物关系和天物关系。① 在这些关系中
"德"同样处于枢纽的地位。气和万物的关系在老子思想尚无显
见，在庄子思想有一定表现，而在《管子》四篇中则变得显要。以
《管子》四篇来看，气物关系具体表现为精气和万物的关系，"德"
在其间指涉精气在事物中运行的性能。至于天物关系，在老、庄以
及《管子》四篇的思想里都有表现，但它不是主要的，而在《黄
帝四经》里这种关系则变得突出，其显要性甚至要超过道物关系。
《黄帝四经》用"天地之德"表示天地养育万物的性能，为其所主
张的人间德政从世界观层面提供依据。总的来看，道家世界观以道
物关系为基本骨架，同时交错着气物关系和天物关系，在后两种关
系中"德"也担当着重要角色。

　　这里还涉及"道"与"气"、"道"与"天"的关系问题。
就前一关系来看，道家哲学中是否存在类似于宋明理气论的道气
思想，或者说，道家的道气思想是否为宋明理气论提供了渊源，
是殊值探讨的问题。尤其在精气思想比较突显的《管子》四篇
中，"道"和"精气"某种程度上有类似于宋明理学"理"
"气"关系的表现，个中情况值得深入考察。"道"与"天"的
关系更为复杂。在道家哲学中此二者处于相互缠绕的状态：在道
物关系里，"天"隶属于"道"，它是由"道"所生的物之大者；
而在天物关系中，"道"则隶属于"天"，在"天道"或"天地
之道"的观念里"道"是一个表示"天"或"天地"之运行法
则的符号。道家哲学里"道"与"天"缠结互绕，此情况也见
于儒家。大局上可以这么说，道家以"道"为上而儒家以"天"
为高，但细究之下又可发现内中情况还比较复杂。道家思想中
"天"的观念一直贯穿着，甚至有时还表现出高于"道"的倾
向；而在儒家思想里"道"也一直扮演着重要角色，有时候其地

---

　　① 关于天物关系，道家有时是讲论天地与万物的关系，有时则讲论"天"与万物
的关系。前一语境中"天"与"地"相对，后者中"天"含"地"在内。为讨论方便，
这里将两种情形合称为"天物关系"。

位甚至超越"天"。① 总之,"天"与"道"缠结互绕,个中情况复杂微妙。从中国传统哲学整体来看,"天"与"道"可说是两条相互缠绕、共同推动中国哲学发展的思想线索。②

二 人、道之间的"德"与道家的心性论

(一)"德"在道人关系中的意义与角色

道家"德"观念还蕴含其他的关系类型。人是万物中的一员,具体到人身上,道物关系即转化为"道"和"人"的关系。在此关系中道家并不直接讨论"道"之"德",其所言"德"的主体都是人。③ 此间的"德"首先是指人由"道"而得的一种性质,这和道物关系中"德"表示万物属性有类似之处。不过,人又是万物当中特殊的一员,在道人关系中"德"又具有它在道物关系里所不具备的意义,这既表现于作为人性的"德"有别于物性之"德",也表现于人之"德"还包含另一种独特意义,此即人心体道之境界。

这里我们可看到"德"包含着本性和心境两层含义。此情形已引起许多关注,不过人们往往是各重其一,或强调以人之本性理解"德",或主张从心灵境界解释"德"。④ 实际上,此两义存在很密切的联系,可以说心境之"德"是本性之"德"的必然延伸。目前研究虽然大多各重其一,但也有学者注意到这一点。比如刘笑敢先生曾指出,庄子所谓"德"包含两义,一是指淳朴的自然本性,一是指最高的修养境界,最高的修养境界实际上也就是涵养和保持

---

① 在先秦至汉唐的儒家思想中,整体上看,"天"是高于"道"的。但到了宋明时期,情况变得复杂一些。"理"的突显让"道"的地位明显提升。理学家们将自己的学问思想也称为"道学",可见一斑。当然,这不是说理学家所说的"道"和道家所言的"道"在内涵上一样,以上是就思想地位而言。

② 如果把中国传统哲学看作一个生命体,那么"天"和"道"的缠结互绕的关系,也许就像是这一生命体得以存续的 DNA 双螺旋结构。

③ 在间接意义上,人的"德"也可说是"道"之"德"在人之生命中的存在与显现。

④ 这方面的研究情况可参拙著《先秦道家"德"观念研究》,第11—21 页。

淳朴的自然本性，所以庄子所谓"德"的两个意义是完全一致
的。① 刘先生之论颇具启发性，笔者想进一步指出的是，"德"的
这两层意义及其联系不仅见于庄子思想，也见于老子思想和黄老学
说；在两层意涵之间，"德"义之根本其实在于"性"，但它不是
指一般意义上的人的本性，而是指人性当中所蕴含的体道、觉道的
一种潜质，此是先天之"德"；至于"德"作为一种心灵境界，则
指向该潜质获得展现的状态，此为后天之"德"。

　　与此同时，我们也知道"德"即"得道"是传统以来理解
"德"的一种常见方式。这种理解是合乎道家思想的，但它容易笼
统化，有些关键处还需说明。一是，"得道"义不仅见于人之
"德"，也见于万物之"德"（参见前节），这两种"得道"既有联
系也有区别。之所以有联系，是因为人是万物中的一员；之所以有
区别，则因为人又是万物中特殊的一员。二是，"德"的"得道"
义其实包含先天和后天两层。先天层面上，人和他物皆是"得道"
而生，皆含蕴作为"多中之一"的"德"。比如《庄子·天地》的
"物得以生谓之德"，《管子·心术上》的"德者，道之舍，物得以
生生"②，皆指此而言。后天层面上，人和他物都会受到形下世界
各种现实条件的限制，用《庄子》的话来说，即原来内蕴的"一"
将分化为"各有仪则"的"性"。③ 就各有其性此点而言，人和他

────────────

　　① 参见刘笑敢《庄子哲学及其演变》，中国人民大学出版社 2010 年版，第 133—
134 页。类似看法也见于艾兰的研究。艾兰从隐喻角度解释"德"，论至庄子思想时她很
关注"才全德不形"之论，认为这里包含以池塘和水比喻"心"和"德"的意思，
"德"在"心"中就好像水在池塘中，"内保之而外不荡"（《水之道与德之端——中国
早期哲学思想的本喻》，张海晏译，商务印书馆 2010 年版，第 123—124 页）。艾兰没有
直接论述"德"作为本性和作为心境的联系，但从她的解释可知，"德"是"心"这一
容器所承载的内容，所谓心灵的境界其实是指"心"中之"德"所表现的状态。

　　② 这两段话的完整引述见前节。

　　③ 比如《庄子·天地》说"形体保神，各有仪则"，这里的"形体"之"保"就是一
种限制。"保"的首要义是保守、守住，这是一物具有一物之"性"的前提；但也正是由
于此"保"，让作为内蕴之"一"的"德"受到限制，出现各种各样的分化。另外，此所言
"神"一般被解作人的精神，若此，则此句是就人而言。但从这段话的理路来看，为形体所
"保"而"各有仪则"者其实也包括人外之物。在此意义上，我们也可将"神"作广义理
解，即"神"是指各物的性质，它是现实中各物之"仪则"的前身。

物并无区别。所不同的是，人能够"性修返德，德至同于初"，他能够化解"性"的隔阂，回归"德"所代表的"一"的状态①；至于他物，则不存在此种可能，它们只能停留于"各有仪则"的"性"的境况中②。换言之，在后天层面上人存在克服自身有限性而完满"得道"的可能，至于他物则无此可能，它们只能处于分有性的"得道"。人和他物的区别在《管子·心术上》也被言及，"物得以生生"之后，有所谓"智得以识道之精"，前句就万物而言，指涉人和他物所共有的先天之"德"，而后句则专就人类而言，指涉人所特有的后天之"德"。由此亦知，是"智"的存在让"识道之精"成为可能。至于庄子，他在该段文字中没有明言是何物为"性修返德"提供了依据，但联系他处之言可知，是"心"的存在让此成为可能。③

由上可见，"德"作为本性和心境的两种含义，和"得道"义

———————————————

① 所谓"性修返德，德至同于初"，不是说消除人们的个性和多样性以实现一种人人皆同的"德"，而是说化解"性"的隔阂，让自身的"德"即内蕴之"一"展放出来，从而达至"万物皆一"（《德充符》）、"旁礴万物以为一"（《逍遥游》）的和融一体之境。庄子还说"道通为一……唯达者知通为一"（《齐物论》），此所谓"达者"即"德至同于初"的人，他们能够化解自身的有限性，和万物和融一体。"德"代表的是内蕴之"道"，所谓"德至"其实也就是指所内蕴的"道"得到充分展现。

② 庄子肯定了人的"性修返德"的可能性，而对于人外之物，他未有明言，但应可断定这种可能性不会出现于非人之物。

③ 由此我们也就能够更深入地理解《德充符》中所谓"游心乎德之和"的要义。这里点出了"心"的价值和作用：通过"心"的"游"的能力（化解物我隔阂的能力），人能够将内蕴的"一"展放出来，从而达至"和"的境地。此所谓"和"，不仅指个体内心的平和，也指个体和他者之间的和谐。这句话前面有说到"万物皆一"，此即己他和谐之境的表现。另外，笔者曾在《先秦道家"德"观念研究》（第384、534页）中作如下论断："德"义的两层（先天和后天）在《庄子》中是分散出现的，即《庄子》在不同的地方就"德"义的不同层面而论，至于《管子·心术上》则集中阐述了"德"义的两层。这种看法是欠妥的，实际上《庄子·天地》的那一段话也能集中体现"德"义的两层，只不过它没有像《管子·心术上》那样，明确指出"德"在后天得以展现的依据。再者，这里还涉及道家关于人、物之同异的思想。笔者在拙著（第241—242页）曾言道，在个体如何具有"德"这一问题上，道家哲学会给人一种人、物界线不鲜明的印象。现今来看，此论仍可成立，需补充的是，人、物界线不鲜明不代表道家混同人和他物。在上引《庄子·天地》和《管子·心术上》的话语中，可看到道家对人和他物其实作出了分判，只不过他们没有去突显其间的区别。在拙著中笔者对道家关于人、物同异的思想尚未给出充分论析，本文所论是为补充。

的两个层次正好两相契应。通常所见的以本性解"德"、以心境解"德"以及以"得道"解"德",其实可作通贯理解。可以说,"德"作为"得道"有先天和后天之分,是本性和心境两义既有区别又相互联系的根源。在先天层面上万物皆"得道"而生,皆含蕴作为"多中之一"的"德"。就人而言,此内蕴之"德"正是人在后天生活中能够觉悟"道"的依据("道"不是自外而入,而是自内而发),也是在此意义上,"德"成了人得以体道、悟道的一种潜质。"德"作为人的本性,更确切来说,是指人性当中所蕴含的这种潜质。至于人外之物,由于它们不存在后天"性修返德"的可能,故也无所谓潜质不潜质。人的这种潜质存在于"心"中,同时也通过"心"的作用发挥出来(《管子·心术上》则更具体地指出是"智"的作用),因此后天的"德"也就指向了一般所说的心灵境界。如果换一个角度,从"道"来说,那么人的先天之"德"指的是"道"在人之生命中的潜蕴形态,而人的后天之"德"则表示"道"在人之生命中的展放状态。可见,注意到"德"作为"得道"的两层含义,不仅可以发现本性义和心境义的关联,还可以发现"德"作为人、道关系之枢纽的重要角色。虽然"德"在道人关系中的意义较之它在道物关系出现了许多变化,但它作为关系之枢纽的角色并没有发生改变。

"德"作为"得道"包含先天和后天两层,是理解此观念在人、道关系之意义的要害。以上围绕两义较为清楚的《庄子》和《管子》四篇进行讨论,回溯至《老子》来看,两层之义虽不明朗,但其间也已暗含:

> 知其雄,守其雌,为天下谿。为天下谿,常德不离,复归于婴儿。知其白,守其黑,为天下式。为天下式,常德不忒,复归于无极。知其荣,守其辱,为天下谷。为天下谷,常德乃足,复归于朴。(《老子》第 28 章)
>
> 孔德之容,惟道是从。(《老子》第 21 章)
>
> 修之于身,其德乃真;修之于家,其德乃余;修之于乡,

其德乃长；修之于国，其德乃丰；修之于天下，其德乃普。
（《老子》第 54 章）

"常德"之论隐含着"德"的先天潜质之义①，而"孔德之容，惟道是从"和"修之于身，其德乃真"之言则在描述潜质之"德"获以展现的状态。当然，老子并没有像庄子和稷下黄老那样，将"德"义的两层集中阐述出来。从老学到庄学和黄老学，我们可以看到"德"之两义走向清晰的演变过程。

让我们总结一下前面的讨论。"得道"义既存在于人、道之间的"德"，也见于物、道之间的"德"。先天层面上物物皆"得道"而生，皆有作为"多中之一"的"德"，但唯独人才有可能将此内蕴之"德"在后天生活中进行展放。"得道"义所含的先天和后天两层是"德"之本性义和心境义的根源。此两义中更为根本的是本性义或者说先天潜质义，亦即，在人、道之间"德"说到底其实是指人之所以能体道、悟道的一种潜质，至于心灵境界，其实是"德"作为潜质的必然延伸。甚或可以这么说，所谓心境之"德"依然是指潜质，只不过在此语境下道家更强调潜质在"心"上的展放状态而已。

由此也可看到"德"在道人关系中乃担当着枢纽角色，它是联结"人"和"道"的关键。"德"作为枢纽构造起道物之关系，与此同时，它又作为一个枢纽构造起道人之关系。在道家哲学所内蕴的四种关系中，"人"和"道"的关系最为关键，它是道物关系与

---

① 《老子》第 28 章的三处"常德"在帛书甲本、乙本以及汉简本中均作"恒德"。"恒""常"义近，均强调"德"在己身的恒常性与固有性。正因如此，人在后天所需做的不是由外而内地获得某种"德"，而是让己身的本有之物如其所是地展放出来。所谓"不离"（不离失）、"不忒"（不出现差错）、"乃足"（乃能充分实现），从不同角度描述固有之"德"的展放之状。三处"复归"之言则再次说明"德"为己身固有之物。这里分别用"婴儿""无极""朴"来描述"复归"的状态，这既是"德"的实现，也是"道"的开展——"道"以"德"的形态在人这里得到了呈现。要之，此章提示着"道"以潜质形态亦即"德"的形态蕴含于己身，这是人之所以能够"复归"、之所以能够觉"道"的依据所在。

己他关系、王民关系得以发生联系的纽带。可以说，道人关系是整个道家哲学的核心，其他三种关系皆围绕此等关系而显示其意义：道物关系为人得以领会"道"提供基本场景，人通过观察"道"在万物中所显现的作用以体认"道"本身①；人体认"道"的同时势必会将"道"运用在行动中，而己他关系和王民关系则是人践行"道"的两个基本领域。

（二）"德"与道家心性论的相关问题

道物关系是构成道家世界观的基本骨架，而人和道的关系则是道家心性论的基础。道家心性之论说到底就是要处理人和道的关系问题。前面所论的"德"义之两层，分别关联着道家的性论与心论。

如同很多研究者已注意到的，道家用"德"的观念表达他们关于人性问题的思考。"德"在道家哲学中确实具有这一功能，在此之外道家也用"性"的观念表达其关于人性的思想。"德"与"性"分别承担着不同的角色，前者表示"道"在人性之中的内蕴状态，这是人得以体认"道"、觉悟"道"的一种潜质，而后者则表示现实当中各有分殊的人性。另外，学界中也有人从性善、性恶的角度，认为道家的人性论是一种性善论。② 其实，道家并没有像儒家那样，热衷于讨论人性究竟是善的还是恶的问题。道家人性论

① 道物关系之所以成为道家哲学的"基本点"，其要害即在于此。逻辑上来说，道物关系优先于道人关系，故谓之"基本点"。而人如何把握"道"才是道家所关切的核心问题。另外，通过观察"道"在万物显现之作用以领会"道"本身，并非指"道"由外而入。"道"遍在万物之中，当然也潜蕴于人的生命中。但为了使这一潜蕴之"道"也就是"德"在人的生命中得到展放，则需要人对外界事物中"道"之显现的观察来辅助和促成。此所言辅助和促成是隐含于道家思想中的，其间之理路有待我们去揭示。比如《老子》第51章讲"道"在万物中显现的"玄德"，而第10章又讲到人的"玄德"，此两章之间暗含如此理路：人观察"道"在万物之"玄德"，以辅助和促成自身"玄德"的展放。根本上来说，人的"玄德"的展放其实也是"道"之"玄德"在人之生命中的显现。

② 参见张松辉《老子研究》，人民出版社2009年版，第104—109页；周耿《先秦道家人性论研究》，巴蜀书社2019年版，第96—103页。

关心的不是人性之善恶，而是人性当中是否存在体道、悟道的依据。张岱年先生用"性超善恶论"来概括道家的人性思想，实为精当之断言。① 如果还要补充的话，那么情况就在于道家"超善恶"以后实际关心的问题是什么。

　　"德"与"心"密切相关，前者的字形已经在暗示这一点。在道家思想中，"德"与"心"的关系包括了两个方面：一则，"德"是"心"中的内容，"心"是"德"作为一种潜质得以蕴含的场域，也是这种潜质进行展放的平台；二则，"心"所具有的能动性为"德"的展放提供根本的动力。不乏学者注意到庄子关于"心""德"关系的隐喻，并给出了准确的论析（见前引艾兰的观点）。庄子曾以水的"内保之而外不荡"来比喻"德不形"的状态（《庄子·德充符》），在此"心"就好比一个承载"德"的容器。但这只是"心""德"关系的一个方面，在另一方面，"心"还提供着让"德"之潜质得以释放的动力，这是容器喻所不能涵括的内容。比如庄子所说的"游心乎德之和"（《庄子·德充符》），"德"作为一种潜质，意味着吾人本来就具有"和"亦即"与物有宜"的能力，"游心"于此则是说这种潜能通过"心"的"游"的方式得到展放。"德"所具有的"和"的潜能之所以能够实现，有赖于"心"所具有的"游"的能动性，这是"心""德"关系在另一方面的表现。

　　上文已指出，人区别于他物的地方在于人具有"性修返德"的可能。这只是一种可能，意味着"性修返德"在人的后天生活中并非必然出现，如何化解"性"的隔阂，展放心中的潜质之"德"，还要做一定的工夫。仅就"性修返德"这一说法来看，工夫之要害即在于化解"性"的隔阂，让作为"道"之潜蕴形态的"德"释放出来，从而达至"道通为一"的和融境地。广泛考察道家学说，则可知道家其实提供了许许多多的工夫路径。比如老子说的"无知（智）无欲"（《老子》第3章），稷下黄老所提出的"节其五欲，

――――――――――

① 参见张岱年《中国哲学大纲》，中国社会科学出版社1982年版，第194—196页。

去其二凶，不喜不怒，平正擅匄（胸）"（《管子·内业》），庄子
所主张的"无人之情"（《庄子·德充符》）、"离形去知（智）"
（《庄子·大宗师》）、"洒心去欲"（《庄子·山木》），等等，都在
提示"返德"的路径。道家注意到人心之中欲望、情感以及智识的
某些成分对于"德"的负面影响，故而每每主张去除之。① 人们常
说道家的工夫论是主张吾人"做减法"。此语甚能反映道家思想之
特点。我们需要进一步看到"减法"背后的依据：道家肯定了人人
皆固有作为"道"之潜蕴状态的"德"，因而吾人生活中所需做的
不是从外面接引"德"，也不是去增加"德"，而是化除那些阻碍
"德"进行释放的因素。庄子所说的"去德之累，达道之塞"（《庄
子·庚桑楚》）②，尤能代表道家思想的这种特点。

在如何养"德"的问题上，道、儒两家的主张大为不同。庄子
所言的"去德之累"和孟子所说的"扩而充之"（《孟子·公孙丑
上》），尤能反映两家之差异。荀子和孟子关于修"德"的看法虽
然存在区别，但相比于道家而言，他们其实属于同一"阵营"。孟
子强调"扩而充之"，希望"德"能够出现"从小到大"的扩展；
荀子认为人性本无"德"，"德"是通过人的"化性而起伪"（《荀
子·性恶》）逐渐培养成的，这是一种"从无到有"的转变。孟、
荀二子都带着"发展"的眼光看待养"德"问题。而在道家看来，
"德"的修养不是让它"从小到大"或者"从无到有"，而是要避
免"从有到无"这种情况的发生。相比于儒家所关注的"发展"，
道家更强调的是"释放"。要释放生命本身所具的"德"，自然就
需要化除各种牵累它的因素。③

---

① 这不是反对所有的欲望、情感和智识。道家所主张的有待去除的"欲""情"
"智"特有所指。

② 此语是说去除"德"的牵累，清理"道"的障碍，使之通达于吾人生命。

③ 某种意义上，我们可以将道家关于修"德"的主张概括为"不修之修"。庄子
曾言道："至人之于德也，不修而物不能离焉，若天之自高，地之自厚，日月之自明，
夫何修焉！"（《庄子·田子方》）这里体现的正是"不修之修"的意味。"不修之修"仍
是一种修养，只是它排除"修"的前识或机心，所谓"不修"，正是就此而言。在道家
看来，这样的前识或机心也是"德之累"的一种表现。

　　当人们说道家主张"做减法"时，一般也会言及儒家倡导"做加法"。就如何修"德"的问题而言，这种定位是恰当的。进一步来看，这两种主张背后其实蕴含着两家对人性的不同看法。儒家很关心人性的善恶问题，这不仅是为了弄清楚人性本身的情况，同时也是为了确立自我修养的路径。比如孟子在人性当中找到了"德之端"，这既是为了说明人性本善，也是为了确立"扩而充之"这一基本方案。道家在很大程度上是通过"德"的言论表达他们对人性的看法，但他们并不怎么关心人性的善恶，而是着意于人性当中是否存在体道之依据的问题。道家以"德"的观念表明他们的立场，并且这种被确认的依据是完整意义上的，而不是某些观点所认为的对"道"的分有。这是道家主张"去德之累"的根源所在。

　　总之，在人和"道"的关系中，道家关心的核心问题是人何以能体认"道"，又当如何体认"道"。通过确认人之生命中本含蕴作为"道"之潜蕴形态的"德"，道家对何以能的问题给出了解释。也正因"德"代表的是"道"的潜蕴形态，指涉的是"多中之一"，因此如何体认"道"的问题也就转化成了如何让作为潜质的"德"得到展放的问题。对此，道家的主张概括起来说即所谓"去德之累"——化除各种阻碍"德"之释放的因素，让生命中本具之"德"如其所是地展现出来。所谓体认"道"不是说向外认知"道"，而是让生命中所含的作为"道"之潜蕴形态的"德"自然而然地展放出来。虽然道家也默认了吾人应当在万物的观察中领会"道"本身，但这不代表"道"是有待认识的外在对象。对万物的观察只是辅助性的，它辅助于生命本己内蕴之"道"的展放而已。①

三　"德"在己他关系与道家的伦理思想

　　在道家哲学中，体认"道"和运用"道"是一事之两面。

——————————

　　①　一旦说及"体认'道'""觉悟'道'""运用'道'"之类，就会给人一种"道"作为对象的感觉。在根本意义上，这些话语其实是指作为"道"之潜蕴形态的"德"在生命中得到了展放。只要我们明了这一点，此类言论也是可说的。

"德"的展放不纯是内心活动，它势必要体现在人的行为之中。如上所述，己他关系和王民关系是"德"见诸行动的两个基本领域。相较于道人关系，道家在上述两种关系上更关注"德"如何被运用的问题。我们可通过"德性"与"德行"这一对范畴来反映其中的区别和联系："德"在道人关系中着重表现德性之义，而在己他和王民两种关系中它作为德行的意义更加突出。这里说的德行不仅指一般所说的伦理上的德行，也包括政治上的德行，后者属于德政范畴。① 此节专门考察"德"作为伦理德行在己他关系上的表现，至于王民关系中的政治德行，则留待后节讨论。

（一）"德"在己他关系中的意义与角色

当我们说"德"作为一种境界时，容易把它看作一种纯粹内在的精神活动。事实上，"德"作为一种境界并不是指与外物隔绝的内心之域，也不是指和他者无涉的冥思状态。"德"的展放和焕发必然包含外物或他者，它的呈现需要外物的存在，需要他者的参与，这是一种内外融通的状态。就其内在一面而言，是为德性，此间之背景是人和"道"的关系；就其外在一面而言，则属于德行，此间之背景则是有德者和他者的关系（包括己他关系和王民关系）。

整体上而言，道家思想中的"德"包含德性与德行两方面的意义，但由于道家在不同的语境里对两个方面有不同程度的关注，因而这一观念也就表现出各有侧重的思想形态。具体到道家诸子来看，"德"作为伦理德行的意义在老子思想中并不突出（老子更关心它在政治领域的表现），到了庄子思想则变得显要。至于黄老学说，"德"之此义在其中并无显著表现，其情形类似老子（关注德行之"德"的政治性），而其程度则甚于老子。

老子所言"德"的伦理意义虽不突出，但不是没有表现，比如《老子》第10章的"玄德"一定程度上即含有此等意味："生之，畜

---

① 很大程度上德政这一概念在今天已成为儒家政治思想的代名词，其实道家哲学中也存在丰富的德政思想。

之，生而不有，为而不恃，长而不宰，是谓玄德。"① "玄德"是一个颇能反映老子"德"思想之特色的概念。如同郑开先生所洞察到的，老子似乎是有意提出一"玄德"和西周以降所流行的"明德"针锋相对。② 在《老子》书中"玄德"共出现4次，分别见于第10、51、65章（第65章出现两次）。第51章所见"玄德"的主体是"道"（见第一节所引），余者之主体皆为圣人。第65章所见两处乃属政治领域中的圣人之"玄德"③，而第10章所见者则含有伦理意味。④

在如何对待他者的问题上，《老子》给人的通常印象是主张"无为"，更具体点来说，即主张不干涉他者、顺任他者之"自然"。这一理解自然无误，但它没能反映老子思想主张的全部。比如第10章所言"玄德"的表现中，"弗有"（不占有）、"弗宰"（不主宰）即"无为"的表现，但在此之外老子还主张"生"和"长"，这意味着有德者应该为他者提供其所需的资源和条件。如果说"弗有""弗宰"指示的是有德者的消极责任（不应做什么），那么"生"和"长"则提示着有德者的积极责任（应当做什么）。此等情形亦见于《老子》第64章，此即所谓"辅万物之自然而不敢为"。"辅"而"不敢为"的叙述结构正类似于"生而弗有，长而弗宰"。这里用"辅"字来概括积极责任的一面，用"不敢为"

---

① 此章中"生而不有，为而不恃，长而不宰，是谓玄德"的表述和第51章末句完全相同。但从简帛诸本来看，两章所言并非完全一样。帛书甲本里，第51章此句作"［生而］弗有也，为而弗恃也，长而弗宰也，此之谓玄德"，第10章此句作"生而弗（有，长而弗宰，是谓玄）德"。帛书乙本中，第51章此句作"［生而弗有，为而弗恃，长而］弗宰，是谓玄德"，第10章此句作"生而弗有，长而弗宰也，是谓玄德"。汉简本中，第51章此句作"故生而弗有，为而弗持，长而弗宰，是谓玄德"，第10章此句作"生而弗有，长而弗宰，是谓玄德"。楚简本不见此两章。引文中"［］"表示原文残缺。总的来看，第51章在帛书甲、乙本和汉简本都有"为而弗恃"一句，而第10章在这些版本中都没有"为而弗恃"一句。以下我们对第10章"玄德"的讨论皆依据简帛诸本。

② 参见郑开《玄德论——关于老子政治哲学和伦理学的解读与阐释》，《商丘师范学院学报》2013年第1期。

③ 《老子》第65章："古之善为道者，非以明民，将以愚之。民之难治，以其智多。故以智治国，国之贼；不以智治国，国之福。知此两者，亦稽式。常知稽式，是谓玄德。玄德深矣，远矣，与物反矣，然后乃至大顺。"

④ 如果从前面的"爱民治国"来看，此章所言也和政治有关，但相对来说，此章所见"玄德"的政治意味不如第65章那么鲜明。

来表示消极责任的一面。所谓"不敢为",即"无为"的表现。在老子看来,有德者在对待他者时一方面要做到"不敢为",另一方面还要进行适当的辅助。在此等诉求中,"无为"和"辅助"作为"德"的两方面表现,同时导向他者的"自然"。①

可以说,他者之"自然"是"德"表现于己他关系时所要达成的理想之境。在这一点上庄子延续了老子的理念,他所主张的"顺物自然而无容私焉"(《庄子·应帝王》),即典型之表现。庄子同样以他者之"自然"为鹄的,但对于有德者的诉求较之老子又出现了一些变化。一则,他把老子所主张的"不敢为"深化为"无容私",二则,他把老子所倡导的"辅"调整为"顺"。前一个变化蕴含着庄子对一种行为何以是不当之"为"的更深入的思考。比起老子直接强调"不敢为",庄子更关心这种"为"的成因——行动者的"私"(私心、私意)。联系作为鹄的的"自然"来看,在庄子看来所谓"为"其实是指出于行动者之私意而违背他者之"自然"的行为。后一个变化则暗示着庄子对"德"作为一种积极责任的弱化。"辅""顺"之间存在微妙差异。前者意味着他者的"自然"(自我实现)的能力并不充分,还需要有德者的辅助。而在庄子思想中这种作用并没有得到推崇,在他看来,有德者对待他者只需"顺"之而已。老、庄都肯定人的自我实现的能力,这是他们主张"辅""顺"的共同依据;但相比而言,庄子对人的这种能力给出了更高的肯定,这是其主张之所以是"顺"而不是"辅"的深层原因。

_____

① 在拙著《先秦道家"德"观念研究》中,老子所论"德"在己他关系上的意义尚未进行专论,此间所述作为一简要补充。另外,"辅万物之自然"是一个看起来有点自相矛盾的表述。"自然"的一个基本含义是"自己如此",既然有德者施了"辅"的作用,那他者的活动还是"自己如此"吗?透过语义可知,"自然"的深层意涵在于"自我实现"。老子所期许的本真之自我是化除贪欲和俗智的自我(《老子》第3章所说的"无智无欲"),而世人难免会沉迷于俗智和贪欲,因此需要有德者的适当辅助,这也是第64章所说"复众人之所过"的意义所在("复"指修复、挽救,"过"指过错)。此间问题比较复杂,笔者在他处曾有专论,可参拙文《老子哲学中的行动问题及其思想脉络》(待刊)。

此上围绕"自然"之论比较二子之同异，《庄子》中尚有许多关于己他之"德"的言论。庄子在这方面的论说除了以"自然"为鹄的，还强调"游"与"和"的宗旨。相对来说，"自然"侧重于描述他者的境况，而"游"与"和"所描述的则是有德者和他者互动而互成的状态。《德充符》的"游心乎德之和"之言是庄子以"游""和"论"德"的集中表现。此外，《达生》有"游乎万物之所终始，壹其性，养其气，合其德，以通乎万物之所造"。《山木》有"若夫乘道德而浮游则不然。无誉无訾，一龙一蛇，与时俱化，而无肯专为；一上一下，以和为量。浮游乎万物之祖，物物而不物于物，则胡可得而累邪"。《外物》有"人有能游，且得不游乎？人而不能游，且得游乎？夫流遁之志，决绝之行，噫，其非至知厚德之任与"。这些都是以"游"论"德"的表现。至于以"和"论"德"之情形，在《庄子》中亦不少见，比如《德充符》有"德者，成和之修也。德不形者，物不能离也"。《缮性》有"夫德，和也"。《徐无鬼》有"抱德炀和，以顺天下"（"炀"谓"养"）。《庚桑楚》有"儿子终日嗥而嗌不嗄，和之至也；终日握而手不掜，共其德也"。

以往研究中，"游"与"和"经常被理解为有德者的内心境界。其实这只是"游""和"之义的一个方面，与此同时它们还涉及有德者和他者的关系状态。所谓"游"，不可能是"绝物"之"游"，恰恰相反，它始终是"乘物"之"游"。根本上而言，"游"指的是化除物我之隔阂的一种能力，此等能力既是有德者内心得以通畅的依据，也是有德者能够畅游于他者的基础。至于"和"，它不仅指内心的平和，也关乎己他之间的和谐。所谓"物不能离""以顺天下"，正是后义之体现。可以说，"游"指向过程，"和"描述结果。面对纷繁复杂的事变物化，庄子不止一次讲到"不可奈何"，这容易让人以为他主张对外物采取无奈接受或无动于衷的态度。但如果注意到"游""和"之深义，我们将会看到庄子所倡导的其实是在尊重和顺任之中自我与他者相和相融的理念。"德"作为"道"在己身之潜蕴，意味着吾人本来就蕴含着"游"的能力,本来就包藏着"与物为春"亦即"和"的可能。所谓"德者,成和之修也",正是说这种潜能得到了开发和实现。

由上可知,己他关系是道家伦理思想的基本架构,而"德"作为一种德行是联结此等关系的一个枢纽。"德"是道家表达其关于己他关系之诉求的核心观念。自老子而言,他者之"自然"是其关于他者境域的基本诉求,"无为"和"辅助"作为"德"的两方面表现,共同导向此境之实现。庄子延续了"自然"的理念,但他将"无为"深化为"无容私",并一定程度上弱化了"辅助"的责任性。此外,他还通过"游""和"等关键词来描述"德"获以展放的状态,这种状态不是纯粹内在的心灵之域,在关涉心灵之域的同时它还指向有德者和他者的关系。

(二)己他之"德"的相关问题

这里将集中讨论几个问题。首先是关于道家学说中用以表示他者的语词。道家没有形成一个专门用以表示他者的语词,就其中涉及己他关系的言论来看,道家或用"人"表示他者,或以"物"指称之。相对来说,后者更常见,这在前引诸文段中可看出。在此等言论里,"人"指的是有德者所面向的他人,而"物"的所指则比较复杂,有待细察。总而观之,道家学说中"物"的主要含义是事物(thing)①,对此可用关系的视域作进一步解析:(1)在道物关系、天物关系或气物关系中,表示一切现象事物;(2)在人物关系中表示人类以外的事物;(3)在己他关系中表示个人所面向的外物;(4)在言物关系中表示言辞所指涉的对象②;(5)"物"不处于任何关系

---

① 除此以外,"物"还可专指"事",或指某物的形象,或用作动词,表示某个动作。有关于此,可参拙文《老子"物"论探究——结合简帛〈老子〉的相关信息》,《中国哲学史》2021年第1期。

② 这种情形较为少见。如《鹖冠子·能天》:"诐辞者,革物者也,圣人知其所离;淫辞者,因物者也,圣人知其所合;诈辞者,沮物者也,圣人知其所饰……"在此"辞"与"物"构成语言和对象的关系。

中，可泛指一切存在的事物。① 和本节有关的是第 3 种情形。在此"物"是表示他者的语词，但它所指的范围又灵活多变，不可单一而论。析而论之，大致包括以下三种情形：（1）"人"和"物"同时出现，均表示他者，"人"指他人，"物"指非人之物②；（2）只出现"物"，被用来表示包括他人和非人之物在内的一切他者③；（3）只出现"物"，其所指恰恰是人，具体来说是指他人④。

与上述者密切相关的一个问题是，道家在涉及对待他者的问题时似乎不大区分对待他人和对待非人之物的方式。尤其是在那

---

① 这里的"物"是最广义的，一切存在只要它进入了说话者的语言世界便都是"物"，包括形而上的"道"也不例外。如《老子》的"道之为物，惟恍惟惚"（第21章），"有物混成，先天地生"（第25章）。《文子·道原》的"有物混成，先天地生。惟象无形，窈窈冥冥"。《黄帝四经·经法·名理》的"有物始［生］，建于地而溢于天，莫见其形"。这里的"物"在指称范围上最为广泛，涵括了形而上之"道"（它不是专指"道"，而是泛指一切存在物，包括形而上之"道"）。需补充的是，《老子》第21、25章在简帛诸本有异文，老子所言"物"有无此义尚难以确定。有关于此，可参拙文《老子"物"论探究——结合简帛〈老子〉的相关信息》，《中国哲学史》2021年第1期。

② 如《老子》第27章的"圣人常善救人，故无弃人；常善救物，故无弃物"；《庄子·天地》的"无为为之之谓天，无为言之之谓德，爱人利物之谓仁"；《庄子·则阳》的"其于物也，与之为娱矣；其于人也，乐物之通而保己焉"（"其于物也"和"其于人也"相对，此间的"物"指非人之物，而"乐物"之"物"则指人）。

③ 如《老子》第37章的"侯王若能守之，万物将自化"，第64章的"以辅万物之自然而不敢为"，《庄子·逍遥游》的"之人也，之德也，将旁礴万物以为一"，《庄子·德充符》的"使日夜无郤而与物为春，是接而生时于心者也"，《庄子·大宗师》的"喜怒通四时，与物有宜而莫知其极"，《庄子·应帝王》的"顺物自然而无容私焉"，《庄子·缮性》的"彼正而蒙己德，德则不冒，冒则物必失其性也"。

④ 如《老子》第24章的"物或恶之，故有道者不处"（"恶"指厌恶，厌恶的主体是人），第29章的"物或行或随……是以圣人去甚，去奢，去泰"（"行"指行走，"随"指跟随，行走、跟随的主体是人）。前引《庄子·则阳》的"乐物之通"。《庄子·知北游》的"圣人处物不伤物。不伤物者，物亦不能伤也。唯无所伤者，为能与人相将迎"（"与人相将迎"说明前面的"物"应是指人）。需补充的是，前一脚注所引的《老子》两处中，从其主张来看，"物"应是指一切他者，但第37章"自化"之后有"化而欲作"之语，第64章"以辅"之前有"复众人之所过"之言，若结合语境来看，则"物"的所指主要是他人。就涉及己他关系的言论来看，老子所言"物"多指他人，而庄子所论"物"则多指一切他者，这或许也是老、庄的一个差异。另外，以"物"指人的用法在老子以前就有出现，如《左传·昭公十一年》的"物以无亲，晋之不能，亦可知也"，同书昭公二十八年的"夫有九（尤）物，足以移人"，《国语·周语下》的"若能类善物，以混厚民人者，必有章誉蕃育之祚"。

些以"物"表示一切他者的情形中，这种倾向更加明显。比如
《老子》第64章的"辅万物之自然而不敢为"之论，以及《庄
子·应帝王》的"顺物自然而无容私焉"之言，反映着老庄关于
如何待他的核心主张，而在此等主张中老庄都表现出对待他人和
对待非人之物应采取同一原则的倾向。① 在如何对待他者的问题
上，儒家则比较强调方式的区分。他们不仅区分对待他人和对待
非人之物，并且在对待他人之中也进行区分，一个典型的例子即
孟子所说的"君子之于物也，爱之而弗仁；于民也，仁之而弗
亲"（《孟子·尽心上》）。在孟子看来，仁爱是对待他者的基本
原则，但在对待不同的他者时仁爱有不同的表现方式，其程度也
存在差异。相比而言，道家没有那么强调仁爱，也不会明显区分
对待的方式和程度。道家关于对待他者的主张和墨家所推崇的
"兼爱"似有类似之处，实际上道家所理解的"爱"不完全同于
墨家，并且他们所关注的他者也不限于人。广义上来说，道家的
主张也可概括为爱他者，但这里所说的"爱"是指"辅""自
然"或"顺""自然"，此非墨家之所强调。墨家所言"兼爱"，
要之即"爱人若爱其身"（《墨子·兼爱上》），虽然他们强调
"兼"（普遍），但所爱的范围仍是基于人类。

　　要言之，围绕己他之关系道家对于他者的思考范围囊括了人类
以及人类以外林林总总的事物，并且在对待方式上也没有进行明显
区分。前节曾论及，在先天"得道"和后天"得道"的问题上，
道家虽然承认了人和非人之物的区别，但他们没有着意突显。这里
所谈的情况或许存在某种关联。归结起来看，一个共同的倾向即在
于道家不甚区分人和非人之物，或者说道家不是很希望突显人的特
殊性。人较之他物而独有的属性自然是可贵的，但诸种不当的
"为"也往往是源于此等属性。"无为"的理念使得道家在肯定人
之特殊性的同时又不能过于突显之。儒家强调人、物之异，突显

---

　　① 当然，其中也有进行区分的情形，比如《庄子·天地》所说的"爱人利物"；
《庄子·则阳》的"其于物也，与之为娱矣；其于人也，乐物之通而保己焉"，都区分了
对待他人和对待非人之物的方式。

人、禽之辨，而道家则时时流露出混同人和物的倾向，与上述者不无关系。

接下来讨论己他关系和其他关系的内在联系。本节开头通过德行和德性的范畴，对己他关系和道人关系的联系已有论述，还需说明的是己他关系和道物关系的联系。比如在老子思想中，"玄德"分别归属于"道"和圣人，此情形即暗含着老子哲学的一个非常重要的理路——圣人体认"道"，进而依据"道"对待万物的方式来对待他者。具体来看"玄德"的表现，第10章末句所描述的圣人之"玄德"和第51章末句所描述的"道"之"玄德"非常相似①，这种相似性正是圣人以"道"对待万物的方式对待他者的表现。由此亦知，道物关系和己他关系之间其实存在着某种契应性。简单点来说就是，宇宙场合中"道"以"玄德"对待万物，而人事场合中圣人以"玄德"对待他者。当然，这不是简单的模仿，圣人以"玄德"对待他者的过程中乃蕴含着深刻体认"道"的前提。

此等情形在庄子思想里发生了一定的变化。如前所述，老子更彰显道物相分的一面，强调"道"的超越性，而庄子则更加突显道物融合的一面，关注"道"的内在性。伴随着道物关系的这种变化，庄子对己他关系也变得更强调其间之融合。老子主张有德者以"无为"和"辅助"的方式成就他者之"自然"，庄子一定程度上沿承了此等理念，与此同时他又强调"德"作为"游""和"的状态。较之老子所论，庄子所关心者更能体现有德者和他者融为一体的关系。可以说，在庄子思想中己他关系和道物关系也存在契应性，只不过这种契应性有别于老子思想。无论是道物关系还是己他关系，相对来说，老子更关注分而庄子更彰显合。从老子到庄子，两种关系的变化趋势是相一致的。

总而论之，"德"的展放不仅仅是行动者个人的事情，也关乎

---

① 如果从通行本来看，两处描述是完全一样的。若结合简帛诸本来看，则两处并非全同，但也非常相似。

他者之境域，这两个方面是互动而一体的。庄子所说的"乘物以游心"（《庄子·人间世》）尤能体现此间深意——"心"之"游"有赖于"物"之"乘"。此"游"不是指隔绝外物的纯粹"内游"，而是指在尊重和顺任之中与物相融无碍的境地。在道家看来，面对他者我们不是要无情地隔绝之，也不是要无奈地接受之，而是要看到他者的自我，看到他者本身的价值，从而以一种乐于尊重、欣然顺任的态度"辅万物之自然""顺物自然"，乃至于"与物为春"。人们通常会以为道家主张不为外物所动、自求内心平静。道家的思维特点和言说风格容易让人产生这样的印象，而人们有意无意间的视域聚焦又使得这种印象越发牢固。当我们开放理解的视域，透过那些看起来有点离世脱俗的主张把握其间的实质问题时，道家哲学中深切的伦理关怀、丰富的实践智慧将会越来越充分地呈现出来。

四　王民关系中的"德"与道家的政治哲学

从伦理角度看，"德"的主体是道德场合的行动者。从政治角度看，"德"的主体或是为政治国的君王，或是君王所面向的民众。当"德"的观念延伸到政治领域，己他关系也就转化为王民关系。在后一关系中"德"既可表征君王治国之态度和方式，也可指涉民众的生活境域。前一形态是为王德，而后者则可称为民德。具体到道家诸子来看，老子和黄老关注的是王德，而庄子在留意王德的同时也重视民德。接下来我们先考察"德"在道家诸子政治学说中的表现，以探明它何以成为王民关系之枢纽，而后专门讨论其间的相关问题。

（一）"德"在王民关系中的意义与角色

老子关于"德"的思想主张集中体现于他所独创的"玄德"观念。这一观念在具有伦理意味的同时也包含丰富的政治意义。如果说《老子》第 10 章的"玄德"兼含伦理和政治的意味，那么第 65 章所见者则基本上属于政治概念。先看第 10 章。老子在讲"玄德"以前谈到了"爱民治国"，其间之主张也关乎治国活动。这意味着，前节所讲的"无为"和"辅助"的两种责任也适用于政治领域的圣人（政治上的圣人又被老子称为侯王，我们可并称其为圣王）。

"弗有""弗宰"作为"玄德"的一个方面，是"无为"的具体表现。第 10 章在讲"弗有""弗宰"以前，还强调"无以知（智）"（《老子》帛书乙本），这是"无为"的关键所在。老子屡言去智，其所言智是指那种会催发不当行为的俗智或智巧，这是导致君王占有、把控民众的重要因素。第 65 章的"玄德"之论也强调了这一点："故以智治国，国之贼；不以智治国，国之福。知此两者，亦稽式。常知稽式，是谓玄德。玄德深矣，远矣，与物反矣，然后乃至大顺。"治国者洞察"智"的危害，做到"常知稽式"，才能具备"深矣""远矣"的"玄德"。在"无以智"以外，老子还强调"无欲"："我无为而民自化，我好静而民自正，我无事而民自富，我无欲而民自朴。"（《老子》第 57 章）统治者的智巧和私欲会相互配合，共同催发"有""宰"等干涉行为。所谓"无为"就是要否定这些干涉行为，而其要害则在于"无欲"和"无以智"。

除了"弗有""弗宰"的一面，"玄德"还具有"生""长"的一面，后者指向圣王的积极责任，意味着圣王应为民众的生存和发展提供所需的条件和资源。第 64 章所言的"辅万物之自然而不敢为"同样具有政治意味，其中"辅"的含义和"生""长"类似。在其他地方老子也讲到了积极责任，比如第 37 章的"侯王若能守之，万物将自化。化而欲作，吾将镇之以无名之朴"，第 56 章的"塞其兑，闭其门，挫其锐，解其分，和其光，同其尘，是谓玄同"。在此"镇""塞""闭""挫"等语词表示的活动似乎要比"生""长""辅"来得更激烈，甚至表现出一定的干涉意味。但究其实质而言，这些语词的所指和"辅"是一致的，此等活动根本上都属于辅助行为。总而察之，在老子思想中"无为"和"辅助"

作为"德"的两方面表现，构成微妙的配合关系，共同导向民众的"自然"。

　　庄子一方面关注王德，另一方面又将"德"视作归属于民众的符号，呈现出一种别具一格的民德论。先来看他关于王德的主张。《庄子·天地》有一段话专门描述帝王之"德"的表现："大圣之治天下也，摇荡民心，使之成教易俗，举灭其贼心，而皆进其独志，若性之自为，而民不知其所由然。若然者，岂兄尧舜之教民，溟涬然弟之哉？欲同乎德而心居矣。"此所言"摇荡"在《大宗师》写作"遥荡"，意指逍遥放荡①，"摇荡民心"是说使人心逍遥自在。庄子所强调者仍在于民众"自然"此点上。在其他地方，他还通过"在宥天下"（《庄子·在宥》）和"藏天下于天下"（《庄子·大宗师》）等言论表明这一点。"在"是使动用法，意谓"使……在"，"宥"指宽宥、包容。内在于"在宥"之中的一个逻辑是"宥而在之"——以宽容的方式让天下以其自身样态存在。"藏天下"是一种很灵妙的说法。把东西藏起来，可能是为了占据它，也可能是为了保护它。把天下藏于权力之中，为的是占据天下，而藏于天下本身，则事关保护天下。直接来说，"在宥天下"和"藏天下"为的是维护天下作为自由场域的本质，而其深层宗旨则在于成就这一场域之中民众的"自然"，这和《天地》篇所说的"帝王之德"可以相互发明。"无为"是老庄共同主张的消极责任，而在积极责任方面，庄子并没有强调辅助民众，他更加推崇的是维护天下的本质。维护天下也可说是辅助民众的表现，但后者在指示间接作用的同时也不排除对民众的直接作用，而前者基本上都属于间接作用，更强调对环境和场域的保护。

　　在政治论域中，庄子对"德"的一个重要发展即在于他把"德"视作民众的属性，更具体来说，即以"德"表示民众"自

---

　　① 《大宗师》有言："许由曰：'而奚来为轵？夫尧既黥汝以仁义，而劓汝以是非矣，汝将何以游夫遥荡恣睢转徙之涂乎？'"

然"的内在依据。对于民众的理想生活状态，老子用"自然"标示之，但他没有进一步去关注民众得以"自然"的内在依据。在王民关系中，老子所言之"德"均是针对君王而发。庄子在延续民众"自然"此理念的同时，又以"德"标示其依据，由此"德"也就转而成为一种归于民众的属性。庄子的政治思考在很大程度上是围绕民德展开的。首先，他通过"德"标示理想的天下形态，所谓"至德之世"（见于《庄子》的《马蹄》《胠箧》《天地》诸篇）、"建德之国"（《庄子·山木》），即代表着其心目中的理想社会。这里的"至德""建德"，直接来说，是指天下的形态，而在实质上它指向的是天下这一场域之中民众的存在境况。其次，庄子以"至德""建德"为基准，对现实政治进行深刻的批判，认为社会败乱的实质是民众的"德"发生了"下衰"（《庄子·缮性》）。再次，庄子所提出的一系列政治主张的最终目的，可以用其所言的"天下之德始玄同"（《庄子·胠箧》）进行概括。民众之"德"得以"玄同"，实际上就是人人得以"自然"的状态。此所谓"同"不是说人人之"德"皆相同，而是说在实现其"德"这一点上人人皆相同。[①]

　　德政是老庄所共同推崇的，当然，这种德政有别于儒家所主张者。在老庄之间，德政的理念在具有连续性的同时又发生了一定的演变。比起老子，庄子德政理念的变化不仅表现于他对王德的诉求有所不同，也表现于他开辟出民德的新论域。在庄子思想中，"德"的这两种形态并非割裂而独存，实具有内在之关联。民众之"德"的"玄同"是君王治国的最高目标，在此过程中君王之"德"将起到比较关键的作用。世人成就自身之"德"，有赖于一个自由的场域，而君王之"德"正是他能够维护这一场域的前提。"在宥天下"和"藏天下"作为维护天下的表现，正是君王之"德"在行动上的开展。当然，不管君王之"德"多么重要，相对

---

　　① "玄同"一词沿自老子。在老子那里它是指在圣人辅助下民众所达成的玄妙的齐同之状。庄子延续了它的用法，并将人之所"同"者明确落实到"德"。

于民众之"德"来说，它都是一种工具，后者才是政治世界的目的和价值所在。

比起庄子发展王德思想并开辟出民德的新论域，黄老学派则把视域集中在王德上。就"德"的主体来看，黄老学派所关注者和老子是一样的，但他们对"德"的内涵作出了有别于老子的规定。作为先秦黄老学的两部基本文献，《管子》四篇和《黄帝四经》从不同的侧重点展现了黄老德政思想的丰富内容。《管子》四篇强调的是君王的德性之"德"，关注德政得以开展的内在基础，而《黄帝四经》则侧重于君王的德行之"德"，更重视德政的外在表现。

《管子》四篇所关注的君王的德性之"德"，用其本身语词来说，即所谓"内德"："无以物乱官，毋以官乱心，此之谓内德。"（《管子·心术下》）表面上看，这是一个事关个体修养的概念，但稷下黄老所强调的"德"之主体却不是普通个体，而是政治世界中处于最高统治地位的君王。从"内德"一语的后文即可看出这一点："是故，意气定然后反正。气者，身之充也；行者，正之义也。充不美，则心不得；行不正，则民不服。……凡物载名而来，圣人因而财（裁）之，而天下治。"这是一种从内圣到外王的思路。"德"作为标示内圣的符号，是外王的基础所在。《心术下》还言道："心安，是国安也；心治，是国治也。治也者，心也；安也者，心也。治心在中，治言出于口，治事加于民，故功作而民从，则百姓治矣。""心安""心治"作为"内德"得以修成的表现，是"国安""国治"的基础。

《黄帝四经》则体现了有别于《管子》四篇的发展方向。它并不关注"德"作为德性的意义，强调的是君王的德行之"德"。比照《管子》四篇的"内德"，此形态可谓之"外德"。此种"外德"包括原则和措施两个层面。原则层面上，《黄帝四经》在推崇"玄德"的同时又强调"明德"："天下大（太）平，正以明德，参之于天地，而兼复（覆）载而无私也，故王天〔下〕。……王天下者有玄德，有〔玄德〕独知〔王术〕，〔故而〕王天下而天下莫知其所以。"（《黄帝四经·经法·六分》）此书继承了老子的"玄德"理念，但它又把那种被老子所拒斥的"明德"思想重新接引进来。此二者扮演着相互配合的角色："玄德"是"王术"（君王治理之术）的基础①，而"明德"则让君王具有"参之于天地"的地位。此外，"德"的思想也被延伸到措施层面，其典型之论即"刑德相养"（《黄帝四经·十六经·姓争》），此所谓"德"指和刑罚相配合的奖赏之举。其主张和法家有近似之处，但相比于法家的重刑轻德，《黄帝四经》则表现出二者兼重的立场，甚至有些地方还有德主刑辅的倾向。

以上对"德"在道家政治学说中的表现作了历时性考察。总起来看，君王和民众的关系是道家政治学说的基本骨架，而"德"作为一个或表征君王治国方案，或表征民众生活境域的符号，成为联结王民之关系的要害。道家诸子都推崇德政，老子奠定了德政理念的基础，而后庄子和黄老学派从不同角度作出新的发展。在直接的意义上，道家政治哲学要处理的核心问题是作为治理者之代表的君王应如何治理天下，这一问题背后所蕴含的其实是道家对天下民众的关切。他们的言论往往围绕君王展开，但他们的关切点始终在民众身上。

（二）"德"与道家政治哲学的相关问题

上文曾指出，道家的政治主张包括消极责任和积极责任两个方面。以老子为例，"无为"和"辅助"作为"德"的两方面的表现，共同导向民众的"自然"。也许人们会说，"无为"作为一种治国原则，已经包含了对"辅助"的肯定，它否定的只是那些以个

---

① 老子不关心具体的"王术"，这是黄老所论"玄德"较之老子的一个变化。另外，自老子提出"玄德"理念以后，道家后学从不同角度进行发展，让此理念成为一个颇具道家特色的思想符号。"玄德"在老子思想中兼含心性意义和政治意义。《黄帝四经》从政治角度发展它，而《庄子》和《文子》则关注它的心性意味。《庄子·天地》曰："同乃虚，虚乃大，合喙鸣，喙鸣合，与天地为合。其合缗缗，若愚若昏，是谓玄德，同乎大顺。"《文子·道原》有言："真人者，通于灵府，与造化者为人，执玄德于心，而化驰如神。"《文子·自然》曰："道深即德深，德深即功名遂成。此谓玄德，深矣远矣，其与物反矣。"

人意志干涉民众的行为，但不否定那些以"百姓心为心"亦即顺应民众意志的辅助行为。这种理解有一定道理，但笔者认为仍有必要将"辅助"作为与"无为"相配合的另一面单独提出来。一个首要的原因是，作为一项消极规范，"无为"的重点在于否定干涉行为，虽然我们可以将它作广义理解，认为它包括了对"辅助"的肯定，但这种肯定是暗含的，并且更为关键的是，它只肯定了"辅助"的可为性，并没有把"辅助"的应为性或责任性反映出来。可以做的另一面是也可以不做，这样将可能得出老子主张对民众可以不闻不问的结论（不闻不问正是"无为"的表现），甚至也将可能得出老子倡导无政府主义的结论。因此，我们有必要把"辅助"作为责任的另一面单独提出来，这样才能更确切地反映老子的思想。

与之相关的另一个原因是，基于两种责任的视域能够更深入地探察到道家政治学说的发展轨迹。就黄老的政治思想而言，当我们提出积极责任这一视域时，也许大家会觉得较容易接受。一个显而易见的事实是，黄老强调"法"的作用，肯定君王对法度和秩序的建构，这是其所规定的君王的积极责任。当然，与此同时黄老也延续了"无为"的理念，这是其所主张的君王的消极责任。如果一味强调老庄的政治主张即在于"无为"，那么黄老思想中的积极一面就未免显得突兀。事实上，黄老所主张的以"法"治国虽然不乏法家之影响，但在深层之处这也是对老子所主张的积极责任的一种发展。在积极责任上老子强调辅助，庄子对此有所弱化，转而主张维护（个中区别见前文），而黄老学派则对此进行强化，把法度作为辅助民众的基本工具①，这也正是黄老学中"法"不违背"无为"的根本原因。可以说，老子思想中辅助所代表的积极责任给黄老学的发展提供了空间，使得后者援"法"入"道"成为可能。整体

① "法"的一项重要内容是对"德""刑"即赏罚的制度规定。而在黄老思想中，"德""刑"能够"因循人情"，是合乎民众之"自然"的。有关于此，可参见王中江《黄老学的法哲学原理、公共性和法律共同体理想——为什么是"道"和"法"的统治》，《天津社会科学》2007年第4期。

上来看，"无为"是道家诸子一以贯之的主张，而与此同时道家诸子在与之配合的积极责任上的规定则各有特色。如此一来，道家诸子对"无为"的理解其实存在一定差异，或者说"无为"之"为"和积极责任所指行为的界限在道家诸子的思想中并不完全统一。

接下来考察王民关系与其他关系的联系，这将涉及道家政治学说和其他几个论域的关联。从德性和德行这一对范畴来看，道人关系所体现的主要是德性一面，而己他关系和王民关系则着重反映德行一面，德行一面又存在伦理德行和政治德行的区别。这种判断可以大体上呈现三种关系的联系。但有两点需进一步说明。一则，德性和德行的区分是相对而言的，二者并非割裂而各存。道人关系中的"德"关联德行一面，而己他关系和王民关系中的"德"也关联德性一面。甚至在《管子》四篇中，王民之间的"德"乃主要表现为德性一面。二则，伦理德行和政治德行存在一定的交集，这在前文讨论老庄之政治学说时便可看出，这里涉及道家思想中伦理和政治的关系问题。亚里士多德把人的实践区分为伦理实践和政治实践两种，前者为达成个人之善，后者追求公共之善。[①] 道家关心的实践也涉及这两个领域，但他们没有进行明确区分。某种意义上，在其思想中伦理是一个包含政治的更广的领域（此所言伦理已是广义，而本文所论者乃取狭义）。作为伦理的一种形态，政治要接受道德规范的约束，这是道家思想中"政治道德化"的一个表现。[②]

王民关系和道物关系也存在微妙的联系。在老子看来，宇宙场合中"道"以"玄德"生养万物，而人事场合里圣王乃以"玄德"成就百姓。政治世界仿佛成了宇宙场景的一个缩影。当然，这不是简单的模仿，其间蕴含着道人关系这一桥梁，圣人的"玄德"乃建

---

① 参见［古希腊］亚里士多德《尼各马可伦理学》，廖申白译注，商务印书馆2003年版，第6页。

② 所谓"政治道德化"，不是说政治趋向道德，而是说政治被纳入道德，接受后者的约束。关于儒家思想中的"政治道德化"，学界已讨论颇多，而道家思想在这方面的特点还未引起足够重视。

立在他深刻体认"道"的基础上。在庄子和黄老的思想中，道物关系和王民关系都发生了一定的变化，耐人寻味的是，两种关系的变化趋势是相协调的。在庄子学说中，"德"的归属者从君王扩展到天下民众，这和"德"在道物之间的意义转向具有一致性。在老子那里，宇宙场景中的"德"归属于本根之"道"，而人事之"德"则归属于治国圣人。到了庄子思想，两种场景的"德"都出现了"降落"的趋势。并且，正如同老子思想中两种"德"存有内在之联，庄子思想中的万物之"德"和民众之"德"也存在类似的关系，前者隐含着为后者张本的意味。就黄老学派来看，他们在继续关注道物关系的同时，也强调天物关系和气物关系，对宇宙的解说表现出形而下化的倾向。与之相契应，黄老对王民关系的界定也变得更加具体，为君王设计了更具可操作性的治术。

最后对道家政治学说中的关系架构作一补充说明。王民关系是道家政治学说的基本骨架，但不是唯一的架构，除此之外还包括君臣之关系。老庄不怎么论及君臣关系，但黄老学比较关注。比如《管子·心术上》以心身关系比喻君臣之间的各司其职①，《黄帝四经》所言之"德""刑"作为奖赏和刑罚的措施，在面向民众的同时也针对臣工起作用。黄老关注君臣关系，和他们对"无为"的重新理解有关。通过君臣分工，他们试图建立起君逸臣劳的格局，以保障君王"无为"的实现。

五　结语

道家学说容易给人一种飘逸甚或零散的印象。当我们透过其言论之现象，把握其所关心的问题时，可发现其学说在深层之处实具有独特的体系性。可以从不同的角度对此进行考察，本文尝试以"德"为线索，以关系为视域，对其体系结构作一呈现。由于论域

---

① 《管子·心术上》曰："心之在体，君之位也。九窍之有职，官之分也。心处其道，九窍循理。嗜欲充益，目不见色，耳不闻声。故曰：上离其道，下失其事。毋代马走，使尽其力；毋代鸟飞，使弊其羽翼。毋先物动，以观其则；动则失位，静乃自得。"

较广，议题较多，本文所论多属简略。笔者希望能够提供一种方法，以便于把握道家哲学的内在理路。从本文视角来看，道家乃以"德"构造起关系，以关系呈现其论域。

道家关于"德"的论说很丰富，同时也很复杂。道家诸子的理解在具有共通性的同时又表现出许许多多的差异，并且，即便就同一思想家或典籍来看，语境的变化也使它的含义变得多样。通过对其含义的分析，可以探察到其间一直隐含着一种作为思想基底的关系架构。不管"德"的语境多么复杂，也不管道家诸子的思想如何变化，此观念的意义始终发生在这四种关系当中，成为塑造这四种关系的共同枢纽。关系性是"德"作为一个观念的重要特质①，这一特质决定了它在道家哲学中的角色是无可替代的。

"德"的关系性不是道家思想所独有的，关系学说也不是道家所特有的。儒家思想中的"德"也具有关系性，儒家也很重视对关系的塑造。但需要看到的是，"德"的关系性在道家思想里表现得更加广泛，也更为丰满。可以说，道家哲学在很大程度上就是一门关系学说。儒家注重关系已成为通识，相比而言，道家关系学说受到的关注要少很多，还有待深入的探讨和阐发。道家思想每每给人离世脱俗的感觉，这和道家本身的思维特点、言论风格有关，也和我们的视域选择有关。通过对其间的关系学说的考察，我们可以深入认识道家哲学的内在构造，以及那些蕴藏于脱俗言论之中的世俗性关切。

---

① 这种特点的形成，和"德"作为性质范畴有关，同时也和此观念的能动性、涉他性有关。有关于此，参见拙著《先秦道家"德"观念研究》（第537—538页）的论述。

论《老子》中"德"之
意义的类别性

西安翻译学院中文系　张　涅

摘要：《老子》的"德"是经验性认识的结果，前人基于理性的分析并非从文本的客观形态出发。经验性认识总是由特定性向类别性发展，故而其呈现不同的意义指向；大略地看，分别在"形而上意义""政治伦理说""人生修养论"三个范畴内。"德"没有确定的内涵，因此不能算是一个概念。本文拟造一个词"概指"来指称，以与"概念"相区别。"概"的本义是量谷物时刮平斗斛用的木条，使斗斛的计量一定；引申为规定性。"指"的本义是手指（脚趾），引申为指向、指点、指示义。结合成"概指"一词，意指向一定范围及意义的认识活动；也表示某一范围或指向的意义规定。人的认识基于感觉和经验，又企求理性，而其中的经验性是最基本的，因此"德"的概指意义能给予生活和生命活动以真实有效的指导。

关键词：《老子》　"德"　经验性　类别性　概指

　　《老子》中的"德"共出现44处。① 这些"德"是否属于概

---

① 据王弼本（楼宇烈：《老子道德经注校释》，中华书局2008年版）。计第10章1处，第21章1处，第23章4处，第28章3处，第38章10处，第41章3处，第49章2处，第51章5处，第54章5处，第55章1处，第59章2处，第60章1处，第63章1处，第65章2处，第68章1处，第79章2处。其中单"德"31处，作为偏正词组的"孔德"1处，常德"3处，"上德"1处，"玄德"4处，"广德"1处，"建德"1处，"积德"2处。其中"广德""建德""积德"，一说作动宾关系解。这些不影响本文所论，故不作辨别。

念？在分析其意义时，这是首先需要讨论的。

学界周知，概念一定有确定的内涵和外延。如涂尔干、莫斯说的，"概念就是历历分明的一组事物的观念，它的界限是明确标定的"①。而且，概念是理性认识的基本单位；认定其为概念，即认定其参与的是逻辑理性的认识活动和表达。对于这个问题，学界似尚没有足够的重视。笔者以为，这是深入研究《老子》思想时应该面对的：若为概念，其确定的意义所指是什么？若非概念，那么又是何种意义的认识存在？用一个怎样的"名"来表达？对于"德"（以及老子思想）的讨论首先应该解决这个问题，否则建构起来的大厦缺乏基础。本文就是对有关这个方面的一点思考，谬误之处敬请批评！

一　《老子》"德"的三种意义指向

首先我们来做《老子》"德"意义的疏述工作。笔者参考前人注解逐条细读后，发现其意义指向有明显的不同。大略地划分，有"形而上意义""政治伦理说""人生修养论"三个范畴。试分疏如下：

其一，关于形而上意义的。出现在 5 个章节中，有 14 处。

1. "生之、畜之，生而不有，为而不恃，长而不宰。是谓玄德。"（第 10 章）

2. "孔德之容，惟道是从。"（第 21 章）

3. "故从事于道者，同于道；德者，同于德；失者，同于失。同于道者，道亦乐得之；同于德者，德亦乐得之；同于失者，失亦乐得之。"（第 23 章）

4. "知其雄，守其雌，为天下谿。为天下谿，常德不离，复归于婴儿。知其白，守其黑，为天下式。为天下式，常德不

---

① ［法］涂尔干、［法］莫斯：《原始分类》，汲喆译，商务印书馆 2012 年版，第 101—102 页。

忒，复归于无极。知其荣，守其辱，为天下谷。为天下谷，常德乃足，复归于朴。"（第28章）

5. "道生之，德畜之，物形之，势成之。是以万物莫不尊道而贵德。道之尊，德之贵，夫莫之命而常自然。故道生之，德畜之；长之育之，亭之毒之养之覆之。生而不有，为而不恃，长而不宰。是谓玄德。"（第51章）

这里的"德"意义与形而上的"道"相近，概之主要有二。（1）属于绝对的、根本的、规律性的存在。王弼注"玄德"："皆有德而不知其主，出乎幽冥。"① 注"孔德"："孔，空也。"② "幽冥"与"空"是指超越现实空间世界的存在。"常"的意思是恒久不变。《尚书·君牙》"纪于太常"，孔安国注："王之旌旗画日月曰太常。"③ 则"常德"是从时间上表示一般性的存在。（2）相当于"道"的二级存在。梅勒说："德是在遵循着道的事态中获得的。"④ 确实如此。这从"德"是接着"道"展开的即可知晓。"为天下谷，常德乃足"（第28章），"惟道是从"（第21章），都表达得更明确。故王弼注："道者，物之所由也；德者，物之所得也。"⑤ 蒋锡昌注第51章："'德'为一种生活之原则或规律。"⑥ 也是作为"道"的二级存在解释的。一些学者认为"德"与"道"是形式与内质的关系，此似不周。关于"道""德"关系，《老子》原本是从发生论上讲的，"只有'生成'存在（only *becomings are*）"⑦；并非作为本体的理论构架。

---

① 楼宇烈：《老子道德经注校释》，第24页。

② 楼宇烈：《老子道德经注校释》，第52页。

③ （汉）孔安国传，（唐）孔颖达疏，廖名春、陈明整理，吕绍纲审定：《尚书正义》，北京大学出版社1999年版，第527页。

④ ［德］梅勒：《东西之道——〈道德经〉与西方哲学》，刘增光译，北京联合出版公司2018年版，第59页。

⑤ 楼宇烈：《老子道德经注校释》，第137页。

⑥ 蒋锡昌：《老子校诂》，商务印书馆1937年版，第316页。

⑦ ［美］安乐哲、［美］郝大维：《道不远人：比较哲学视域中的〈老子〉》，何金俐译，学苑出版社2004年版，第17页。

其二，关于政治伦理的。先秦时期的社会认识，一般政治和伦理不分。《老子》也是，如刘殿爵说的，"在道德和政治之间并没有划定一条固定的界线"①。故这里把两者合在一起。其出现在5个章节中，有20处。

　　1. 上德不德，是以有德；下德不失德，是以无德。上德无为而无以为；下德无为而有以为。上仁为之而无以为；上义为之而有以为。上礼为之而莫之应，则攘臂而扔之。故失道而后德，失德而后仁，失仁而后义，失义而后礼。（第38章）

　　2. 修之于身，其德乃真；修之于家，其德乃余；修之于乡，其德乃长；修之于国，其德乃丰；修之于天下，其德乃普。（第54章）

　　3. 治人事天，莫若啬。夫为啬，是谓早服；早服谓之重积德；重积德则无不克；无不克则莫知其极；莫知其极，可以有国。（第59章）

　　4. 治大国，若烹小鲜。以道莅天下，其鬼不神。非其鬼不神，其神不伤人。非其神不伤人，圣人亦不伤人。夫两不相伤，故德交归焉。（第60章）

　　5. 古之善为道者，非以明民，将以愚之。民之难治，以其智多。故以智治国，国之贼；不以智治国，国之福。知此两者亦稽式。常知稽式，是谓"玄德"。"玄德"深矣，远矣，与物反矣，然后乃至大顺。（第65章）

这里的"德"，若干一说通"得"。此文义上通，但以为作专名解似更有意义；这样与"德者，同于德"（第23章），"上德不德"（第38章）的解释统一起来，与"孔德""上德""玄德"等也相一致。这个指向强调三个方面。(1)"德"是关于个人修养和政治实践的准则，两

---

　　① 刘殿爵：《老子对于对立面的处理》，转引自［美］史华兹《古代中国的思想世界》，程刚译，江苏人民出版社2004年版，第206页。

位一体。董平说:"'嗇'以修身,也以治国。"① 正是。故"重积德则无不克"(第59章),古棣说:"强调的是治国之道,但也包含着治身。"② 一系列的"修之"(第54章)也表明这一点。这当是政治尚未从一般社会关系中独立出来的认识,儒家的"修身、齐家、治国、平天下"也是一样的思路。(2)"德"是社会政治的根本要求。"玄德",即深刻的政治认识;深刻的才是根本的。故而"德交归"就"不伤人"(第60章);即不损害生活和生命活动就是"德"的集中表现。(3)"德"的效果如何取决于实践的策略和度。提倡"上德""积德",反对"下德",就是这个意思。"以智治国"即属于"下德",故蒋锡昌注:"下德之君,虽行有为之治,而其结果反有不为也。"③ 因此,"德"要求合乎一定策略和度的准则。

其三,关于人生修养的。当然,这些是讲政治人物应该要有怎样的修养。后人作为一般的人生论来认识,那是一种现代性阐释。其出现在6个章节中,有10处。

1. 上德若谷,大白若辱,广德若不足,建德若偷,质真若渝。(第41章)

2. 善者,吾善之;不善者,吾亦善之:德善。信者,吾信之;不信者,吾亦信之:德信。(第49章)

3. 含德之厚,比于赤子。(第55章)

4. 报怨以德。(第63章)

5. 善为士者,不武;善战者,不怒;善胜敌者,不与;善用人者,为之下。是谓不争之德,是谓用人之力,是谓配天古之极。(第68章)

6. 和大怨,必有余怨,安可以为善?是以圣人执左契,不责于人。故有德司契,无德司彻。天道无亲,常与善人。(第79章)

这些"德"都在人生修养的范畴内，但是具体的意义又各有侧重。（1）没有欲望，合乎自然。"含德之厚，比于赤子。"王弼注："赤子，无求无欲，不犯众物，故毒（虫）〔螫〕之物无犯（之）〔于〕人也。含德之厚者，不犯于物，故无物以损其全也。"① 朱炳祥说："老子在'德'的内面即个人的品性和道德修养方面的基本思想的'寡欲'，姑称这为'寡欲原则'。"② 正是。（2）没有固执，虚怀待物。"上德若谷"（第41章），"谷"是"道"的喻体，即"旷兮其若谷"（第15章），能容纳接受。故蒋锡昌注："上德之人，虚空卑下，一若谷也。"③ "广德""建德"，各家训诂不一，但是旨在于虚怀无疑。④ （3）与"善"统一。"有德司契，无德司彻"句，董平说："'善人'，就本章而言，即是上文的'有德'者。"⑤ "不争之德"（第68章），陈鼓应说："这和前章在战乱中强调'慈'是相应的。"⑥ 正是。"报怨以德"（第63章）也是这个意思。马叙伦、严灵峰等认为是错简，应在第79章内。严灵峰把它放在"安可以为善"前，则意义更明确。⑦ "德善"的"德"，一般认为通"得"。⑧ 其实，"德"作本字解也是可以成立的。在古汉语中，同一范畴但意义广狭不一的字构成词组很常见，其意义偏向狭义所指。例如《诗经·黍离》："行迈靡靡。"⑨ "迈"是远行

---

① 楼宇烈：《老子道德经注校释》，第145页。

② 朱炳祥：《"德"之语义与老子的思想内核》，《湖北民族学院学报》（社会科学版）1994年第4期。

③ 蒋锡昌：《老子校诂》，第273页。

④ 第41章"建德若偷"下"质真若渝"的"真"，刘师培、高亨等认为是"悳"字（古"德"字），形近而误。如此，"质真若渝"也是讲"德"的虚怀。《郭店楚简》作"貞"，"貞""悳"形音皆近。

⑤ 董平：《老子研读》，第278页。

⑥ 陈鼓应：《老子注译及评介》，中华书局1984年版，第322页。

⑦ 参见陈鼓应《老子注译及评介》，第307、354页。

⑧ 陈鼓应《老子注译及评介》："'德'作'得'：景龙本、敦煌本、传奕本、明太祖本、陆希声本、司马光本、严遵本、《次解》本、张嗣成本、林希逸本、吴澄本、王雱本，'德善''德信'的'德'均作'得'。"（第254页）

⑨ （汉）毛亨传，（汉）郑玄笺，（唐）孔颖达疏，龚抗云等整理：《毛诗正义》，北京大学出版社1999年版，第253页。

的意思，与"行"组合成"行迈"，这里指"行役至于宗周"①，即偏于"迈"义。从上下文看，"德善"可理解为以"善"为"德"的规定。② 这样作为"善者，吾善之；不善者，吾亦善之"的总结概括，句意很通达。

"德"有不同的意义指向，之前已有不少学者指出过。例如朱炳祥说："'德'具有非常丰富的语义内涵，在其借用义、基本义、引申义中，包含了老子对人与自然、人与自我、人与他人、人与社会四种关系的哲学见解。"③ 即已经作过分类认识。叶树勋《"德"观念在老子哲学中的意义》分"'德'域的拓展：道与万物之间的双向意义"，"由物及人：作为生命本性与心灵修持的'德'"，"由治身通往治国：王德的新诉求"三部分论述，所依据的也是"德"这三方面的意义指向。④ 不少学者的专论也都有这方面的认识。⑤ 这些事实上都证明：《老子》中的"德"不是一个概念。⑥

二 "德"作为经验的"类"的认识

那么，何以《老子》中的"德"会有不同的意义指向？这一点，假如我们认定其为经验性的认识，就很容易理解。经验性认识

---

① （汉）毛亨传，（汉）郑玄笺，（唐）孔颖达疏，龚抗云等整理：《毛诗正义》，第 252 页。

② 下文的"德信"，可理解为是以"信"为"德"的规定。

③ 朱炳祥：《"德"之语义与老子的思想内核》，《湖北民族学院学报》（社会科学版）1994 年第 4 期。

④ 叶树勋：《"德"观念在老子哲学中的意义》，《中国哲学史》2013 年第 4 期。

⑤ 例如黄圣平《〈老子〉所谓"德"》，《西南大学学报》（社会科学版）2012 年第 1 期；彭宇哲《论〈道德经〉的"德"——以中西比较哲学为视角》，《思想战线》2015 年第 3 期；白晋荣、杨翠英《〈老子〉"德"论探微》，《河北学刊》2016 年第 1 期；肖贺依《老子的"德"观念探究》，《汉字文化》2021 年第 19 期；石丽娟《"德"的镜像：老子思想解读》，《江淮论坛》2022 年第 3 期等。

⑥ 《老子》的"道"也是。严格地说，不能算是概念。陈鼓应《老子哲学系统的形成》说："《老子》书上所有的'道'字，符号形式虽然是同一的，但在不同章句的文字脉络中，却具有不同的义涵。有些地方，'道'是指形而上的实存者；有些地方，'道'是指一种规律；有些地方，'道'是指人生的一种准则、指标，或典范。"（《老子注译及评介》，第 2 页）实质上已经指出了这个问题。

的发展必然基于经验领域，而且是由特定性到类别性，以"类"的总结的形式出现。这些"类"的总结就使"德"意义呈现不同的指向。

众所周知，人的认识形成了人与世界的关系。大略地划分，有四种形式。（1）直觉认识的形式。人一出生，就对存在状况有直觉的反应，具有直觉认识能力。一般情况下，这种能力一直存留着。其不但是一种条件反射性的，如味觉、美感、恐高反应等，是经验和理性解释不了、说服不了的；还可能是基于经验积累以后的不假思索的表达。故而苏格拉底说："感觉中的东西有些是不需要求助于理性思考的，因为感官就能胜任判断了。"① （2）经验认识的形式。随着物质活动和社会经历的增加，以及教育的作用，绝大多数人虽然还留存有感觉能力，但是主要依据经验活动获得了认识能力，普遍地从实践需要出发认识并解决问题，本质上属于经验性的存在。故而休谟认为："人心所有的全部创造力，只不过是把感官和经验供给于我们的材料混合、调换、增加或减少罢了。"② 那些基本上还停留在直觉性阶段的极少数，则或为低智力的，或表现为有艺术天赋的。（3）理性认识的形式。随着经验性活动的发展，人认识到个体实践的有限性，在宗教信仰和自我省思意识的促进下，会更客观辩证地分析问题，作历史性、形而上的思考，如此进入了理性层面。亚里士多德说："我们所勤求的学术应该是研究普遍性的。"③ 笛卡尔也说："不管醒时睡时，我们都只能听信自己理性提供的明证。请注意我说的是理性，并不是想象，也不是感官。"④ 即强调理性认识的特质。（4）信仰的形式。即认为人的认识不是无所不能的，有一些领域是不能涉及的；对此就不能用逻辑

---

① ［古希腊］柏拉图：《理想国》，郭斌和、张竹明译，商务印书馆1986年版，第288页。

② ［英］休谟：《人类理解研究》，关文运译，商务印书馆1957年版，第23页。

③ ［古希腊］亚里士多德：《形而上学》，吴寿彭译，商务印书馆1959年版，第235页。

④ ［法］笛卡尔：《谈谈方法》，王太庆译，商务印书馆2000年版，第32—33页。

和实证的科学方法去认识，而只能付之信仰。康德的"彼岸世界"，就是指超越认识的可能性而独立存在的，即给予信仰一块高地。从思想逻辑讲，这四种形式可谓认识发展的四个阶段；但是就个体而言，并不一定是这样的。我们只能认为，直觉认识、经验认识、理性认识和信仰构成人与世界的四种联系，也形成人存在的四种基本状态。

《老子》的思想应该属于经验性的认识。徐复观、严灵峰、陈鼓应等先生都明确指出过这一点，例如陈鼓应说："老子所预设的'道'，其实就是他在经验世界中所体悟的道理，而把这些所体悟的道理，统统附托给所谓的'道'，以作为它的特性和作用。""形而上学只是为了应合人生与政治的要求而建立的。"① 笔者也曾疏述《老子》的"道"依附于经验实践活动的社会对象和内容，结论是其为了解释不同社会对象在不同场合的实践表现和要求的合理性及必然性才推导出"道"。② 与"道"并列的"德"，无疑是一样性质的，在经验性认识的范畴内。

这其实也是先秦诸子思想的基本特征。在诸子中，有对于感觉性认识的阐述，见《公孙龙子》和《庄子·天下》的"十事""二十一事"等。③ 也有知识性的概括认识，在《墨经》中可见到若干，例如《经上》："平，同高也。""圆，一中同长也。"④ 这些知识具有普遍性和绝对性，可谓进入了理性的大门。但是经验性的认识占据了主导性地位。《荀子·大略》："是非疑则度之以远事，验之以近物，参之以平心。"⑤《墨子·经说上》："知也者，以其知过物而能貌之，若见。""所谓，实也；名实耦，合也。"⑥ 即关于这一方面的概论。

① 陈鼓应：《老子注译及评介》，第1页。

② 参见张涅《〈老子〉"道"的依附性和原始巫术思维》，《江海学刊》2001年第3期。

③ 参见张涅《〈公孙龙子〉：关于个体的自觉》，《内蒙古师范大学学报》（哲学社会科学版）1998年第1期；《先秦名学发展的两条路向》，《哲学研究》2018年第2期。

④ （清）孙诒让：《墨子间诂》，中华书局2001年版，第308、310页。

⑤ （清）王先谦：《荀子集解》，中华书局1988年版，第516页。

⑥ （清）孙诒让：《墨子间诂》，第333、350页。

　　许多学者以为《荀子》《墨经》属于逻辑理性认识，这实为误读。其把经验认识由类别性发展到一般性，有巨大的贡献，但主要还是落实在经验的范畴内。这一点，看《荀子·正名》所论的"共名"就能够明白。《正名》说："单足以喻则单，单不足以喻则兼；单与兼无所相避则共。"① 傅山注："单，物之单名也。兼，复名也。喻，晓也。谓单名、复名不可相避者，则虽共同其名，若单名谓之马，万马同名，复名谓之白马亦然，虽共，不害于分割也。"② 这里的"单"指单音节的词，表达的是全称。"兼"指双音节、多音节的词，表达的是特称。从语言理论上说，两者已经包括所有的对象了。但是荀子还提出了"共名"，"共名"指"单"和"兼"两种指称可以相互替代。这说明荀子着重考虑的是经验场合中实际使用的问题；因为在实际使用中，往往同一个"实"，有时可全称，有时可特称。例如一匹白马的"实"，可以称"马"（"单名"），也可以称"白马"（"兼名"）。这样"无所相避"，就是"共名"。从逻辑上讲，"马"（"单名"）与"白马"（"兼名"）有种属关系，不是同一的。但是荀子提出"共名"，即"白马"也可以称为"马"，"单名"也可以是"兼名"，这显然是出于实际使用的需要，属于经验性认识的需要和表达，不在逻辑理性的范畴内。故而徐复观说："欲了解荀子的思想，须先了解其经验地性格。即是他一切的论据，皆立足于感官所能经验得到的范围之内。为感官经验所不及的，便不寄与以信任。"③《墨经》也是如此，其有知识性的定义和分类（内涵和外延），但是主要的还是就经验世界而言，故而《小取》说："夫辩者，将以明是非之分，审治乱之纪，明同异之处，察名实之理，处利害，决嫌疑。焉摹略万物之然，论求群言之比。"④《荀子》《墨经》都是先秦诸子思潮中总结性的著

---

① （清）王先谦：《荀子集解》，第 418—419 页。
② （清）傅山：《荀子评注》，载尹协理主编《傅山全集》，山西人民出版社 1991 年版，第 6 册，第 94—95 页。
③ 徐复观：《中国人性论史·先秦篇》，上海三联书店出版社 2001 年版，第 196 页。
④ （清）孙诒让：《墨子间诂》，第 415 页。

作，其落实在经验性认识的范畴内，则《老子》也属于经验认识是
肯定的。

经验认识的发展总是通过"类"的总结表现出来，"类"是把
握经验认识的关键。故而《荀子·不苟》说："知则明通而类。"①
《王制》说："无法者以类举"，"听断以类"，"以类行杂"②。《墨
经·小取》也说："以类取，以类予。"③ 一方面，"类"的涵括面
越广，其经验认识的价值就越大，所以经验性认识总是从特定性向
类别性发展，并追求一般性。《老子》警句格言式的表达，就是企
求一般性的努力（虽然往往是把经验的特定性、类别性误作为一般
性）。另一方面，经验认识的价值也通过"类"得以实现，"是通
过且只有通过构成我们经验的这些同质的现象才会为我们所感
受"④；即接受者所经验需要的若与其同"类"，就获得人生和社会
活动的指导。《老子》各章多有经验区域的说明，已给予"类"的
划分和规定，接受者依据需要加以选择和阐释。那些没有明确的经
验区域的章句，当然也是根据需要理解为某"类"并决定接受与
否。例如"反者道之动"⑤，宇宙中的一切发展是否到了一定程度
就朝它的反面发展（或循环往复）？这是否对所有人有指导意义？
显然，这是无法证明的，普遍的指导意义也是不存在的。对于许多
人而言，以此为人生指导，可能还是有害的。稍微理性地认识，就
知道其并非普遍性的结论，只是从某个经验领域中体悟出来的。若
你的经验需要与此同"类"，那么就对你有意义；若你的经验需要
与此不是同"类"的，那么对你没有意义。

由此，我们可以很合理地解释《老子》的"德"有不同意义
指向的问题。"德"的意义是针对不同领域的经验需要而概括出来

---

① （清）王先谦：《荀子集解》，第43页。
② （清）王先谦：《荀子集解》，第151、158、163页。
③ （清）孙诒让：《墨子间诂》，第415页。
④ ［美］安乐哲、［美］郝大维：《道不远人：比较哲学视域中的〈老子〉》，何金俐译，第22—23页。
⑤ 楼宇烈：《老子道德经注校释》，第110页。

的。人的活动不外人生、社会政治两方面，而深刻的认识又总是追问人生和社会政治活动背后的规律性，所以"德"有上述的意义指向。

三　经验的一般性与理性的普遍性

学界普遍地把"德"作为一个概念来认识，显然是基于逻辑理性的角度。这里的潜台词是：理性为认识的高级阶段，是人所追求且能够达到的境界；如苏格拉底说的，"当一个人企图靠辩证法通过推理而不管感官的知觉，以求达到每一事物的本质，并且一直坚持到靠思想本身理解到善者的本质时，他就达到了可理知事物的顶峰了"①。理性认识的基本单位是概念，由概念的判断、阐述构成思想的体系。西方哲学史、思想史的主流即走在由概念到体系的理性道路上，而近现代以来的中国诸子学研究也是跟着朝这个方向走。20 世纪后期，曾有中国传统文化中有没有"哲学"的讨论，李泽厚总结说："'中国有无哲学吗？'这个问题至今还在争论，这里可摘录后来形成的简单观点如下：'如果界定哲学为爱智学（philosophy），以形上学（metaphysics）、本体论（ontology）等为内容，如希腊或西方，则中国并无'哲学'。若界定哲学为以概念形态表述对人生（意义）、世界（本原）、社会（基础）、认识（可能）等根本问题之观念探求并构成某种总角度而言，则中国有哲学。"②他的解释相当周全，但是也强调"概念形态"，可见由概念到体系的理性认识已经是习惯性的、不言而喻的。

这显然是以西学模式套诸子学术，不是从诸子基本上都属于经验性认识这一客观形态出发的。这一点，前人已经指出过。例如张东荪说：其"不是西洋哲学中的所谓本质或本体的哲学，与因果原

---

① ［古希腊］柏拉图：《理想国》，郭斌和、张竹明译，第 301 页。
② 马群林编撰：《人生小记——与李泽厚的虚拟对话》，南京大学出版社 2022 年版，第 115 页。

则的哲学"①。方勇说:"哲学史的范式预设了诸子学研究的模板,研究的兴趣多着力于形上学,诸子学本来的问题意识和思想线索被遮蔽了。"② 我们通过对《老子》中"德"意义不同指向的分疏,也可确定"德"并非一个概念,其不是一个系统理性认识中的基本单位。由此也可认为,严格地说,《老子》并非一部基于理性认识的著作。

近现代以来学界以为"德"是一个概念,应该是把经验的"一般性"与理性的"普遍性"相混淆了。一种理论认为,经验性认识发展到一定程度就发生质变,进入理性的层面。这探究下去是难以成立的,因为人的经验肯定是有限的,其发展亦即经验的不断概括总结,"类"意义所及的对象不断扩展,永远逃脱不了有限的本质,故而经验的"一般性"不可能达到理性的"普遍性"。在认识中,经验性和理性是平行存在的,各有意义领域。

在日常语言中,"一般性"和"普遍性"往往意义同一。《汉语大词典》"一般规律"条记:"与'特殊规律'相对。又称'普遍规律'。即各种事物普遍具有的共同规律。"③ 但是在哲学表达上,两者是有严格区分的:"普遍性"指"全部""所有",与"必然性"相关联;"一般性"则存在例外,不具备"必然性"。④ 显然,"普遍性"是理性认识才能达到的,而"一般性"为经验认识发展的结果。在理性认识中,基于内涵和外延都确定的概念,可展开逻辑必然性的系统论证,从而具备绝对的普遍性意义。而经验认识的对象是特定性的,其发展表现在"类"的总结上,不同的"类"经验只对于相应的实践有着指导意义。显然,最大的"类"也是有限的,不能包含全部,故而只有"一般性",而非"普遍性"。而且基于"类"

---

① 张东荪:《知识与文化》,岳麓书社2011年版,第116页。
② 方勇:《三论"新子学"》,《光明日报》2016年3月28日。
③ 罗竹风主编:《汉语大词典》,汉语大词典出版社1997年版,第29页。
④ 在日常语言中,也有"一般性"不同于"普遍性"的表达。例如"一般性支出",只包括主要的、常规方面的费用支出。"一般管辖",是与"特殊管辖"相对而言的,不包括后者。

的关联本质上也是偶然性的，不具备绝对的必然性。故而柏拉图分"可见世界"和"可知世界"，指出"讲到可知世界的另一部分，你要明白，我指的是逻各斯本身凭着辩证的力量而达到的那种知识。……在这过程中不靠使用任何感性事物，而只使用理念，从一个理念到另一个理念，并且最后归结到理念"①。而先秦诸子即使涉及认识论，摆脱了类别性的局限，也没有进入逻辑理性的层面。牟宗三就说道："心智之运用固需限于经验，亦须遵守逻辑之法则"，而"荀子所缺"。② 吴建国认为《墨经》的"类"在逻辑理性范畴内，但是也指出："从思维的实践中，从概念的复杂联系和关系中，他们看到了概念的流动性、灵活性和不确定性，因而十分注重概念的转化、推移，且常能从异中取其同、同中取其异，展现出概念内涵的具体性和多样性。"③ 这即违背了概念的内涵必须具备确定性、统一性的准则，其实已经否定《墨经》属于逻辑理性了。

　　从《老子》"德"意义的多指向性，可知其属于经验认识的"类"的表达；从柏拉图、康德等的论述中，也能认识到经验的"一般性"与理性的"普遍性"的区别：那么学界何以普遍地主张从理性的角度加以阐释呢？能找到的理由可能只有一个，就是认为：作为认识，经验性是低级的，理性是高级的；为了高度评价诸子的思想价值，就上升到理性的层面。理性能开拓出科学，经验只能导向技术，中国在近代的落后，就是因为没有科学发展，因此我们迫切需要理性认识，需要在诸子的阐释中赋予其理性主义的质料，从而接引现代西方的理性精神和方法。所以胡适说："新中国的责任是借鉴和借助于现代西方哲学去研究这些久已被忽略了的本国的学派。"④ 这从阐释学看，自然有着巨大的意义，其确实为提升中华民

---

① ［古希腊］柏拉图：《理想国》，郭斌和、张竹明译，第 273 页。

② 牟宗三：《荀子大略》，《名家与荀子》，第 173 页。

③ 吴建国：《中国逻辑思想史上类概念的发生、发展与逻辑科学的形成》，《中国社会科学》1980 年第 2 期。

④ 胡适：《先秦名学史》，《先秦名学史》翻译组译，学林出版社 1983 年版，第 9 页。

族的思想水平作出了贡献。但是，换一个角度看，这终究并非基于
诸子文本的客观阐述，并没有把握其思想特质及价值，也称不上是
中国文化思想的自觉。这里涉及认识论的问题。众所周知，人的认
识总是从其本质需要出发的；关于认识的认识得基于对人的本质的
认识，只有把握了人的本质才可能真正认识人的认识。那么人本质
上是理性的，还是经验性的？西方哲学从苏格拉底、柏拉图开始就
宣扬人的理性，这孕育了科学精神，而且对于提升人类的价值意义
贡献巨大。但是从另一个角度讲，其是否更多理想的色彩？因为落
实到个体，都是有限的存在，其认识怎么可能达到理性的普遍性呢？
回到客观，我们得承认：人就其认识一面言，其实是基于经验的，
没有脱离感觉的，又企求普遍理性的动物。经验性是最基本的，任
何人都是基于其经验（甚至感觉）而开展认识活动的。所谓的科学
理性，其实也脱离不了经验领域，例如"万有引力""相对论"的
观点都是如此。而且，其只是与人的技术性、物质性需要相关；若
以此来指示人的所有认识活动，则既是异化，又绝无可能，甚至导
致灾难。① 由此看，诸子的经验性认识恰是合乎人类真实的需要的。
关于《老子》"德"意义的类别性的价值当也在于此。

　　那么，如何指称《老子》的"德"？"德"不是一个概念，那
是什么？在传统认识中，它是一个"名"。但是现代若还是这样指
称，没有与"概念"区别开来。这个问题，学界似尚没有讨论过。
笔者有一点思考，拟造了一个词"概指"，以此作为一个概念，与
"概念"相区别。②"概"的本义是量谷物时刮平斗斛用的木条，使

────────

① 例如美国枪支法即基于每个人是理性的认识上，这造成的灾难已众所周知。
② 浙江海洋大学外国语学院的陆国飞教授帮助把"概指"英译为 quasiconception。
他解释说："概指"这一术语在英文中无对应的词语。这里借用拉丁语中的"quasi"一
词作为前缀与英文单词"conception"结合构成"quasiconception"，用以表达文中的新术
语"概指"。拉丁语"quasi"具有英文中的"as if, almost"之意，相当于汉语的"有几
分像而不是的"的意思；英语中的"conception"本来就有"思想、观念、想法、概念、
认识事物的方法"等意义。因此，通过构词法形成的"quasiconception"具有"准概念"
之含义，指虽在一定程度上有"概念"含义但又没有其固定的内涵和外延，只表明一定
的意义指向。

斗斛的计量一定；引申为规定性。"指"的本义是手指（脚趾），引申为指向、指点、指示义；其与表示内在认识的"念"不同，指向现实活动的层面，侧重于经验意义的总结和指导。结合成"概指"一词，意思主要有二：（1）指某一范围或指向的意义规定；（2）指向一定范围及意义的认识活动。"概指"与"概念"的区别有两个方面：（1）内涵的确定性不同。"概念"有确定的内涵和外延，在任何语境下都是不变的；而"概指"只有大略的意义范围，在不同语境中各有特定的意义规定。（2）表达的固定性有异。在"概念"中，一个"名"只指称一个"实"，同一个"实"只能用同一个"名"来指称；而在"概指"中，一个"名"可以指称不同的"实"，同一个"实"也可以由不同的"名"来指称。[①]《老子》的"德"作为一个"概指"正具有这样的特性：一方面，"德"的内涵是不确定的，或属于"形而上意义"，或为"政治伦理说"，或指示"人生修养论"，同一个"名"指称不同的"实"；另一方面，指称这三个范畴的"实"可用"德"，也可用"道"，有不同的"名"。例如第 77 章的"天之道""人之道"，王弼注："与天地合德，乃能包之如天之道。……自然，然后乃能与天地合德。"[②] 以"德"释"道"，即同一个"实"，"德""道"这两个"名"都可用来指称。

由此可知，在经验性认识中，"概指"是基本单位。在以"概指"为基本单位的表达系统中，"名""实"关系建立在特定的语境中，形成的意义是类别性的；即使发展到一般性，也在经验性范畴内，不具备理性认识那样的普遍性和逻辑必然性。因此，把握经验性认识的意义，需要落实到具体的语境中。

---

① 参见张涅《〈史记〉"黄老"的概指及老子思想的展开》，《思想与文化》第 29 辑，华东师范大学出版社 2022 年版，第 356—368 页。

② 楼宇烈：《老子道德经注校释》，第 186 页。

老子思想中"德"的基本义涵

鹿邑老子研究院　陈大明　陈　辰

摘要："德""惟道是从",是道在人类社会中的体现。《老子》文本运用"德"的范畴,阐释了"尊道贵德"的价值取向,引导人们以赤子情怀与圣人人格进入无欲无我的"玄德"境界。

关键词：老子　德　义涵

"德",是老子思辨体系的有机构成,是形而上的道降落至形而下的人类社会的折射,是个体的人得道程度的体现。了解"德"在《老子》文本中的运用,把握"尊道贵德"的价值取向,以赤子情怀与圣人人格进入"生而不有,为而不恃,长而不宰"的"玄德"境界,显得十分重要。

一　"德"在《老子》文本中的运用

"德"作为与"道"相对应的重要范畴,在《老子》文本中出现频次很高,依陈鼓应先生的"老子校定文","德",共计出现41次。"德"字是个会意字。甲骨文的左边是"彳"(chì),它在古文字中是表示行动的符号;其右部是一只眼睛,眼睛之上是一条垂直线,这是表示目光直射之意。所以这个字总的意思是:行动要正,而且"目不斜视",这就是"德"。金文的会意就更为全面了,"目"下又加了"心",这就是说:目正、心正才算"德"。德是小篆的写法,仍然是会意,其右部的上方变成了"直","直心"

为"德",所以在古代"德"字也可以写为"惪"。**德**是楷书的写法。

"德"的本义是动词,正而不邪,行君子之道,即不狠不诈、不掠不盗、不强取苛求,坦然获得,无愧于心。

在道家思想中,"道"代表自然律,是道家世界观的核心;"德"代表顺应自然律的法则,是道家方法论的核心。道是在承载一切,德是在昭示道的一切。大道无言无形,看不见、听不到、摸不着,只有通过人们的思维意识去认识和感知它;而德是道的体现,是人们能看到的心行,是人们通过感知后所发生的行为。诚如管子所言:"德者,道之舍,物得以生生,知得以职道之精。故德者,得也。得也者,其谓所得以然也。以无为之谓道,舍之之谓德。故道之与德无间,故言之者不别也。"①

在老子看来,德是道在具体事物中的体现,是事物所以如此的内在根据。换言之,德是存在于万事万物中的道,就万物的生成来讲是道,就万物的存在来讲则是德。道与德是顺曳不可离的二位一体。德是道之德,没有道,万物无以发生、出现;没有德,万物则无以繁育、成长。

老子将无言无形,看不见、听不到、摸不着的高度抽象的道降落至万事万物以至于人和人类社会,在《老子》文本中作了具体的运用。兹依陈鼓应先生参照简帛本最新修订而成的"老子校定文",作一观照和分析。

"德"在《老子》文本中的运用,见下表:

章次	原文	"德"出现频次	译文
第 21 章	孔德之容,惟道是从……	1	大德的样态,随着道为转移
第 23 章	德者,同于德……同于德者,道亦德之……	4	从事于德的人,就合于德……同于德的行为,道会得到他……

---

① 黎翔凤撰:《管子校注》(中),中华书局 2004 年版,第 770 页。

续表

章次	原文	"德"出现频次	译文
第28章	为天下谿，常德不离，复归于婴儿。……为天下谷，常德乃足，复归于朴。……	2	作为天下所遵循的蹊径，常德就不会离失，而回复到婴儿的状态。……作为天下的川谷，常德才可以立足，而回复到真朴的状态。……
第38章	上德不德，是以有德；下德不失德，是以无德。上德无为而无以为……故失道而后德，失德而后仁……	9	上德的人不自恃有德，所以实是有德；下德的人刻意求德，所以没有达到德的境界。上德的人顺任自然而无以作为……所以丧失道就会失去德，失了德就会失去仁……
第41章	上德若谷……广德若不足；建德若偷……	3	崇高的德好似低下的川谷……广大的德好似不足；刚健的德好似懦弱的样子……
第49章	善者，吾善之；不善者，吾亦善之：德善。信者，吾信之；不信者，吾亦信之：德信……	2	善良的人，我善待他；不善良的人，我也善待他；这样可使人人向善。守信的人，我信任他；不守信的人，我也信任他；这样可使人人守信……
第51章	道生之，德畜之……是以万物莫不尊道而贵德。道之尊，德之贵……故道生之，德畜之……是谓"玄德"	5	道生成万物，德畜养万物……所以万物没有不尊崇道而珍视德的。道所以受尊崇，德所以被珍视……所以道生成万物，德畜养万物……这就是最深的德
第54章	修之于身，其德乃真；修之于家，其德乃余，修之于乡，其德乃长；修之于邦，其德乃丰；修之于天下，其德乃普。……	5	拿这个道理量化到个人，他的德会是真实的；贯彻到一家，他的德可以有余；贯彻到一方，他的德能受尊崇；贯彻到一国，他的德就会丰盛；贯彻到天下，他的德就会普遍。……

续表

章次	原文	"德"出现频次	译文
第55章	含德之厚，比于赤子。……	1	含德深厚的人，比得上初生的婴儿。……
第59章	早服谓之重积德；重积德则无不克……	2	早作准备就是不断地积德；不断地积德就没有什么不能胜任的……
第60章	夫两不相伤，故德交归焉	1	鬼神和有道者都不侵越人，所以德归会于民
第65章	常知稽式，是谓"玄德"。玄德深矣，远矣，与物反矣，然后乃至大顺	2	常守住这个法则，就是"玄德"，"玄德"好深好远啊！和万物复归到真朴，然后才能达到最大的和顺
第68章	是谓不争之德，是谓用人，是谓配天，古之极也	1	这叫作不争的品德，这叫作善于用人，这叫作合于天道，这是自古以来的最高准则
第79章	［报怨以德］……有德司契，无德司彻。……	3	用德来报答怨恨……有德的人就像持有借据的人那样宽裕，无德的人就像掌管税收的人那样苛取。……

由列表可见，老子是从六个意义层面运用"德"的。

1. 阐释道与德的关系

对道与德关系的认识，集中表现在第21、23、38、51章。第21章开篇即明确指出："孔德之容，惟道是从。"① 大德的模样，只是随着道而变化。在老子的思辨世界里，德是道的体现，道因德而得以显现于物的世界。从某种意义上说，德是道的形式，道是德的内容，二者是互相依存的。若是没有"道"，便不会有"德"的功用；没有"德"，也不能显示"道"的力量。

---

① 陈鼓应注译：《老子今注今译》，商务印书馆2003年版，第156页。

进一步说，道是形而上的，无边无际，无形无状，因此，恍恍
惚惚，似有似无。但是道并非不可知，反映在社会人生层面就是
德，因而有形有物，有精有信。德随着道而变化，所以，"孔德之
容，惟道是从"。在二者关系中，道处于主导的、支配的地位，德
处于跟从的、辅助的地位，二者紧密联系，浑然一体，道确是经由
德才能够被体认和把握的。

　　第23章围绕"希言自然"，列举"飘风不终朝，骤雨不终日"
的例子，说明天地间狂暴剧烈的事物违逆自然之道，注定不会长
久。下落到人类社会，指出"从事于道者，同于道；德者，同于
德；失者，同于失。同于德者，道亦德之；同于失者，道亦失之"。
这是立足于"孔德之容，惟道是从"的基本判断，向人们发出的警
告：一定要"同于道""同于德"，而不能"同于失"，因"同于
失"注定不会长久，终会被道抛弃。其中的"同于德者，道亦德
之；同于失者，道亦失之"①，说的也是道与德的关系。

　　第38章以"上德不德，是以有德"作起，着重阐释上德、下
德、仁、义、礼五者的不同层次。以上德为上，其次为下德，再次
为仁，复次为义，最次为礼。上德、下德、仁、义、礼不仅相继而
生，而且每况愈下。在老子看来，五者之间是有差别的，用"无
为"衡量，"无为而无以为"最上，其次是"无为而有以为"，再
次是"为之而无以为"，复次是"为之而有以为"，最次是"为之
而莫之应，则攘臂而扔之"②。老子抨击了下德、仁、义、礼对自
然之"道""德"的破坏，认为道与德体用一源，顺应自然，没有
私欲，先天而生。而仁、义、礼出自人为，后天而生，伤害人的自
然天性，是对道、德的根本破坏。因此，即便是那些制定仁、义、
礼的所谓先知，也不过是只看到道的表面的虚华，没有见到道的实
质，这已经是愚昧的开始了。所以，真正得道的大丈夫必须抛弃浅
薄虚华，采取敦厚笃实。

－－－－－－－－－－

　　① 陈鼓应注译：《老子今注今译》，第164页。
　　② 陈鼓应注译：《老子今注今译》，第215页。

　　当然，老子并没有否定儒家所谓的仁、义、礼，只是老子的思想境界更高，他认为道、德理念是高于仁、义、礼的价值标准，合于自然无为之道，应当首先提倡并施行，而仁、义、礼是相继次一等的要求，只有不得已才为之。老子强调得道之人总是追求内容的朴实而摒弃形式的虚华，主张重实质而轻形式，这一观点直到今天仍有积极的针砭、警示作用。人类社会从老子所处的春秋末年发展迄今，虽多所倡导"德治"，但远远没有达到，仍然在仁、义、礼甚至主要在"礼治"的层次上徘徊，若遇天灾人祸，杀伐征战，连"礼"的层次也达不到。由此也可知为什么孔子向老子问礼，老子每每都在批评孔子不识时务，实源于老子的思辨层次高出孔子许多，孔子远远达不到老子的层次，故而才有"犹龙"之叹，才有多次向老子问礼求道。当然，历代统治者不可能达到老子的层次，认为能到孔子的层次就不错了，所以孔孟之道俨然成了封建社会的统治思想大行于世。对这样的结果，老子早有预见，他在第70章中便明言："吾言甚易知，甚易行。天下莫能知，莫能行。"① 不是"莫能知，莫能行"，而是知了不去实行或者只是把老子拿来装点门面，其实行的却是仁、义、礼层次，甚至连仁、义、礼也算不上的"私货"，所导致的后果自然是国敝民穷了。这里，老子不仅谈了道与德的关系，也着眼于人类社会发展的现实，涉及了道、德与仁、义、礼的关系。尽管老子认为仁、义、礼的意义与作用与道、德不可同日而语，仍面对现实，作出了符合社会发展实际的评价与判断，最终得出的"大丈夫处其厚，不居其薄；处其实，不居其华。故去彼取此"的结论确是振聋发聩的。

　　第51章是对道、德关系的展开深入论证。老子把高远超迈的目光投向茫茫苍穹，在大化流行的大背景下，再一次发挥了"道"以无为自然的方式缔造万物，"德"以幽深奥妙的德性养育万物的思想。从老子的叙述不难见出，万物的形成和发展，可以分为四个阶段：首先，它由作为宇宙本体的道转化和生成，即"道生之"；

---

①　陈鼓应注译：《老子今注今译》，第318页。

其次，再依靠自身本有的德来维系其存在，即"德畜之"；再次，才得由物赋形而具有形体，即"物形之"；最后，更借势加工而使之完成，即"势成之"。在这一大化流行的全过程中，道和德是基本的。没有道，万物无所从出；没有德，万物就失去其本性；所以万物无不尊崇道而重视德。但是，道的被尊崇，德的被珍视，都出于自然，没有任何指令或有意安排。道的生养万物，与万物的依靠道而生长变化，历来是自然如此的。因此，道生长万物，却不据为己有；道协助万物，却不自恃有功；道导引万物，却不居心主宰。这种品德就叫作幽深奥妙的德。

老子通过对道化生、养育、区别、成就万物，是万物之母，虽然受到尊崇，却不号令、不占有、不自恃、不主宰，一切顺应自然，具有深妙"玄德"品格的阐释，告诫统治者在治国理世上应该采取顺应万物自然本性的方式，追求最纯真的"朴"的状态，返璞归真，而切不可造作妄为，以至于朴散真离，陷入无法掌控的混乱状态。老子在对"道"与"德"关系精准把握的前提下所强调的"万物莫不尊道而贵德"①，贯穿五千言始终，几乎在每一章的阐述中皆隐含这一思想。

2. 阐释德的类型

在老子视域中，德是以不同类型呈现出来的，通过第28、38、41、51、65、68 章的分析，老子提出德有五种类型。

一是常德。"常德不离""常德乃足"。常德，指恒久的德。不离、乃足的前提是"为天下谿""为天下谷"，是"知其雄，守其雌"，"知其白，守其辱"。进一步说，只有做到知雄守雌、知白守辱，才能逐渐养成常德，并使之达到"不离""乃足"②的程度。

二是上德与下德。德分上、下，"上德不德，是以有德；下德不失德，是以无德"。上德的人不刻意修德，因此真有德；下德的人刻意求德，因此无法进入德的境界。上德之人不刻意修德的突出

① 陈鼓应注译：《老子今注今译》，第 260 页。
② 陈鼓应注译：《老子今注今译》，第 183 页。

表现是顺任自然而无心作为，亦即"上德无为而无以为"。在老子看来，上仁、上义、上礼尚不及下德层次，与上德的"惟道是从"①、融和为一更不可同日而语，所以才有"失道而后德，失德而后仁，失仁而后义，失义而后礼"②的逐层下降的情形出现。

三是上德、广德与建德。老子在第41章提出了这个分类，其中的上德与第38章"上德"含义相同，仍指崇高的德。广德指博大阔远的德，建德指刚健峻拔的德。认为"上德若谷""广德若不足""建德若偷"，它们并不刻意展示、炫耀自己，反而在"若谷""若不足""若偷"的状态下发挥着自身的作用，恰与"明道若昧，进道若退，夷道若纇"相一致，既体现着"上德""广德""建德"的"惟道是从"，又体现着"道隐无名"的本质属性，进而"善贷且成"③，善于资助万物并成就万物。

四是玄德。这一类型是在第51、65章中提出来的。同为"玄德"类型，但侧重点有所不同。一方面是从大化流行视角提出的"玄德"类型，集中表现在第51章。经由"道生之，德畜之，物形之，势成之"的进程，才开天辟地，化生万有，阴阳和谐，万物滋养。所以，"万物莫不尊道而贵德"。这种尊崇，不假外力，浑然天成，以至于达到"生而不有，为而不恃，长而不宰"④的至高至善境界，老子称之为"玄德"。另一方面是从治国理世视角提出的"玄德"类型，集中表现在第65章。老子从第51章对道德一体、化生万物视角下落到人类社会，认为要顺应道、德之本质属性，把尊道贵德精神贯彻到社会治理领域，形成治理的"稽式"亦即治国的法则。实行这一法则，就要"非以明民，将以愚之"，"不以智治国"，其实是引导百姓摒弃伪诈智巧，进入纯朴自然状态。认为明明白白地以这一法则治国理世，便可称为"玄德"，而

---

① 陈鼓应注译：《老子今注今译》，第156页。
② 陈鼓应注译：《老子今注今译》，第215页。
③ 陈鼓应注译：《老子今注今译》，第229页。
④ 陈鼓应注译：《老子今注今译》，第260页。

"玄德深矣，远矣，与物反矣，然后乃至大顺"①。亦即国君与百姓皆持守"玄德"，与万物一起返归本始真朴，便能够进入最自然的境界。

五是不争之德。在第68章，老子以战事比喻不争之德，着重阐释退守无为的哲学思想在军事斗争领域的运用。"不武""不怒"，是讲不能逞匹夫之勇，意气用事，争强好胜。"不与""为之下"，是讲"以奇用兵"②，避免正面交锋、杀伤士卒。只有在战争中坚持不争的原则，珍惜人力、物力，以最小的代价夺取最大的胜利，才符合最高的自然之道。值得注意的是，老子从统兵、攻战、胜敌、用人四个方面列举了"不争之德"的四种表现，即不耀武逞勇，不动怒发威，不争胜斗狠，善谦下用人。由这四种表现可见，"不争之德"是老子"三宝"之首"慈"德的集中表现。有柔慈之心就能够宽以待人，能得人才之用；有柔慈之心就能够以谦下接物，能得士卒之附。所以，或战或守，将士都会勇于效命。

慈勇是不争而制敌之大勇，慈怒是安民而治世之大怒，慈战是不战而屈人之兵之上战，慈胜是以柔弱胜刚强之至胜。在老子看来，"不争"之德得人、配天，既顺民心而得人和，又顺天道而合自然。它使人天顺化，与道合一，自然战无不胜，攻无不克，永远立于不败之地。应当说，这是一种极高的军事战略境界。《老子》在第8章以水喻道，认为水性即道性，水德即道德，赞美水的"善利万物而不争"③，倡导的也是"不争之德"。

3. 阐释德的功用

对于德的功用，老子有一个总概括，即第51章提出的"道生之，德畜之，物形之，势成之"④。张岱年先生评价："老子说'道生之，德畜之，物形之，势成之'。一物由道而生，由德而育，由已有之物而受形，由环境之情势而铸成。道与德乃一物之发生与发

① 陈鼓应注译：《老子今注今译》，第304页。
② 陈鼓应注译：《老子今注今译》，第280页。
③ 陈鼓应注译：《老子今注今译》，第102页。
④ 陈鼓应注译：《老子今注今译》，第260页。

展之基本根据。"冯友兰先生评价:"老子认为,万物的形成和发展,有四个阶段。首先,万物都由'道'所构成,依靠'道'才能生出来(道生之)。其次,生出来以后,万物各得到自己的本性,依靠自己的本性以维持自己的存在('德畜之')。有了自己的本性以后,再有一定的形体,才能成为物('物形之')。最后,物的形成和发展还要受周围环境的培养和限制('势成之')。在这些阶段中,'道'和'德'是基本的。没有'道',万物无所出;没有'德',万物就没有了自己的本性;所以说:'万物莫不尊道而贵德。'"① 从两位先生的评价可知,在万物运化的进程中,德的总功用是养育万物,使万物依自己的本性而生长发育。若失了自己的本性,万物便如一个模式所成,丰富多彩的世界便不复存在。德成就了万物中每一个体所特有的属性,使之成为风采独具的"这一个",其功用不可或缺。

具体说来,一是"德善""德信",有着"善"与"信"的功用,可以引导人人向善,使得人人守信,使天下人的心志归于浑朴。② 二是"重积德则无不克",是"有国之母"。这是治理国家的根本原则,遵从这一根本原则,便能够"深根固柢""长生久视"。③ 三是推动进入最自然的治理境界,亦即"玄德深矣,远矣,与物反矣,然后乃至大顺"④。

4. 阐释如何修德

老子在第54章集中回答了这个问题。针对春秋末期各诸侯国的统治者们私欲膨胀,沉湎于声色犬马,终至损道败德的现实状况,老子明确提出了以建德抱道而修身的原则、成效与方法,强调以道修德,普化天下,重在修身。老子认为,要拯救社会,改善世风,重视人性,一个重要的途径是人们必须毫无保留地皈依于大道,其基本步骤是以小至大,推己及人。以修身之德真,修家之德余,修乡之德

① 陈鼓应注译:《老子今注今译》,第261页注释①。
② 参见陈鼓应注译《老子今注今译》,第253页。
③ 陈鼓应注译:《老子今注今译》,第288页。
④ 陈鼓应注译:《老子今注今译》,第304页。

长，修邦之德丰，修天下之德普，展现修身立德由以真为本而至于以普为用。老子从"修之于身"层层递进，一直说到"修之于天下"。意在揭示修身层次不同，德的作用与影响也随之不断扩大。

老子所强调的修身特征在于立德真淳，施德普遍，是个人自我守道修身的自然扩展，如大道之周流广博，泽被万物。老子提出"以身观身"至"以天下观天下"的修身立德方法，目的是让人们体悟与借鉴。具体说来，己之身、家、乡、邦、天下，都是具体现象界的存在和表现，属于感性直观对象；而他之身、家、乡、邦、天下，则是依据感性直观的具体现象界的对象而抽象出的带普遍规律性的理性思维、理论概括，亦即对大道规律的深刻体悟。所以，前者为"物"，后者为"道"，是观物体道以立德的过程。能体悟到这一点并孜孜以求，躬身践行，便可成就"善建""善抱"之举，也就"子孙以祭祀不辍"① 了。

应该看到，老子提倡的这种修身立德方法，深刻影响了孔子和孔子后学，儒家后来明确提出的"修身、齐家、治国、平天下"的修身治国主张，虽与老子的思辨层次不同，但推己及人的思维方向是一致的。

5. 阐释有德之人的修为

老子在第38、41、79章着重谈了这个问题。第38章，指出德的类型不同，其修为也具有明显的差别。这种差别就表现为上德的人不刻意修德，因此真有德；下德的人刻意求德，因此没有进入德的境界。至于上仁、上义、上礼之人，不属有德之人范围，老子是以讽刺的口吻叙述他们的言行举止的，认为他们的那一套不叫修为，而是伪诈的表演。当然，老子也一针见血地指出了失道、失德、失仁、失义所导致的后果，认为礼这个东西，标志着忠信的不足，也是祸乱的开端。倡导大丈夫要立身淳厚，而不居于浅薄；要存心笃实，而不陷于浮华；要舍弃薄华的"礼"，而施行厚实的"道"与"德"。

---

① 陈鼓应注译：《老子今注今译》，第271页。

第 41 章先举上士、中士、下士对道截然不同的态度，明言"不笑不足以为道"。然后采取辩证说理手法，回答为什么道常常被无知妄人嘲笑。其中谈到的"上德若谷；大白若辱；广德若不足；建德若偷"中的"若谷""若辱""若不足""若偷"①，正是有德之人修为程度的形象展示。

第 79 章的"有德司契，无德司彻"，更是形象地揭示了有德之人与无德之人修为程度的本质区别，得出了"天道无亲，常与善人"②的精辟结论。

6. 阐释有德之人的境界

老子深刻阐述了有德之人修德悟道所达到的崇高境界。一是"复归于婴儿""复归于朴"。这是"常德不离""常德乃足"③的必然结果，是经由老子提倡后人人向往和追求的婴儿境界、返璞归真境界，已然成为精神文化标识，而融入中华民族的精神世界里。二是神奇的、幽深微妙的"玄德"境界。老子在第 51、65 章作了深入阐述。三是"赤子"境界。在第 55 章，老子作了形象而又生动的阐述。老子以赤子比喻厚德之人，认为赤子质朴纯真，元气充沛，筋骨柔弱，内力刚强，精神和谐，这正是修德行道之人必须具备的品德修养。只有这样，才能有效地克制内部的欲望和冲动，抵制外部的伤害和影响，归于大道。老子以赤子的种种生理现象作譬，宣扬阐发其虚静处下、柔弱无为的人生哲学。他所说的"精之至"，是形容精神完全饱满的理想状态，而"和之至"，则是形容心灵平淡、凝聚和谐的美好状态。

老子在这里既针对人们的自身修养而言，又针对当时的社会政治现实有感而发。他以"赤子"般的"含德之厚"境界，引导人们舍弃各种欲望，摈绝奢靡浮华，彻底地回复到纯任自然、不事雕饰、混沌淳朴的原始状态，从而皈依大道，全真葆性，避免"物壮

---

① 陈鼓应注译：《老子今注今译》，第 229 页。
② 陈鼓应注译：《老子今注今译》，第 341 页。
③ 陈鼓应注译：《老子今注今译》，第 183 页。

则老""不道早已"① 的悲剧发生。在此，老子是说理，同时也是交代修身养性、悟道体道的方法，这种方法多为后世养生家们所发挥和借鉴。尤其是婴儿之道或婴儿境界，对后人的启示意义是巨大的。

二 "尊道贵德"的价值取向②

老子在运用"德"说事析理基础上，合乎逻辑地提出了"尊道贵德"的价值取向，其中，把解决价值根据问题放在优先考虑的位置。老子说："道生之，德畜之，物形之，势成之。是以万物莫不尊道而贵德。道之尊，德之贵，夫莫之命而常自然。"③ 这是说，道生万物，德畜万物。当大化流行、生机萌动、万物产生后，又予以长育、养覆。将客体对象化，使之具有价值属性，即老子所谓的"势成之"。由此可见，老子是将道与德作为其价值根据的。

道与德之所以成为价值根据，是因为它们是一切价值所由以产生的前提，是一切价值形成的终极根源。客体的价值属性体现和凝聚为客体中人的属性，是人的本质力量在客体中的对象化。换句话说，价值不是事物自身固有的，只有当主体"人化"了客体，客体"对象化"了人的本质力量，这时客体对主体才具有意义、才具有价值。

道在老子那里，既是一个本体论的范畴，又是一个宇宙生成论的范畴。从事实层面看，它是宇宙本体，是"万物之奥"④，是"万物之宗"⑤。从价值层面看，它是"玄牝之门"⑥，是"大道氾兮"⑦ 的大化流行，是"造化"之工。因此，道作为价值根据，并

① 陈鼓应注译：《老子今注今译》，第274页。
② 参见拙作《老子现代说》（中国言实出版社2006年版）第92—98页所作的讨论。
③ 陈鼓应注译：《老子今注今译》，第260页。
④ 陈鼓应注译：《老子今注今译》，第295页。
⑤ 陈鼓应注译：《老子今注今译》，第90页。
⑥ 陈鼓应注译：《老子今注今译》，第98页。
⑦ 陈鼓应注译：《老子今注今译》，第203页。

非从"事实"的维度立论，而是从"造化"的内涵予以确定。换言之，是从道作为万物之所由以生成者，即作为万物的母体、始基和内在的终极根源而立论的。

除了道之外，德也是老子所设立的价值根据之一。德乃物之所得而蓄积者，"物得以生，谓之德"①，万物得到道而生成便是德，韩非说："德者，内也。得者，外也。"② 外得于道，必内化为德。因此德是道的显现，也是道的作用。道是体，德是用。体用不二，故道与德是二而一的。德必须得道，而"得"必须有德。只有抱道，才能获德。道与德的不可分割性，自然使德也成了价值的根据。

道所显现的最大之德是生，但它"生而不有，为而不恃，长而不宰"③，是利而不害，老子称之为"玄德"。道之德就生育、兴作、成长来说，它体现出的是养育功能；就不有、不恃、不宰来说，则褒扬了道的德性的伟大。它只奉献，不占有，只利泽，不侵害。"玄德深矣，远矣，与物反矣，然后乃至大顺。"④ 玄德的特色是要求事物返璞归真，顺乎自然。玄德是与道融合的浑然无迹的质朴状态，是一种至高无上的道德境界。

道与德在老子那里具有重要意义，因此万物"莫不尊道而贵德"。老子关于道与德的理论建构，为他的价值学说提供了前提和根据，终至形成"尊道贵德"的价值取向。

1. 修身立德，达至"玄德"

"玄德"，是老子所称美的理想圣人所具有的玄妙而神圣的德性，即以博大无私的精神生养、惠爱、统率万物。那么，如何才能具备这样的德性呢？在第 10 章老子以设问方式一连提出六个问题，对修身立德作了引人深思的阐发。一为"营魄抱一"，即身心与道合一，浑然圆融，遵道守中，永不离弃。二为"专气致柔"。精神

---

① 方勇译注：《庄子》，中华书局 2010 年版，第 187 页。
② 高华平、王齐洲、张三夕译注：《韩非子》，中华书局 2010 年版，第 187 页。
③ 陈鼓应注译：《老子今注今译》，第 260 页。
④ 陈鼓应注译：《老子今注今译》，第 304 页。

专一柔顺，复归于婴儿的天真状态，无欲无虑。三为"涤除玄鉴"。心境清虚澄明，不染尘垢，无瑕无疵，洞察纤毫。四为"爱民治国"。施行无为之治，使民无欲而国无争。五为"天门开阖"。顺任自然之开合变化，以雌柔谦下生养、惠爱万物。六为"明白四达"。通达事理，洞观天下，能以大智若愚的"无知"态度静观待时，因势利导。这六条设问大致可分为两组：前三条为体道修身，达于"玄鉴"，属于主观修养的范畴；后三条为遵道治世，达于"无为"①，属于客观实践的范畴。只有具备上述六个方面的修养与实践，才能够达至"玄德"。

由此引申，老子进一步阐明了修身立德的人生哲理。第33章的四组文字，两两相对，以肯定态度概述了修身立德的几个方面："知人"于外，"自知"于内；"胜人"于外，"自胜"于内。两相对比，老子自然肯定"知人""胜人"之必要，但更加肯定和重视"自知""自胜"之关键。"胜人"与"自胜"是互为表里的，并非恃强逞勇，而是柔慈不争之胜。此种柔慈不争之胜，乃在以无私博爱得民心、导民心于无欲无争，这是最根本的胜利。胜人于无为，胜人于无形，较之于以私欲暴力、严刑苛令以制民，是更有力的胜人，这才叫真正的"有力"。然而，"知人""胜人"于外，必以"自知""自胜"于内为根本："自知"者，指自身持守大道，体悟真知，"涤除玄鉴"，心镜明澈，才称得上明智通达；"自胜"者，指自身克制私欲，摒绝杂念，自觉省察并战胜一切有违大道的思想，这才叫真正的坚强。老子所强调的，"自知""自胜"的核心，是抱朴含真，持道于心。如此，方能以道知人，以道胜人。同时，老子指出"知足者富"②，对于修身立德颇有深意。一曰"知足"。自知者方能知足，不慕外物之繁华，而珍视"道"为"万物之奥。善人之宝，不善人之所保"③。此最为"富"。二曰"强行"。自胜者方能"强行"，自觉而勤勉地遵行大道，"载营魄抱一"，身

---

① 陈鼓应注译：《老子今注今译》，第108页。
② 陈鼓应注译：《老子今注今译》，第201页。
③ 陈鼓应注译：《老子今注今译》，第295页。

心圆融，持道不离，意志专一，此堪称"有志"。三曰"不失其所"。自知者方能"知止不殆"①，知道人之止境在于复归大道之淳朴，人之立身永远不失根基，永无危殆，故称为"久"。四曰"死而不亡"。自胜者方能无私无欲，以道化民，柔慈万民，故身死道存，精神不朽，为万民所铭念，故称"寿"。因而，"自知""自胜"是人们修身立德的核心与根基，而其他各个方面则是"自知""自胜"②的外化与扩展。

2. "贵身""爱身"，以为天下

老子在第13章提出的"贵身""爱身"，即自重、自爱，不论在何种遭际下始终坚持人格的尊严和独立。面对荣宠或辱患，世俗之人都如受到惊恐，以为荣宠尊贵，得之惊喜，失之惊恐；以为辱患卑贱，得之惊恐，失之惊喜。其实，荣宠与辱患对人格独立与尊严同样产生着深重的伤害，受辱患而惊恐，或蒙诬毁，或遭丧乱，或陷囹圄，或受刑罚，自然是对人格尊严的伤害和摧残；但得荣宠而惊喜呢？屈膝于势位富贵之下，奔竞于仕途权利之前，或诚惶诚恐，或战战兢兢，保荣华，争宠幸，心为形役，神为利丧。凡此皆对身外之荣宠、辱患的得失耿耿于怀，斤斤计较，便是过分看重了荣辱得失。所谓"有身"，正是指过分看重自身荣辱得失。生命的尊严与价值系于荣辱得失，所以将丧失荣宠、受到辱患视为人生之"大患"，将"宠辱"看得重于自身尊严。所谓"无身"，是说当一个人根本不顾及自身荣辱得失，他还能将荣辱得失视为人生之"大患"吗？"无身"即无己无欲，亦即无患。所以，"无身"正是"贵身""爱身"的崇高境界。生命人格之尊严的自重自爱，超过对身外荣辱得失的重视，自然不会因荣辱而惊恐，不会视荣辱为"大患"。无惊无患，精神便会升入"无身"忘我、无为无欲的境界，自然可以以"贵身""爱身"的态度"为天下"③并奉献自身。

① 陈鼓应注译：《老子今注今译》，第241页。
② 陈鼓应注译：《老子今注今译》，第201页。
③ 陈鼓应注译：《老子今注今译》，第121页。

3. 尊道而行，守"无名""朴"

老子认为，大道永恒无名，浑朴精微，生化、主宰天下万物。"朴虽小"是"复归于朴"① 的"朴"，即宇宙本体之原始浑沌、敦朴，无象无名之状态；"小"就是"搏之不得，名曰'微'"的"微"，就是"窈兮冥兮，其中有精"的"精"。所以，"小"就是精微之元气，是构成浑沌、惚恍的宇宙本体的原始粒子。大道浑朴，虽然是由精微之元气或原始粒子所构成，但却具有永恒的生命力，具有主宰天地万物生化、繁衍的"玄德"。人世间的"侯王"若认识并持守大道之"玄德"，达于"无为而无不为"的治境，则天下万民将自然宾服。"无为而无不为"②，犹如天地阴阳二气之天然交合而降甘霖，无人号令，自然均匀。同时，当天地万物始作而有定名之后，应"知止"。"知止"便方向明，心智清，无危殆，便可无往而不胜。所以，"知止"，实际乃在确定人之思想行为的归止、方向、规范，永不偏离浑朴自然之大道，所以，老子明言"知止可以不殆"③。

德是天道化育万物的具体显现。从治世层面讲，德具有执政者得道守一、顺化万民、平泰天下的圣德之功能。得道则为有德，失道则为丧德，无道则为无德，此为老子论德之精要。在第38章，老子对比上德、下德之分际，"上德"者为守道无欲无为，依道治世，不自炫其德，是以"有德"。"下德"者为舍道多欲有为，违道妄为，虽极力表现出不丧失大德，其实已丧德无德。明确了上德与下德的分际，便进而概述"下德"所派生的仁、义、礼的特征。最后标举在道、德颓废形势下的修身治世原则：弃薄去华，处厚居实，即去彼礼智之浮薄虚华，而取此道德之淳厚诚实，坚持以真朴之大道为本而施行"上德无为而无以为"④ 的治世原则。

① 陈鼓应注译：《老子今注今译》，第 183 页。
② 陈鼓应注译：《老子今注今译》，第 212 页。
③ 陈鼓应注译：《老子今注今译》，第 198 页。
④ 陈鼓应注译：《老子今注今译》，第 215 页。

4. 知足知止，建德抱道

第 44 章列举关乎人生抉择与修身自励的三个重要问题：名誉与生命、生命与财货及获得与丧失。这三个重要问题哪个更重要、更有价值呢？世界观、人生观不同，便会作出各不相同的抉择与价值判断。老子一贯主张坚持大道的真朴无欲，主张修身的少私寡欲。名誉、财货皆为人之私欲所求，"甚爱"，指过分爱惜并追求虚名，为谋取虚名而殚精竭虑，身为名驱，心为形役，极大地耗费生命。"多藏"，指多多积藏财货，人为财迷、人为财奴、人为财死者，自古不计其数，如此必招"厚亡"。势位富贵，名缰利索，使无数利欲熏心者乱性败德。正是冷眼旁观世道人心的日渐卑下，在对追名逐利大加否定的基础上，老子正面提出了修身主张：一为"知足"，即无私欲，不贪婪；二为"知止"，即归止于浑朴之大道，涵养真淳之德行。"知足"则对外物之私欲追求少，"知止"①则对内心之道德修养深。如此，则不自辱、不自危，可以立身长久了。

建德不拔，抱道不脱，是老子在第 54 章提出的修身取向。遵循这一取向行事，就能以修身之德真，修家之德余，修乡之德长，修邦之德丰，修天下之德普，由己泽人，由人达世，由真达普。"老子以'建德抱道'作为'子孙以祭祀不辍'的基础，表明人类文明相续不断的关键，就在于效法道生德畜的自然常则"。同时，"老子将形而上之道，透过修德的功夫，层层落实到人事的处置之中……透过'德'在身、家、乡、邦、天下的层层展开，老子将个人和国家社会联系在一起，展现了'建德抱道'的宏大格局"②和高远超迈的价值取向。

5. 摒弃物欲，修身全性

第 8 章老子以水为喻，借描摹水德而赞美圣人的崇高美德与人格。首先，提出"上善若水"，崇高美德如水性之"善利万物而不

---

① 陈鼓应注译：《老子今注今译》，第 241 页。
② 陈鼓应：《老子导读及译注》，人民文学出版社 2022 年版，第 171—172 页。

争",即以其柔顺之性默默奉献,善利万物,居卑忍垢,随物赋形,不争物利,体现出谦卑不争的特征和品格。这与老子称述过的自然大道之无私无欲的本性极为相似,所以老子认为它"几于道"①,最接近自然之道的品格。接下来称述"上善"体道之圣人的居处、心肠、交往、言谈、为政、办事、行为,表现出"七善"之德:居处善择地势,心肠沉静渊涵,交友仁厚,言谈诚信,为政循理,办事圆通,行动因时。这"七善"之德,都是"上善"之人效法水之本性与德行的具体体现,亦即效法自然大道的本性与德行。最后老子综括水之本性与德行为"不争",故圣人处世亦应"不争",甘居众人所厌恶的卑下、屈辱之地位,后己先人,善利万物,方能无往而不胜,不会出现遗憾与过失。

老子在第12章列举五种物欲的惑乱与危害:色彩之乱目,音乐之惑耳,美味之伤口,驰猎之心狂,贪财之败德。指出,贪图并沉湎于种种嗜欲之中不知节制,则必然玩物丧志,乱性败德。其实,色彩、音乐、美味、驰猎、财货等,皆为物质文明的发展给予人的审美享受或物质财富,适度的满足是有益于人的身心修养的,但纵情嗜欲,淫逸放荡,则必堕落为人性的畸形、道德的扭曲,这正是老子极力反对的。所以,老子提出"为腹不为目""为腹"者,对物质文明的需要仅为满足安饱,而以"虚其心,实其腹,弱其志,强其骨",神凝于内,无欲不争为准则;"为目"者,则表现为对物质文明之种种的贪欲无度,心性狂荡,神驰于外,丧失节制,此乃人性的自我毁灭。故老子讲"去彼取此"②,摒弃物欲膨胀、心驰神荡的异化生活而坚持饱腹强身、节欲清心的正常生活。但老子并非完全反对物质文明而过一种苦行僧式的生活,而是主张适度的合理的物质文明之满足,保持精神的真淳,乃"实腹"的真正目的。

6. 归于"赤子",浑然齐同

以"精之至"的"赤子"称喻德性深厚之人。老子在第55章

---

① 陈鼓应注译:《老子今注今译》,第102页。
② 陈鼓应注译:《老子今注今译》,第118页。

指出，"赤子"精气充沛，和气旺盛，精神专一柔顺；天性真淳，无知无欲，物我两忘，浑然与天地为一，与大道为一。所以，老子将修身体道的理想境界，表述为"复归于婴儿""复归于朴"。从自然观讲，复归于宇宙本源的浑朴无形之初；从修身观讲，摒绝物欲智巧之杂念，复归于无知无欲、虚静定止的婴儿状态。以赤子之心修身的标准：一曰"知和"，能认知阴阳二气的淳和、统一；二曰"知常"，能认识大道永恒规律而加以运用。老子反对"益生"与"心使气"：一为膨胀生命贪欲；二为心欲冲出和气，乱性逞强，必招致祸殃。凡物之壮盛，则必欲强气盛，使阴阳淳和之气失衡，极盛而衰，极壮而老，此即"不道"，违离大道之常规。老子在否定"益生""使气""物壮"的论述中，也论证了"含德""知和""知常"，以复归于"赤子"① 的修身体道与处世主张的合理与正确。

第56章老子进一步指出，"知者不言"是"玄同"人格修养的前提条件，而"玄同"人格的特征则是塞兑、闭门、挫锐、解纷，即闭塞嗜欲门径，磨钝锋芒，化解纷扰，做到无欲无贪、无锐无扰，便可心境和融、浑然忘我而与物和一，与道同一，进入一种"和光同尘"、物我浑然、心境同一的无差别状态。同一、统一、无差别，便是老子讲的"和"，亦即"玄同"。老子认为，大道"玄同"之德，人格"玄同"之妙，乃在无亲疏、无利害、无贵贱、无偏私偏爱，亦即"天道无亲""圣人不仁"。表现出大道博爱无私的精神和品格。因此，老子称赞"玄同"精神，认为具备了"玄同"人格乃为"天下贵"②。

7. 崇啬积德，"长生久视"

老子在第59章指出，应以"唯啬"之德治人事天。"啬"者，爱惜、节俭也。老子所谓的"啬"，特指"啬神"，即爱惜精神，节制心欲。啬神节欲，便能涵养精神，抱持淳和，达于"早服"，对于治国而言，增厚内在淳朴和融之德性的积蓄，实为自己的一种预先修

---

① 陈鼓应注译：《老子今注今译》，第274页。
② 陈鼓应注译：《老子今注今译》，第277页。

养，这是"啬"的基本目的。啬神积德，合乎老子"为道日损"，"塞兑闭门"，崇浑朴，戒浮华，敛欲止欲，以至于无欲无为，修身立德，治世化民之道。积德深厚，便无往不胜，通达于"莫知其极"的大道博通无穷之境，便可掌握治国之根本。这就是老子提供和向往的以"深根固柢"的啬德，行"长生久视之道"① 的效果。

三 "生而不有，为而不恃，长而不宰"的 "玄德"境界

老子认为，遵循"尊道贵德"价值取向并勤而行之，便可具有赤子情怀与圣人人格，为进入"生而不有，为而不恃，长而不宰"的"玄德"境界创造条件。或者说，赤子情怀与圣人人格就是"玄德"境界的外显。

老子之所以看重并推崇"婴儿""赤子"的状态，这是因为，婴儿、赤子是人生的最初阶段，是人化程度最低的阶段，也就是最自然的时期，而最自然也就最淳朴本真。在老子看来，婴儿、赤子最为柔弱，又最有生命力，因而是"含德之厚"。《老子》中，对婴儿、赤子的描述充满了深情与期待。

> 含德之厚，比于赤子。蜂虿虺蛇不螫，攫鸟猛兽不搏。骨弱筋柔而握固。未知牝牡之合而朘作，精之至也。终日号而不嘎，和之至也。②
> 圣人在天下，歙歙焉，为天下浑其心，百姓皆注其耳目，圣人皆孩之。③
> 知其雄，守其雌，为天下谿。为天下谿，常德不离，复归于婴儿。④

① 陈鼓应注译：《老子今注今译》，第288页。
② 陈鼓应注译：《老子今注今译》，第274页。
③ 陈鼓应注译：《老子今注今译》，第253页。
④ 陈鼓应注译：《老子今注今译》，第183页。

我独泊兮，其未兆，如婴儿之未孩。①

老子倡言"复归于婴儿"，也就是回到"常德不离"的赤子、婴儿状态。显而易见，人们不可能回复到赤子、婴儿的身体状态中去，这种回复只能是精神的回归，亦即一种精神向本真状态的复归。

老子之所以提出赤子、婴儿状态为理想的精神状态，赞美婴儿之德，这是因为，人类精神随着社会及具体的人的成熟，有着逐渐远离人之初的自然淳朴的纯真之德的趋向，也就是说，人类精神越来越丢失了本真的东西而日趋异化。因此，要寻找回那个丢失的世界，就是寻找那个人类精神的最童稚而未被虚饰浮华污染的心灵。人类精神守住了赤子、婴儿状态，也就守住了人类的自然本真特性。

老子推崇的最高人格是圣人人格，在何种意义上为圣人人格？也就是在老子思辨意义上的最高人格或理想人格，是个人所能达到的最高精神及行为水准，也就是说，是老子思辨意义上的至善。如果说，这种至善在现实生活中还没有人能够达到，那也应当成为普遍个体行为所设定的目标。老子把达到这种至善的人称为"圣人"，而圣人所体现的精神及行为水准，就是所谓的"圣人人格"。

老子思辨意义上的最高精神及行为的水准就是至善，是在对"道"的整体性把握中所产生的一种了悟的境界，这种境界就是"生而不有，为而不恃，长而不宰"②，缔造万物而不据为己有，养育万物而不仗恃己力，引导万物而不人为控制的廓大胸襟，一种甘居于下而能为"百谷王"③的不争无为却能最为有为的精神。在这里，无论是"生而不有""长而不宰"，抑或是养育万物，万物归附，所说的都是自然无为，因此又可以说，老子的圣人人格，是一种自然无为的人格。

没有对道的深切了悟，就没有自然无为的人格精神。因此，把

---

① 陈鼓应注译：《老子今注今译》，第 150 页。
② 陈鼓应注译：《老子今注今译》，第 260 页。
③ 陈鼓应注译：《老子今注今译》，第 308 页。

握道的智慧，是这一人格所内含的必要前提条件。在老子看来，道无处不在，无时不有，但它又是人类以寻常智慧无从把握的，是不可言说、不可命名的事物。"道之为物，惟恍惟惚，惚兮恍兮，其中有象，恍兮惚兮，其中有物。"① 道惟恍惟惚，故道为"幽"，为"冥"，为"玄"，为"虚"，为"无"，为"朴"，为"拙"。而日常智慧只能看见明确的，有名的，有形的，有体的，也就是说，日常智慧只能看见"光明"中的"事物"而看不见"幽暗"中的"道"。这种"看见"，就是内在精神性的把握。怎样才能"看见""道"呢？只有通过一番老子的内圣学意义上的修养过程，具体来说，就是绝圣弃智、绝伪弃诈、绝巧弃利等。也就是揭去那些遮蔽"道"的"蔽障"，使人能够看见比可见的东西更深更远、更具本根意义的"道"。因此，老子不但不反对智慧，而且提倡智慧，不过他所提倡的是"大智慧"，是可以把握玄远幽深中的道的智慧。而正是在这种智慧的意义上，我们认识到，老子式智慧是一种内圣工夫，是一个修养过程。也就是说，对"道"的把握，实际上就是通过人生修养使自身向"道"回归，圣人也就是一个与道体合而为一的人。

能达到自然无为的人格精神的"圣人"是《老子》所张扬的主旨，也就是说，《老子》是一部教人学做"圣人"的书。老子的"道"既有形而上意蕴，又有人生实践的意蕴。所谓形而上、形而下，两者并不相隔，形而上为道，形而下为德，在自然无为的意义上贯通一气，并且最终都落实到人生层面，归结到"圣人"这里。②

在老子看来，赤子情怀与圣人人格是"含德之厚"③、体道之深的至善状态，是将"尊道贵德"价值取向浑融为一，并勤而行之的必然结果。凭借这个结果，便可进入"生而不有，为而不恃，长而不宰"的"玄德"境界。

---

① 陈鼓应注译：《老子今注今译》，第 156 页。
② 参见刘金志《老子与现代领导》，中国言实出版社 2006 年版，第 157—159 页。
③ 陈鼓应注译：《老子今注今译》，第 274 页。

1．"玄德"境界的内涵

综合观之，老子所说的"玄德"境界至少具有这样四种含义。

（1）作为宇宙本体、本原"道"的德性，一般称为"玄德"。（2）得道并体现了道的圣人的德性，亦称为"玄德"，这是由于他的德性与道的德性是一致的。（3）天地万物，包括人的德性，一般称为德，如：天之德、地之德、人之德等。（4）德不仅有"玄德"与一般"德性"的区别，还有厚薄的不同，上下的不同，有德与无德的不同。比如："含德之厚者，比于赤子。"① 赤子为含德厚者，那么老壮则为含德薄者，失去德的人就更不用说了。又如第38章讲到的上德下德的不同，"上德不德，是以有德；下德不失德，是以无德"②，说的也是这种区别。老子的"生而不有，为而不恃，长而不宰"三句话，高度概括了"玄德"③ 境界的要义。

2．"玄德"境界与万物德性的区别

"玄德"境界与一般天地万物之德的内容是不一样的。天地万物各有各的德性，它们是相互不同的，而"玄德"是道的或得道圣人的德性，二者是同一的。关于"玄德"的德性，应注意老子的两段话，一为第51章的"道生之，德畜之，物形之，势成之。……长之育之；亭之毒之；养之覆之。生而不有，为而不恃，长而不宰。是谓'玄德'"④。这是指道的德性，而道的德性即顺应自然而已。一为第65章的"以智治国，国之贼；不以智治国，国之福。知此两者亦稽式。常知稽式，是谓'玄德'"⑤。这是指圣人的德性，圣人的德性就是实行无为而治，无为而治也就是顺应自然，所以圣人的德性是体现了道的德性的。

具体说来，天地万物的德性与作为宇宙本体、本原道的德性是有区别的。天地万物各有各的德性，天不同于地，地不同于一般的

---

① 陈鼓应注译：《老子今注今译》，第274页。
② 陈鼓应注译：《老子今注今译》，第215页。
③ 陈鼓应注译：《老子今注今译》，第260页。
④ 陈鼓应注译：《老子今注今译》，第260页。
⑤ 陈鼓应注译：《老子今注今译》，第304页。

物，物亦不同于人，物之间与人之间又各有所不同。然而虽然每一物皆有自己的德性，但其来源却是共同的，都是宇宙的本体、本原——道的结果。所以说，"德者，得也"①，即得道而成自己的本性。正如老子所说："天得一以清，地得一以宁，神得一以灵，谷得一以盈，侯王得一以为天下正。"② 这里的"一"即指"道"。天能清，地能宁，神能灵，谷能盈，侯王能成为天下的君主，皆是由于它们各自都得了道的结果。假如得不到道，甚至逆道而行，天地乃至人类社会就会出现种种恶果。所以道生出万物之后，万物还要"复守其母"，而不能失去道。因此老子说："天下有始，以为天下母。既得其母，以知其子；既知其子，复守其母，没身不殆。"③要想守住"母"，即"道"，就要使自己的行为同于得道的行为，而不能同于失道的行为，得道的行为实际上就是符合道的行为。违背了道，也就会失掉道，失掉道，就意味着使自己缺失了德性。从这个意义上说，道是万物德性的来源。道是源，万物德性是流；道是本，万物德性是末。作为与道一体的"玄德"境界，与万物德性的根本区别就在这里。

3. "玄德"修养的根本问题与原则

老子从"玄德"境界与人和社会关系的视角，提出了许多发人深省的问题。他说："载营魄抱一，能无离乎？专气致柔，能如婴儿乎？涤除玄鉴，能无疵乎？爱民治国，能无为乎？天门开阖，能为雌乎？明白四达，能无知乎？"④ 老子提出的这六大问题，其实正是进入"玄德"境界修养身心所面临并需要解决的根本问题。

（1）要集中精力，聚集神思，而不要像王公贵族那样整日沉湎在驰骋打猎、花天酒地、声色犬马之中，白白消耗精力；（2）要返回到人童真时期的最佳生命状态；（3）要时常清扫有害身心的各种私心杂念，"涤除玄鉴"，保持澄明心境；（4）不要玩弄朝三

① 黎翔凤撰：《管子校注》（中），第770页。
② 陈鼓应注译：《老子今注今译》，第221页。
③ 陈鼓应注译：《老子今注今译》，第265页。
④ 陈鼓应注译：《老子今注今译》，第108页。

暮四、朝令夕改、出尔反尔、巧取豪夺一类政治权术，保护而不是抑制人民和国家的蓬勃生机；（5）要提倡谦下不争而不是好勇斗狠的个性；（6）要避免有害邪说危害人民，使他们明了并掌握道、天地、人世间正确的道性、德性，并形成道行、德行。

针对进入"玄德"境界修养身心所面临和需要解决的根本问题，老子进一步提出了践行"玄德"的三项基本原则。

（1）"知其雄，守其雌，为天下谿。为天下谿，常德不离，复归于婴儿。"这一原则出于《易经》，所强调的是自强不息、刚健有为的乾德与厚德载物、柔顺驯服的坤德的互补，核心是主张不要逞能好强，违背自然，贪欲过多，要谦让柔顺，回归并保持人类童年的纯真良善。

（2）"知其白，守其辱，为天下谷。为天下谷，常德乃足，复归于朴。"① 这一原则的要点是出淤泥而不染，忍辱负重，积德行善，返璞归真。

（3）"朴散则为器，圣人用之，则为官长，故大制不割。"② 这一原则的要点是分工合作，选贤任能，让有德之士成为社会负责任的公仆，坚信符合大道的"玄德"是永远不会被割裂瓦解的，它是一个圆满自足的道德系统。

针对现实社会中远离"玄德"境界，背弃"玄德"三项基本原则的种种丑恶现象，老子指出："上德不德，是以有德；下德不失德，是以无德。上德无为而无以为。"③ 明确划分了重实质轻形式的"上德"与重形式轻实质的"下德"的本质区别。老子对"下德不失德，是以无德"的尖锐批评，正是在抨击那些表面上不丢失道德，整天把道德挂在嘴边，说个不停但就是不去施行的伪君子。

在老子看来，人在丧失了道之后才会崇尚德，在丧失了德之后才会崇尚仁爱，是在丧失了仁爱之心后才会推崇所谓正义，人

---

① 陈鼓应注译：《老子今注今译》，第183页。
② 陈鼓应注译：《老子今注今译》，第183页。
③ 陈鼓应注译：《老子今注今译》，第215页。

们在丧失了正义之心之后就只能靠虚饰的礼来规范自身行为了。老子认为，不讲道的道德只能是假道德，而所谓仁爱、义气等是比假道德更等而下之的主张。特别是意在维护统治阶级尊卑等级制的所谓礼仪，更是国家动乱的祸首。这是因为许多战争和内乱、阴谋和仇杀，正是打着忠诚信义的旗号进行的。这正是老子所深恶痛绝的，所以他主张："大丈夫处其厚，不居其薄，处其实，不居其华。故去彼取此。"① 老子批判伪道德，毁弃伪仁义的基本用意是主张道法自然，德归大道，人修"玄德"，并进入"玄德"境界。

4. 由近及远的"玄德"境界修养方法

如何进入"玄德"境界？老子提倡一种脚踏实地的修养方法，那就是从自己做起，由本地做起，然后向全国和天下推广。他认为，"修之于身，其德乃真；修之于家，其德乃余；修之于乡，其德乃长；修之于邦，其德乃丰；修之于天下，其德乃普。故以身观身，以家观家，以乡观乡，以邦观邦，以天下观天下。吾何以知天下然哉？以此"②。由老子的阐述不难看出，在道德内容上，"玄德"境界是建立在道的基础上的自然伦理道德，涵盖了自然伦理和社会伦理的方方面面，彰显出独有的恒久和伟大。在理政方法上，老子提倡的"玄德"境界修养，不是闭门思过、三省吾身式的个人修养，而是在开放的心态和宽阔的视野下，"以身观身，以家观家，以乡观乡，以邦观邦，以天下观天下"，将榜样的力量、个人的修养与家庭、乡里、国家、天下的道德文明建设有机结合，从而显得从容淡定，明睿超远，更有博大的胸襟和开阔的气派！

如果说，以上所述是面向社会层面的进入"玄德"境界的修养方法，那么，在个人修养方面，老子也有一套引导人们进入"玄德"境界的独特主张，并由此影响了后来的道家和道教，形成了东

---

① 陈鼓应注译：《老子今注今译》，第215页。
② 陈鼓应注译：《老子今注今译》，第271页。

方文化超凡脱俗的修身之道。在老子看来,"含德之厚,比于赤子"。以一种人类道德精神升华的主动行为,达至纯真的赤子状态,亦即"蜂虿虺蛇不螫,攫鸟猛兽不搏。骨弱筋柔而握固。未知牝牡之合而脧作,精之至也。终日号而不嗄,和之至也"。这种精诚专一,平和之至,是进入了思精虑净,既不树敌也没有人以其为敌的"玄德"境界的表现。因此,"知和曰常,知常曰明。益生曰祥。心使气曰强。物壮则老,谓之不道,不道早已"①。

面对春秋末年礼坏乐崩、天下纷扰的社会现实,在写下五千精妙时,老子也深感曲高和寡,清楚地知道:"吾言甚易知,甚易行。天下莫能知,莫能行。"② 因为"大道甚夷,而人好径"③。所以才会出现"上士闻道,勤而行之;中士闻道,若存若亡;下士闻道,大笑之"④ 的奇怪现象。尽管如此,老子坚信"圣人被褐怀玉"⑤,真理掌握在少数人手里,并没有因此而放弃自己的大道玄德主张。相反,他以大圣哲的远见卓识不无幽默地说:"不笑不足以为道。故《建言》有之:明道若昧,进道若退,夷道若纇,上德若谷,大白若辱,广德若不足,建德若偷,质真若渝。"一连用了八个"若"字句式的对立比喻,以反面的贬词"昧、退、纇、谷、辱、不足、偷、渝"等的层叠,不断加强语势,透露出隐含的无奈和得道圣人的孤寂。并在反复阐述了真正认识并把握天下大道,进入"玄德"境界的艰难后,满怀信心地用道的伟大原理,鼓舞自己道、德学说的勇敢追随者说:"大方无隅;大器晚成;大音希声;大象无形;道隐无名。夫唯道,善贷且成。"⑥

在老子思接千载、视通万里的思辨世界和宽广视域中,最大的方正没有棱角;最大的器物最后完成;最大的声音几乎没有音息;

① 陈鼓应注译:《老子今注今译》,第274页。
② 陈鼓应注译:《老子今注今译》,第318页。
③ 陈鼓应注译:《老子今注今译》,第268页。
④ 陈鼓应注译:《老子今注今译》,第229页。
⑤ 陈鼓应注译:《老子今注今译》,第318页。
⑥ 陈鼓应注译:《老子今注今译》,第229页。

最大的形象不见任何形迹；道幽隐无形而没有名称。只有道，善于资助万物并成就万物。老子所述，正是道的品性，也是得道圣人进入"玄德"境界后的品性，其实是浑然为一的道性与德性的呈现，闪耀着"玄德"境界"生而不有，为而不恃，长而不宰"，顺任造化，法尔如是，无欲无我，德化天下的光芒。

说《老子》的"建德若偷"*
——兼申今本第59章"早服"当从郭店简本作"早备"

上海大学古代文明研究中心　宁镇疆

摘要：《老子》"建德若偷"之"建"，很多学者从晚清俞樾读为"健"，并不可信。《老子》"建德"之本义应从早期文献中"建德"作为成语成词的角度考察。"建德"当理解为"立德"或"积德"，而"立德"或"积德"在时间上又强调积久，如此恰与表怠惰、苟且义的"偷"构成对反。由于"建德"强调时间上的积久，意味着"建"也要越早越好，因此今本第59章的"早服"当从郭店简本作"早备"，即早为之备的意思，传世本的"早服"是误把借字当成了本字。

关键词：老子　建德　偷　早备

一　"建德若偷"版本差异及学者解说

上士闻道，勤而行之；中士闻道，若存若亡。下士闻道，大笑之。不笑不足以为道。故建言有之：明道若昧，进道若退，夷道若纇。**上德**若谷，大白若辱，**广德**若不足，**建德若偷**，质真若渝。大方无隅，大器晚成，大音希声，大象无形。

---

*　本文系国家社会科学基金重大项目"出土简帛文献与古书形成问题研究"（编号：19ZDA250）、古文字与中华文明传承发展工程规划项目"《老子》简注与研究"（编号：G3439）的阶段性成果。

道隐无名。夫唯道，善贷且成。

以上是今王弼本第 41 章的内容。本文主要讨论其中的"建德若偷"，先来说一下各本的文字异同。

　　河上公本"偷"作"揄"，严遵指归本作"偷"，王弼本同。傅奕本则作"媮"，范应元本则作"输"。① 出土帛书甲本相当的部分残掉，乙本据最新复旦大学帛书整理团队以衬页反印文所见亦作"揄"（括注为"偷"）②，与河上公本同。郭店简本此处恰好残去，无从判断。北大汉简本则作"榆"。据传世诸古本及出土的帛书乙本、北大汉简本看，此字虽多有差异，但都从"俞"声，这一点可谓惊人地一致。这也意味着上述"偷""揄""媮""输"等必然有本字，有借字。对何为本字的判断，又会影响到"建德若 * "一词的理解。特别是，依此章"上德若谷，大白若辱……"这样一组排比，"建德"又要满足与后面的" * "意义上构成对反。比如河上公注："建设道德之人，若可揄引使空虚也"，解"建"为建设，并谓"揄"为"揄引"③，不只以"揄"为本字，而且以"建设道德"与"揄引使空虚"为对反。坦率地说，这个解释是很牵强的。王弼则谓"偷，匹也。建德者，因物自然，不立不施，故若偷匹"④，由"不立不施"可知，王弼似将"建德"之"建"理解为"建立"，这与河上公本近同。但"偷"理解为"匹"不但与河上本明显不同，这种训诂也比较奇怪，文献中是比较罕见的。而且，"建立"与"匹"如何构成对反呢？这个也颇让人困惑。楼宇烈谓："'偷，匹也'，不明所义，恐有误。"他（楼）提到马叙伦从俞樾读"建"为"健"，并谓傅奕本经文作"建德若媮"，且注云："'媮'，古本作'输'"，并引《广韵（雅）》："输，愚也"，且谓

　　① 各本文字差异可参见朱谦之《老子校释》，中华书局 1984 年版，第 170—171 页。
　　② 参见裘锡圭主编《长沙马王堆汉墓简帛集成·老子乙本》，中华书局 2014 年版，第 194 页。整理者说明见第 198 页注释 12。
　　③ 参见王卡点校《老子道德经河上公章句》，中华书局 1993 年版，第 164 页。
　　④ 楼宇烈：《王弼集校释》，中华书局 1980 年版，第 112 页。

马王堆帛书甲本正作"建德若输",疑王注"偷,匹也"为"输,愚也"之误。① 由此看出,他以傅奕本是以"媮"为本字,理解为"愚",故楼氏怀疑王注"偷,匹也"为"输,愚也"。这个怀疑过于大胆,且缺乏依据。他还引马王堆帛书甲本为证,但今天来看,他对马王堆帛书甲本的判断明显也是不符合事实的。西汉严遵指《指归》本并非逐字作解,只是说:"建德若偷,无所不成。涂民耳目,饰民神明。绝民之欲……"② 从这个表述看,无法判断其对"建德"与"偷"的具体理解。近代解老名家蒋锡昌先生则谓:"建,立也","偷"为"愉"之假,并引《说文》"愉,薄也","'建德若偷',言建德之人若薄而不立也"③。蒋训"建"为"立"基本与河上公、王弼本同,但谓"偷"为"愉"之假,那就是以"愉"为本字,理解为"薄",如此,对于后面从"俞"之字的理解,则在河上本"揄引使空虚",王弼本"匹",傅奕本"愚"之外又出一说。

如果说"偷"多有异文且理解颇多分歧的话,前面的"建"长期以来则没有什么新的说法,这种情况到晚清俞樾开始有变化。俞氏将"建"读为强健之"健",以与老子一贯的强弱对比之一极偶合,并解"偷"为"偷惰",遂认为"健"与"偷惰"构成逻辑上的对反。此说一出,迅速在学术界为很多学者所采纳,直至于今。像朱谦之在以"偷"为本字的情况下,即取俞樾"刚健之德,反若偷惰"之说。④ 陈鼓应亦采俞说。⑤ 任继愈解释此句为"健德好似怠惰"⑥,等于也受了俞樾之说的影响。高亨同意俞樾之说,读"建德"为"健德"。但认为"偷"借为"媮"或"懦",解为弱:"建德若偷,犹言强德若弱耳。"⑦ 可以看出,高说虽在"建"读为

① 参见楼宇烈《王弼集校释》,第114页。
② 王德有点校:《老子指归》,中华书局1994年版,第14—15页。
③ 蒋锡昌:《老子校诂》,商务印书馆1937年版,275页。
④ 参见朱谦之《老子校释》,第170—171页。
⑤ 参见陈鼓应《老子注译及评介》,中华书局1984年版,第228页。
⑥ 任继愈:《老子绎读》,国家图书馆出版社2015年版,第92页。
⑦ 高亨:《老子正诂》,清华大学出版社2011年版,第69页。

"健"上与俞说同，但将"偷"理解为"嫣"或"懦"的借字，无疑又出新说。依其理解，"建德若偷"，就是"健（强）——弱"对反，这与俞氏理解的"健——偷惰"对反也不一样。高明注解帛书《老子》，在注意到"偷"字传世本有"媮""输""揄"等不同的情况下，同样采俞樾之说，认为"建""健""音同而义得同"，"健德若偷"，即"言刚健之德，反若偷惰也"。① 明确以"刚健"与"偷惰"有对反义。古棣、周英亦取俞樾之说，解"建德"为"刚健之德"。② 后来作郭店简研究的学者，像丁原植、魏启鹏、刘钊、陈锡勇、彭裕商、吴毅强均取俞樾"刚健之德，反若偷惰也"之说。③ 刘笑敢谓，"强健之德不计较世俗德是非曲直，容易被人看作软弱"④，其解"建"为"强健"与俞说同，但指"偷"为"软弱"，明显与高亨之说接近。北大简此处作"建德如榆（偷）"，整理者谓："诸字音近可通，读为'偷'或'输'较胜，'偷'义为'苟且'、'怠惰'，'输'有'堕坏'之义，皆与'建德'相对。"⑤ 这个解释等于说无论把"偷"理解成"怠惰"还是"堕坏"，都能与"建德"相对。其实，"怠惰"与"堕坏"含义明显不同，而"建德"的含义又是唯一的，所以整理者说"怠惰"和"堕坏"都能与"建德"相对的说法，肯定是不对的。

据笔者所见，明确对俞樾读"建"为"健"提出批评的是徐志钧。他说"……而刚健与偷惰并无相反之义。故俞说虽流行而并无确解"⑥，徐氏从训诂上指出"刚健"与"偷惰"并不构成对反，这是很对的。他引《广韵》"建，树也"，认为封邦建国，建立诸

---

① 高明：《帛书老子校注》，中华书局 1996 年版，第 22—23 页。

② 参见古棣、周英《老子通》，吉林人民出版社 1991 年版，第 609—610 页。

③ 彭裕商、吴毅强：《郭店楚简老子集释》，巴蜀书社 2011 年版，第 448 页。

④ 刘笑敢：《老子古今——五种对勘与析评引论》，中国社会科学出版社 2006 年版，第 462 页。

⑤ 北京大学出土文献研究所编：《北京大学藏西汉竹书（贰）》，上海古籍出版社 2012 年版，第 125 页。

⑥ 以下徐氏意见俱参见徐志钧《老子帛书校注》，学苑出版社 2002 年版，第 15—16 页。

侯，叫"建德"，并援《左传·隐公八年》："天子建德，因生以赐姓……"为证。徐氏训"建"为"树"，其实与河上公等古注"建设""建立"同义，因为"建树"云者本来就是同义复指词："建"即"树"也。特别值得一提的是，徐氏还专门提到文献中"建德"这样的成词，这也是此前学者多有忽略的地方。然则，徐氏如何解释"建"与"偷"之间的对反呢？他引《汉书·元帝纪》"媮合苟从"，颜注"媮，与偷同"，徐氏解为安乐、苟且、谄媚。又引《晏子春秋·杂上》十二"无偷乐之臣"，《韩非子·难二》"夫赏无功，则民偷幸而望于上"。在以"偷"为本字的情况下，遂解"偷"为"谄媚""倖进"。因此谓："犹言建功立业之人却如谄媚倖进之徒"，即明显以"建功立业"与"谄媚倖进"为对反，着眼于仕进的方式一为正大光明，一为投机取巧，似乎这样构成对反。我们认为这并不可信。不过，徐氏从"建德"作为成词的角度考察，确实开辟了这一问题研究的新路。既然是"成词"，肯定会在相当范围内得到应用，故它不可能只在《老子》一书中出现。实际上，其他文献中之"建德"也所在多有。下面拟对此细作考察。

二 "建德"成词释义

道家文献之外，其他古书中还有更多的"建德"辞例，大体言之，它们可以分为两类。

（一）动宾式"建德"——选建"有德"之人

这种辞例即为前述徐志钧所举《左传·隐公八年》，"天子建德，因生以赐姓，胙之土而命之氏……"，就是讲封建有德之人，遂有胙土命氏之举。文献中类似辞例还可举《左传·定公四年》："昔武王克商，成王定之，选建明德，以蕃屏周。故周公相王室，以尹天下，于周为睦"，所谓"选建明德"，明显也是"建德"的搭配，而"选建明德"其实即"选建""明德"之"人"。近出清华简《系年》有"先建康叔于卫"，已有学者指出其中的"先"当读为"选"①，即"选建康叔于卫"，即"封建"康叔于卫，"建"的宾语明显是落实到"人"（康叔）的。《史记·卫康叔世家》："举康叔为周司寇，赐卫宝祭器，以章有德"，所谓"以章有德"正点出康叔乃可"先（选）建"的"有德"之人，亦即《左传·定公四年》的"选建明德"。将这种"建德"理解为"封建有德之人"，其实即《左传·昭公元年》的"底禄以德"，或者如《逸周书·酆保》的"明德摄官"、《逸周书·小开》的"何择非德?"（两见）。由此看来，这种"建德"辞例中的"德"实代指"人"，而其中的"建"当解为封邦建国的"封建"。"建"的这种意思，周代文献中是很常见的。如《周易》的《屯》《豫》两卦云"利建侯"，《尚书·康王之诰》谓"建侯树屏"，《逸周书·作洛》作"建管叔于东，建蔡叔于殷"，《周礼·天官·太宰》载"乃施典于邦国，而建其牧，立其监"，《四十二年逑鼎》："余建长父，侯于杨"，其中的"建"，都是指封建诸侯。总之，这种"建德"从构词方式上讲即为动宾结构，其中的"建"义为"封建"，其中的"德"实代指"人"，即有"德"之人。就此而言，上述徐志钧先生虽注意到了《左传》中的"建德"（"天子建德"）辞例，但其解"建德若偷"为"犹言建功立业之人却如谄媚佞进之徒"，隐以"建德"为"建功立业之人"，置诸《左传》"天子建德"的辞例中，似乎就成了"天子建功立业"类似的意思，这显然是不对的。如上所言，"天子建德"应该理解为"天子封建有德之人"，因此，徐氏虽注意到了"建德"辞例，但其理解却是有问题的。

（二）动宾或偏正式"建德"——积德或修积而成之德

文献中第二种"建德"也是动宾式，其中的"建"当理解为"立""修"或者"积"，而"德"不是指"人"，而是指"德行"。因此，这种"建德"可以理解为"立德""修德""积德"。这种

① 李天虹：《小议〈系年〉"先建"》，简帛网，http：//www.bsm.org.cn/show_article.phpid=1710，2012年6月14日。

类型的"建德"可举《左传·文公五年》臧文仲评六与蓼之灭，其说云：

> 皋陶、庭坚不祀忽诸。**德之不建**，民之无援，哀哉！

这是把六与蓼国的灭亡归结为"德之不建"，其实就是"不建""德"，即不立德或不修德。

《国语·晋语八》中叔向贺韩宣子之"贫"，举晋国栾、郤两大族为例，说明如不务修德，"恃其富宠"，最终就会没有好下场。像他总结"八郤"显赫时曾一度"五大夫三卿"，但最终却"一朝而灭"，他归结为"唯无德也"，即不修德、不"建德"。因此他提醒韩宣子：

> 若不忧<u>德之不建</u>，而患货之不足，将吊不暇……

所谓"德之不建"，明显也是"建德"或"修德"的辞例而颠倒之。因为前文叔向讲栾氏家族的正面典型栾怀子时说他能够"修武（栾武子）之德"，对比"德之不建"，可以说正是"建德"之"建"当解为"修"的佳证。

另外，《国语·周语中》讲到"饫"享之礼的重要功能时说：

> 夫王公诸侯之有饫也，将以讲事成章，**建大德**、昭大物也，故立成礼烝而已。

所谓"建大德"，实即立大德或积大德之义，强调"饫"享之礼的重要性。换言之，有此之礼，就等于"建"或"立"了"德"。所以其下文又说如依此礼而行，就会"则顺而德建"，"德建"显然照应前面的"建大德"，而颠倒言之，即谓"德"修成或积累而成。

关于"德建"这样的颠倒用法，《国语·晋语四》还记甯庄子之言曰"善，德之建也"，所谓"德之建"，明显亦系"建德"之辞例而颠倒之，意谓只有"德""建"了，才能算"善"。其下文说"德无建不可以立"，亦是强调"德"只有"建"，或曰"修"或"积"，才能"立"。另外，《国语·郑语》还有"建九纪以立纯德"的说法，所"建"的似乎只是"九纪"，但由于"九纪"是"纯德"的前提，"建"了"九纪"，等于也是"建"了"纯德"，故这还是"建德"的辞例。《郑语》说"立纯德"动词用"立"，前面又有"建九纪"，其实再次说明这种"建德"辞例中的"建"是当解为"立"的。

应该指出的是，细味上述作为"建德"倒装格式的"德建""德之建"，如果说"建德"是动宾式的话，那么"德建""德之建"在形式上的倒装之外，本来的动词"建"在"德建""德之建"这样的格式中又充当了核心词"德"的补足语的功能，以至于"德建""德之建"实际上又可以理解为主谓式，它要表达的意思是"德""建"了，或者说"德""建成""修成""积累而成"了。像《晋语四》"善，德之建"，既然"善"是"德之建"，那就意味着"善"某种意义上可以看成有自足义的完成时态，而"善"又是"德之建"。它要表达的意思可以理解为："善，意味着德建好了。"这样一来，"德之建"明显应该当作主谓式来理解。而且，就"建成""修成""积累而成"这样的意思讲，这也意味着"德"的"建"是需要一个过程的，并非一劳永逸或一蹴而就，这也符合我们一般对"修德"的理解。由于"建"需要持续性的过程，而"建成""修成"这样的意思又可以径谓"建"，这就意味着，一般理解为动宾格式的"建德"，有时还可以作偏正式理解："建成"的"德"，或"修成"的"德"。

其实，同是道家文献，晚于《老子》的《庄子》一书中亦有"建德"一语，《庄子·山木》篇载：

> 南越有邑焉，名为建德之国。其民愚而朴，少私而寡欲；知作而不知藏，与而不求其报；不知义之所适，不知礼之所将。

前举高亨先生亦注意到此条辞例，但依然从俞樾之说，解其中的
"建德"之"建"为"强健"义。其实，考察此段"建德之国"
的上下文，坦率地说，我们看不出其中"建德"之"建"理解成
"强健"的必要性。说此国有"强健之德"，而其民又"愚而朴，
少私而寡欲"，"强健"与"愚而朴""少私而寡欲"之间不但缺乏
关联，甚至是对反的。具体到此处"建德之国"该作如何理解，我
们下文会结合《老子》"建德若偷"的辨析，再作讨论。

　　上面我们梳理了其他文献中的"建德"辞例，而且看出它们虽
都名"建德"，但其实有两种不同的含义：一为"封建"有"德"
之人，一为修德或积德，而绝无俞樾以下很多学者所理解的"健
德"，这其实已经暗示为这些学者所采纳的俞樾之"刚健之德反若
偷惰"之说是靠不住的，它并不符合古人的用语习惯。这也是从文
献辞例角度考察最大的价值所在，它提醒我们不用在"建"字音近
假借的方向上（如读"建"为"健"）作无谓的联想。而且，就
"建德若偷"这一句的理解看，"建"的训诂又具有"定点"的意
义，因为"建"——"偷"对反，由此也限定了"偷"的理解，不
至于在诸多从"俞"之字的版本中目迷五色。

三　《老子》"建德若偷"正解

　　现在我们就来看《老子》此章的"建德"的具体含义。首先应
该指出，《老子》该章中"建德若偷"是与"上德若谷，大白若辱，
广德若不足"并列的一组排比，由"上德""大白""广德"的构词
方式来看，《老子》的"建德"明显应该是偏正式的，即"建"是
修饰"德"的。这样一来，我们就可以看出，虽然上举徐志钧先生
首倡从文献中的"建德"辞例入手考察这个问题，但他援《左传》
中"天子建德"的例子，只是我们上面分析的第一种情况："建德"
为动宾式，即"封建"有"德"之人的意思，而《老子》此章的
"建德"乃偏正式，明显与此不同。那么，《老子》的"建德"是不
是第二种情况，即"修德""积德"呢？我们的回答是肯定的。虽然

第二种主要表现形式也是动宾式，似乎与《老子》的偏正式不同，但我们上面已经指出，"德"之"建"是有个"修""积"之过程的，作为完成时态，"建德"也可以理解为偏正式，即建积、累积而成的"德"，我们认为这正是《老子》此章之"建德"的真正所指。而且，这种建积、累积而成的"德"，也能与后面的"偷"很好地构成逻辑上的对反耦合。下面拟就此作进一步论证。

首先应该指出的是，由于第二种"建德"辞例中"建"当训为"建设""建立"之"建"。这种意思的"建"，又与"树"同义（第一种"封建"有德之人之"建"也与"树"义同，如前举《尚书》"建侯树屏"例），像"建树"后来甚至成为同义复指的成词。这样一来，"建德"辞例的考察范围其实应该适当扩大，比如文献中也多见"树德"的辞例，而"树德"明显应该与"建德"义同。试看下面的辞例：

晋其庸可冀乎！姑树德焉以待能者。（《左传·僖公十五年》）

四王之王也，树德而济同欲焉。（《左传·成公二年》）

（沈尹戌）曰："吾闻抚民者，节用于内，而树德于外……"（《左传·昭公十九年》）

臣闻之：**树德**莫如滋。（《左传·哀公元年》）

令之不从，上之患也，故圣人树德于民以除之。（《国语·周语下》）

昔者先王本此六者，而树之德……（《大戴礼记·千乘》）

上述文献中的"树德"均当与"建德"义同。值得注意的是，《左传·哀公元年》的"树德莫如滋"，又见今伪古文《尚书·泰誓》篇（作"树德务滋"），伪孔传解释"立德务滋长"，"滋长"之谓就说明"树德"或"建德"，不是一劳永逸的，是需要一个"量"的累积的过程，故"建德"可解为"修德"或"积德"。而且，将"建德"理解为"修德"或"积德"，即《老子》书中又有内证的支持。其第 59 章云"早服谓之重积德，重积德则无不克"，两见"重积德"，可谓明证。其第 54 章又说："善建者不拔"，亦言"建"，那他要"建"的是什么呢？且看该章下文：

> 修之于身，其德乃真；修之于家，其德乃余。修之于乡，其德乃长；修之于邦，其德乃丰；修之于天下，其德乃普。

该章郭店简本即有，古今本之间基本无大的差别。这样五组排比，不但屡言"修"，而且又往往落实到"其德"如何如何，这不但说明前面"善建"之"建"当解为"修"，而所"建"的无疑也应该是"德"，而非别的什么东西。《老子》此章一则曰"善建"，亦名"建"，而最后每每又落实到"其德"如何，而且强调"修"，这其实都暗示第 41 章的"建德若偷"之"建德"也应该理解为"修德"。有意思的是，今本与第 54 章相邻的第 55 章开头即云"含德之厚，比于赤子"。"德之厚"，无疑就在于"善建"，而"善建"恰在于持续性地"修"，故此两章前后相次绝非偶然。再回到前举《庄子 · 山木》篇的"建德之国"，作为道家后学作品，此处应该还是借用《老子》的"建德"。成玄英疏云"名建立无为之道德"[1]，所谓"建立""道德"，显然也是动宾的结构，可见古人也没有将其中的"建"理解为"强健"。此"建德"显然应该指"德"有所"建"，或有所"修"，以至于达成像《老子》第 55 章"含德之厚"的状态。且第 55 章说"含德之厚，比于赤子"，以"赤子"之柔弱，侧面亦可证将《庄子 · 山木》篇这里的"建德"理解成强健之德是靠不住的，而"赤子"之柔弱倒是与其下文的"愚而朴""少私而寡欲"相应。当然，就《庄子 · 山木》来看，由于"建德"是修饰"国"的，因此这里的"建德"等于又从动宾式变成了我们上面提到的偏正式："建德之国"其实可以理解为积德之国或德行深厚之国的意思。

----

[1] （清）郭庆藩：《庄子集解》，中华书局 1961 年版，第 673 页。

如果将"建德"理解为需要持续性"量"的积累之"修德"或"积德",我们就会发现它与"建德若偷"后面的"偷"就恰好构成意义上的对反。因为"偷"一般都理解为怠惰、苟且,总之都是表示不能"持续性"投入的一种状态,这与需要"持续性"累积的"建德"就恰成对反。实际上,早期文献中也确实有与此非常接近的辞例。《国语·晋语八》曾记秦后子对赵文子的观感:

> 今赵孟相晋国,以主诸侯之盟,<u>思长世之德,历远年之数</u>,犹惧不终其身,今忨日而<u>懈岁,怠偷甚矣</u>。

后子认为作为诸侯的盟主,应该"思长世之德,历远年之数",所谓"长世""远年"云云者,无疑都意味着"持续性"的长线投入。但现在赵文子却是"今忨日而懈岁,怠偷甚矣",韦昭注"忨"径谓"偷也"[1],就与下文的"怠偷"同义,都意味着得过且过,一曝十寒,总之在持续性上是不能保证的。《晋语》此处后子的话表明,着眼于"持续性"长线投入的"长世"或"远年"确与"怠偷"可构成对反。

《左传·襄公三十一年》记载了鲁国叔孙穆叔澶渊之会返回后与孟孝伯的一段对话,其中涉及鲁国外交政策的内容对我们理解"持续性"投入与"偷"之间的对反,是很好的材料:

> 穆叔至自会,见孟孝伯,语之曰:"赵孟将死矣。其语偷,不似民主。……若赵孟死,为政者其韩子乎!吾子盍与季孙言之,**可以树善**,君子也。晋君将失政矣,**若不树焉,使早备鲁**,既而政在大夫,韩子懦弱,大夫多贪,求欲无厌,齐、楚未足与也,鲁其惧哉!"孝伯曰:"人生几何?谁能**无偷**?朝不及夕,将安用**树**?"穆叔出而告人曰:"孟孙将死矣。吾语诸赵孟之偷也,而又甚焉。"

---

① 徐元诰:《国语集解》,第434页。

这一段讲叔孙豹对晋国政事的观感，出现三处"偷"：赵孟的"语偷"，孟孝伯说"谁能无偷"，以及叔孙豹评价孟孙比赵孟还要"偷"。揆诸此段上下文，这三处"偷"意思显然是一致的。杜注第一处"偷"为"苟且"，如上所言，此与怠惰同义，学者认为"语偷"就是指此人说话缺乏远虑①，是很正确的。孟孝伯说"人生几何？谁能无偷"，意思是人生长着呢（与常见的"人生苦短"相比，此处实际是说人生"苦长"），不能始终绷紧神经，谁还没有点懈怠和得过且过？叔孙豹因此认为他的怠惰较赵孟更甚。这三处"偷"作为怠惰的意思是没有问题的，然则何所见与"持续性"投入构成对反？关键就在于与三处"偷"相对，这一段还有三例"树"：两例出自叔孙豹，一例来自孟孝伯对叔孙氏的回应。叔孙豹有感于赵孟言无远虑，"不似民主"，无法指望，且预感到韩宣子将代赵氏执政，因此觉得鲁国应该为后赵孟时代早作准备，所谓"可以树善"就是这样的意思。杜注"可素往立善"，也就是尽早、提前与后赵孟时代的政治势力搞好关系（犹今语"感情投资"）。结交、修好之举肯定不能一蹴而就，所以叔孙氏才用"树善"一词。因"建""树"义同，故所谓"树善"实即"建善"，也就是修好、结好之义。对叔孙的建议，孟孝伯态度消极，"谁能无偷？……将安用树"，不但反对"树（善）"，其"偷""树"对举，再次说明怠惰苟且的"偷"与意在"持续性"投入的"树"或"建"是构成对反的。

顺便说一下，前面我们在论证"建德"即"修德"时，提到了《老子》第59章的内证"早服谓之重积德"，其中的"早服"，郭店简本作"早备"，学者间对于孰是《老子》原貌多有分歧②，我们认为"早备"是，而今本的"早服"恐怕是行之久远的以借字当本字的误会。《左传》此处即可提供证明。叔孙氏主张要"树（善）"，认为这样就可以"早备鲁"，亦用"早备"，即为鲁早作

---

① 参见沈玉成《左传译文》，中华书局1981年版，第367页。

② 参见彭裕商、吴毅强《郭店楚简老子集释》，第376—382所引诸家之说及案断。

准备。叔孙氏"早备鲁"之"早备"似乎是个很具体的事例，而
《老子》"早备谓之重积德"则好像着眼于一般，但两处的"早备"
无疑都是"早作准备"的意思。而且，"早备"的目的或在于"积
德"，或在于"树善"，而"积德"与"树善"也大体一致。其实，
越早准备，就越意味着"积德"或"树（善）"之时间线的拉长，
从而等于又延展了"持续性"。而且，夙兴夜寐的"早"同样也与
怠惰、苟且的"偷"构成对反。另外，说《老子》的"早服"当
作"早备"，其本书也有内证。今本第 64 章说"其安易持，其未
兆易谋。其脆易泮，其微易散。为之于未有，治之于未乱。合抱之
木生于毫末，九层之台起于累土，千里之行始于足下"，其第 63 章
也说"图难于其易，为大于其细。天下难事必作于易，天下大事必
作于细"，所谓"为之于未有，治之于未乱"，"图难于其易，为大
于其细"，突出"提前量"的思想是很明显的，这不就是"早备"
吗？其中"其微易散"之"微"，郭店简本作"几"，《周易·系辞
传》云"几者，动之微，吉之先见者也"，而且说"君子见几而
作，不俟终日"，其强调"先见"，"见几而作，不俟终日"之自强
不息的精神与《老子》之"早备"也是暗合的，而自强不息不也
是"偷"的对反吗？由此看来，《老子》"早备谓之重积德"与
《左传》此处"树善""早备鲁"实多有关联，这再次说明《老
子》一书就语言来讲存在不少的早出之证。

　　《左传》中另一可证"偷"与"持续性"投入相对的例子见于
襄公三十年。此年《左传》载晋国著名的绛县之老以四百多个甲子
日记其年龄，让赵孟等卿佐颇感奇异，并不拘一格任用之，且撤换
了埋没他的地方官。此时鲁国在晋的使者备闻其事，《左传》云：

　　　　于是，鲁使者在晋，归以语诸大夫。季武子曰："晋未可
　　逾也。有赵孟以为大夫，有伯瑕以为佐，有史赵、师旷而咨度
　　焉，有叔向、女齐以师保其君。其朝多君子，其庸可逾乎？勉
　　事之而后可。"

其中的"婾"，杜注解为"薄"，杨伯峻先生同之，理解为"轻视"，但晚近赵生群先生解"婾"为"怠"，那就是以"婾"为借字而"偷"为本字，并认为"谓事晋不可懈怠，与下文'勉事之而后可'相对"[①]，今按，赵说极确。其实，"勉"与"勤"同义，"勤勉"甚至是成词（《国语・楚语上》"勤勉以劝"），《诗》云"黾勉从事"实即"勤勉从事"，故"勉"同样意味着"持续性"投入，故与"偷"可构成对反。《左传・襄公十七年》记载宋国的子罕巡视筑城的人，"亲执扑……而抶其不勉者"，所谓"不勉者"，即偷懒、不出力者，其实即"偷"，再次说明"勉"与"偷"亦可构成对反。

这种将"持续性"的积累与苟且、偷惰对举的例子，新出土材料中也有发现，如《岳麓秦简壹・为吏治官及黔首》：

故君子日有兹兹之志，以去其**鰍**（偷）也。

其中的"**鰍**"，学者认为当读为"偷"，甚是。[②] 前面与之相对的"日有兹兹之志"，无疑是强调"君子"志在日积尺寸之功，也是重在日积月累的"持续性"精力投入。就此而言，"兹兹之志"之"兹"实当与前举《左传・哀公元年》的"树德莫如滋"之"滋"同，都是强调持续性之"量"的累积。简文将"日有兹兹之志"与"**鰍**（偷）"对举，再次说明古人将"量"的积累（"修"或"建"）与持续性不能保证的"偷惰"视为对反是一贯的。另外，清华简《管仲》篇有云："凡其民人，毕务不愈（偷），莫爱劳力于其王"，"愈"亦从"俞"声，亦当读为"偷"。[③] 这是要求"民人"对于"劳力"不偷惰，即"持续性"地为王投入。另外，清华简《皇门》云："以家相厥室，弗恤王邦王家，维俞德用……"其中的"俞德"，整理者引《说文》读为"婾"，但又引《左传・

---

① 赵生群：《〈左传〉疑义新证》，人民文学出版社 2013 年版，第 301 页。
② 参见白于蓝《简帛古书通假字大系》，福建人民出版社 2017 年版，第 230 页。
③ 参见白于蓝《简帛古书通假字大系》，第 229 页。

襄公三十年》"晋未可媮也"之杜注"薄也",主"俞德"为"薄德"。① 今按,我们上面已经辨明《左传·襄公三十年》"晋未可媮也"之"媮"当解为"偷"而非"薄"。在我们看来,清华简《皇门》此处的"俞德"恐怕也应该被读为"偷德"。所谓"维偷德用",就是"用""偷德"的意思,指行事偷惰、懈怠。这不仅与前面的"弗恤王邦王家"相应,因为"恤"往往也意味着"勤"(《尚书·召诰》"上下勤恤"),而且,"维偷德用"也与《皇门》篇上文的"子孙用蔑"相应。因为《皇门》篇上文的"子孙用蔑"是讲正面情况的,其中的"蔑"以音近当读为"勉"②,"子孙用勉"即子孙勤勉。③ 而"维俞德用"是出现在讲反面情况的一段,施事主语是"后嗣立王","后嗣"亦暗指"子孙"。因此,前面讲正面情况时说"子孙用勉",现在讲反面情况时说(子孙)"维偷德用","偷"与侧重"持续性"投入的"勉"亦成对反。

就不能"持续性"投入来说,其实文献中还多见与"偷"类似的"荒",且如前举"怠偷"连言,有时也"荒怠"并举(《国语·周语上》,"国之将亡,其君贪冒、辟邪、淫佚、荒怠……",清华简《四告》简4"肆唯骄戁荒怠"),两者显然义近。《诗·齐风·还》《卢令》两首诗的小序都说"刺荒也",如何"荒"呢?《卢令》小序说"襄公好田猎、毕弋而不修民事……"④,将"不修"与"荒"(犹今语"撂荒")对举,侧面也说明:较之不能保证"持续性"的"荒","修"则恰在于其"持续性"。另外,清华简《周公之琴舞》一则曰"弼(弗)敢荒在位"(六启),再则

① 参见李学勤主编《清华大学藏战国竹简(壹)》,中西书局2010年版,第169页。

② 金文中"蔑"当读为"勉",可参见陈斯鹏《金文"蔑厤"及相关问题试解》,《出土文献》2021年第3期;学者或读"蔑"为"末"(参见李均明《周书〈皇门〉校读记》,《耕耘录》,人民美术出版社2015年版,第25页),则无论是"子孙用末"还是"末"字连下读为"末被先王之耿光",均嫌不辞。

③ 学者或将《皇门》此处的"子孙用蔑(勉)"与"被先王之耿光"连读为"子孙用蔑(勉)被先王之耿光",以"蔑(勉)被"为一词,与我们的理解不同,参见陈剑《简谈对金文"蔑懋"问题的一些新认识》,《出土文献与古文字研究》第7辑,上海古籍出版社2018年版。

④ 孔祥军点校:《毛诗传笺》,中华书局2018年版,第134页。

曰"弼（弗）敢荒德"（九启），所谓"荒在位"，此与上举《齐风》刺襄公之"荒"义同，即指在其位不谋其政，也就是在"谋其政"上不能保证"持续性"投入。所谓"荒德"则义更显豁，即不修德，乃至"德"都"荒"了。形象一点说，如果"撂荒"指的是对田地的不能"持续性"地投入的话，那么"荒德"无疑就是对"德"的"撂荒"，即不能"持续性"地"修德"或即如《老子》所云"建德"或"积德"。因此，我们认为《周公之琴舞》的"荒德"其实与前举《皇门》的"俞（偷）德"义同，它们都应该是《老子》"建德""积德"的对立面。《老子》"建德""积德"系从正面立论，但就"德"需要"建"或者"积"来看，它们与《周公之琴舞》对"荒德"、《皇门》对"俞（偷）德"的态度又是一致的。这再次说明《老子》语言上与周文化的深刻渊源。

最后，总结一下本文的讨论。我们认为《老子》"建德若偷"一句中，"建德"当理解为"修德"或"积德"，此与《老子》第59章之"重积德"义同。俞樾以下很多学者将"建德"理解为"健德"其实是不对的。"建德若偷"中的"偷"，当理解为偷惰、懈怠，传世很多从"俞"之字的版本，其本字均当作"偷"。由于"建德"或"积德"是需要一个过程的，尤其是精力的"持续性"投入，这就与表偷惰、懈怠义的"偷"构成对反。《老子》说"建德若偷"，意思是说修积而成的德，反而好像偷惰、很少修积的样子。这种"正言若反"的逻辑，也恰与第41章排比成文的"上德若谷""大白若辱""广德若不足"等相一致。《老子》第41章的"建德"既然与第59章的"积德"义同，而"积德"又强调持续和积久，故第59章的"早服"当从郭店简本作"早备"。"早备"不但在时间线上因"早"而积久，在含义上，着眼于勤勉的"早备"也适与"偷"构成对反。传世本的"早服"其实是误把借字当成了本字。

"上德"与"下德"：试论老子思想中的治道类型

周口师范学院文学院　李晓英

摘要：老子文本中"上""下"在老子文本中是一对常见、多义、对立而互转的概念，"上""下"既有社会阶层的高低之分，更有价值判断的优劣之别，隐含伦理价值和政治建设的双重意涵。"上""下"的多重含义均关乎老子的治道理想，其独特阐释指向安处弱势、处于下风、不可以主宰民众、不使民争的意涵。"上""下"这对词组和"德"组合一起时，更明示老子伦理哲学和政治哲学的特点："上德"意味着最好的德，其不计回报的特征是对道的接近。"上德"彰显无心而为的德性及修炼过程中的自主和持久，"下德"意味着有心而为，也包含着修炼中的意志软弱。当"德"的层级体现于治理领域时，"上德"意味着无为而治、不与民争、不使民争的治理方式，着重点是民众利益的满足、民众安稳的保障、民性民情的劝诫和民心民意的顺应；"下德"自认有德，体现在治理领域中则表现为依靠刑名、德治仁政、强势干涉、高压控制等。"上德""下德"对应着不同的治理类型和治理层级，总体区别是上位者是否无为和民众是否受到干涉。老子对"上""下"的阐释既是其伦理原则的体现，更蕴含着倡议优良政治管理的积极意义。

关键词：老子　上　上德　上善　下　下德

一　问题的提出

中国古代哲学从来就具有政治内涵。"爱民治国""爱以身为天下"是老子念兹在兹的价值追求。老子认为君王及其治道决定着国家的政治实践、政治面貌和政治走向,决定着民性民情,老子的政治批判与政治理想都围绕着君王和治道而展开。"上""下"在老子文本中是一对常见、多义、对立而互转的概念。"上""下"既有社会阶层的高低贵贱之分,也有价值判断的优劣之别,隐含伦理价值和政治建设的双重意涵。老子赋予"上""下"一种强烈的政治学意味,以谦下、安处弱势处于下风的意涵充实着这对概念,"上""下"不仅显示了老子对治理者治理方式、治理意旨和治理目的的思考,而且昭示老子对谦下、安处弱势、不认为可以主宰民众等柔性治理的突显。"德"在老子文本中出现多达 40 次,其中带有修饰性的如"玄德""上德""孔德""常德""不争之德"等判断性的德有 12 次。"上""下"和"德"组合时,体现了老子对伦理和政治层级的思考。"上德"意味着最好的德,是对道的接近和践履,"上德"显示了其顺应自然无心而为的德性修养;对治理者而言,"上德"意味着无为而治、不与民争、不使民争的治理方式;"下德"则是自认有德,体现在治理领域是有为而治的统称,包括依靠刑名、德治仁政、强势干涉、高压控制等。"上德""下德"对应着不同的治理类型和治理层级,总体区别是治理过程中上位者是否无为和民众是否受到干涉。老子对"上""下"的阐释既是其伦理原则的体现,更蕴含着倡议优良政治管理的积极意义。

学界对此研究,有学者讨论老子对于"上"所赋予的哲学意涵[①];也有学者看到老子所设定"上德""下德"的含义和伦

[①]　参见马德邻《古文"上"字的哲学蕴含:以〈老子〉文本为例》,《中国哲学史》2011 年第 1 期。

理标准①；有学者并以"玄德"的哲学、政治含义赋予最高统治者，以此为背景推动对老子伦理和政治层级的研究②；有学者看到老子文本所展开的伦理层级和治道类型③；就老子治道类型和层级而言，有从是否看重君主权威来讨论④，有从君王优劣、君王为政和君民关系呈现⑤，也有从民众的反应体现⑥。有学者在战国时期伦理政治主张的蜕变过程中，从老子对"道治→德治→刑治"治理水平的递降和"道→仁、义、礼→法"伦理主张的递降的洞察中，对应着道、儒、后期法家伦理政治主张所处的层次。⑦

以上学者尽管所重不同，但还是从不同方面对老子的伦理及政治层级有所讨论，在此基础上我们结合"上""下""上德""下德"的材料深入分析。从"上""下""上德""下德"入手，揭示以上概念的寓意、相关的君之地位及君民关系的思考，将之纳入治道和伦理层级的视域之内，揭示老子对优良政治管理的设想和对败坏政治的批判，成为本文的基本任务。

① 参见费小兵、陈进《"中国自然法"基准下的"古代目的价值等级"：〈老子〉"上德不德"章的启发》，《华北科技大学学报》2014 年第 1 期；黄圣平《"上…""下…"之分：〈老子〉"上德不德"章探微》，《乐山师范学院学报》2013 年第 6 期；张剑伟《论韩非子〈解老〉对"上德不德"章的理解》，《广西民族大学学报》（哲学社会科学版）2018 年第 5 期等。

② 参见郑开《玄德论：关于〈老子〉政治哲学和伦理学的解读与阐释》，《商丘师范学院学报》2013 年第 1 期；叶树勋《老子对"德"观念的改造与重建》，《哲学研究》2014 年第 9 期；叶树勋《"德"观念在老子哲学中的意义》，《中国哲学史》2013 年第 4 期；郭美星《〈老子〉哲学"德"论探察》，《中共杭州市委党校学报》2015 年第 4 期。

③ 参见周耿《〈老子·三十八章〉"上""上德"探微》，《哲学研究》2017 年第 5 期；周可真《老子伦理观新探："上德"与"上善"》，《中共宁波市委党校学报》2020 年第 3 期。

④ 参见萧公权《中国政治思想史》，辽宁教育出版社 1998 年版，第 250—251 页。

⑤ 参见陆建华《老子与治国：君王四类与治道四种》，《国学》2014 年第 1 期。

⑥ 参见徐梵澄《老子臆解》，中华书局 1988 年版，第 24—25 页；陈霞《屈君伸民：老子政治思想新解》，《哲学研究》2014 年第 5 期。

⑦ 参见汪韶军《先秦诸子伦理政治主张的递降》，《江汉论坛》2018 年第 3 期。

二 "上"的含义

（一）名词：空间位置的上方

空间是人类赖以生存的基础，人们的生活需要空间，发展需要空间，对事物的理解与接受也同样需要借助对空间的感知和感受，基于空间对人的重要意义，新概念的出现、新词汇的产生、新语词的表达都离不开对空间概念的隐喻和映射。

> 视之不见名曰夷，听之不闻名曰希，搏之不得名曰微。此三者不可致诘，故混而为一。其上不皦，其下不昧，绳绳兮不可名，复归于无物。（《老子》第 14 章）

"其"指道。此句意为道的上面不显得光亮，下面不显得阴暗，道绵绵不绝而不可名状，一切运动都回到不见物的状态。可以说，"上下""左右"是现实生活中接触最多的方位词，分别表示垂直或平行的空间结构。尤以"上""下"应用的空间范围最大，隐喻投射最广。"上""下"的空间方位感的表述在先秦时期的其他文献较为普遍：

> 子在川上曰："逝者如斯夫，不舍昼夜。"
>
> （《论语·子罕》）
>
> 拜下，礼也；今拜乎上，泰也。　　（《论语·子罕》）
>
> 至人潜行不窒，蹈火不热，行乎万物之上而不慄。
>
> （《庄子·达生》）
>
> 孟子见梁惠王，王立于沼上，顾鸿雁麋鹿，曰："贤者亦乐此乎?"（《孟子·梁惠王上》）
>
> 夫君子所过者化，所存者神，上下与天地同流，岂曰小补之哉?（《孟子·尽心上》）

"上"表示空间方位感较为常见：从中发现一些包含方位感知的，或表现人们当时的状态、所处的场景、视域范围等内涵。

（二）名词：引申为形而上的起始之意

人们对空间方位的认知是对客观世界认知的基础，而对于时间和其他事物的认知是建立在对空间认知的基础之上的，人们首先对空间进行认知，然后过渡到对于时间和其他抽象概念的认知。"上"指时间概念，在甲骨卜辞中"上"字同时具有时间意义，衍生出表先祖、先帝以及天地神祇等具有创生的意义。① 商代不只有"上"的概念，而且有完整的"上下"宇宙观。郭文还以冯时先生在《中国古代的天文和人文》一书中将"上下"释天地为证。② 显然将"上下"释为"天地"还是将其当作表空间位置的方位名词，所谓上天下地是也。

在上文所引老子第 14 章那段话中，高亨认为此处的"上"表时间观念，指在有"道"之前③，《庄子》之"上"也言及时间"上及有虞，下及五伯"（《庄子·大宗师》）。在老子第 14 章中"其上不皦"中的"上"引申为起始之意④，值得注意的是《马王堆汉墓帛书·原道》中以"上道"表"最高深的道"："是故上道高而不可察也，深而不可则（测）也。"但在《楚简》和通行本《老子》中均未见。

（三）名词：上位者、治理者

"上"指上位者、治理者，散发出的权力讯息，引申为治理方式。

---

① 参见马德邻《古文"上"字的哲学蕴含：以〈老子〉文本为例》，《中国哲学史》2011 年第 1 期。

② 参见郭静云《甲骨文"下上若"祈祷占辞与天地相交观念》，《周易研究》2007 年第 1 期。

③ 《易·系辞下》："上古穴居而野处，后世圣人易之以宫室，上栋下宇，以待风雨，盖取诸《大壮》。"

④ 《庄子·天下》："上与造物者游，而下与外死生无终始者为友。"

太上，下知有之。其次，亲而誉之。其次，畏之。其次，侮之。信不足焉，有不信焉。悠兮其贵言，功成事遂，百姓皆谓我自然。（《老子》第 17 章）

本章"上""下"对应，"上"指上位者，"下"指民众。①"太上"依吴澄解作"最上的大道之世"。"下知有之"，河上公："下知上有君，而不臣事，质朴也。"②证之以《庄子·天地》"至德之世，不尚贤，不使能；上如标枝，民如野鹿"。上位者和民众各行其是，相忘于无为。"而万乘之君忧慄乎庙堂之上。"（《庄子·在宥》）并非所有的治理者都是"太上"，有些治理者作威作福，导致"民之难治"的灾难后果。

民之饥，以其上食税之多，是以饥。民之难治，以其上之有为，是以难治。民之轻死，以其上求生之厚，是以轻死。（《老子》第 75 章）

可谓"法之不行，自上犯之"（《史记·商君列传》）"上者专制，下者服从"（《易纬·乾凿度》），这些贪婪、奢靡、残暴的上位者应该遭到批判。

（四）形容词：权力大的

偏将军居左，上将军居右。（《老子》第 31 章）

上将军位居偏将军之上，与偏将军相对，具有浓厚的权力意味，二者实为正、副二将军，体现出权力的序列。上将军指的是居于上位

---

① "上帝板板，下民卒瘅。"（《大雅·板》）《毛传》释为："上帝以称王者也"；"荡荡上帝，下民之辟"（《大雅·荡》一章）。《毛传》解释为："上帝以托君王也。"
② 王卡点校：《老子道德经河上公章句》，中华书局 1993 年版，第 68 页。

的、具有决定权的将军，故而"居右"。

（五）动词：位于之上，引申含义为治理

"上"由名词上位者，又引申为动词在上位，意即治理和统治。

是以圣人欲上民，必以言下之。（《老子》第66章）

"上"为动词，意为处于什么之上。此处指统治和领导人民，仍然是权力和阶层的范畴。引申开来，"上"有地位较重要之意，处于权力的上方，"是以圣人处上而民不重，处前而民不害"（《老子》第66章）。"上"位于更高、更重要的地位和位置，隐含着发号施令和命令权威之意。可以结合日常的说法理解：您是贵客，请上座；他从地方上调到中央了；他退下来了。贵客重要所以要"上座"，从地方到中央，占据了更重要或更高的位置，所以叫"上调"；从重要岗位上退了，所以用"下"。这种日常表达有助于理解"上民"之"上"。这种相似性有其经验基础：人生活在社会里，人的认识都来源于长期的身体体验。在远古社会里一个人在一个部落里的地位极有可能与他的身体强壮程度和力气大小紧密相关，而自身强壮程度和力气大小又在很大程度上取决于他的块头高矮和大小，在格斗中高大的猎人比起矮小的猎人显然处于更有利的位置，并且通常格斗是以胜利者把失败者压在身下作为结束的。上面的胜利者处于上风，获得权位和权威，下面的失败者则失去权位。从权力争夺和社会层级看，"上"为赢者，地位高贵，"下"为败者，地位卑微。一些社会行为也是这一隐喻概念的经验基础。人们在列名单时总是把重要人物的名字列在最上方。最上方伴随着权力。

因此，"上"由社会地位引申而来的治理统治，圣人是理想的治理者，虽然位居百姓之上，但民不感有厚重之压；虽在民前，不觉其有伤害之虞。圣人"居上""居前"是克制自己的欲望，满足百姓的利益。

（六）动词：推崇、崇尚

"上"具有价值评判意味，作动词，通"尚"，崇尚之意。老子推崇自知之明，明白自己有所不知，是最高明的。

知不知，上矣。（《老子》第71章）

知道自己有所不知，这是有自知之明、可贵的体现。汉简本、河上公本、严遵本、敦煌甲本作"上"讲，帛书本、傅奕本作"尚"讲。老子认为"知不知"为人之美德，其实是在赞扬人的明智，"明智是一种同善恶相关的合乎逻各斯的、求真的实践品质"①。有明智之德的人能分辨出那些自身就是善、对于人类是善的事物，他们可以被看作高尚的人，如"自知者明""自胜者强""知足者富"。（《老子》第33章）

不上贤，使民不争。（《老子》第3章）

"上贤"的内涵，河上公的注释是"'贤'，谓世俗之贤，辩口明文，离道行权，去质为文也。'不尚'者，不贵之以禄，不尊之以官也"②。所谓的"贤"者其实是华而不实、"去质为文"的浮夸之士。"不争"的内容，河上公的注释是"不争功名，返自然也"③。陈鼓应延续这个观点，即"不标榜贤才异能，使人民不争功名"④。把"上贤"理解为不重实际才干，求徒有虚名的东西。"上"就是以之为上、推崇的意思。

老子看到世俗政治尚贤，"贤"指的是刺激人心欲望、导致民

---

① ［古希腊］亚里士多德：《尼各马可伦理学》，廖申白译注，商务印书馆2003年版，第173页。

② 王卡点校：《老子道德经河上公章句》，中华书局1993年版，第10页。

③ 王卡点校：《老子道德经河上公章句》，第10页。

④ 陈鼓应：《老子注译及评介》，中华书局1984年版，第73页。

众竞争的智者。人心欲望不只功名利欲之心，所指范围更广。在老子看来，社会矛盾主要体现为上位者和民众之间的矛盾，矛盾产生的主要原因是上位者过多的贪欲和过度的作为：以"贤"者之睿智、地位，如果要竞一人之功、显一人之智、逞一人之能，必然会影响和妨碍下属和民众的"自化""自正""自朴""自富"。因此，上位者要能够克制和限制，不自认为"贤""智"，不逞一己之强，不显一己之功，来确保民众的自我发展、自我完善的自主性和创造性，才能享受自由发展的空间及和谐的社会氛围。老子在思考社会矛盾的解决之道时，明确表达不能依赖"贤"人"智"者去寻找一个个救世良方，"贤"人"智"者的有为，在解决一个矛盾时，又会生出新的更多矛盾。做加法不如做减法。① "无为"和"反智"就是减法，让民众彻底地无知无欲，消除争竞之心，这才是根本的解决之道。

> 强大处下，柔弱处上。（《老子》第76章）
> 兵者，不祥之器，非君子之器。不得已而用之，恬淡为上，胜而不美。（《老子》第31章）

老子推崇柔弱之道，反对强势和霸道。与之对应的是老子反对战争，不尚武力。"恬淡为上，胜而不美"是老子所推崇的以军事力量强行于天下的价值观念。

（七）形容词：最好的、最有价值的

"上"还可以作形容词，意即最好的、最高的、上乘的，如"上德""上仁""上善""上士"等。

> 上德不德，是以有德；下德不失德，是以无德。上德无为而无以为；下德无为而有以为。上仁为之而无以为；上义为之而有

---

① 参见曹峰《先秦道家关于"贤能"的思考》，《人文杂志》2017年第10期。

以为。上礼为之而莫之应，则攘臂而扔之。（《老子》第38章）

"上德"就是一个人不认为、不标榜自己有德，因而实际上有德；"下德"就是认为自己有德，炫耀夸示以求得别人回报，实际无"德"。"上德"顺应自然而无心作为，"下德"顺应自然而有心作为。在"德""仁""义""礼"的递降式表述中，有两个判断标准，行为的表现和动机。老子的价值序列中，"无为"优于"为之"，"无以为"高于"有以为"，上德在两个方面都处于最高点，不仅无为而且无所求，抛却动机企图。老子提出"上善若水"，上善既可以理解为最好的善就是像水一样利万物而不争，也可以理解为治理者要像水一样，利万物而不争。

老子重视践履和践行，将践行大道过程中持续不懈之人誉为"上士"。

上士闻道，勤而行之。（《老子》第41章）

结合对道半信半疑的"中士"和嘲笑大道的"下士"，老子所看重的知行合一是中国传统哲学的主要内容，老子的学说不仅仅是学，而且是和身心修养密切相关的道德认知和践履，本身离不开行。行主要指道德践履，其意涵是认识论与伦理学的相互统一。强调行、看重行，《老子》和其他哲学一样，具有从生活实践出发，复归于生活实践，用生活实践验证思想学说的特点。

何谓宠辱若惊？宠为上，辱为下。得之若惊，失之若惊。是谓宠辱若惊。（《老子》第13章）

河上公说："身宠亦惊，身辱亦惊。"王弼说："宠必有辱，荣必有患，宠若等，荣患同也。"① 此解释大抵合乎老子本义。世俗之人

---

① 楼宇烈校释：《老子道德经注》，中华书局2011年版，第32页。

将"宠"认为"上"（为好），将"辱"看作"下"（不好），必然是"大患"。如果将得宠和失宠都视为危机，那就是真正懂得什么叫宠辱若惊了。

由此观之，"上"在老子文本中有非常丰富的含义：既是名词，指示地理方位的上方和社会阶层的上位者；又是形容词，有价值序列的顶端，即"好"之意；同时"上"通"尚"有动词之意，是崇尚、看重、推崇的意思。实际上"上"的这些不同含义围绕着如何更好地治理，构成老子对政治治理和伦理价值的基本判断。① 什么样的行为才是好的呢？老子所推崇的又是什么呢？柔濡谦下、无为而治、不夸耀德性、使民不争、恬淡、反对侵略战争；另外践履大道的实践中持续不懈也是老子推崇的内容。

三 "下"的含义

（一）名词：空间层面的下方、下面

前文分析《老子》第14章中"其上不皦，其下不昧"。"下"与"上"对应，指的是下方、下面。"千里之行，始于足下"（《老子》第64章），"足下"意指足的下面，意指当前、眼下，与"千里"的未来含义对应；引申含义是最基础的、最根本的意思。

（二）名词：社会阶层的下位者

"下"多指社会阶层的下位者，多指百姓、民众。

太上，下知有之。（《老子》第17章）

---

① 在先秦其他文献中"上"作为动词，有否定和超越之意，《易·系辞上》说"形而上者谓之道，形而下者谓之器"，孔颖达《正义》："道是无体之名，形是有质之称。凡有从无而生，形由道而立，是先道而后形，是道在形之上，形在道之下，故自形外已上者谓之道也；自形内而下者谓之器也。形虽处道器两畔之际，形在器不在道也。既有形质，可为器用，故云形而下者谓之器具。"张岱年认为，"形而上是无体，形而下是有质"。此处"上"有跳出、超越具体事物，走向无限的普遍性。张岱年：《中国古典哲学概念范畴要论》，中国社会科学出版社1989年版，第72页。

最好的上位者，就是百姓仅仅知道他的存在；这是从"下"即百姓的角度看待治理和政权合法性。老子看似谈论上位者，实则立足于下位者。"上""下"对应的是社会阶层的上、下之分。

> 高者抑之，下者举之，有余者损之，不足者补之。天之道，损有余而补不足。（《老子》第 77 章）

"高者"对应上位者；"下者"对应下位者、弱势群体。在贫富两极对立之间，彰显老子的悲悯情怀和社会和谐的主张，体现对社会公正和均衡的追求。

> 故贵以贱为本，高以下为基。（《老子》第 39 章）

"高"对应"贵"，隐喻上层，"下"对应"贱"，隐喻底层，贵以贱为根本，高以下为基础，老子其实彰显以民为本的道理。张岱年曾在《天人五论》中引张载《正蒙》的一段话"生有先后，所以为天序；小大高下，相并而相形焉，是谓天秩。天之生物也有序，物之既形也有秩"，之后给出了他关于秩序的解释："事物之位置，有先有后，有小有大，有高有下。自其先后言之，谓之天序；自其大小高下言之，谓之天秩。"① 他用先后、小大、高下这样的对反概念向我们提示秩序的形成，在于把具体的事物纳入先后、高低、上下的关系之中，在与他物的关系中而定其位置，他说"事物莫不有其位置，众位置共成为秩序"。如果从这个意义上理解秩序的话，老子所说的"高""下"概念与"位"联系。

（三）形容词：价值层面的下等、下层

明显表达出价值评判的意味，具有下作、下等、下三等贬义，老子最为批判的是"下德"，夸耀德性，具有表演的成分，具有强

---

① 张岱年：《张岱年全集》第 3 卷，河北人民出版社 1996 年版，第 134 页。

烈的机心，"下德不失德，是以无德"，"下德无为而有以为"。"下德"就是无德之人，是有心而为之人，施恩于人却求回报、利物而有争之人。从第 38 章来看，下德的表现是以仁、义、礼为标榜，因而低于上德，老子对仁、义、礼作出排序，"上仁"有动机但不孜求功利，可以做到无所为；"上义"既"为之"又"有以为"，水平降低；更糟糕的是上礼之人强迫别人响应自己。这几类德的层次从利物不争到利物有争，从利物有争的忠信之薄而乱之首，争的程度越来越严重，民风民情越发浇薄，社会越发混乱。

"下德"是个带有负面价值判断的词语，是无德的表现，是不善的表现。"上德""下德"的区别是有德和无德的区别，也是"司契"和"司彻"的区别，是利物不争和利物有争的区别。在老子看来，相争是不善，不争则是善。

"下"彰显老子的价值批判，嘲笑大道、不愿践行的"下士"，"强大处下"的治理方式都是老子所谈论的下劣。这部分材料很少。

（四）动词：甘处下风、甘处下游、谦下

"下"具有下风、下游、下方之意，也有甘处于下风，安处弱势之意，更重要的是老子由此表现出以下为上的反转，借此强调、推崇上位者谦下、柔濡的原则、态度和心境，倡导谦和不语、深藏不露的姿态。"下"是老子所认为的应然。这部分材料很多。

> 大国者下流，天下之交，天下之牝。牝常以静胜牡，以静为下。故大国以下小国，则取小国；小国以下大国，则取大国。故或下以取，或下而取。大国不过欲兼畜人，小国不过欲入事人。夫两者各得所欲，大者宜为下。（《老子》第 61 章）

"大国者下流"，强调治国者要有比较柔和、舒缓、谦卑、甘处于下风的心境，而不是处处追求天下第一、天下最强的态度。"故大国以下小国，则取小国；小国以下大国，则取大国。故或下以取，或下而取。"大国本来已经很强，就不必再公开高调强势，不宜再

宣扬炫耀自己的强大和强势，不宜树敌，应该处于下流下游，以谦下平和的姿态面对小国，保持隐藏不露的政治智慧（"希言自然""多言数穷"）。无论大国对小国谦让而取得小国的信任，或者小国对大国谦让而见容于大国，老子都强调柔濡谦下的治国之方，尤其是大国更应该保持宽阔的胸襟，"大者宜为下"，"牝常以静胜牡，以静为下"。君主治理天下应该居于百姓之下，你不追求利益、不追求发号施令，才可能领导百姓，百姓才不会把你看成重压和负担。"下"指的是治理者的谦下、安处弱势、不认为可以主宰民众、不使民争的意涵，隐含上位者对百姓的包容、宽谅和慈爱。

> 江海所以能为百谷王者，以其善下之，故能为百谷王。是以欲上民，必以言下之；欲先民，必以身后之。（《老子》第66章）
> 善用人者，为之下。（《老子》第68章）
> 强大处下。（《老子》第76章）

这里所说的"下"和"善下"与甘居柔弱处于同一序列，江海之所以能够为大，是因为它能够容纳百川，"谷"即山中之水汇流之处，众水即由此融入百川。后面从自然之域转到了社会领域。在老子看来，社会的治理过程应该像江海那样，体现"善下"的品格。首先应礼贤下士，以谦下平易之语来言说，才能得到民众的尊重，此即"欲上民，必以言下之"。"在民之先"体现为引领民众，"在民之后"则是在行为过程或利益关系上处于民众之后。通过以"在民之后"以达到"在民之先"，不同于咄咄逼人的进取活动，而是表现为"以退为进"。总体上，在对待民众的态度上，需要体现礼贤下士的谦下原则，在行为过程或利益关系方面，则表现为"以后为先"，后者不同于以争先的方式与民众相处。因此，上位者虽居于民之上，而民并不觉得是负担；虽处于民之前，民众也不以此为障碍；这样的统治者，天下之人都乐于拥戴而不会感到厌倦，所谓

"是以圣人处上而民不重，处前而民不害，是以天下乐推而不厌"，便可以视为对以上方面的概述。江海之所以能够成为百川河流所汇往的地方，是由于它善于处在低下的地方，能够成为百川之王。上位者治理百姓，必须用言辞对人民表示谦下，要想领导人民，必须把自己的利益放在他们的后面。

"上""下"在老子文本含义丰富，既有地理方位、社会阶层地位的顶端和底端之分；也呈现出修养和治理中的价值评判问题。"上""下"和"德"联系在一起，更彰显出老子的价值重估作用。"上德""下德"不仅体现出老子的伦理哲学，也表达了老子对政治哲学的考量。

四 何为"上德"

老子对"上德"的阐述可从以下几个方面完成："上德"是道之德，是最为根源的德，是对道的根源性的解释，也是对效法道的人的属性品格的总结。"上德不德，是以有德"，上德之人不认为自己有德、不夸耀自己有德，没有动机和功利。"上德若谷"，上德之人胸怀宽广，充满包容和宽容精神。上德是纯朴、素朴、不争之德。上德的途径和方法，通过"善行""善言""善建""善抱"等这些为对象考虑的行为来实现。

（一）"上德"是对道的属性的解释

"上德不德"，"上德"之人不认为、不炫耀自己有德，这种德有其他称呼"上善"。

> 上善若水。水善利万物而不争，处众人之所恶，故几于道。（《老子》第8章）

"上善"具有价值判断意味，"上善"最好的德。林希逸认为上善为至善，吴澄认为上善为第一等级之善。上善"几于道"，老子把利万物不争看作"善"的最高原则和基本根源，为"善"寻得形而上的价值基础。① "上善"和"上德"都是最接近于道的，是道的另一种展示的表述。

> 故道生之，德畜之：长之育之，亭之毒之，养之覆之。生而不有，为而不恃，长而不宰。是谓玄德。（《老子》第 51 章）
>
> 古之善为道者，非以明民，将以愚之。民之难治，以其智多。故以智治国，国之贼。不以智治国，国之福。知此两者，亦稽式。常知稽式，是谓玄德。玄德深矣，远矣，与物反矣。然后乃至大顺。（《老子》第 65 章）

《老子》第 2 章所说的"万物作焉而不辞，生而不有，为而不恃，功成而不居"。又曰："天之道，利而不害；圣人之道，为而弗争。"可以看作"为而不争"之"上德"是对道的属性的诠释，是对最为根源性的德的解释。最能体现"上德"之上乘含义的是"玄德"的提法，玄德之玄意为隐晦不显。《老子》中尚有不少"玄德"的"同义词"，例如"常德""上德""广德""建德""孔德""厚德""至德""天德"，这些概念或语词，多少不同于前诸子时期的"德"。"玄德""上德"几乎就是"道"的另一种表述，因为它是最高、最深刻的德，是"道"的最根本的体现。

（二）"上德"之人没有功利动机

在"上德不德，是以有德"这样的吊诡语式中，"上德"和一般之"德"甚为不同，所谓"上德"即"不德"，关键是上德之人有德而不认为自己有德，不炫耀自己有德，正如《庄子·养生主》"为善无近名"。《文子》对"上德不德"的解释是"天覆万物，施其德而养之，与而不取，故精神归焉"（《文子·上德篇》）。《文

---

① 参见李晓英《试论老子之"善"》，《文史哲》2015 年第 5 期。

子》用"与而不取"来解释"不德"，因为"与而不取"恰好符合"为而不恃，长而不宰"的"玄德"特点。"达到目的的途径恰是停止对它的有目的的追求，这个悖论最为鲜明地体现在对'无为'的诉求上。……'为'一般指人的行为，对目的的深思熟虑，它与'自然如此'的自然界的自主性过程形成对照。人引以为自豪的是因其有目的的行为而与自然区别开来；《老子》反其道而为，把圣人之为描述为'无为'。'"①

（三）"上德"的包容和宽容

在老子看来，"上德"不以一般的德（例如仁义）为德，所以才有真正的"德"。

> 上德若谷。（《老子》第 41 章）

王弼注："不德其德，无所怀也。"上德之人有恩于别人，却不期待他人回报，因而不炫耀夸示自己有德，是最高意义上的"德"，是深远的"德"，是最为包容的德，"上德"包含"不争""处下""柔弱""自然""无为""素朴""虚静""恬淡""守雌"之类。

> 恬淡为上。（《老子》第 31 章）
> 是以圣人终不为大，故能成其大。（《老子》第 63 章）
> 柔弱处上。（《老子》第 76 章）
> 江海之所以能为百谷王者，以其善下之，故能为百谷王。……以其不争，故天下莫能与之争。（《老子》第 66 章）

"报怨以德"（第 63 章）似乎超然于德与怨的对立之上，但是老子却对"报怨以德"有以下看法：

---

① ［英］葛瑞汉：《论道者：中国古代哲学论辩》，张海晏译，中国社会科学出版社 2003 年版，第 269 页。

> 和大怨，必有余怨；安可以为善？是以圣人执左契，而不
> 责于人。有德司契，无德司彻。（《老子》第 79 章）

和解深重的怨恨，必然还会留下残余的怨恨。"德"只是指"恩
德"或"恩惠"。① 用德来报答怨恨，老子认为这不能算是妥善的
办法。老子认为最好的状态就是不产生怨恨，这样自然就用不着
"以德报怨"了。避免产生怨恨的方法就是不争、不标榜、不炫
耀。所以，上德就是如圣人一般"执左契，而不责于人"，如此
才能说是真正的有德，"有德司契"。"以德报怨"不是强压怒火，
而是发自内心地对别人的宽容和体谅。此处突显的是宽厚和厚道。
"有德司契，无德司彻。天道无亲，常与善人。"（《老子》第 79
章）对别人有恩有德，而不相挟相逼，天道也会善待这种人。

《庄子·天下》曾这样评价老子，明确提出了老子思想中所具
有的宽容性："建之以常无有，主之以太一，以濡弱谦下为表，以
空虚不毁灭万物为实。……知其雄，守其雌，为天下豀；知其白，
守其辱，为天下谷。人皆取先，己独取后，曰受天下之垢……曰坚
则毁矣，锐则挫矣。常宽容于物，不削于人，可谓至极。"《庄子》
看到老子对人、事宽而不狭，容而不拒，以濡弱谦下来辅助万物、
成就万物。成就万物是《庄子》对老子宽容的理解。

"上德"如何实现呢？老子认为上德既然是因其无心而为，故
行为具有高妙、高超和工巧之意。

> 善行无辙迹。善言无瑕谪。善数不用筹策。善闭无关楗而
> 不可开。善结无绳约而不可解。（《老子》第 27 章）

"善行""善言""善数""善闭""善结"之善为形容词，意为工
巧、高明。河上公将第 27 章题目定为"巧用"，突出善的高超巧妙

---

① 参见（宋）朱熹《四书章句集注》，中华书局 1983 年版，第 158 页。

之意。老子最早赋予"善"工巧、高明的含义，筹策、关楗、绳约作为工具的体现，在铺出规则的同时，也带来各种局限约束。不可开、不可解和无瑕谪是超越刑名的好的效果，它们证明了超越刑名的工巧高明。李贽的解释更具体："自谓有法可以救人，是弃人也。圣人无救，是以善救。"① 上德之人之行为工巧高超，福祉绵延不绝。

> 善建者不拔，善抱者不脱，子孙以祭祀不辍。修之于身，其德乃真；修之于家，其德乃余；修之于乡，其德乃长；修之于国，其德乃丰；修之于天下，其德乃普。（《老子》第 54 章）

善于建树的人、善于抱持的人，行为能为对象考虑、无心而为，因而能使对象不愿拔、不想脱，这种修养堪称"上德"，能获得"祭祀不辍"的长恒效果。并且老子认为的"上德"，是在不同治理范围各有内涵和界别："真德""余德""长德""丰德""普德"。老子看到修身、齐家、治国和治天下各自的独立性，对修身和治理二者泾渭分明的"领域范围"了然于胸。"上德"是根据具体面对的范围来具体施行不同的行事标准，修身、理家、治乡、安邦、定天下虽然相互关联，但各有边界，一个人的修身不能决定他的治国治天下，同样一个人的治天下的评价，并不主要在于其修身和修家的水准，而应该看他治天下的进步。因此，老子的"上德"表现出与儒家的分野：修身的归修身，治国的归治国。个人在社会上的作用，取决于他是否推动了历史的前进，不在于他用什么方法达到了目的，而取决于这一目的是否与历史进程一致、与天下大势一致。不在于怎么做的动机，而取决于所作所为的客观效果。

> 含德之厚，比于赤子。蜂虿虺蛇不螫，猛兽不据，攫鸟不

① （清）魏源：《老子本义》，中华书局 1955 年版，第 29 页。

搏。骨弱筋柔而握固。(《老子》第55章)

王弼注"含德之厚,比于赤子","赤子,无求无欲,不犯众物……含德之厚者,不犯于物,故无物以损其全也"。[①] 婴儿是老子的理想人格,隐喻"上德"之人无欲无求,具有"厚德",处于无犯于物故无物损其全的状态。婴儿没有自我意识,不会受到伤害,无须防备别人,故而真的不会受到伤害。

五　何为"下德"

"下德"同"上德"相对,老子认为达不到"上德"水准的言行,就是"下德",就是境界低下的德,是一般意义上的世俗之德。"下德"之人自认为有德,"下德"者以有"德"自居,也自恃其德;求德之名声,也重德之回报。"上德""下德"之分,凸显了道德价值高低的不同。

(一)"下德":自视有德

"下德"之人自视有德,炫耀其德,具体来说就是执着于言仁言义的行为。仁义礼与大道相背离。在老子看来,忽略大道,坚持仁义的,就是下德。

> 夫礼者,忠信之薄而乱之首。(《老子》第38章)
> 大道废,有仁义。智慧出,有大伪。(《老子》第18章)

背离大道的表现不仅是坚持仁义,还表现为过度和过界。

> 物壮则老,谓之不道,不道早已。(《老子》第30章)
> 强大处下。(《老子》第76章)

---

① 楼宇烈校释:《老子道德经注》,第149页。

行为有功利性和动机性也被视为"下德"。

> 上德不德,是以有德;下德不失德,是以无德。上德无为而无以为;下德无为而有以为。(《老子》第38章)

"下德"强调回报和功利,表现为逞强、好胜、计较、明辨与人争。

> 是以圣人执左契,而不责于人。有德司契,无德司彻。(《老子》第79章)

真正有德之人并不形之于外、可以炫耀,而是虽有德却不以德自居,唯其如此,才显示出德性的真实、纯厚,它更昭示于个人品德的高尚,即通过自然感情确立的德性,如慈、不争、不责于人等,彰显一种人格价值。与之相对,"下德"虽然也具有某种德性,但却过于执着于某种德性,流于标榜矫饰,直接与现实利益相联系,容易导向虚伪伪善,"(天下)皆知善,斯不善矣"。"皆"意味世俗皆以一种善的形式为善,唯恐他人不知自己之善举,这种风气恰恰是不善的。自然、自发、自愿地形善是一种善,如果要求获得回报和利益,则是不善。"下德"类似于人为的德性,而不是像"上德"那样是自然的德性,"上仁""上义""上礼"都包含意而为之的动机和意念,都属于"下德",或者在"下德"之下。这些德性在老子看来,是浮华、精明、计较、刻薄的,此为"不德"。"下德"应该被消除,"去彼取此"即此意。

老子在文本中还表达了对人背离大道、偏离"上德"的某些行为方式的批判,这些行为也可概括为"下德",包括锋锐、骄傲、多欲(身、多藏)、强势(飘风骤雨、强梁、坚强、敢)、过度过分(企、跨、自见、自是、自伐、自矜、壮、甚爱、妄作)等表现。

> 揣而锐之,不可长保。……富贵而骄,自遗其咎。(《老子》第9章)

及吾无身，吾有何患！（《老子》第 13 章）

不知常，妄作，凶。（《老子》第 16 章）

故飘风不终朝，骤雨不终日，孰为此者？天地。天地尚不能久，而况于人乎？（《老子》第 23 章）

其在道也，曰余食赘行。物或恶之，故有道者不处。（《老子》第 24 章）

物壮则老，谓之不道，不道早已。（《老子》第 55 章）

强梁者不得其死。（《老子》第 42 章）

是故甚爱必大费，多藏必厚亡。（《老子》第 44 章）

祸莫大于不知足；咎莫大于欲得。故知足之足，常足矣。（《老子》第 46 章）

益生曰祥。（《老子》第 55 章）

知不知，上矣；不知知，病也。（《老子》第 71 章）

勇于敢则杀。（《老子》第 73 章）

故坚强者死之徒，柔弱者生之徒。（《老子》第 76 章）

（二）"下德"：践履过程中的半途而废

"下德"的另一表现就是个人不能长久践履大道。践履大道是一个长期持久的过程。如果人在修炼过程中难以持久、半途而废，意志软弱，在老子看来，也是"下德"。在践履大道的行动与实践中，人常常面临意志软弱的问题。从知行关系看，意志软弱，表现为缺乏自主和自律，呈现为"知其当行却未行"或"知其当止而未止"：

吾言甚易知，甚易行。天下莫能知，莫能行。（《老子》第 70 章）

弱之胜强，柔之胜刚，天下莫不知，莫能行。（《老子》第 78 章）

从理性与意欲的关系看，意志软弱更多关涉理性与意欲之间的张力。

> 上士闻道，勤而行之。中士闻道，若存若亡。下士闻道，大笑之，不笑不足以为道。 （《老子》第41章）

中士和下士都体现了一种软弱，不能自主、不能自律、不能自控。在《普罗泰哥拉》篇中，柏拉图曾借苏格拉底之口说："如果一个人知道或者相信存在比他现在所从事的行动更好的行动，同时他也可以选择这种更好的行动，那么，他就不会再继续做现在所做之事。'做有失自己人格的事'完全是无知的结果，'成为自己的主人'则是一种智慧。"① 中士闻道若存若亡，下士更是嘲笑大道，对道缺乏真正的体知和体证，因为他们不能成为自己的主人。

闻道、体道作为人的践行和践履，具有未来的指向性，其判断超越当下的欲求而关涉行动在未来可能产生的结果及意义，比如人尊道贵德，则会"道者同于道""德者同于德""常自然"，故而上士"勤行不已"。而意欲、功利和动机情感所内含的当下性品格，使之对人的行为选择的影响有直接性的特点，表现出更内在的决定力量；当践行大道遇到困难时，理性与之相冲突时，意欲情感所具有的功利性和诱惑性特点，使其在行为选择上往往获得了某种优势。如果个体将当下的意欲和功利放在价值的优先地位，一旦理性的判断与意欲、情感发生冲突，个体便容易为意欲、情感所左右，理性判断相应地难以落实于行动。

> 民之从事，常于几成而败之。慎终如始，则无败事。（《老子》第64章）

这种不能够慎终如始的"民性""民情"：一种做事时的精神状态，显然会导致失败的结局。

---

① ［古希腊］柏拉图：《柏拉图对话集》，王太庆译，商务印书馆2004年版，第348—349页。

是以大丈夫处其厚，不居其薄；处其实，不居其华。（《老子》第 38 章）

"厚"和"实"可谓无须向世人自身夸耀德性的德性以及没有功利的理性判断，"薄"和"华"则意味对当下功利意欲的满足，能做到这样"去彼取此"的是大丈夫，是理想人格。而更多的"下德"之人则可能选择浮华功利，选择"薄"和"华"这些意欲和功利。意欲在行动中的主导性作为"意志软弱"的具体表现形式，以价值立场上承诺意欲的优先性为逻辑前提；价值的立场在这里呈现了内在的作用。老子设置了选择的场景，反复强调理性与意欲、情感等非理性意识之间的关系，同时涉及"腹"与"目"之辨、"腹"与"心"之辨、"骨"与"志"之辨、"百姓心"与"常心"之别、"自知（自胜）"与"不自见（不自是）"之别、"自爱"与"自贵"之别。与"心（目）"相对的"腹（身）"，主要表现为百姓原初性质的衣食之欲，都源于人的感性存在，对这些基本生活的满足更多涉及人的理性思考，而"目""志"等关涉意欲和感性的欲求与情感。相对于"心（常心、目、志）"与情、意的联系，"百姓心（腹、骨）"更多地涉及思与辨等理性的活动。作为人的存在的相关方面，"身"与"心"并非彼此平行，二者始终处于互动的过程中：一方面，"心"的作用使"身"不再仅仅表现为自然意义上的血肉之躯；另一方面，"身"所具有的本原性又使与之相涉的意欲、情感对人的行为取向与选择具有更切近的影响。

"上德"不认为自己有德，对人生而不有、为而不恃，行为不求回报。"下德"者以有"德"自居，也自恃其德；求德之名声，也重德之回报。体现在治理者身上，就演变成不同的治理方式，产生不同的治理效果。

六 从"上"到"下"的治道类型

老子开创了"太上,其次"的道家治理层级,将价值意义的先后次序安排于其中,成为黄老著作的格式化表达。[1]

> 太上,下知有之。
> 其次,亲而誉之。
> 其次,畏之。
> 其次,侮之。(《老子》第 17 章)

四种治理类型,逐级下降。《老子》将百姓对于君主的态度按其合乎理想的程度依次分为四层,而最高之层次上,百姓仅仅知道国君的存在,即"下知有之",亦唯其如此,当功成而事遂之际,百姓才以为这是国君无为、民众自我完善的结果,与君主并无什么直接的关系。在对不同治理类型进行分类的时候,老子用了一个标准:作为治理对象的民的状态、感受和表现,亦即民的利益是否得到了维护、民众是否受到了压力和干涉?首先如果一个君主的治理没有让百姓感受到压力和干涉强制,那它就是好的、正确的;反之如果这个国家的治理为的是满足上位者的心理和利益,以德治仁政让民众歌功颂德以求功名,或者强势压制民众而逼使民众反抗、推翻现政权的,则是坏的、变质的。老子所用的这条规范性的标准,那就是关于民众利益是否满足、民众生活是否受到干涉强制的标准。

(一)"太上"的治理

"太上"即最好的治理者,以其无为使百姓能够按照自己的意愿进

---

① 参见陈鼓应《老子注译及评介》,第 128—129 页;郑开《道家政治哲学发微》,北京大学出版社 2019 年版,第 328 页。

行选择和行动，使百姓感觉到治理者存在但离他们很远。吴澄说："太上，犹言最上，最上谓达道之世，相忘于无为。"① "悠兮，其贵言。功成事遂，百姓皆谓我自然"，百姓所做的一切及其结果都是治理者的不干涉的结果，民众生活的稳定是治理者追求的一个政治目标。

> 道常无名、朴。虽小，天下莫能臣。侯王若能守之，万物将自宾。（《老子》第 32 章）

道无名、质朴、至柔、至微，但又是至大的，"天下莫能臣"。如果治理者顺从或实践至微而至大的特性，万物就会自己宾服于道，自然趋向于和谐，不需要强制。这里道之无名、至微的特点说明社会的管理者对百姓的控制、管理是非直接的、非常小的，"天下莫能臣"则说明这样的管理原则是最高的、最好的，不可代替的。在"太上"的统治中，民众利益和生活究竟是怎样得到确保的呢？老子把很大一部分希望寄托于上位者的美德。严复曾说："故知《道德经》是言治之书。然孟德斯鸠《法意》中言，民主乃用道德，君主则用礼，至于专制乃用刑。中国未尝有民主之制也，虽老子亦不能为未见其物之思想，于是道德之治，亦于君主中求之，不能得，乃游心于黄、农以上，意以为太古有之，盖太古君不甚尊，民不甚贱，事与民本为近也。此所以下篇八十章，有小国寡民之说，夫甘食美服，安居乐俗，邻国相望，鸡犬相闻，民老死不相往来。如是之世，正孟德斯鸠《法意》篇中所指为民主之真相也。世有善读二者，必将以我为知言矣。"② 上位者的美德对于保证一个政府效力于民众的利益，可以起到很重要的作用。结合帝尧时代的无为而治，更容易理解。

> 尧时，五十之民，击壤于涂。观者曰：大哉，尧之德也！

---

① 陈鼓应：《老子注译及评介》，第 128 页。
② 王栻：《严复集》，中华书局 1986 年版，第 4 册，第 1091 页。

> 击壤者曰：吾日出而作，日入而息，凿井而饮，耕田而食。尧何等力？（《论衡·感虚》）

"大""太"相通。"太上"位于等级序列的最顶端，代表与大道相符、最为理想的治理状态：最好的上位者就是百姓仅仅知道他的存在。

这种"太上，其次"的句式也见于《左传》：

> 臣闻之："大上以德抚民，其次亲亲，以相及也。"（《左传·僖公二十四年》载富辰语曰）
>
> 豹闻之："太上有立德，其次有立功，其次有立言。"虽久不废，此之谓不朽。（《左传·襄公二十四年》载穆叔语曰）

太上就是最高，其次就是等而下之的意思。老子沿用了春秋以来的固定句式，赋予它更深的哲学意味，将太上与政治或政制结合起来。[1] 最好的、最合理的政治或治理就是，上位者的政治形象与政治作用隐而不显，而位于底层和下面的百姓处于不被打扰、不被干涉的状态。徐梵澄说："此章亦为统治者而言。"[2]

老子的这种治理层级的评价方法延续到黄老政治哲学的思考和表述方面：

> 善为国者，太上无刑，其次政法，其下斗果讼果，大下不

---

① 郑开认为这种"太上，其次"的政治叙事言简意赅地体现了儒、道、法等诸子百家尤其是黄老学的政治期望和社会愿景。参见郑开《道家政治哲学发微》，北京大学出版社 2019 年版，第 328—329 页。

② 徐梵澄："为政者，'下知有之'而已。此理想境界也。康衢之谣曰：'吾日出而作，日入而息，凿井而饮，耕田而事。帝力何有于我哉！'农业社会，人皆自食其力，距统治者远，则其生愈遂。上不扰其下，则下亦仅知有其上而已。倘其典章制度，粲然修明，上下各尽其法守，则亦无用于亲誉其上，此汉世贾生论治，所以有委裘之说也。不得此而树威，威使人畏，亦犹可治，然而次矣。乃至威亦不立，则其下侮之矣。末也。"徐梵澄：《老子臆解》，中华书局 1988 年版，第 24—25 页。

斗不讼又不国。夫太上争于化，其次争于明，其下就患祸。
（马王堆帛书《称》）①

凡持国，太上知始，其次知终，其次知中。（《吕氏春秋·
先识览·察微》）

反救守者，太上以说，其次以兵。（《吕氏春秋·孟秋纪·
禁塞》）

太上知之，其次知其不知。（《吕氏春秋·有始览·谨
听》）

太上反诸己，其次求诸人。（《吕氏春秋·季春纪·论
人》）

故太上神化。其次使不得为非，其次赏贤而罚暴。（《淮南
子·主述训》）

故善者因之，其次利道之，其次教诲之，其次整齐之，最
下者与之争。（《史记·货殖列传》）

以上几条都涉及了"为国""持国"的价值取舍原则。《吕氏春秋》
将政治分为两个层次，根据《论人》篇后文的内容，所谓"反诸
己"就是"得一"，即"得道"。《淮南子》所谓的"太上神化"
是最好的治理者和最好的治理方式。"神化"突出太上之治理的神
奇、高妙效果和结果，其神奇高妙的评判标准在于仅仅"下知有
之"，萧公权称老子之治为"虚君民治"②；"因之"突出了其治理
的方式和方法，"善"是对其高度赞颂。

"下知有之"符合老子设想最佳的政治期望"小国寡民"。

小国寡民。使有什伯之器而不用，使民重死而不远徙。虽
有舟舆，无所乘之，虽有甲兵，无所陈之。使民复结绳而用
之。甘其食，美其服，安其居，乐其俗。邻国相望，鸡犬之声

---

① 据陈鼓应《黄帝四经今注今译——马王堆汉墓出土帛书》补，商务印书馆 2007
年版，第 439 页。

② 萧公权：《中国政治思想史》，辽宁教育出版社 1998 年版，第 160 页。

相闻，民至老死，不相往来。(《老子》第80章)

这一理想治理类型的特征是将物质文明和工具的使用降到最低点，将不同族群的交往降到最低点，因此人们生活幸福、安居乐俗。

　　"下知有之"昭示老子的完美治道：

　　　　大制无割。(《老子》第29章)

"大制"即谓"大治"，指"至治"或完美之治。《说文解字》："割，剥也。""剥，裂也。"则"割"本谓剥离或分解，其于事物自然有所毁伤或残害，本亦含有"害"义。段玉裁释"割"曰："'割'谓残破之。"且谓"割"与"害"古音义皆同，可互用。在"大制无割"中，"割"喻治者妄加"割裂"庶民众物的"有为"之行，有"割"则必有所伤害；相反，"无割"喻"无为"，"大制无割"意即"大治无为"。既然"无割"，"大治"无害于庶民众物，因此"下知有之"。"大制无割"在老子文本中还有其他概念可替换。

　　　　治大国若烹小鲜。(《老子》第60章)

"烹小鲜"和"无割"同义，"下流"形象揭示了为何"下知有之"的君王才是理想的君王，这类君王"处无为之事，行不言之教"，对民众实行无为而治，行动上无所为，语言上无所施，不干涉民众言行。"爱民治国，能无知乎"(《老子》第10章)百姓感觉不到这类君王的存在，民众安居乐业。

　　　　下君尽己之能，中君尽人之力，上君尽人之智。(《韩非子·八经》)

上等治理者不用智而用法治去治理，反而能让臣民充分发挥他们的聪明才智。与老子有所不同，韩非子作为黄老学代表人物，反对统治者用个人的才智去取代"法治"。"下知有之"的君王一方面"功成事遂"，成就大业，实现政治理想；另一方面顺应民众本性，满足民众愿望需求，做到君王理想与民众要求的天然一致。

《周易·系辞下》记载说："黄帝、尧、舜垂衣裳而天下治，盖取诸乾坤。"从黄帝开始，帝王们依据天地之法采取了"垂衣裳"的良好治理。"垂衣裳而天下治"和《尚书·武成》篇说的"垂拱而天下治"的意思类似，高明的黄帝采取了清静无扰的治理方式而达到了天下太平。老子的"太上，下知有之"有可能受到了这一传统的影响。老子充分发展了这一政治智慧和治理方式，使"无为之治"成了道家政治哲学的根本原则。

（二）"下德"的治理表现

"下德"在政治领域的表现则有三种治理类型，依次可分为：亲而誉之；畏之；侮之。

"其次，亲而誉之"，意思是统治者对民众的恩德可见，恩惠可称，使得民众亲爱他、赞誉他。此为第38章所言的"下德为之而有以为"，对于治理者来说，"下德"则表现为要求百姓的歌功颂德，类似于以德治、仁政治天下。

> 大道废，有仁义。智慧出，有大伪。六亲不和，有孝慈。国家昏乱，有忠臣。（《老子》第18章）
> 绝圣弃智，民利百倍；绝仁弃义，民复孝慈；绝巧弃利，盗贼无有。（《老子》第19章）

上位者看重的圣智、仁义、伪善、孝慈、忠臣都是这种治理下的产物，是割裂民众的治理方式。上行下效，在这种治理环境下，名辩造成僵化的社会秩序，导致君民、民众之间的失信相争，民众求仁求义求名求功，竞争不已：

善者不辩，辩者不善。　　　　　　　（《老子》第81章）

"辩"不仅有言论、分疏之意，在社会治理上更具有依形名而治之意。严遵注"不善之人，分道别德，散朴浇醇，变化文辞，依义托仁，……辩也。……（圣人）去辩去知，去文去言。……辞巧让福，归于无名，为而不恃，与道俱行。"[1]"辩"牵涉春秋时期激烈的名实论争。老子既与孔子的正名对立，也反对邓析在辩说上的名言是非。老子强调"善者不辩"，亦是在超越形名制度，就是对"亲而誉之"降级处理。

"其次，畏之"，王弼："不能复以恩仁令物，而赖威权也。"河上公："设刑法以治之。"上位者使民众害怕他们。人们"畏"这类君王，之所以让民众畏惧，是因为其严刑峻法，对民众实施高压政策。据此可以推定，这类君王应是以法治国，其治理天下的治道是"法"。

天下多忌讳，而民弥贫；民多利器，国家滋昏；人多伎巧，奇物滋起；法令滋彰，盗贼多有。（《老子》第57章）
其政察察，其民缺缺。（《老子》第58章）

老子认为"法令滋彰"非为所许。申韩之致无为，则欲以明法饬令，重刑壹教之方法，以臻"明君无为于上，群臣竦惧乎下"之状。以巩固君主权威而立富强之基础，其操术正为老子所说的"其次，畏之"之第三流政治，其地位尚在儒家仁政之下。[2] 在老子看来，政治和治理不是管制与征服，不是强制与干涉，不是制度和惩罚，而是无为和少欲、宽容和恬淡、纯朴和不争，如此令百姓纯朴素朴，让人类社会更美丽、更美好。政治非以治人、更非治事，政

---

① 王德有：《老子指归译注》，商务印书馆2004年版，第359—361页。
② 参见萧公权《中国政治思想史》，第250—251页。

治的最高境界是感染、化育，社会应成为一个培养人格的伟大组织。最大限度培养民众的素朴，防止靠严刑苛法逼迫民众的伪巧，就成了评价制度的又一尺度了。

"其次，侮之。"王弼："不能法以正齐民，而以智治国，下知避之，其令不从，故曰，侮之也。"侮即欺骗，阳奉阴违，不再遵从刑法。

　　民不畏威，则大威至。无狎其所居，无厌其所生。（《老子》第 72 章）

此章以顾欢《老子道德经注》（敦煌本）注解最佳："威者，灾罚之名也。……傲忽之民，昧慢天道，小灾不惩，则大祸必集也。"① 河上公也云："人不畏小害则大害至。"② 按：此言民众不害怕小的惩罚，则大的灾祸惩罚必然到来。此段自王弼之后，多解作：民众不害怕权威的时候，统治者就要遭到起义推翻之大害。狎，帛书本、敦煌本皆作"狭"。顾欢曰："狭其所居，谓恶其狭陋也。人之生也，天理自备。虽复贵为帝王，生非有余。贱为台仆，道无不足。若厌其所生，则弃此殉彼。弃此殉彼者，大威必集也。"按：此两句讲安于本分，心无妄求。顾欢曰："人不厌生，则生不厌人。"③ 按：人能安于生来之本分，则生命也不会厌弃此人。下文顾欢进一步解之曰："知吾生有涯，不希求分外也。不自显其美，以悦耀众人也。自爱其神，不弃我逐物也。不自贵其身，以尊高当世。去彼显贵，则威罚外消；取此知爱，则生道内足也。"④ "侮之"的治理方式就是逼迫人民不得安居，阻塞人民谋生的道路。

---

　　① 顾欢的这一段话出自熊铁基、陈红星主编《老子集成》第 1 卷，宗教文化出版社 2011 年版，第 242 页。
　　② 王卡点校：《老子道德经河上公章句》，第 279 页。
　　③ 熊铁基、陈红星主编：《老子集成》第 1 卷，第 242 页。
　　④ 熊铁基、陈红星主编：《老子集成》第 1 卷，第 242 页。

民不畏死，奈何以死惧之？若使民常畏死，而为奇者，吾得执而杀之，孰敢？常有司杀者杀。夫代司杀者杀，是代大匠斩，夫代大匠斩，希有不伤其手矣。（《老子》第74章）

"民不畏死"是更大的威胁。这是因为统治者失去了道德诚信，故河上公说："君信不足于下，下则应之以不信，而欺其君也。"在老子看来，让人"亲而誉之"，令人"畏之"，使人"侮之"的治理方式，只能是"下德"了。

　　以上老子列举出四类治道类型和四级治理层级，就是一个君主之道不断递降的过程，也可结合第38章理解：

　　故失道而后德，失德而后仁，失仁而后义，失义而后礼，夫礼者忠信之薄而乱之首。

严复说：初读"不知其旨所归""今乃洞若观火"并引申说："失礼而后刑，则不知于治之效又何若也。民主者以德者也，君主者以礼者也，专制者以刑者也，礼故重名器乐荣宠，刑故行督责主恐怖也。"[1]

　　亚里士多德根据至善和正义的基础，将区分政体的标准分为两个：第一，以政府为基础进行区分，根据统治者照顾自身利益和全体利益，可将政体分为正宗政体和变态政体；第二，以掌握城邦最高统治权的人数的多少为基础。因此，这两个标准又可分为：一人统治，少数人统治，多数人统治。总结起来，就产生了六种不同的政体类型和等级：君主政体、贵族政体、共和政体、僭主政体、寡头政体、平民政体。其中，前三个政体称为正宗政体，统治者都以城邦的公共利益为目的；后三个政体称为变态政体，统治者都以谋求自身利益为目的。亚里士多德对政体的划分是从统治者和城邦利

---

　　① 王栻：《严复集》，第4册，第961页。

益的考量入手的。可见，无论在亚里士多德还是在老子这里，对被治理者的利益的看重，都是评价政体和政治管理是否优良的一个非常重要的标准。也因此，我们可以看出，老子以"上""下""上德""下德"等概念来表达评判上位者对民众的治理以及由此产生的民众对上位者的不同的态度，也是自然合理的过程。对君之为政之是否限制，对民之利益之是否优先考虑，是老子设立"上""下""上德""下德"等概念的主旨。

七　结语

要而言之，老子的"上""下"既有阶层的高低贵贱之分，也有价值的优劣之别。"上""下"不仅显示了老子对治理者治理方式、治理意旨和治理目的的思考，而且还昭示老子对谦下、安处弱势、不认为可以主宰民众等柔性治理的突显。"上德"彰显无心而为的德性及修炼过程中的自主和持久，"下德"意味着有心而为及修炼中的意志软弱。体现于治理领域时，"上德"意味着无为而治、不与民争、不使民争的治理方式，着重点是民众利益的满足、民众安稳的保障、民性民情的劝诫和民心民意的顺应；"下德"则自认有德，表现为依靠刑名、德治仁政、强势干涉、高压控制等。"上德""下德"对应着不同的治理类型和治理层级，总体区别是上位者是否无为和民众是否受到干涉。老子对"上""下"的阐述既是其伦理原则的体现，更蕴含着倡议优良政治管理的积极意义。

以"和"释"德"

——论《庄子·德充符》的思想旨趣

河北大学哲学与社会学学院　许春华

摘要："和"乃承载《庄子·德充符》思想旨趣重要的哲学概念，"游心乎德之和"意指内心陶醉于淳朴和谐之自然状态和臻于至德终极之境，"和而不唱"更注重对内在淳朴自然德性的絪缊坚守。庄子哲学这种与众不同的"和"的智慧，对于医治现代社会物役于心、穷奢极侈的痼疾，补救日益缺失的淳朴心性，不失为一种"悬解"之方。

关键词：和　德　游心　和而不唱

《庄子·德充符》篇列举了五位身残貌陋却德充游心之人，其意在说明"以德不以形"①之思想旨趣，"和"则为承载此主旨最为重要的哲学概念。《德充符》"和"与"德"连接构成的语句有"游心乎德之和"，"德者，成和之修也"等；"和"单独成句修饰"德"的有"和而不唱"，"常和而已矣"，"使之和、豫、通而不失于兑"，"不足以滑和"等，主要集中于王骀文和哀骀它文。本文意在梳理这两文中"和"与"德"思想之内在关系，以期为理解《德充符》思想旨趣寻求新的切入点。

---

① （清）宣颖：《南华经解》，广东人民出版社 2008 年版，第 45 页。

一 "游心乎德之和"

近人孙嘉淦在谈到刖足者王骀一文时，认为《德充符》通篇以"游心乎德之和"（《庄子·德充符》，以下凡引《德充符》原文，不再注明）为主旨。① 按照清人戴震提出的"由字通词，由词通道"② 的求道之方法，我们主要对"和""德""心"进行疏解，以期达至对"游心乎德之和"之确解。关于"和"的注解，大致可分为四种。

第一，以"全"释"和"。王书岷云："全德之人，耳目内通，无动于声色也。'德之和'即全德。"③ 第二，以"同"释"和"。宋人林希逸云："德之和者，与天地四时同也。"④ 钟泰注曰："'和'者同也，同者一也。"⑤ 第三，以"至"释"和"。清人林云铭认为，"和……德之至美至乐处也。此言忘其为身，崇其为心者"⑥。第四，以"一"释"和"。清人刘凤苞云："和者，合众妙而为一也。"⑦

第一种"全德"之说见于同篇论叔山无趾，多数注解者释为完美无缺、不受损害，亦有注者认为"全德"是相对于"兀者"而言的，犹言"全体"⑧，张默生直言为"全形之人"⑨。但无论何种注解，与"德之和"偏离较远。

第二种是源于"自其同者视之"。这种注解并未进一步说明

---

① 参见方勇《庄子纂要》，学苑出版社 2013 年版，第 657 页。
② （清）戴震云："《经》之至者道也，所以明道者其词也，所以成词者字也。由字以通其词，由词以通其道。"——见氏著《与是仲明论学书（癸酉）》，《戴震文集》卷九，中华书局 1980 年版，第 140 页。
③ 王书岷：《庄子校诠》，中华书局 2007 年版，第 157 页。
④ （宋）林希逸：《庄子鬳斋口义校注》，中华书局 1997 年版，第 84 页。
⑤ 钟泰：《庄子发微》，上海古籍出版社 2002 年版，第 109 页。
⑥ （清）林云铭：《庄子因》，华东师范大学出版社 2011 年版，第 54 页。
⑦ （清）刘凤苞：《南华雪心编》，中华书局 2013 年版，第 115 页。
⑧ （明）释德清：《庄子内篇注》，华东师范大学出版社 2009 年版，第 99 页。
⑨ 张默生：《庄子新释》，天工书局 1993 年版，第 146 页。

"同"之意涵，是同异之"同"还是"玄同"之"同"。值得注意的是，同异之"同"及"和"与古语用法并不一致，甚至相对。孔子云："君子和而不同，小人同而不和。"（《论语·子路》）"同"更多取相似、相近之处，"和"则是对多样性和差异性的融合、包含，《左传·昭公二十年》晏子谓"和如羹焉"①，指羹是由各种不同的味调和在一起的，象征"和"是由各种个性和谐统一而形成的。若仅从上下文"自其异者视之，肝胆楚越也；自其同者视之，万物皆一也"。简单将"和"训为"同"，并进而断为同异之"同"，会导致语义变异。

第三种"至美至乐"源于老聃所云"游心于物之初"（《庄子·田子方》②，以下凡引《庄子》原文，只注篇名）。"物之初"亦即万物之宗，该文以"莫见其形""莫见其功""莫知乎所穷"，喻指浑然一体、混沌未开之"物之初"，宣颖云："物之初，无物之际也。游心于无物之际者，遇道之真也。"③ 其思想蕴涵与本文"守其宗""德之和"非常相近。从本体论或宇宙论来说，可谓"游心于物之初"；从境界论或工夫论来看，可谓"游心乎德之和"，故老聃曰："夫得是，至美至乐也。得至美而游乎至乐，可谓至人。"（《田子方》）但林云铭以"极致"释"和"并不切合此语"和"之义。

第四种以"一"释"和"较为贴切。首先，从上下文来看，前文"万物皆一也"与后文"物视其所一""一知之所知"皆与"德之和"直接相连，刘武云："上知谓智，下知谓境。纯一无二。

---

① 《左传·昭公二十年》与晏子对话。公曰："唯据与我和夫！"晏子对曰："据亦同也，焉得为和？"公曰："和与同异乎？"对曰："异。和如羹焉，水、火、醯、醢、梅，以烹鱼肉，燀之以薪，宰夫和之，齐之以味，济其不及，以泄其过。君子食之，以平其心。君臣亦然。"杨伯峻：《左传译注》，中华书局1990年版，第1917页。

② 文中老聃这样解释"物之初"："心困焉而不能知，口辟焉而不能言。尝为汝议乎其将：至阴肃肃，至阳赫赫。肃肃出乎天，赫赫发乎地。两者交通成和而物生焉，或为之纪，而莫见其形。消息满虚，一晦一明，日改月化，日有所为，而莫见其功。生有所乎萌，死有所乎归，始终相反乎无端，而莫知乎所穷。非是也，且孰为之宗！"（《庄子·田子方》）

③ （清）宣颖：《南华经解》，广东人民出版社2008年版，第144页。

知之所知，非一也，然而不二视之。即上'物视其所一'。"①其次，从"一"本身所蕴含来说，此处所言"一"指"独而一"，亦即《齐物论》"道通为一"之义，故"一"皆与"和"同义。阮毓崧云："于物之大小、贵贱、得丧、存亡，及一切所知者皆通为一。"②最后，说"和"为"一"侧重于天地万物浑然一体；说"一"为"和"指融合天地万物无限多样性、差异性在其中。故清人陆树芝云："德之和，言心之所游，只在絪缊未判之先，浑然大和之内，全未有区分时。"③

关于"德之和"之"德"的注解，大致可分为三种。第一，以"道德"释"德"。晋人郭象注："故放心于道德之间，荡然无不当，而旷然无不适也。"成玄英："既而混同万物，不知耳目之宜，故能游道德之乡，放任乎至道之境也。"④第二，以"性"释"德"，陆树芝云："所谓德者，即性之和是也。所谓道者，即性之理是也。"⑤第三，以"浑然"释"德"，刘凤苞云："浑然之德为和，釐然之道为理，二者皆原于性。"⑥

第一种郭象、成玄英主此说。在先秦老庄道家文本中，"道"与"德"往往分论，《庄子》尽管有"道德"之说，但均在外、杂篇。第二种和第三种均受《缮性》⑦文本影响，将"德"与"和"视为一致，但第二种以"德性"释"德"与《说文》⑧释"德"之原义同，但与此处庄子所言较远。相对而言，"浑然之德"之释

① 刘武：《庄子集解内篇补正》，中华书局1987年版，第130页。
② 方勇：《庄子纂要》，第656页。
③ （清）陆树芝：《庄子雪》，华东师范大学出版社2011年版，第59页。
④ （清）郭庆藩：《庄子集释》，中华书局2004年版，第192页。
⑤ （清）陆树芝：《庄子雪》，第182页。
⑥ （清）刘凤苞：《南华雪心编》，中华书局2013年版，第354页。
⑦ 《庄子·缮性》载："古之治道者，以恬养知。生而无以知为也，谓之以知养恬。知与恬交相养，而和理出其性。夫德，和也；道，理也。"刘笑敢认为，"夫德，和也；道，理也。""与上文不相连属，可能是错简所致，但内容还是应该注意的。"刘笑敢：《庄子哲学及其演变》，中国人民大学出版社2010年版，第274页。
⑧ 《说文》："悳，外得于人，内得于己也。从直，从心。""从心"即于内为德性，"从直"即于外为德行，本义为正直、真诚，表里如一。又云："德，升也。"引申为升华、超越之义。

与"德之和"之义最为接近，刘武将《缮性》"夫德，和也"释为："得和于心谓之德。"①

关于"游心乎德之和"，我们可以在常季所问与仲尼所答来寻求确解。

第一问："无形而心成者邪？是何人也？""形"是形迹之"形"，还是"形骸"之"形"，二者皆有所释。前者不以言语行为见长，而以潜移默化之功化之，明人释德清云："谓教人不见于形容言语，而但以心心相印成者。"② 后者侧重遗忘形骸，以诚心化人，孙嘉淦云："忘形骸而以心化成也。"③ 笔者认为二者所释均可，前者与上下文合意，后者与全文相合。

第二问："若然者，其用心也，独若之何？"指王骀遣形忘迹，"无形而心成"，远比众人高远却使众人自得而足，其用心独特之处何在？

仲尼接连用两部分对常季所问作答：第一答以死生之大、天地覆坠、万物变迁喻指王骀无变于己，不与"物迁"，命之"物化"，审乎"无假"，清人宣颖云："能知真宰。"④ 而守其"宗"，"守其宗"犹如执守大道，与"德之和"同义，钟泰云："然则宗也，德之和也，亦名异而实同也。自其主之言，则谓之宗；自其得之言，则谓之德也。"⑤

第二答更进一层，"自其异者视之"与"自其同者视之"犹如"以物观之，自贵而相贱"与"以道观之，物无贵贱"。(《秋水》)"同"即老子所云"玄同"，陆树芝云："同，谓太极未判之初。"⑥"万物皆一"亦即"道通为一""复通为一"。(《齐物论》) 在得道圣人之心中，天地万物浑然一体，不分彼此、是非、生死、得

---

① 刘武：《庄子集解内篇补正》，第140页。
② （明）释德清：《庄子内篇注》，第94页。
③ 方勇：《庄子纂要》，第669页。
④ （清）宣颖：《南华经解》，第40页。
⑤ 钟泰：《庄子发微》，第109—110页。
⑥ （清）陆树芝：《庄子雪》，第58页。

丧……此即"游心乎德之和"。既如此，外在形体当然无足轻重，更"不知耳目之所宜"，故"视丧其足，犹遗土也"。

俗人常季不解其中玄妙，故而又问："以其知得其心，以其心得其常心，物何为最之哉？"正因不解，故常季以为王骀用"知"，大多注释者以"真知"释"知"，不妥。刘武正之："知"乃"审乎无假……骀之成无心，无心则非用知也"。"心"指"不与'物迁'与'守其宗'之心"。"常心"即"常恒不变之心。指死生不变、天地覆坠不遗之心也"①。仲尼之答又进一步阐释了"游心乎德之和"之义，先后以"止水"之"静"、"松柏"之"青"、"虞舜"之"正"喻指"保始"，藏云山房主人云："此段'保始'二字最重，是德充符之本旨。"②"始"即老子所云"天地之始""以为天下始"，指本体大道；"生"即"性"，"正生"即"正性"。刘武由此推断"守其宗"之"宗"、"正生"之"生"、"保始"之"始"与"德之和"之"和"同义，切合庄子意旨："是故以体言，谓之道；以用言，谓之和。以和理具于心而未显其用言，谓之性；以禀和成性之时言，谓之始。故谓始亦指和与性言也。由此推之，保始，即保和。《易》所谓'保合太和'，尤足相证，亦即上文'游心于德之和'之义也。"③ 仲尼最后以"而心未尝死者乎！"作答，释德清云："死，犹丧失也。谓众人丧失本真之心，唯圣人未丧本有，故能视万物为一己也。"④ 得道圣人俯瞰天地万物浑然一体，"天地与我并生，万物与我为一"（《齐物论》），以天地为官守，以万物为府藏，视生死、得丧为"一"，"忘其肝胆，遗其耳目"（《大宗师》），"何暇至于悦生而恶死"（《人间世》），更何况外在形体如"刖足"之微小变化之影响。"登假"训为"遐"，"借用造于高远之意"⑤，喻指登临一种心与道冥的高远境界。由此可

---

① 刘武：《庄子集解内篇补正》，第 128 页。
② 方勇：《庄子纂要》，第 668 页。
③ 刘武：《庄子集解内篇补正》，第 129 页。
④ （明）释德清：《庄子内篇注》，第 96 页。
⑤ （清）宣颖：《南华经解》，第 41 页。

说，若"和"与"德"合论，即上文"夫德，和也；道，理也"
（《缮性》）。若"和"与"德"分论，"和"即"德"之特点，亦
即涵养和保持淳朴、自然的本真之性，"德之和"是自然本性的圆
满和谐，"游心乎德之和"就是内心陶醉于淳朴和谐之自然状态，
这就是至德的终极之境。

二 "和而不唱"

对于哀骀它一文，我们采取顺序倒挂的方式，以"和"为主
线，先对"才全而德不形"进行阐释，这是因为从上下文理来说，
"才全而德不形"，"一语透宗，乃通篇结穴处也"。[①] 最后以"和而
不唱"作为结论。

"恶"人哀骀它之所以与众不同，不在于其丑陋无比，而在于
其"才全而德不形。"何谓"才全？"

> 仲尼曰："死生存亡，穷达贫富，贤与不肖，毁誉、饥渴、
> 寒暑，是事之变，命之行也。日夜相代乎前，而知不能规乎其
> 始者也。故不足以滑和，不可入于灵府。使之和豫，通而不失
> 于兑，使日夜无郤，而与物为春，是接而生时于心者也。是之
> 谓才全。"

有的学者依据《寓言》篇孔子云"受才乎大本"与"物得以
生谓之德"同义，推断"才"即"德"，"才全"即"德全"，"以
才当性相似"。[②] 所谓"才全"即天性未泯，释德清云："才全者，
谓不以外物伤戕其性，乃天性全然未坏，故曰'全'。"[③] 由于人事
环境变迁不定，天之命数运行不停，故而死生、存亡、穷达、贫
富、贤不肖、毁誉、饥渴、寒暑等世间百态不可避免。"规"，窥

---

① （清）刘凤苞：《南华雪心编》，第 128 页。

② 钟泰：《庄子发微》，第 121 页。

③ （明）释德清：《庄子内篇注》，第 102 页。

测；"始"，"缘起"。世间之人根本不能探测到他们之缘起。"才全"者不是要规避天之命数，而是要以与众不同的鲜活心态面对，保持鲜活心态之道在于"和"。按照文本我们分三个层面进行疏释。

第一，"不足以滑和，不可入于灵府"。"滑"，成玄英疏为"乱"。"灵府"，郭象注："灵府者，精神之宅也。"成玄英进一步疏为"心"。① 关于"和"，可以分为三种。第一种，成玄英疏"和"为"中和"："虽复事变命迁，而随形任化，淡然自若，不乱于中和之道也。"② "中和"说源于《中庸》："喜怒哀乐未发谓之中，发而皆中节谓之和。"对于《德充符》与《中庸》之"和"，宋人林希逸早已注明不可同而视之，"此和字非若《中庸》所谓'中节'之和而已。读该书当别具一只眼"③。第二种，宣颖、刘凤苞释"和"为"天和"："天和者，冲融之朕。"④ "谓天和凝聚，不以私智耗散也。"⑤ "天和"说源于《天道》："夫明白于天地之德者，此之谓大本大宗，与天和者也。所以均调天下，与人和者也。"强调顺天应人、虚静无为之"天地之德"，于此有牵强之感。第三种，钟泰、刘武、方勇以"和顺"之"德"释"和"："'和'者，德之所以为德也，故下文云'德者，成和之修也'。……'不足以滑和'，即不足以滑德也。"⑥ "任天之行，而不可有所好恶，以乱吾之和德也。"⑦ "滑和，扰乱和顺的本性。"⑧ 笔者认为，第三种"和顺"之"德"更为贴切。其意是说，不可以外在的人间百态之变化撄人之心，保持心灵之府的虚静、和顺、安宁，"和"即指心性本有的因顺自然、委运任化之"德"。

第二，"使之和、豫、通而不失于兑"。此句"和""豫"

---

① 参见（清）郭庆藩《庄子集释》，中华书局2004年版，第213页。
② （清）郭庆藩：《庄子集释》，第215页。
③ （宋）林希逸：《庄子鬳斋口义校注》，第84页。
④ （清）宣颖：《南华经解》，第45页。
⑤ （清）刘凤苞：《南华雪心编》，第128页。
⑥ 钟泰：《庄子发微》，第121页。
⑦ 刘武：《庄子集解内篇补正》，第158页。
⑧ 方勇译注：《庄子》，中华书局2010年版，第88页。

"通"三字近义,"和",和顺;"豫",悦也;"通",通达。关于
"兑",纷议较多,可分列为五种:第一种,以"悦"释之,自郭
象、成玄英之后,林希逸、宣颖、陆树芝、林云铭、刘凤苞等皆同
此说;第二种,以"穴"释之,《古今韵会举要》:"兑,穴也,通
也。"① "兑"古通"隧",广雅释曰:"隧,道也。"章炳麟释曰:
"兑者通之处。"② 第三种,"兑"同"悦""脱","疏略"之义,
奚侗主此说。第四种,王书岷以"兑"为"充"形字之误,实通
之义。③ 第五种,高亨以"兑"乃"突"也,穿凿之义。④

此五种疏解,各有其合理之处。不过从先秦道家思想发展的一
致性及上下文义来看,第二种较为妥帖。从道家思想的前后发展来
看,老子云:"塞其兑,闭其门。"(《道德经》第52章,以下凡引
《道德经》,只注章数)王弼注:"兑,事欲之所由生。"⑤《淮南
子·道应训》云:"则塞民于兑。"高诱注:"兑,耳目鼻口也。"⑥
从庄子自身的文本来看,《人间世》述说"心斋"以"听止于耳"
"徇耳目内通",《德充符》本文"内保之而外不荡"均与此近义。
其意是说,使和顺、愉悦、通达之德充溢于内在本性,勿使其散失
于耳目口鼻等外在穴体之中,此乃《德充符》充德遗形思想旨趣的
又一种表达。

第三,"使日夜无郤,而与物为春,是接而生时于心者也"。
"郤",成玄英疏:"间也。"⑦ "春",亦为德之"和"的另一种表
达,宣颖云:"随物所在,同游于春和之中。……与物为春,天下
一和豫通也。"⑧ "接"与上句"日夜无郤"同义,即不可停转。

---

① 黄公绍:《古今韵会举要》,中华书局2000年版,第336页。
② 方勇:《庄子纂要》,第720页。
③ 参见王书岷《庄子校诠》,第194页。
④ 参见方勇《庄子纂要》,第721页。
⑤ 楼宇烈:《老子道德经注校释》,中华书局2008年版,第139页。
⑥ 何宁:《淮南子集释》,中华书局1998年版,第907页。
⑦ (清)郭庆藩:《庄子集释》,第214页。
⑧ (清)宣颖:《南华经解》,第44页。

"时"承"春"，"日夜接续，生春和之气于心而不间也"①。此即老子所云"绵绵若存，用之不勤"（第6章）。"载营魄抱一，能无离乎！"（第10章）"心"即虚无纯净之心，唯有此心，才能够"我守其一，以处其和也"（《在宥》）。"和"之"德"才是"才全"的根底。明人陶崇道《庄子印》云："生、死、存、亡十六相，皆不合之相。天下有和而不和者矣，未有和而不和者也，故有取于和。日夜无卻，和之密也；与物接而春生于心，和之至也。故曰'才全'。"②

何谓"德不形"？

> 曰："平者，水停之盛也。其可以为法也，内保之而外不荡也。德者，成和之修也。德不形者，物不能离也。"

"盛"，极致也。水极端静止状态为"平"，以水之"平"为法则，指代"内保之而外不荡"，"荡"，动荡，使内心虚静保持"和德"而不外溢于形体。"成和"，郭象、陈景元等解为"成""和"两事，"事得以成，物得以和，谓之德也"③。"德在内则成身，施于外则和物。"④ 林希逸、陆树芝则解为"成"就"和"一事，"和不滑则成其和，成和即所以修德"⑤。"和者，中和之和也；成者，全也。全此性中之和，是其德之修也。"⑥

笔者认为，"成和"应为一事，"修"乃修德，"成"乃成德，均为"德"之"和"之过程，需要注明的是，按照庄子的思想理路，这个过程不属于外在修为过程（德行），而应是内在修养过程（德性）；"和"亦即"德"之"成"，宣颖云："和莫过于德成，

---

① 刘武：《庄子集解内篇补正》，第159页。
② 方勇：《庄子纂要》，第718页。
③ （清）郭庆藩：《庄子集释》，第215页。
④ 崔大华：《庄子歧解》，中华书局2012年版，第198页。
⑤ （宋）林希逸：《庄子鬳斋口义校注》，第66页。
⑥ （清）陆树芝：《庄子雪》，第93页。

如平莫盛于水停。"① 进一步说，"修""成"均为"和""德"之工夫，"和""德"则俱为"修""成"之境界，钟泰云："'成和之修'，言修以成其和也。和者本体，修者功夫。有功夫以合其本体，所谓'成和之修'也。"②

"德不形"，即比喻"水之停"为"内保之而外不荡"之义，宣颖云："水停而平之盛者在焉，德不形而和之至者在焉。"③"和"乃"德"之至、"德"之盛，就好比鲁哀公离不开哀骀它一样，天地万物必亲附于至人之"和德"，这与王骀文"无形而心成"，"命物之化而守其宗也"，"游心乎德之和"有异曲同工之妙，"德不形，是充积于中；物不能离，则符见于外矣"④。

《德充符》思想视野中的哀骀它之为哀骀它，不在于其丑陋恶顽之"形"，更不在于其"恶骇天下"，而在于"使其形者也"。"使其形"，郭象注为"才德"，成玄英疏为"精神"⑤，均指形体背后之"德"。对于吮吸母乳的小猪而言，察觉到母猪的眼神消失之时，皆惊觉"弃之而走"，并非小猪不"爱其母"，而是母猪"无其本矣"。"本"亦即"使其形者"，即"形骸之真宰也"。⑥ 淳朴德性充盈内心之人其生命气象必然会符示于外，《孟子·尽心上》载："君子所性，仁义礼智根于心。其生色也，睟然见于面，盎于背，施于四体，四体不言而喻。"哀骀它之所以能够做到"未言而信，无功而亲，使人授己国，唯恐其不受也"。"无君人之位以济乎人之死，无聚禄以望人之腹。"既因为其"才全而德不形"，更在于其"和而不唱"。

何谓"和而不唱"？历代注庄者对此语或不注，或过于简单。

① （清）宣颖：《南华经解》，第44页。
② （清）钟泰：《庄子发微》，第122—123页。
③ （清）宣颖：《南华经解》，第44页。
④ 刘武：《庄子集解内篇补正》，第129页。
⑤ （清）郭庆藩：《庄子集释》，第211页。
⑥ （明）释德清：《庄子内篇注》，第102页。

郭象注："非招而致之。"① 赵以夫云："和而不唱，述而不作也。"② 有的学者则认为此语意味着："只知应和他人，从不主动倡导……是在提倡随和顺俗。"③ 单从字面意义上说，这些注、论无可厚非。若从上下文义来说，恐怕均有偏离之嫌。笔者认为，"和而不唱"是透显《德充符》主旨之语，可从《徐无鬼》"抱德炀和"一文加以证解：

> 是以神人恶众至，众至则不比，不比则不利也。故无所甚亲，无所甚疏，抱德炀和，以顺天下，此谓真人。

《广雅·释诂》："患，恶也。"郭象注："众自至耳，非好而致也。"④ "不比"，林希逸云："不和也。"⑤ 此句是说"神人"担忧众人亲附归之，众归则会不和。"神人"或"真人"对天地万物平等视之，对众人不会区分亲疏贵贱，即使不得已而归之，也不会朋比为党，曲顺人心。林云铭云："惟无心于天下，而无所亲疏，抱德养和，以任天下之来去，得以全吾之真，故曰真人。真人、神人，无二义也。真者，言其无假；神者，言其不测。"⑥

何谓"炀和"？"炀"，成玄英疏为"温"⑦，宣颖释为"融"⑧，陆西星释为："抱德养和。"⑨ 林云铭、马叙伦、奚侗、王书岷、钟泰皆同此说。《淮南子·俶真训》《精神训》均载有"抱德炀和"一语，高诱注："炀，读供养之养。"⑩《文子·九守》亦有此语，

① （清）郭庆藩：《庄子集释》，第208页。
② 方勇：《庄子纂要》，第705页。
③ 刘笑敢：《庄子哲学及其演变》，第190页。
④ （清）郭庆藩：《庄子集释》，第865页。
⑤ （宋）林希逸：《庄子鬳斋口义校注》，第391页。
⑥ （清）林玄铭：《庄子因》，第274—275页。
⑦ （清）郭庆藩：《庄子集释》，第866页。
⑧ （清）宣颖：《南华经解》，第866页。
⑨ （明）陆西星撰，蒋门马点校：《南华真经副墨》，中华书局2010年版，第374页。
⑩ 何宁：《淮南子集释》，第106、520页。

王利器按："《云笈七签》'炀'作'养'，唐写本《庄子》亦作'养'。"① 可见"炀"训为"养"较为贴切，"抱德炀和"即"抱德养和"。

本文"德者，成和之修也"，"和而不唱"与"抱德炀和"可互相发明。"养"与"修"，"成"近义，"养和"亦即"成和"，"和"乃"德"之境界之表征状态；"抱德"亦即"不唱"，只不过"养""修""成"侧重于"德"之境界养成、修为过程，或者说是"德"之境界之工夫，"抱德"，"不唱"更注重对内在淳朴自然德性的絪缊坚守，这种内在心性之和庄子又称之为"天和"："敬之而不喜，侮之而不怒者，唯同乎天和者为然。"（《庚桑楚》）老子云："自见者不明；自是者不彰；自伐者无功；自矜者不长。其在道也。"（第24章）不恃其才、不矜其德，才会与大道同在。无论是"丈夫处之""妇人见之""寡人召之"，还是"聚禄之财""君人之位""授之以国"，抑或上文所说的"死生、存亡、穷达、贫富、贤与不肖、毁誉、饥渴、寒暑"，都不会对王骀内心的本真心性产生任何影响，其淳朴自然的"才德"也不会受到任何伤害，其虚静安宁之心居住在精神家园（灵府）之中，似止水一样平静，像春风一样和煦，一切"顺物自然"（《应帝王》），这就是"和而不唱"之境界，刘凤苞云："和而不唱，无所见其才也。"② 正因如此，鲁哀公才忘却君臣之礼，欲与颂扬、推荐王骀的孔丘以"德友"相交，郭象注："闻德充之风者，虽复哀公，犹欲遗形骸，忘贵贱也。"③ 这再次诠释了《德充符》充德遗形之主旨。

三　结语

汉人许慎《说文解字》云："惪（德）"字"从心"，"德，升也"。"德"意谓一种超越，但这种超越之路径，先秦儒家和道家

① 王利器撰：《文子疏义》，中华书局2009年版，第150页。
② （清）刘凤苞：《南华雪心编》，第127页。
③ （清）郭庆藩：《庄子集释》，第216页。

是远远不同的。先秦儒家赋予"德"一种存心于仁、外形于礼的状态，《论语·述而》载："志于道，据于德，依于仁，游于艺。"先秦道家则更多赋予"德"一种宅心于虚、外体于静的形态，老子云："孔德之容，惟道是从。"（第21章）"致虚极，守静笃。"（第16章）庄子更是以"和"释"德"，"夫德，和也；道，理也"（《缮性》）。"若正汝形，一汝视，天和将至。……德将为汝美，道将为汝居。"（《知北游》）由此来看，"德"自"道"分而内化于天地万物，"和"为"道""德"的本质，对天地万物乃至人类而言，"和"之气象与精神，内在于万有生命之中，混融于人的本性之中，"天和"乃"和"之极致，意指天地万物各依本性，各适所适，逍遥自然，冥同大道。归而言之，《德充符》篇以"和"为中心和主线的内充之"德"与外"符"之形，不仅体现为对内在心性淳朴和谐之自然状态的絪缊坚守，更透显出对臻于和美终极之境的价值追求。

《庄子·德充符》中道、人、物关系的两条进路

南京大学中国思想家研究中心　朱金晶

摘要：《庄子·德充符》以"德"为中心，呈现了道、人、物三方关系的两条不同进路。王骀寓言中，至人超越万物流动变迁而持守本宗之"道"的绝对与寂静，于自我生命"无假"之"德"中成就万物超越变迁的寂静本真，并由此重构万物的流动面向。哀骀它寓言中，至人虽亦呈现出无改于"形""物"变迁的寂静之"德"，却更为强调其与物交接之和豫通畅的动态之"德"，由此成就万物之间融通无滞的生生关系，并最终达成流动性、时机性的"道"之呈显。"人之德"对道物关系的成就具有积极的建构作用。

关键词：《德充符》　道　德　物

本文以"德"的概念为中心，探讨《庄子·德充符》中道、人、物之间的三方关系。"德"并不泛指存在论层面的一切"物之德"，而是专指人生论层面的"人之德"。此"人之德"除了关乎自我生命的德性工夫之外，亦关乎本原之"道"和天地万"物"的存在与呈显。人之德并不是道物关系的"被动"因循者，而是道物关系的"积极"建构者。无论是超越绝对本宗之道对万物本真的成就，还是万物生生关系中流动大化之道的呈显，都是在人之德对万物状态的开显中实现的。人生论层面的人之德对于存在论层面的道物关系之成就具有重要作用。

一 道、人、物之三方关系

道家思想中，道、人、物三方关系是一个极重要的课题，而"德"在这里具有重要意义。郑开指出，老庄哲学中的"德"具有宇宙论层面关乎道物关系以及人生层面关乎心性工夫的双重旨趣。① 叶树勋也指出，《庄子》中的"德"是连接道物存在论与人文价值论的重要概念。② 这里的关键是"德"作为"物之德"，其与"道"相连接的存在论面向，以及"德"作为"人之德"，其与"人"相连接的人生论面向之间如何关联的问题。这涉及"道""德""物"等几个重要概念和问题，将在本章作出初步的界定与厘清。

首先是"道"的问题。王中江、曹峰等学者认为，道家思想中，"道"是生化万物的本原。作为生成本根、终极实体，道对万物的生成具有实质性的作用。在这个思路中，道更多地呈现为超越、终极、实有的本原。③ 陈鼓应则指出，《庄子》中的"道"虽亦有形而上本根之一面，然其更多地呈现为"内在"于万物关系中的"道"。④ 蒙培元、张祥龙、赖锡三等学者更是指出，"道"需要从非实体、非现成的状态中去把握。⑤ 两种不同的"道"的面向也带来了两种不同的道物关系。在终极实体的解读中，"道"是人与

---

① 参见郑开《试论老庄哲学中的"德"：几个问题的新思考》，《湖南大学学报》（社会科学版）2016 年第 4 期。

② 参见叶树勋《早期道家宇宙观的人文向度———以物德论为中心的探讨》，《文史哲》2017 年第 2 期。

③ 参见王中江《"道"与万物的三重关系———老子世界观的整体构造》；曹峰《论〈老子〉的"道"与"天之道"》，载王中江主编《老子学集刊》第四辑，中国社会科学出版社 2020 年版。

④ 参见陈鼓应《论道与物的关系问题（下）———中国哲学史上的一条主线》，《哲学动态》2005 年第 8 期。

⑤ 参见蒙培元《"道"的境界———老子哲学的深层意蕴》，载王中江主编《老子学集刊》第四辑，中国社会科学出版社 2020 年版；张祥龙《海德格尔与中国天道》，中国人民大学出版社 2011 年版；赖锡三《论先秦道家的自然观———重建老庄为一门具体、活力、差异的物化美学》，载杨儒宾编《自然概念史论》，台北：台大出版中心 2014 年版。

万物的生成本原，并对人与万物具有生成、主宰的作用；而在非实体之道的解读中，并没有实体性的超越本原，也没有由道及物的下贯，而是在万物生命与关系中达成"道"的呈显。本文的第一个问题便是：《德充符》中的道物关系，究竟更为接近哪一方的说法？

其次是人如何参与到道物关系中的讨论。王中江指出，"同儒家主要关注人的'心性'明显不同，道家关注的首先是万物的'本性'，并建立了一种广义的物性论"①。叶树勋更是指出，"道家建构了一种理论场景更为宏阔的物德论，继而将之具体到人类世界，视人之德为物之德的一种特殊化，使前者具备形上层面的理论根基"②。换言之，在道家思想中，人生论层面的"人之德"须置于存在论层面的"物之德"中来看待。先有了存在论层面的"物之德"，再由"物之德"开启人生论层面的"人之德"。物之自然、本真之德对于人之德而言，具有先在、主导的意义。"人之德"由"物之德"来开显，这在一定程度上与"无己""无为"而"因物""自然"的思想对应。然而，《庄子》中的"人—物"关系实具有两个不同的层次。在第一个层次中，"我"的生命尚未从"与物相刃相靡"的状态中突破出来，需要通过对自我生命的否定，来因顺万物之自然。然而《庄子》中，当"我"的生命已然从"与物相刃相靡"的"假我"状态化为"与物为春"的"真我"之后，"我"不再需要泯灭自我以顺承物之自然，而反而是在至人之"德"中去开化、成就物的生命状态。《德充符》中人与物之间的关系正是这第二层次的关系。在这里，"人之德"与"物之德"的关系不再是"无为—自然"，由"物之德"来开启"人之德"的关系；而是由"人之德"来开启、化成"物之德"的关系。并不是人被动地参与到已被默认的道物关系中，而是在人的参与、开启中，道物之间的连接才得以真正地建立。

人在道物关系中的作用在《德充符》中是以广义的"德"的

---

① 王中江：《出土文献与先秦自然宇宙观重审》，《中国社会科学》2013年第5期。

② 叶树勋：《道家物德论在〈庄子〉中的展开》，《陕西师范大学学报》（哲学社会科学版）2014年第3期。

概念来表述的。我们知道，道家思想中，"德"既可泛指存在论层面一切个体的"物之德"，也可专指人生工夫、伦理、政治层面的"人之德"。《德充符》中，"德"并不呈现为"物之德"的概念，而是专指至人生命境界、工夫层面的"人之德"。不仅如此，"人之德"在《德充符》中并不是一个孤立的概念，而与"才""心"等概念相关。王骀寓言中"用心若何"、哀骀它寓言中"才全"等概念，都是广义的关乎至人生命之德的描述。因此，本文对"人之德"的讨论不仅涵盖了直接包含"德"之概念的段落，更是将《德充符》中所有关于至人生命境界的描述都作为一种广义的"人之德"来处理。

虽然《德充符》中没有直接的"物之德"的概念，然其所探讨的问题却处处关涉人与物的关系。这又涉及何为《庄子》哲学中的"物"的概念。冯友兰指出，中国哲学中，"物为占空间时间中之位置者，即现在哲学中所谓具体的个体也"①。叶树勋指出，道家思想中，"'物德'概念中的'物'"主要是"泛指一般的自然事物"，即"各种具体有形的事物"②。在这些界定中，"物"是作为一种对象化的个体之物的面貌而呈现的。然而，"物"作为《庄子》形而上学、认识论、工夫论中的重要概念，实具有更为丰富的含义。张岱年指出，"物"的概念除了"具体实物"的基本含义之外，还有"泛指一切客观存在"，"己、物对举"，"心、物对举"的含义。③ 叶树勋也指出，"物"还有"特指与内心相对的'外物'"，以及"对某个对象的称谓"等含义。④ 彭富春更是指出，《庄子》中的"物""决不只是限于自然物，而是遍涉一切物，包括了语言和人本身"。彭指出，《庄子》中的"物"可以"作为无

---

① 冯友兰：《中国哲学史》（上），华东师范大学出版社2000年版，第157页。
② 叶树勋：《从形而下到形而上——先秦道家物德观念的多层意域》，《哲学动态》2018年第2期。
③ 参见张岱年《中国古典哲学概念范畴要论》，中华书局2017年版，第121—122页。
④ 参见叶树勋《从形而下到形而上——先秦道家物德观念的多层意域》，《哲学动态》2018年第2期。

的对立面，物就是有，是一切不是虚无的东西"；亦可"作为心的对立面"，指涉"心外之物"；亦可"作为人的对立面"，"物只是身外之物，即人之外的万物"。① 由此可见，"物"的含义除了指向世界个体之物以外，还具有与"我"相对、与"心"相对，以及广义存在论层面泛指一切存在者的含义。

　　基于以上，本文提出，《德充符》中的"物"可以指向三个层面的含义。一是世界万物个体：这包含了自然界的一切物与人世间的一切人。二是与"我"相对的一切存在者。这里首先包含了自然界以及人世间一切与"我"相对的他者与众人。然而，《庄子》中对"我"的界定具有双重性："与物相刃相靡"的"我"是需要否定的"假我"；而超越"假我"之后的"我"才是真正被肯定的"真我"。从这个意义上来看，在"真我"之外的一切状态，都可以被视为一种与"真我"相对的"物"的呈现。如哀骀它寓言中，"死生、存亡"等"十六事""十六境"②，便可被认为是困扰"真我"之德的、在"真我"之外的"物"的呈显。这些境遇或状态虽亦呈现在自我生命之中，却并不是"真我"的真正内容。从这个角度来看，"物"不仅包含了个体存在者，也可以涵摄个体存在者所处的存在境遇与状态。由此引出"物"的第三层含义，此亦是"物"最为广义的存在论含义，即一切个体之物及其所处的境遇与状态。从这层含义来看，"物"与"人"的区别并不在于其涵摄内容的区别，而在于切入视角的差异：从存在论的视角来看，人所处的境遇、状态亦属于广义的"物"；而从人生论的视角来看，这些境遇与状态是为了成就人生之"德"而存在的。本文要探讨的，正是人生论层面人之状态、境界之"德"与存在论层面一切存在者及存在状态之间如何关联、契合的问题。

———————

　　① 彭富春：《什么是物的意义？——庄子、海德格尔与我们的对话》，《哲学研究》2002 年第 3 期。

　　② "十六事"见（明）释德清《庄子内篇注》，华东师范大学出版社 2009 年版，第 103 页；"十六境"见（清）钱澄之著，殷呈祥校点《庄屈合诂》，黄山书社 2014 年版，第 85 页。

二　王骀寓言：由道、及人、及物的进路

本文关于《德充符》中道、人、物的三方关系主要集中于两则
寓言的讨论：兀者王骀寓言和哀骀它寓言。这主要是因为两者对义
理的表述具有一定的互补性。其中，王骀寓言出现于《德充符》的
开篇。在描述了王骀虽然形体残缺，却仍能归附众人之后，展开了
关乎"用心若何"的对话：

> 常季曰："……若然者，其用心也独若之何？"仲尼曰：
> "死生亦大矣，而不得与之变；虽天地覆坠，亦将不与之遗。
> 审乎无假而不与物迁，命物之化而守其宗也。"

这段话中，至人不为"死生""天地覆坠"等情境条件所迁移变
化，"不与物迁"而达成"审乎无假"、审视自我生命之本真的结
果。郭象注曰："明性命之固当。"成玄英疏曰："灵心安审，妙体
真元，既与道相应，故不为物所迁变者也。"① 在这里，"无假"不
仅是自我生命的"无假"本真，也是本宗之"道"的呈显。"守其
宗"一句，更是直接点明了自我生命之"德"对万物之"宗"的
持守。最终，至人之"德"作为本宗之"道"的呈显，以此性命
根宗作为万物生化的根本，达成命化万物的结果。② 概言之，"审
乎无假而不与物迁，命物之化而守其宗也"的要义，即在于：至人
超越事物的流动变迁面貌，审视自我生命的无假本真，在自我本真
中持守万物之本宗，以此根宗性命成就万物之化。

　　寓言进而通过"一"与"异"的对照来说明至人无假之"德"

---

① （清）郭庆藩：《庄子集释》，中华书局2012年版，第190页。
② 陆西星曰："守此根宗……命由此立，故为命化之枢纽。"［（明）陆西星撰，蒋
门马点校：《南华真经副墨》，中华书局2010年版，第76—78页］林希逸曰："命物之
化者，言万物之变化，皆受命于我。"［（宋）林希逸：《庄子鬳斋口义校注》，中华书局
1997年版，第83页］

与本宗之"道"的呈显：

> 常季曰："何谓也？"仲尼曰："自其异者视之，肝胆楚越
> 也；自其同者视之，万物皆一也。夫若然者，且不知耳目之所
> 宜，而游心乎德之和；物视其所一而不见其所丧，视丧其足犹
> 遗土也。"

这段话中，"一"是"道"的呈显，而"异"则是世界万物分殊差
异的"多"的呈显。站在道的立场，万物的差异多样与流动变迁都
可以被统纳于"一"的整全绝对之中。而"一"既是"道"涵盖
万物之统一，也是"游心德和"的至人生命状态。在承载了本宗之
"一"的至人之"德"中，不再对万物之间的流动与差异作出分
别，而是在道的超越绝对中照见差异与流动背后的"一"之所在。
换言之，至人之"德"持守了万物本宗之"一"，以此来统摄万物
之"化"与"异"。在这种状态中，至人不再流连于耳目感官、流
动万化的世界中，而真正游心于通达本宗之道的"德之和"中。

作为"一"的化身，至人的无假之"德"呈现出寂静、绝对
的面向，并由此照见、成就万物生命的寂静本真。

> 常季曰："彼为己。以其知得其心，以其心得其常心。物
> 何为最之哉？"
> 仲尼曰："人莫鉴于流水而鉴于止水。唯止能止众止。"

在本段中，至人"为己"所成就的"无假"之"德"正是绝
对、寂静、恒常的"道"之呈显。"以其知得其心"，意即至人在
自我生命之"德"中超越流动变迁的世界，以此达成本宗之道的
"常""止"的寂静状态。而"以其心得其常心""唯止能止众止"
等句则说明，通过至人之德的映照，万物（众人）也能够超越其流
动变迁的生命状态，而直达其寂静绝对的生命本真。从这个意义上
来说，众人的本真是由至人之"德"所开启的：通过至人之"德"

之"止"的本真面貌，众人亦能超越流动变迁而达成"众止"的本真面貌。在这里，至人之德对众人的化成不仅具有人世层面的意义，亦具有存在论层面成就万物的意义。这在接下来的一段话中进一步被表达：

> 受命于地，唯松柏独也正，在冬夏青青；受命于天，唯尧、舜独也正，在万物之首。幸能正生，以正众生。

在这一段中，至人之德对万物的成就是通过松柏与尧、舜两则比喻来说明的。"受命"即"守其宗"：持守本宗之"道"，开启自我生命的性"命"之正。不仅如此，由于至人的"正生"，进一步达成了"以正众生"的结果。陆西星引《周易·乾·象传》释之曰："正，如'各正性命'之正。"① 这里至人所成就的万物"性命之正"既包含了存在论层面"受命于地"的松柏常青之万物自然面向，也包含了人生论层面"受命于天"的尧、舜之正的人世价值面向。也就是说，至人之"正"对万物之"正"的开化既包含了存在论层面对自然万物本真性命的开启，也包含了人生论层面对人世价值伦理之开启。至人之德具有人生论层面开启一切众人与存在论层面开启一切万物的意义。

最后，王骀寓言以此结尾：

> 夫保始之征，不惧之实，勇士一人，雄入于九军。将求名而能自要者，而犹若是，而况官天地，府万物，直寓六骸，象耳目，一知之所知，而心未尝死者乎！

这段话中，"保始之征"表达的是至人本真之"德"对"始""宗"之"道"的持守。陆西星曰，"正生即正性也，正性即守宗

---

① （明）陆西星撰，蒋门马点校：《南华真经副墨》，第77页。

也，守宗即保始也"①，即说明至人"正生"之"德""性"中所持守、保全的，正是作为本宗、始元的"道"。在这种状态中，至人之德呈现出道的寂静绝对的面向。然而，"一知之所知，而心未尝死者乎"一句描述的却是"心"之"未尝死"的生化流动面向。"官天地，府万物，直寓六骸，象耳目"一句中，至人之德与本宗之道虽然一面超越了天地万物、六骸耳目的经验世界，另一面却仍然要落实、寄寓于此经验世界之中。② 由此，无论是"心未尝死"的流动面向，还是"六骸耳目"的寄寓之所，都说明这个寂静绝对的本宗之道又须落实回现实世界经验万物之中，最终达成超越与经验、寂静与流动"相即不分"的结果。

事实上，这种"即本根即经验、即寂静即流动"的状态亦是对前述"命物之化而守其宗"一句的更好解读。万物变化虽然归宗于寂静绝对的至人之德与本宗之道；然而本宗之道与无假之德却不能执守于此寂静之中，而须于此深宏寂静中重新开出天地万物的流动变化。这种由本根深处而开启的万物流动是一种被重构的流动性：其虽然亦呈现为流动变化的状态，却不再是一种困扰的、执着的流动性，而是虽然变化不已却并不相互执着、相互阻滞的流动性。由此，"命物之化而守其宗"一句，最终呈现的是静态本宗与流动物化之间的吊诡共存关系：一面以"不迁""不遗"的静态性来超越与物迁移的流动性，而达成守宗、保始的超越性；而另一面又于此根宗性命中重新开启、达成世界万物的流动性。

值得强调的是，本宗之道与本真之德虽然重新开出了万物流动，然此流动万物仍然归宗于此寂静本根，方使其流动变迁不再虚浮无根、无所安放。成玄英曰："唯命唯物，与化俱行，动不乖寂，故恒住其宗本者也"，王夫之曰，"浑然流动于两间，宅于至虚而不迁"③，均说明了寂静本宗之道对万物流动的统摄。由此，王骀

———————

① （明）陆西星撰，蒋门马点校：《南华真经副墨》，第 77 页。

② 陆西星曰："直寄寓于此六骸之中，而以耳目为象。"［（明）陆西星撰，蒋门马点校：《南华真经副墨》，第 78 页］

③ （清）王夫之：《老子衍、庄子通、庄子解》，中华书局 2009 年版，第 122 页。

寓言更为强调的是以静态绝对之本宗来统摄流动变迁之物化，而非反之。从这个意义来看，"道"作为绝对本宗，不能全然以"非实体"、"非现成"、流动性、关系性的视角视之，而的确呈现出一种超越现象世界的，静态的、独立的、超越的、绝对的实有根宗之面向，以此为流动变迁的现象世界与自我生命提供一个安放的本根之所。

概言之，王骀寓言中，通过对事物流动变迁状态的超越，至人之"德"呈现了自我生命的"无假"本真。此本真之"德"不仅是自我生命之呈显，亦是寂静绝对的本宗之"道"的呈显。最终，在至人之寂静生命本真中开启万物之超越变迁、寂静绝对的本真状态，并由此重构万物之化的流动性。在这里，道、人、物三方关系呈现为"由道、及人、及物"的这个进路。"道"作为超越本宗，其对物的开显并不是直接达成的，而是通过至人无假本真之"德"的中介作用而实现的。至人之"德"一面承接了本宗之道，一面开出了天地万物的本真面向。

三　哀骀它寓言：由人、及物、及道的进路

哀骀它寓言提供了道、人、物三方关系的另一种进路。在描述容貌丑恶的哀骀它也有吸引、化成万物众人的能力之后，鲁哀公和仲尼之间展开了关乎"才全、德不形"的讨论：

> 仲尼曰："丘也尝使于楚矣，适见豚子食于其死母者……所爱其母者，非爱其形也，爱使其形者也……形全犹足以为尔，而况全德之人乎……是必才全而德不形者也。"哀公曰："何谓才全？"仲尼曰："死生、存亡、穷达、贫富、贤与不肖、毁誉、饥渴、寒暑，是事之变，命之行也。日夜相代乎前，而知不能规乎其始者也。故不足以滑和，不可入于灵府。使之和豫，通而不失于兑。使日夜无郤，而与物为春，是接而生时于心者也。是之谓才全。""何谓德不形？"曰："平者，

水停之盛也。其可以为法也，内保之而外不荡也。德者，成和
之修也。德不形者，物不能离也。"

这里涉及几个概念："形""德""才"。根据豚子爱母之"爱使其
形者"的解释，"形"是外在形貌方面的呈显；而"德""才"则
是趋使"形"的更为根本的内在生命状态。至人既是"全德之
人"，也是"才全"之人。"德"与"才"两个概念都属于广义的
至人生命境界之"德"。① "内保之而外不荡也"一句，即至人内在
地保存"德"而不荡漾、外露于"形"的意思。"德不形"一句，
林希逸读为"形容有德在内不在外之意"②，郑开读为"'德'不是
'形'也不可以归诸'形'"，"'德'诉诸内，而不堕入形名之
迹"③，皆是将"德""形"二者分别诉诸内外，内在之"德"不
呈显于外在之"形"的意思。

由此可见，"德不形"的确有将"德"视为"内"、"形"视
为"外"的意思。问题在于："内在"之"德"与"外在"之
"形"有没有更为确切的指向？两者之间又有着怎样的区别与联
系？这些问题也许可以在前后文语境中作进一步的分析。我们看
到，至人并不随"死生、存亡"等"十六境"而打扰其内心的
"和豫"状态。"十六境"虽然是自我生命的某种状态，却并不是
真正关乎至人和豫之"德"的"内"的状态，而是呈现出一种处
于真德之"外"的"形"的面向。从这个意义上来看，"形"与
"物"两个概念是相关的，两者都指向了困扰"真我之德"的外在
的条件性。④ 这种条件性不仅包含了纯粹外在的形貌或者纯粹外在

① 钱澄之曰："才全者，德之盛也"（钱澄之：《庄屈合诂》，第85页），亦说明两
个概念的相关性。

② （宋）林希逸：《庄子鬳斋口义校注》，第91页。

③ 郑开：《道家形而上学研究》（增订版），中国人民大学出版社2018年版，第
226页。

④ 关于"形"与"物"之间的关系，可见《庄子·达生》："凡有貌相声色者，皆
物也"；亦可见《庄子·知北游》："万物以形相生"；又《易》有"品物流形"，均可见
"形"与"物"之间的关联性。

的个体，也包含了一切困扰"真我"，使"真我"难以显现的境遇与条件。这不仅包含了我与其他个体的交接，也包含了虽然呈现在自我生命之中，其实却仍然困扰"真我之德"的种种生命状态。由此，"形"与"物"都是作为外在于真我之"德"的概念而呈现的。外在的个体之"物"与呈现于自我生命中的"形"都不在真我之"德"的范畴之内。至人需要将这些纷扰变迁的"外在"的"形""物"剥离，才能呈现真正的自我"真德"。由此来看，"内保之而外不荡也"更为深刻的含义，是从根本上将一切外在于"真我之德"的事物、境遇、条件都作为外在的"形""物"给外化出去；而"内保之"的是至人不随"形""物"而改变的真我之"德"。

从这个意义上来看，《德充符》关于人之生命状态的描述可以分为两层：其一是被其他个体、十六境等"物""形"困扰的"假我"；其二是不为"物""形"之流动变迁所困扰、持守本真和豫的"真我"。在这里，"德不形""内保之而外不荡"等概念，与王骀寓言中的"不与物迁"一样，描述的都是至人不随事物而改变的静态面向；而"德不形者，物不能离"所表述的，亦正是王骀寓言中"唯止能止众止"，以真我寂静之德来开显万物寂静本真的意思。然而，《德充符》中关于至人之德以及至人与万物关系的描述却并不止于这种静态面向。陆西星指出，《德充符》既有"外形骸""丧耳目""守宗保始"的静态之"德"，又有"与天游而成其大"的动态之"德"。① 事实上，哀骀它寓言中，如果说"德不形"强调了至人之德的寂静面向，那么"才全"则强调了至人之德之生机朗现的动态面向。

> 哀公曰："何谓才全?"仲尼曰："死生、存亡、穷达、贫富、贤与不肖、毁誉、饥渴、寒暑，是事之变，命之行也。日夜相代乎前，而知不能规乎其始者也。故不足以滑和，不可入

---

① 参见（明）陆西星撰，蒋门马点校《南华真经副墨》，第75页。

于灵府。使之和豫，通而不失于兑。使日夜无郤，而与物为
春，是接而生时于心者也。是之谓才全。"

在这段话中，至人所面对的"物"不仅包括了生命中遇到的其他个
体，也包括了"死生、存亡"等呈现于自我生命中的境遇与状态。
在这里，十六境作为"事之变、命之行"，呈现出事物之流动变化
的必然性。至人在面对这些事物的时候，虽然一面呈现出"不可滑
和"、"不入灵府"、不随事物变化而改变的静态性，一面却又呈现
出"和""豫""通""兑"等应物接事、与变俱行的流动性。释
德清注曰："和者，即中和之和，谓性真达于事变，浑然而不失其
体也。"这里对"和"的阐述是根据《中庸》"中也者，天下之大
本也；和也者，天下之达道也"一句而展开的：与"中"强调生
命本宗的静态面向不同，"和"更为强调通达于事物流动中、"达
于事变"的动态面向。不仅如此，"使之和豫，通而不失于兑"一
句中，"和、豫"与"通、兑"是互成的，表达的都是至人应化接
物时的流动面向。释德清注"豫"为"安然自得而悦豫也"，"通"
为"达于事变而不滞也"，"兑"为"虚通应物而无迹者也"[1]，表
达的都是至人之"德"应对事物必然流动时所呈现的通达、顺畅、
和悦的面向。不仅如此，"灵府"一词，与庖丁解牛寓言中的
"神"，《周易·系辞上》的"阴阳不测之谓神"一样，都更为强调
"德"之灵动生化的动态面向，而非决然孤寂的静态面向。由此可
知，"才全"概念所强调的，正是至人在应对其所经历的个体、境
遇时所达成的通达无滞、和悦流通的生命状态。

寓言进一步对至人与万物的动态关系作出阐述："使日夜无郤，
而与物为春，是接而生时于心者也。是之谓才全。"释德清注曰：
"日夜无隙，未尝间断，但于应物之际，春然和气发现，令人煦然
而化也。"[2] 在此句中，"日夜无郤"呈现了至人之德与万物的交接

---

① （清）释德清：《庄子内篇注》，第 103 页。
② （清）释德清：《庄子内篇注》，第 103 页。

之流通不已的、从不间断的和豫关系。"与物为春"强调了至人灵府与物相与时所呈现的盎然生机之春意。而在"接而生时于心者"一句中，至人与物交接，于其灵府之心中"生成"了"时"。在这里，"时"并不是一个外在于人之生命的客观概念，而是在至人之"德"中"生成"的。由此，"与物为春""生时于心"等句的关键，即在于说明至人之德生成了源源不断的春意、生机、时间，并由此来开显、成就万物之生机与时间。

如何理解"生时于心"：在至人之"心"中所"生成"的"时"？据张祥龙，中国古代的"时"并非"物理自然的时间，也不是外在目的论意义上的历史时间，而是在错综变化的摩荡趋势中所构成或媾和而成的原发时间"①。"时"并不是存在于世界万物之外的一个维度，而是在万物的关系互动与磨合中被构成的。换言之，并不是万物在独立于物之外的"时"的维度中展开关系与变化；而正是在万物的关系与变化之呈现中才生成、成就了"时"。从这个意义上来说，"时"是内在于世界万物的关系与流动之中，被万物关系与流动所构成的概念。

"生时于心""与物为春"等句的要义，可以由此来理解。所谓"时"，就是在万物的关系与流动中达成彼此之间不再相互对抗阻滞，而是相互融通成就的"生生春意"。而"生时于心"的要义，在于说明这种相互融通成就的"生生春意"首先是在至人之"德"中生成的。对于万物来说，视自身与他者之间的关系为隔阂、对抗的，而不能生成顺畅无碍的春意与生机关系。与物之困境不同，至人并不视自我生命与他者、境遇、条件之间的关系是隔阂对抗的，而是相互融通、相互成就的生生不已的关系。"接而生时于心"一句，描述的便是至人在与物交接的过程中所达成的与物相通相融、相互成就，而非彼此对抗、互为阻滞的关系。释德清注曰，"时者，谓接物应机，时行时止，与物俱化，未尝逆也"②，正

---

① 张祥龙：《从现象学到孔夫子》，商务印书馆 2018 年版，第 211 页。
② （清）释德清：《庄子内篇注》，第 103 页。

描述了至人应物的顺畅融通的和豫状态。也就是说，物物之间通畅无碍的生机关系为物所不见，而在至人之"德"中首先生成；而最终，至人之德将此顺畅和豫关系映照于万物之中，使得万物亦成就彼此之间流通不已、不相阻滞的生生关系。正是从这个意义上来看，至人的生命境界"生成"了"时"：将自我生命接物应事融通无碍的和豫状态映照于万物之中，使得万物亦成就彼此之间融通无碍、和煦生生的春意生机之"时"。从这个意义上来看，大化流通的至人之德是万物之间流通无滞的生生关系的开启者，而非被动的遵循者。

由此，哀骀它寓言达成了"由人及物"的生成关系：由至人生命流动生机的"德"来开启万物之间生生不已、流通无滞的关系。然而这里还涉及关于"道"的思考。如前所述，王骀寓言中，道作为万物本宗，对于人、物具有终极的本根含义，至人之德与物之本真都是在终极本根的开化中呈显的。而哀骀它寓言中，却只是强调人之生机灵府对万物生生关系的开化作用，而并不强调其归宗于本根之道的归属性。从这个视角来看，哀骀它寓言中，"道"似乎是缺失的。然而这可以是另一种意义上的道之呈显。陈鼓应指出，《庄子》中虽亦有类似《老子》的超越形而上之道，却更为强调"道的内在化"，即"道对于万物的创生、推动、畜养等，已内在为气自身聚散、运动的力量"；因此，"庄子不需要再保留道的至上性格"，"消解了道的至上性"，更多地呈现为内在于物物生成流动关系中的"道"。① 张祥龙亦指出，"道"并不是"一种理念实体"而是"本源发生着的构成境域"。② "道"作为本源发生的构成境域，并不以超越形而上的状态而呈显，而只能内在地在存在者身上源源不断地发生着、呈显着。从这个意义上来看，哀骀它寓言所达成的万物之间流通不断的生机关系，正是陈、张所谓"内在化"的、"构成境域"中的道之呈显。在安乐哲对道家思想的讨论中，

① 参见陈鼓应《论道与物的关系问题（下）——中国哲学史上的一条主线》，《哲学动态》2005 年第 8 期。

② 张祥龙：《海德格尔与中国天道》，第 215 页。

"道"是物物之间的关联性、情境性环境，被万物之"德"构成；而"德"则是在"道"的环境关系中完善自身的个体生命。"道—德"关系的本质就是万物之间的开放性、创新性关系。①这与哀骀它寓言中"生时""春意"等概念所表达的万物之间生生不断的春意生机关系是一致的。这种面向未来敞开、生机盎然的关系不仅成就了"物"之呈显，也成就了作为万物关系之构成场域的"道"之呈显。

由此，道的超越性被消解在万物之间生机流通的关系性之中。在这里，"道"并不是先天的、现成的、实体性的超越本宗，而是内在地存在于至人之德以及万物大化的流动性之中。"道"作为非实体、非现成、时机性的呈显，在逻辑上是在后的。"道"不是孤立于人德与万物之外的超越本宗，而正是在人与万物作为存在者的生成性、时机性关系中，才达成了"道"的呈显。从这个意义上来看，哀骀它寓言呈现了"由人、及物、及道"的这个进路：在至人之"德"应化接物之通畅和豫的流动性中，开出万物之间生生不断的流通关系，并由此成就流动性、时机性的"道"之呈显。

四　结语

《德充符》呈现了道、人、物关系的两条不同进路。王骀寓言中，呈现的是"由道、及人、及物"的进路：至人超越事物之流动变迁而直探自我生命之"无假"本真；于自我本真之"德"中持守"本宗"之"道"的绝对与寂静，以此来成就万物之超越流动变迁的寂静本真状态；并最终由此本真、本宗状态中重构万物之化的流动面向。而哀骀它寓言则呈现了"由人、及物、及道"的进路：至人之"德"虽亦呈现出无改于"形""物"变迁的静态面向，却更为强调其与物交接之畅然和豫、融通无滞的动态之

---

① 参见 Ames, Roger T. , ed. , *Wandering at Ease in the Zhuangzi*, Albany：State University of New York Press, 1998, pp. 4 – 8。

"德"，并由此生成万物之间流通无碍、生生无穷的关系，最终达成流动性、时机性的"道"之呈显。

两则寓言中，"道"的呈显方式是不同的。王骀寓言中，道是绝对、超越的终极本原，以此成就万物之超越差异变迁的寂静本真；而哀骀它寓言中，"道"是以非现成、非实体的面貌，内在地呈显于万物大化的流动关系之中。这与《老子》"独立而不改，周行而不殆"的表述是一个脉络："道"一面超越于流动变迁的现象世界而达成独立绝对之寂静；一面又内在地呈显于流动无穷的物化流通之中。寂静绝对的本宗之道与流动大化的生成之道是"道"的两种互补面向。

与"道"的两种呈显方式相应，人之德与万物也呈现出寂静绝对与流动大化的双重面向。从存在论层面来看，任何存在者或存在状态，都一面具有截断众流、无改于变化的寂静本真；一面又有与他者相互关联转化、流通无穷的动态性与创造性。从人生论层面来看，我们生命中的种种状态、经验，都一面有其坚定不移、因其自身的圆满绝对，一面又有开放自身、面向世界的生生不已的活力。两者之所以共在，也许正在于生命一面需要从纷扰无依中超脱出来，寻求安性立命的安定性与稳固性；一面又无法执守于纯粹的寂静之中，而需要在现实世界的关系性、流通性中呈显自我。

虽然道、人、物的呈显方式有所不同，然而在此过程中，人之德对物的生成、开显作用却是一致的。与"无己""无为"而"因物""自然"的方式不同，《德充符》强调了人之德对万物状态的开启与引导。在这里，是"人之德"开启、成就了"物之德"，而并非"人之德"因循"物之德"。人作为万物之一，并不是"被动"地遵循其作为万物之一的存在论属性；而反而是在其人生论、工夫论层面不断的自我开显中，"积极"地成就万物的生命状态。无论是超越本宗之道对万物本真的开启，还是万物流动中所呈显的时机性之道，都是在人之德对万物状态的开启中实现的。

至德：试论《庄子》理想人格之建构

中国人民大学哲学院　廖　浩

摘要： 庄子通过塑造各种理想人格而表达人生哲学的理论宗旨，在诸多称谓理想人格的名号中，"至人"是理想人格的根本与特色所在，而"至人"之本质是"德之至"，意即德性修养指于极致之人，在某种意义上说，庄子以"至德"为中心建构起一套理想人格的思想体系。庄子之"德"略有"淳朴本性"与"修养境界"二义，而"至德"是通过精神修炼保守复归淳朴本性而臻于极致的精神境界，至德之人在此境界中死生一条、是非一贯、万物一体、安时处顺、无情无欲、游心淳和而超脱了人生困境，而唯有经由以"虚静"为枢要的一系列修养工夫，洒心去欲，保始守宗，方能实现心灵的宁静淡泊与精神的自由和谐而成就德性的至极圆满。

关键词： 至德　至人　理想人格　工夫　境界

理想人格是一种人生哲学中体现人生价值、完成人生目标的人物形象，是一种人生哲学理论宗旨的标志。晚周诸子在精研覃思的过程中致力于塑造某种理想人格作为自身思想学说最高价值的具身性载体与具象化表达。晚周诸子皆有基于自家思想学说而对于理想人格的论述，并以"圣人"这一名号称谓理想中的人格典范，然其内涵各不相同。除却传统的"圣人"这一称谓外，庄子还使用了诸如"至人""神人""真人"等名号称谓其思想学说中的理想人格。依据"名以制义"（《左传·桓公二年》）的思想文化传统，庄子创制新名称谓理想人格无疑赋予了理想人格新的意涵，表现了理想人格新的特质。《逍遥游》篇标举"至人无己，神人无功，圣人无名"而明南华之旨趣，成玄英疏曰："至言其体，神言其用，圣言其名。"① "至人"从本体层面称谓理想人格，无疑是理想人格的根本与特色所在。"至人"之称意涵甚广，表现为"知之至""神之至""德之至""通之至""贵之至""乐之至""静之至""虚之至""惔之至""粹之至""美之至""和之至""大之至"等方面，其中唯有"德之至"是言至人德性修养指于极致，其余诸"至"皆是根据"德之至"而起用或显相，因此"德之至"是"至人"的核心本质，《秋水》篇则径以"至德者"称谓理想人格。"至德之世"与"至德之人"分别寄寓了庄子思想中的理想社会与理想人格，其中"至德"一词所蕴含的心性理论尤为深致，"德"之意涵为何？"至德"是何种意义上的"德"？"至德之人"有何种气象与境界？人如何至其德？皆是有待深入探讨的问题。

一 "德"之义解

在讨论《庄子》之"德"前，有必要对"德"之概念的源流演变进行一番梳理。"德"字俱见于甲骨文和金文，是会意兼形声字。从甲骨文的字形来看，左部从彳，右部从直，两相和会则表示正直而行之义，在有的金文之中，又在右下部加入了"心"字，更加强调了直心而行之义，人如果能直心而行，则为品行端正而品德高尚之人，"德"字逐渐从一种外在的行为转化为一种内在的品质，《周礼·师氏》郑玄注曰："在心为德，施之为行。"② 心有斯德而身有斯行，又不可判内外为二也。西周时期，"德"之概念主要针对君主的德行而言，因为随着"周初宗教中人文精神的跃动"③，当时的上层人士认识到君主的德行会决定"天命"的转移、权力的更迭，因此"黍稷非馨，明德惟

---

① （清）郭庆藩：《庄子集释》，中华书局 2012 年版，第 22 页。

② （汉）郑玄注，（唐）贾公彦疏：《周礼正义》，北京大学出版社 1999 年版，第 348 页。

③ 徐复观：《中国人性论史·先秦篇》，九州出版社 2014 年版，第 14 页。

馨"（《尚书·君陈》），"皇天无亲，惟德是辅"（《尚书·蔡仲之命》）
的观念开始流行，《尚书》中教诫君主"克明德慎罚"（《尚书·康
诰》）、"王其疾敬德"（《尚书·召诰》）等话语都具有浓厚的政治色
彩，所谓"明德""敬德"之"德"主要是德行、品德之义，但是其
"德"往往与守护天命、延续国祚密切联系，始终未能超越于"受命"
的向度。春秋时期，《左传》《国语》等典籍中"德"字亦多为德行、
品德之义，但是却不专指君主之德行，而其所谓"德以柔中国，刑以
威四夷"（《左传·僖公二十五年》），"怀德而畏威"（《国语·周语
上》）、"以怨报德"（《国语·周语中》）中的"德"字则指恩德、恩
惠而言。春秋末年，孔子在《论语》中多次论"德"，并将修身成德
视为君子之切务，如《述而》篇所言"德之不修，学之不讲，闻义不
能徙，不善不能改，是吾忧也"，"志于道，据于德，依于仁，游于艺"
皆在强调德行修养的重要性，《论语》中的"德"字亦多是在传统意
义上就德行、品德而言，但是孔子对德行的追求越度了前人"受命"
"求福"的功利动机，而使德行获得了纯粹性与自足性。

　　老子以其哲人之思对"德"之概念予以创造性转进而使其成为一
个形而上学范畴，《老子》第 51 章云："道生之，德畜之，物形之，
势成之。"① 王弼注曰："道者，物之所由也。德者，物之所得也。"②
各物得道之一体以生成，道之分化而寓于各物之中成为各物之所以然
的根源，此即各物之德。就道与德的关系而言，道呈现出"整全"与
"一体"的品格，而德则呈现出"分化"与"多元"的形态，但是道
与德并无质的不同，譬如海水因风而动，生起众沤，众沤虽为海水之
一分，但是众沤当体即海水，同性一味，无二无别。唐玄宗曰："道
者德之体，德者道之用。"③ 道体虚寂无形，若欲创生万物，必须分
化凝结为德方能匠成群品、亭毒含灵，从而实现"无方无体"至

---

　　① 本文所引《老子》经文与分章皆以王弼本为准，后文引用《老子》经文时直接
注明章次，不再说明所用版本，如有版本异文需要说明，则特别注明。

　　② 楼宇烈：《老子道德经注校释》，中华书局 2008 年版，第 137 页。

　　③ （唐）李隆基：《唐玄宗御制道德真经疏》，载熊铁基、陈红星主编《老子集成》
第 1 卷，宗教文化出版社 2011 年版，第 450 页。

"有物有则"的运用生成，以体用不二故，不可析道与德为二也。就德与物的关系而言，德虽是道的分化凝结而具有某种"徼向性"①，但是德尚未具有形质而沦为一物，而是物得以如此生成的初始根源，正是有赖于德之畜养，物才得以如其所得地具形成就。《管子·心术上》云："德者道之舍，物得以生，生知得以职道之精。故德者，得也。得也者，其谓所得以然也。"《管子》论"德"虽然浸染了"精气说"的色彩，但是其将德释为道之所寓、物之所得以生、所得以然恰可作为《老子》之"德"的注脚。道家之"道德"有似于儒家之"性命"，道体分化而为各物之德，天命流行而赋各物之性，故而徐复观先生曰："《庄子》内七篇虽然没有'性'字，但正与《老子》相同，内七篇中的'德'字，实际便是'性'字。"②《老子》第28章所谓"常德"即表明人原初本有恒常不变之性的意涵。由是观之，作为形而上学范畴的"德"略备二义：一曰道体之作用，二曰万物之本性。然此二义仅是言诠的侧重点不同，并非道之用为一德而物之性别为一德，"道""德""性"三个概念在道家思想中往往融通一贯。此外，《老子》中又常言"玄德"（《老子》第10章）、"孔德"（《老子》第21章）、"上德"（《老子》第41章）、"广德"（《老子》第41章）、"建德"（《老子》第41章）等语，似乎旨在与当时世俗之"德"相区别③，故皆在"德"之前加入定语以形容其德，此"德"的意涵则不同于作为形而上学范畴的"德"表示道体之作用或万物之本性，而是表明圣人对于原初本有之德的复归而达到的高深境界。老子对于"德"之概念的创造性阐发赋予了"德"以深刻的含义，

---

① "徼向性"是牟宗三先生的说法，牟宗三先生曰："无限的妙用由何得见？即从有处见。有即是无限妙用、虚一而静的心境的徼向性……无限心原是虚一而静，无声无臭，没有任何朕兆的，徼向性就代表端倪朕兆。"（牟宗三：《中国哲学十九讲》，上海人民出版社2005年版，第77页）

② 徐复观：《中国人性论史·先秦篇》，第336页。

③ 凡言"德"者，多是善美、正大、光明、纯懿之称，古人有所谓"三德""六德""九德"之说。《尚书·洪范》云："三德：一曰正直，二曰刚克，三曰柔克。"《周礼·司徒》云："六德，知、仁、圣、义、忠、和。"《尚书·皋陶谟》言"行有九德"云："宽而栗，柔而立，愿而恭，乱而敬，扰而毅，直而温，简而廉，刚而塞，强而义。"皆代表了传统的道德观点，但是老子关于"德"的观点与世俗有以异也。

"德"之意义不仅限于在浅层次上表示人的行为或者品质，而且在深层次上具有某种本体和境界的意味，"德"之概念自老子而境界始大、意涵遂深，可谓思想史之转捩处也。

《庄子》中"德"之意涵多承袭《老子》而来，其中最为经典的表述是《天地》篇所谓"物得以生，谓之德"，成玄英疏曰："德者，得也，谓得此也。"① "此"之所指，即上句"一之所起，有一而未形"之"一"，成玄英疏曰："一者，道也。有一之名而无万物之状。"② 可见"物得以生"即"物得一以生"，物得之于道者而成为内在于物中之德，是物得以如此生成的初始根源。此种观念无疑是对《老子》中"万物得一以生"（《老子》第39章）和"道生之，德畜之"（《老子》第51章）思想的继承。"德"是"道"在万物之中的落实，虽然尚无形质，但是却已有所分化，故而谓之"未形者有分"，以其浑沦未形，故而"德"能通乎"道"，以其有所分化，故而"德"能成乎物，形而未形，分而未分，此"德"之所以玄妙也。《庚桑楚》篇又论及"道""德""生"三者之间的关系云："道者，德之钦；生者，德之光。"林希逸曰："钦，持守而恭敬也。"③ 意谓道乃德所持守而尊敬者。④ 德由道生，非道无以有德，故道至尊而为德所钦敬。吕惠卿曰："不生无以见德，故生者德之光。"⑤ 意谓物之生乃德之光耀显发。⑥ 德为物得以

① （清）郭庆藩：《庄子集释》，第425页。
② （清）郭庆藩：《庄子集释》，第425页。
③ （宋）林希逸：《庄子鬳斋口义校注》，中华书局1997年版，第368页。
④ 俞樾对"道者，德之钦"提出了异见，俞樾曰："《说文·广部》：'厰，陈舆服于庭也。'《小尔雅·广诂》：'厰，陈也。'此'钦'字即'厰'之段字。盖所以生者为德而陈列之即为道，故曰德之厰也。《汉书·哀帝纪》注引李斐曰：'陈，道也。'是其义矣。"［（清）郭庆藩：《庄子集释》，第811页］观俞氏之意，德之陈列散布即为道，似乎颠倒了道与德的关系，似不当从。
⑤ （宋）吕惠卿撰，汤君集校：《庄子义集校》，中华书局2009年版，第443页。
⑥ 褚伯秀曰："生者德之光，义当是德者生之光，人而无德，奚以生为？"［（宋）褚伯秀撰，方勇点校：《南华真经义海纂微》，中华书局2018年版，第993页］观储氏之意，人有其德，则生命光彩照人，人无其德，则生命黯淡无光，正如《乐记》所谓"和顺积中而英华发外"也。储氏倒文作解实际上将本体之德释为境界之德，非此句本义，不可从。本体之德与境界之德，后文详之。

如此生成之根据而无有形质，至于"物成生理""各有仪则"，方能光显各物之德。"德"之意义往往在与"道"和"物"的关系之中而得以澄明，德依道有，物由德生，德以显道，生以光德，德乃道生万物过程中的枢纽性关节，德既是道体之显发与作用，又是万物之根源与本性，借由德之环节，幽隐、无形、浑全之道方能化生出显明、有伦、分殊之物，从而实现"有无""显隐""一多"之转化。

以上所论仅是《庄子》中"德"之一义，道家所明"道德之意"之旨趣自然不在拟构一套宇宙本体的形而上学理论，其思想旨归可以《天地》篇"立德明道"一言蔽之。在《庄子》中，"德"亦常指人之修养境界而言，如《德充符》篇云："德者，成和之修也。"林希逸曰："成者，全也。全此性中之和，是其德之修也。"① 意谓德即保全淳和之性的修养境。宣颖曰："修太和之道既成，乃名为德也。"② 意谓德乃修道既成之名，即修行成道之境界也。在《庄子》中，对于人之修养境界的形容还有"全德"（《德充符》）、"玄德"（《天地》）、"王德"（《天地》）、"至德"（《秋水》）、"厚德"（《外物》）、"盛德"（《寓言》）之称，以上诸"德"皆表明人保全自身淳朴自然之本性而臻至的高深境界。

当然，《庄子》中"德"之意涵还有很多，如《齐物论》之"八德"则指儒墨所执持的八种畛域，《应帝王》之"浑沌之德"则意为"浑沌"对于"儵"与"忽"之恩德而言，但是其中最有思想意涵的义项则无疑是以上所论"物得以生，谓之德"与"德者，成和之修也"所表示的物之原初本性与人之修养境界二义。有学者亦将《庄子》中"德"之意义概括为"淳朴的自然本性"与"最高的修养境界"两个方面，无疑十分精到，但是其认为"庄子所谓德的两个意义是完全一致的"③，此则实有可议者。就"物之原初本性"意义上的"德"而言，此乃道体流行而对于万物的自

① （宋）林希逸：《庄子鬳斋口义校注》，第93页。

② （清）宣颖：《南华经解》，广东人民出版社2008年版，第44页。

③ 刘笑敢：《庄子哲学及其演变》，中国社会科学出版社1988年版，第133页。

然赋命，是万物原初本有、各自具足之德，无物不有其德，无人不具其性，此"德"可以称为"本体之德"；就"人之修养境界"意义上的"德"而言，此乃人通过工夫修养复归于原初本性而成就的精神境界，是各人因工夫深浅、修行高低而各各不同之德，有至德、全德之人，亦有衰德、丧德之人，此"德"可以称为"境界之德"。虽然人所修行成就的"境界之德"无非复归于物得以生的"本体之德"而并非别有所得，但是"本体之德"本自具足而万物皆有，"境界之德"则有待修养而稀有成就，故而不可言二者"完全一致"。钱穆先生认为："凡内篇七篇所用'德'字，殆皆指修行之德而言。此皆非常人所易企……凡《老子》书中言'德'字，则皆指一种自然之德言，此乃指人之禀赋而谓之德，其义略近儒家所言之'性'字……据老子，则人人全属有德。据庄周，则非真人神人，具大知确有修行者，不得谓有德。"① 钱穆先生将《庄子》内七篇之"德"皆释为修行之德，而将《老子》之"德"字皆释为自然之德，无疑过于笼统而失之武断，但是其以修行之德非常人所易企及，自然之德是人人具有之禀赋，可谓有见于二者之差别相。原初本性之德与修养境界之德有似于佛法所谓"性德"与"修德"，"性德"与"修德"之名为天台宗所立，"性"为本有不改之体，"修"乃修治造作之功，"性德"乃不待修行而本来具足者，"修德"是依修行始能成就者。天台湛然《十不二门》云："性虽本尔，藉智起修，由修照性，由性发修。"② 意谓性德虽然本自具足，但是必须借由修习方能全体显现，修德虽然后天成就，但是却从本有性德而生发起用，因此性德与修德本体不二，相虽不同，实为一体。《庄子》中"德"之二义的关系亦复如是，修养境界之德是原初本性之德的现实呈现，原初本有之德是修养境界之德的心性根据，融妙不二，非一非异，此二"德"虽然存在差别之相，但是又互融互具，不可截然判分而打作两橛。

---

① 钱穆：《庄老通辨》，九州出版社 2011 年版，第 198—201 页。

② （唐）释湛然：《十不二门》，载石峻等编《中国佛教思想资料选编》（隋唐五代卷），中华书局 2014 年版，第 264 页。

二 "至德"之境

上节既明《庄子》中"德"之二义及其关系，本节则试对"至德"进行探讨。如果就上节所论《庄子》之"德"的两种意涵而言，"至德"义为德之至极，当为"境界之德"所摄，表示人通过工夫修养而臻至的高深境界。

"至德"一词用以表示某种德行修养的高深境界并非由庄子首创，而始见于儒家经典，《论语·泰伯》两称"至德"，一处是孔子称赞泰伯："其可谓至德也已矣！三以天下让，民无得而称焉。"另一处是孔子盛赞文王："三分天下有其二，以服事殷。周之德，其可谓至德也已矣。"从孔子赞语来看，泰伯之"至德"在于让而无称，文王之"至德"在于有而不取，如果泰伯之让天下而犹可称道，文王之有天下而取代殷商，那么只可言泰伯有谦德，文王有仁德，却不足以称其为"至德"，其德之所以至恰是在于"无称"和"不取"。朱子曰："夫以泰伯之德，当商周之际，固足以朝诸侯有天下矣，乃弃不取而又泯其迹焉，则其德之至极为何如哉！"[1] 泰伯有德而不取，不取而泯迹，泯迹而无称，其德之所以为至极不在于其有德，而在于其不有其德，无能名焉。《老子》中亦有相似思想却不以"至德"名之而名之曰"上德"，《老子》第 38 章云："上德不德，是以有德；下德不失德，是以无德。"王弼注曰："上德之人，唯道是用。不德其德，无执无用，故能有德而无不为。不求而得，不为而成，故虽有德而无德名也。下德求而得之，为而成之，则立善以治物，故德名有焉。"[2] 上德之人，惟道是从，不德其德，不执其德，不用其德，既不以为自身有德，又不显示自身之德，故而真有其德而无德之名，无名无称，与道同在，是为上德之人。下德之人，执德不失，以德为求，立善治物，有恩有为，故而

---

① （宋）朱熹撰：《四书章句集注》，中华书局 1983 年版，第 102 页。
② 楼宇烈：《老子道德经注校释》，第 93 页。

有德之名而无得于道，是为下德之人。以此而言，无论是《论语》的"至德"还是《老子》的"上德"，皆在表明德行修养的至上境界中无名无称、不德其德的意味。

《庄子》书中亦以"至德"称谓德行修养的至极境界，有时亦称之为"全德"，但是《庄子》所谓"至德"或者"全德"并非就有位者"让天下""有天下"或"治天下"的政治德性而言，而是旨在说明个体精神生命的至极境界。在晚周诸子中庄子确实与众不同，他越度了"务为治"的层面，而转向个人的生命领域，关切个体的精神生活与心灵世界，其至德之人乃复归生命本真，通达天道自然而逍遥游世之人。庄子以超越政治与伦理的独特视角观照人的存在，剖析人的本性，揭露人的异化，指点世人会心达道，返璞归真，实现人精神生命的超越性转进，形与物化，心与天游。崔大华先生认为："庄子人生哲学里的理想人格的精神境界，就是实现了对人生困境的超越的那种精神状态。"[①] 庄子对于人生困境的体悟颇为深刻，他在《齐物论》篇中生动地描述了人的生存境遇：

> 一受其成形，不亡以待尽。与物相刃相靡，其行尽如驰，而莫之能止，不亦悲乎！终身役役而不见其成功，苶然疲役而不知其所归，可不哀邪！

意谓世人禀生受形以来，不知保全真君，只知奉养形体，一生与外物相交接相磨刃，驰骛追逐外物而不能止息，终身都在为外物疲惫劳役而无有成功之日，亦不知归宿何处，确实深可悲哀。在庄子看来，世人为外物所役的状态正如被倒立着悬挂起来，不得逍遥，不得自在，终生处于困苦的生存境遇，所以庄子提出"悬解"之说，意在使世人从与外物的构结中超脱出来，将世人从倒悬的状态下解救出来。至德之人就是这样一种从人生困境中超越出来，从倒悬状

---

①　崔大华：《庄学研究》，人民出版社 1992 年版，第 149 页。

态下解脱出来的人，《德充符》篇对于至德之人的高深境界有比较集中的描述。

> 死生亦大矣，而不得与之变，虽天地覆坠，亦将不与之遗。审乎无假，而不与物迁，命物之化，而守其宗也。
>
> 自其异者视之，肝胆楚越也；自其同者视之，万物皆一也。夫若然者，且不知耳目之所宜，而游心于德之和，物视其所一，而不见其所丧，视丧其足，犹遗土也。
>
> 官天地，府万物，直寓六骸，象耳目，一知之所知，而心未尝死者。
>
> 知不可奈何而安之若命，惟有德者能之。
>
> 以死生为一条，以可不可为一贯。
>
> 死生存亡，穷达贫富，贤与不肖，毁誉、饥渴、寒暑，是事之变，命之行也。日夜相代乎前，而知不能规乎其始者也。故不足以滑和，不可入于灵府。使之和豫，通而不失于兑。使日夜无郤，而与物为春，是接而生时于心者也。是之谓才全。
>
> 有人之形，无人之情。有人之形，故群于人；无人之情，故是非不得于身。眇乎小哉！所以属于人也。謷乎大哉！独成其天。

《德充符》篇刻意杜撰几位体残形畸而至德内充之人，通过德与形的鲜明对比，论证至德内充而外物符验之理，形体的畸残不足以成为获得他人尊重和追随的障碍。从上述描述至德之人精神境界的文字可以将"至德"之境概括为六点。

（一）死生一条

生与死是人生面临的重大问题，人们往往欣喜其生而忧惧其死，但是对于所造之物而言，有生必有死，从受形之初便向生命的尽头行进，庄子感叹道："人生天地之间，若白驹之过隙，忽然而已。"（《知北游》）人无法避免死，更无法拒绝死，人往往会由于死亡的迫近而恐惧悲伤，但却无法获得死神的同情，死亡无疑是人生的大限，是人生的根本困境所在。至德之人便从这个根本的人生困境中超越了出来，死生虽然是大事，却不会改变至德之人的心境。至德之人之所以能够从生死困境中超越出来，并非由于其掌握了"深根固柢，长生久视之道"（《老子》第59章），而是基于其对于宇宙大化和生命归宿的深刻理解。因为"通天下一气也"（《知北游》），"人之生，气之聚也，聚则为生，散则为死"（《知北游》），故而人之生死不过气之聚散变化而已。至德之人从形体的生死中超越而上，而从气化流行的角度俯瞰生死，以死生为一条，以死生为一体，在一气之化的视域中，纷扰心境安宁，囿域精神自在的生死界限随之消泯，故而"不知说生，不知恶死；其出不欣，其入不距"（《大宗师》），生死不足以为患，寿夭不足以介怀。

（二）是非一贯

是非虽然不似生死一般令人恐惧，而且一些人往往热衷于是非的争辩，但是终日纠缠于是非争辩却无形之中成为精神生命的桎梏。庄子认为，儒墨两家相互"是其所非，而非其所是"（《齐物论》），就像是计较于"朝三暮四"和"朝四暮三"的猴子，妄生分别而不明实相，而且破坏了自身本来浑全的真性。《大宗师》篇云："尧既已黥汝以仁义，而劓汝以是非矣，汝将何以游夫遥荡、恣睢、转徙之途乎？"所谓"黥"和"劓"是古代刺面和割鼻的肉刑，受此刑罚者面目全非而失其本来面目，比喻仁义是非伤害了自身淳朴的自然本性而无以游心于大道也。《德充符》篇中叔山无趾质疑孔子未能达于至德之境，正是由于孔子"蕲以諔诡幻怪之名闻"而成为自身德性成就的桎梏。而所谓"諔诡幻怪之名"正是孔子所倡言之仁义是非，孔子为仁义是非的观念所系缚，自然无以成就至极之德而臻至大道之境。实际上，是非并非事物自身所有，而是出自"成心"的虚妄分别，人之"成心"各各不同，故而"彼亦一是非，此亦一是非"（《齐物论》），而至德之人则能从仁义是非的虚妄观念中超脱出来，"和之以是非，而休乎天钧"（《齐物论》），混同是非而任其两行，而休心于自然运化之道，立乎道枢，得其环中，以应无穷之是非。

（三）万物皆一

所谓"万物皆一"并非万物的性质、形状与功能同一无别，而是指至德之人对于万物一视同仁，正如《齐物论》篇所言："百骸、九窍、六藏，赅而存焉，吾谁与为亲？汝皆说之乎？其有私焉？"成玄英疏曰："言夫六根九窍，俱是一身，岂有亲疏，私存爱悦！若有心爱悦，便是有私。身而私之，理在不可。莫不任置，自有司存。于身既然，在物亦尔。"① 虽然百骸、九窍、六藏的性质、形状与功能各各不同，但是人并不会对其有偏私之心而生亲疏之别，而是任其自然，目视耳听，手执足行，各司其职，各显其用。人虽然对于自身脏腑一视同仁，但是对于万物却并不如此，而是存在贪生怕死、嫌贫爱富、荣通丑穷、乐寿哀夭等心理，贪财者得之则喜，失之则忧，亲权者操之则栗，舍之则悲，好色者爱西施而憎厉女，从而陷入患得患失，为物所役的困境之中。至德之人则不然，而是"磅礴万物以为一"（《逍遥游》），混同万物，与物化一，同则无好无恶，化则不执不滞，故而兀者王骀"视丧其足，犹遗土也"，在王骀看来，"四支百体将为尘垢"（《田子方》），自身之足与身外之土并无不同，二者皆是大道所生，一气所化，自身之足并不比身外之土更为贵重，故而刖足之刑不足为患，得丧祸福不足介怀。

（四）安时处顺

人生在世，除了必然面对死亡问题之外，还会面临许多人生的遭际，比如"死生存亡，穷达贫富，贤与不肖，毁誉、饥渴、寒暑"等，庄子将其称为"命"或者"时"，"命"是一种非人智所能知、非人力所能预的必然性，"时"则是这种必然性在当下的具

---

① （清）郭庆藩：《庄子集释》，第58页。

体展现，共同构成了制约人的客观性力量，成为某种无可奈何的人生困境。至德之人实现了对于"时"与"命"构成的人生困境的超越，其方式并非"知命""非命""立命""制命"，而是"达命"与"安命"。《达生》篇曰："达命之情者，不务知之所无奈何。"通达命运实情的人，不去追求智力所无可奈何之物。因为命运非人智所能知、非人力所能预，所以任何企图抗拒命运的做法无异于螳臂当车，劳而无功，不如安于命分，顺其时变，不为时命的遭际而扰乱和顺的本性，侵入精神的灵府。在至德之人看来，"死生存亡，穷达贫富，贤与不肖，毁誉、饥渴、寒暑"等遭际不过是事物的变化和天命的流行罢了，就像日夜循环轮转，人智既无法测度其开始之处，人力亦无法干预其交替运行，故而安于时命，顺于变化，喜怒哀乐不入于胸次，从"时"与"命"构成的人生困境中解脱出来。

（五）无人之情

人与生俱来而有喜怒哀乐的情感，《礼记·礼运》云："何谓人情？喜怒哀惧爱恶欲七者，弗学而能。"喜怒哀乐之情感物而动往往不受人的控制，《知北游》篇云："哀乐之来，吾不能御，其去弗能止。悲夫！世人直为物逆旅耳！"世人之悲，即在沦为喜怒哀乐之情寄寓的馆舍而不能自主。世人不惟无法控制喜怒哀乐之发，甚至无法把握喜怒哀乐之情产生的机制，《齐物论》篇云："喜怒哀乐，虑叹变慹，姚佚启态；乐出虚，蒸成菌。日夜相代乎前，而莫知其所萌。"林云铭曰："乐出虚，喻其乍作乍止，蒸成菌，喻其倏生倏死。"① 喜怒哀乐之情的产生就像音乐出于虚空的乐器，朝菌由地气蒸发而成，虚而无根，忽起忽灭，无法知晓情感萌生的根源。而这种无法认知、无法把控的情感却是精神生命的一种负累，《庚桑楚》篇云："恶、欲、喜、怒、哀、乐六者，累德也。"人自身的淳和之德受到喜怒之情、好恶之欲的牵累而丧失，

---

① （清）林云铭：《庄子因》，华东师范大学出版社 2011 年版，第 13 页。

人之身心亦饱受情欲的煎熬与伤害，而至德之人却从喜怒之情、好恶之欲的负累中解脱出来，不以是非好恶之情伤害禀受于天道自然的形貌和德性。至德之人有人之形而无人之情，成玄英曰："庄子所谓无情者，非木石其怀也，止言不以好恶缘虑分外，遂成性而内理其身者也。何则？蕴虚照之智，无情之情也。"① 至德之人所无之情是劳心损性、伤身败德之情，如此之情使人为外物所役而丧失了生命的本真，至德之人所有之情是出于本性、常因自然之情，如此之情虚无恬淡、至真至诚，正是本真之性的自然流露。

（六）游心淳和

前文所述至德之境的五个特征主要是从"无"的意义上而言的，至德之人"无生死""无是非""无分别""无心""无情"，似乎庄子所崇尚的理想人格即"形如槁木，心如死灰"，但是《德充符》篇明确指出至德之人"游心于德之和"。前文所谓"死生无变""不与物迁""不遣是非"与"无心无情"是就心灵的宁静与淡泊而言，而"游心于德之和"则是就精神的自由与和谐而言。游者，无所拘碍之义，《庄子》中多以"游"字描述理想人格与世界、万物打交道的方式，如"以游无穷者"（《逍遥游》），"游乎四海之外"（《逍遥游》），"游乎尘垢之外"（《齐物论》），"乘物以游心"（《人间世》），"游乎天地之一气"（《大宗师》），"游心于淡，合气于漠"（《应帝王》）。庄子不仅通过"游"表达对人生理想生存状态的追寻，并以"游"作为人与世界最合适的相处方式。和者，和谐和顺之义，乃德的本来状态，《缮性》篇云："夫德，和也。"至德之人保全自身淳朴的自然本性，复归于生所从来的德之中，故而畅游于醇美和谐的境界之中。《庄子》中理想人格多显现出"和"的境界特征，如"我守其一，以处其和"（《在宥》），"无声之中，独闻和焉"（《天地》），"儿子终日嗥而嗌不嗄，和之至也"（《庚桑楚》），"抱德炀和，以顺天下"（《徐无

---

① （清）郭庆藩：《庄子集释》，第222页。

鬼》）等。因为至德之人游心淳和，日夜安住在这种和谐的境界中，而有春和之生意，故能与万物同游于一片春和之中。

总而言之，至德之人从生死、是非、物役、时命、情欲的人生困境中解脱出来，获得了心灵的宁静与淡泊和精神的自由与和谐，从而臻至"死生无变""不遣是非""不与物迁""安时处顺""无情无欲""游心淳和"的至德之境。

三　"至德"之修

至德之人所臻至的境界表现为心灵的宁静与淡泊和精神的自由与和谐，但是至德之境并非天生，而是通过某种工夫修养而"归根复命""性修反德"，回到生所从来的道与德而"保始守宗"。从原初本始的意义而言，人人禀受道德而生，本来宁静淡泊、自由和谐，《缮性》篇对于人最初的精神状态描述道："古之人，在混芒之中，与一世而得淡漠焉。""淡漠"的精神状态，是人原初本始的精神状态，也是人至极的精神状态。淡漠是道德的体现，是"天地之道"，是"圣人之德"。但是，人在既生之后有其形体，"目欲视色，耳欲听声，口欲察味，志气欲盈"（《盗跖》），其心知意欲与"虚静恬淡寂漠无为"的道德之质相反相悖，故而世人为自身心知意欲所引诱"离道以善，险德以行，然后去性而从于心"（《缮性》），而不能保其始、守其宗，无法达至宁静淡泊、自由和谐的境界。

庄子认为，如果要保持心灵的淡泊与宁静以及精神的自由与和谐，则应当"刳形去皮，洒心去欲"（《山木》），去除形躯功名的束缚与心知意欲的牵累，而工夫修养的总持则在于"虚静"二字。庄子对于"虚静"工夫最为精彩的表述则是借孔子之口向颜渊开示的"心斋"法门。

　　仲尼曰："若一志，无听之以耳而听之以心，无听之以心而听之以气。听止于耳，心止于符。气也者，虚而待物者也。

唯道集虚。虚者，心斋也。"（《人间世》）

"心斋"之法要专一心志，去除感官好恶与心知的分别，而以虚灵之气聆听音声。成玄英曰："心有知觉，犹起攀缘；气无情虑，虚柔任物。故去彼知觉，取此虚柔，遣之又遣，渐阶玄妙也乎!"①此处所谓"气"即虚极之心，唯有保持心灵的虚静空灵，才能应接容纳外物，才能使虚寂之道归集此心。郭象曰："虚其心则至道集于怀也。"成玄英曰："唯此真道，集在虚心。故如虚心者，心斋妙道也。"② 心斋之要义即"虚其心"，在于涤除物欲之心、分别之知而恢复心灵的虚灵空寂，只有保持心灵的虚灵空寂才能与道相合，使道来集，才能做到"游心"，实现心灵的自由飞翔。庄子为了说明"虚"之工夫，广设譬喻，又以"虚船"之喻言虚己之用：

> 方舟而济于河，有虚船来触舟，虽有惼心之人不怒；有一人在其上，则呼张歙之；一呼而不闻，再呼而不闻，于是三呼邪，则必以恶声随之。向也不怒而今也怒，向也虚而今也实。人能虚己以游世，其孰能害之!（《山木》）

"虚船"之喻借用虚船触舟而人不怒，实船触舟则恶声随之，以明虚己以游世则不犯人之怒，不受物之害。刘鸿典曰："虚船触舟而不怒，有人在上则怒，虚实之相殊也。人能虚己以游世，自不犯人之怒。"③ 庄子认为，人之所以有忧患的根源则在于心中不虚，只要洒心去欲，虚己游世，则可以忧患冰释，世患不至。作为"虚"之工夫的引申，庄子还提出了"忘"之工夫，其中"坐忘"之说最为详备。

> 颜回曰："回益矣。"仲尼曰："何谓也?"曰："回忘仁义

---

① （清）郭庆藩：《庄子集释》，第147页。
② （清）郭庆藩：《庄子集释》，第148页。
③ 转引自方勇、陆永品撰《庄子诠评》，巴蜀书社1998年版，第527页。

矣。"曰:"可矣,犹未也。"他日复见,曰:"回益矣。"曰:
"何谓也?"曰:"回忘礼乐矣。"曰:"可矣,犹未也。"他日
复见,曰:"回益矣。"曰:"何谓也?"曰:"回坐忘矣。"仲
尼蹴然曰:"何谓坐忘?"颜回曰:"堕肢体,黜聪明,离形去
知,同于大通,此谓坐忘。"(《大宗师》)

刘文典认为:"礼乐有形,固当先忘;仁义无形,次之,坐忘最上。
今'仁义'、'礼乐'互倒,非道家之指矣。"① 王叔岷、陈鼓应从
之。在庄子看来,物质形态的礼乐与观念形态的仁义皆是障碍内心
虚静的外在之物,并非道德之中本有的内容,故而应当忘之。不仅
如此,随着修养工夫的精深细密,更当进于坐忘之境,所谓"坐
忘",并非一般之忘,而是无所不忘,既忘乎身外之物,又忘乎己
之有身,更忘乎己之有心。郭象曰:"夫坐忘者,奚所不忘哉!既
忘其迹,又忘其所以迹者,内不觉其一身,外不识有天地,然后旷
然与变化为体而无不通也。"② "坐忘"不仅应当忘其身心外物之
迹,而且应当忘其所以迹之道,如此方能与大道相融相通。"忘"
之工夫是通达至德之境的重要途径,于"坐忘"之外,《庄子》书
中屡言"忘"之工夫,如"忘年忘义"(《齐物论》)。"忘其肝胆,
遗其耳目。"(《大宗师》)"鱼相忘乎江湖,人相忘乎道术。"(《大
宗师》)"堕尔形体,吐尔聪明;伦与物忘,大同乎涬溟。"(《在
宥》)"忘乎物,忘乎天,其名为忘己。忘己之人,是之谓入于
天。"(《天地》)"汝方将忘汝神气,堕汝形骸,而庶几乎。"(《天
地》)"无不忘也,无不有也。"(《刻意》)忘,不是放失丢弃,不
是遗忘失忆,而是超越不拘、无所挂碍,《达生》篇云:"忘足,
履之适也;忘要,带之适也;知忘是非,心之适也;不内变,不外
从,事会之适也。始乎适而未尝不适者,忘适之适也。"有其忘方
能达其适,达适是以忘为途径的,最为究竟的适不仅要忘却外物是

---

① 刘文典撰,赵锋、诸伟奇点校:《庄子补正》,中华书局 2015 年版,第 228 页。
② (清)郭庆藩:《庄子集释》,第 285 页。

非，而且要忘其所适，陆西星曰："忘适之适，而后能入于化矣。此是学问进到极处，与前所谓忘与适，大是径庭。何者？适于足者未必适于要，适于顺者未必适于逆，故惟忘适之适，则自无所不适矣，此便是'君子无入而不自得'之意。"① 如此万物则不得撄其心，万事不得拂其性，故能常保虚静，与道同游。作为"虚"之工夫的另一引申，庄子还提出了"外"之工夫，并借女偊之口叙述修道得道之历程：

> 吾犹守而告之，参日而后能外天下；已外天下矣，吾又守之，七日而后能外物；已外物矣，吾又守之，九日而后能外生；已外生矣，而后能朝彻；朝彻，而后能见独；见独，而后能无古今；无古今，而后能入于不死不生。杀生者不死，生生者不生。其为物，无不将也，无不迎也；无不毁也，无不成也。其名为撄宁。撄宁也者，撄而后成者也。（《大宗师》）

所谓"外"，亦即"虚""忘"，乃置之度外、不以为意之义。"外天下"即将天下遗忘，"外物"即将资生之物遗忘，"外生"即将形体遗忘，其渐忘之物乃由远而近、由易而难，女偊由外天下、外物、外生而进入"朝彻"之境。成玄英疏曰："朝，旦也。彻，明也。死生一观，物我兼忘，惠照豁然，如朝阳初启，故谓之朝彻也。"② 林希逸注曰："朝彻者，胸中朗然如在天平旦澄澈之气也。"③ "朝彻"是一种经由对于天下万物乃至一己身心之遗忘而达至的清净明亮、无羁无滞的精神境界。达此境界者，即能"见独"，"独"者，道也，道无以为对，故名之曰"独"，《老子》所谓"独立而不改"（第25章）是也，成玄英曰："夫至道凝然，妙绝言象，非无非有，不古不今，独往独来，绝待绝对。睹斯胜境，

---

① （明）陆西星撰，蒋门马点校：《南华真经副墨》，中华书局2010年版，第278页。

② （清）郭庆藩：《庄子集释》，第254页。

③ （宋）林希逸：《庄子鬳斋口义校注》，第111页。

谓之见独。"① 所谓"见独",不可理解为有一能见之己,有一所见之独,己并非在道之外观见此独,而是与道体冥合为一,方为"见独"。得道之人无古今、无生死、无将迎、无成毁,故能"撄宁",林希逸曰:"撄者,拂也,虽撄扰汩乱之中,而其定者常在,宁,定也,撄扰而后见其宁定,故曰撄宁。"② 虽然日夜与外物相交接,但是犹能保持心性之清明宁静。"撄宁"并非离于外物之扰动而有其安宁,而是在外物的扰动中而不动其心。

通过以"虚静"为枢要的一系列工夫的修养,去除心灵之中的知见欲望,恢复本性的虚静恬淡,则能保始守宗,复归于生命原初本始之德,常葆淳朴自然之本性纯粹完备,从而成为"至德之人""全德之人""王德之人",实现心灵的宁静淡泊与精神的自由和谐。

---

① （清）郭庆藩:《庄子集释》,第254页。
② （宋）林希逸:《庄子鬳斋口义校注》,第111页。

"道德"之为治术

——对黄老道家作标识性刻画的尝试

苏州大学哲学系 李翠琴

摘要： 根据司马谈、司马迁父子在《史记》中的论述，多位战国秦汉思想家，其思想可归本于黄老。然而简明地刻画历史上的黄老道家学派，使其能够在战国众多学术分支中清晰可辨，并不容易。本文尝试回到《论六家要旨》司马谈提及的"道德，此务为治者"一语，结合《文子》《鹖冠子》等文献，对"道德"之为"治"，进行了阐述。"道德"之为"治"既意味着宇宙观上"道"之生养内涵的突出，"德"概念与"道"并置，尤凸显了这一点；另一方面也意味着实现"道德"之"治"的圣王是一位能够外循诸"道"、内保其"德"的治理者，因循的治理方法与虚无的精神养成，保证了这一"道德"治术的实现。

关键词： 黄老道家 道德 德 因循 虚无

引 言

司马谈《论六家要旨》讲到道家时说其"因阴阳之大顺，采儒墨之善，撮名法之要"。一般认为司马谈这里说的道家即司马迁在《曹相国世家》《汲郑列传》《魏其武安侯列传》等多处提到的"黄老"，即今天学术界通称的黄老道家。司马谈的话是对其学术特征的一种概称描述，这样的道家似乎糅合了当时所有显要学派的要义，但黄老究竟是以怎样的理论模式兼容其他学说的，司马谈没有说，这就造成黄老道家辨识上的困难。蒙文通先生认为，黄老学说原本就是春秋战国以来一次空前的学术大融合。儒、道、法、阴阳诸家与黄老的关系甚是复杂。其中法家兼有道家色彩的一系不管是在传世典籍还是出土文献中都得到大量显著的刻画，而如后来被视为儒家三才之道的天—地—人结构虽然在《黄老帛书》中也有出现①却较难得到更广泛文本的呼应，也难与其他文本对照找出清晰可循的思想演变之迹。对于黄老与儒家的关系，学者们论述的视角也多属比较性描摹，重点突出了黄老对儒家的接纳，以区别于老庄道家的掊击立场，似乎不能尽兴。因此如何理解、呈现黄老学派体现的学术大融合以及作为其根本标识的特征，是一个很难解答的问题。虽然学者们在这方面已经有不少研究，笔者以为我们可以试着回到司马谈的立场。那就是将黄老视为一套整体社会构想的学说。其所主张的"道德"生成论是其形而上学底色，而"因循"与"虚无"的方法论又使得它能够兼取百家之长而不失虚静处势的制高点。这种区别于儒家的仁义礼乐之治、道家无为而治、法家刑赏并治的黄老治术或者可以称为"道德"之治。

一 "道德，此务为治者也"

《易大传》："天下一致而百虑，同归而殊涂。"夫阴阳、儒、墨、名、法、道德，此务为治者也，直所从言之异路，有省不省耳。尝窃观阴阳之术，大祥而众忌讳，使人拘而多所畏；然其序四时之大顺，不可失也。儒者博而寡要，劳而少功，是以其事难尽从；然其序君臣父子之礼，列夫妇长幼之别，不可易也。墨者俭而难遵，是以其事不可遍循；然其强本节用，不可废也。法家严而少恩；然其正君臣上下之分，不可改矣。名家使人俭而善失真；然其正名实，不可不察也。道家使人精神专一，动合无形，赡足万物。其为术也，因阴阳之大

---

① 参见曹峰《〈三德〉与〈黄帝四经〉对比研究》，《江汉论坛》2006 年第 6 期。

顺，采儒墨之善，撮名法之要，与时迁移，应物变化，立俗施
事，无所不宜，指约而易操，事少而功。

司马谈《论六家要旨》中这段话一直以来广为引用。司马谈以
《易大传》"天下一致而百虑"总起，分述阴阳、儒、墨、名、法
五家利弊得失，最后对道家大大赞赏了一番，言简而意赅，可谓字
字珠玑。然而值得注意的是在开头六家分判第一次出现时，司马谈
对道家的指称使用了"道德"而非"道"一词，当然在文义理解
上并没什么困难，因为紧接着行文就出现了"道家"字样。但值得
一思的是司马谈使用"道德"是否仅仅是一种无意识的误用，学者
们对此大多忽略不虑，或者如任继愈"这里说的'道家'又称
'道德家'"①，直接将道家与"道德家"互置。笔者认为这里可能
潜存着一种语词使用上的暗示，即在司马谈、司马迁的时代以谈论
"道德"为道家主要标识的说法非常普遍，也就是说"道德"即当
时道家之最高法门。观《孟子荀卿列传》司马迁称慎到、田骈、接
予、环渊等人"皆学黄老道德之术"。又《老子韩非列传》称老庄
申韩"皆原于道德之意"，说韩非的学问"喜刑名法术之学，而其
归本于黄老"。对照《韩非子》，我们也屡屡看到韩非在圣人之治
最高层面上使用"道德"。如《扬权》"毋失其要，乃为圣人……
夫道者，弘大而无形；德者，核理而普至"②。《明主》"能立道于
往古，而垂德于万世者之谓明王"③。《奸劫弑臣》"圣人为法国者，
必逆于世，而顺于道德"④。也就是说韩非子虽然喜欢称道刑名法
术，但心目中圣治的最高理想仍是能够立道垂德的圣王，这正印证
了司马迁称其"归本于黄老"的评述。另出现于《老子》通行本
第38章的"失道而后德，失德而后仁，失仁而后义，失义而后礼"
的表述也并不仅指一种由道到礼世风衰降的过程，也当意指一种治

① 任继愈主编：《中国哲学发展史（秦汉）》，人民出版社1985年版，第106页。
② （清）王先慎撰：《韩非子集解》，中华书局2013年版，第49页。
③ （清）王先慎撰：《韩非子集解》，第216页。
④ （清）王先慎撰：《韩非子集解》，第110页。

术的衰退。《文子·下德》篇就有"帝者体太一,王者法阴阳,霸者则四时,君者用六律。体太一者,明于天地之情,通于道德之伦"①,"道德"只有能够体"太一"的"帝者"才通晓。可见,在百家各种治国理想纷纷标举之时,黄老道家正是以其"道德"之论高迥卓越而盛极一时,讲究"道德"之治实为黄老一派的玄旨和标识。

当然,黄老一派所讲"道德"如果确如司马谈所说"此务为治者也"的话,必然不同于《老子申韩列传》着意强调的老子"无为自化,清静自正",《庄子·天下》老聃"澹然独与神明居",是一种积极、热忱、深远而不疏阔、神妙而可把捉的治世之论,这一点是学者们的共识。从"黄老"名称之中黄帝形象的凸显也可看出,这一在《五帝本纪》中领导了阪泉之战与涿鹿之战,而后"置左右大临,临于万国……举风后、力牧、常先、大鸿以治民"②的部族联盟首领,无疑是专注实务的实干家形象。黄帝还是传说中许多器具的发明创造者,从《汉书·艺文志》托名黄帝的书籍目录中,如列于兵阴阳类的《黄帝》、天文类的《黄帝杂子气》、医经类的《黄帝内经》,也可看出黄帝形象是与治道紧密相关的。我们暂且先不考虑远古传说中的人物如何进入古史记载,黄老道家托古黄帝是出于怎样现实政治的考虑,黄帝在黄老文献中无疑充当了圣王之治的典范,体现出黄老"此务为治"的特征。如果说《诗》《书》中称道并为儒家继承的尧、舜充当了仁德圣王之摹本的话,黄帝就是黄老道家一系道德圣王的化身,即《黄帝四经》中讲的"执道者""服道者"形象。那么,从作为清虚静笃的老子道家到讲求积极治世的黄老道家,如果说发生了新创演变的话,这种演变究竟表现在什么地方,是以什么方式发生的?如丁原明认为从"道论"到"气论"是一种显著的转化方式③,陈丽桂认为由"道"到"气"、由"道"到"法"、由"道"到"术"三个方向都体现了

---

① 王利器撰:《文子疏义》,中华书局 2009 年版,第 421 页。
② (汉)司马迁撰:《史记》,中华书局 1959 年版,第 1 册,第 6 页。
③ 参见丁原明《黄老学论纲》,山东人民出版社 1997 年版,第 28—30 页。

从原始道家至黄老的转换①，而曹峰认为从"道"到"天道"的落实是黄老新创②。这些论述都从出土文献与传世文献的比照中得到一定印证，但似乎又与黄老文献复杂的文本内容不完全吻合。因此笔者认为在讨论黄老学的继承转换上不妨换一种方式描述：即首先承认黄老是一种"务为治"的政治理想学说，其所寻求的圣人之治的突破是从君臣二元的社会结构出发的。他们所谈论的道论宇宙论，以及作为其理论框架中道、德、法、术与气等诸要素，"因循""虚无"等重要观念的嬗变承转，都当在这一框架中理解。同时兼顾圣人主体与观念层级的刻画，才能体现出黄老"道德"之治的统一性，与司马谈"指约而易操，事少而功多"的描述一致。

二 道论宇宙论——"道德"之为"生"

帛书《黄帝四经》有一段很引人注意的论述讲原初万物的发生：

> 恒无之初，迵同大（太）虚。虚同为一，恒一而止。湿湿梦梦，未有明晦。神微周盈，精静不配（熙）。古（故）未有以，万物莫以。古（故）无有刑（形），大迵无名。天弗能覆，地弗能载。小以成小，大以成大，盈四海之内，又包其外。在阴不腐，在阳不焦。一度不变，能适规（蚑）侥（蛲）。鸟得而蜚（飞），鱼得而流（游），兽得而走；万物得之以生，百事得之以成。人皆以之，莫知其名。人皆用之，莫见其刑（形）。
>
> 一者，其号也，虚其舍也，无为其素也，和其用也。是故上道高而不可察也，深而不可则（测）也。显明弗能为名，广

---

① 参见陈丽桂《黄老与老子》，《汉代道家思想》，台北：五南图书出版股份有限公司 2013 年版，第 364—389 页。

② 参见曹峰《出土文献视野下的黄老道家研究》，《近年出土黄老思想文献研究》，中国社会科学出版社 2015 年版。

　　大弗能为刑（形），独立不偶，万物莫之能令。（《道原》）①

学者们大多认为这一段集中体现了黄老道家的道论宇宙论。任继愈先生解读"《帛书》认为'道'即是'一'，'一'独立不偶，绝对无二，它既是宇宙发生的根源，又是宇宙万物赖以存在的普遍规律。'道'是广大无边的（'天弗能覆，地弗能载'），它比自然界还要根本，自然界天地万物都包含于'道'的范围之内，不能取代'道'而存在。'道'又是自然万物各种属性的总来源（'鸟得而飞，鱼得而游，兽得而走'）。万物由'道'而成，而'道'自身却无名无形，不是直接感触可以得到的。《黄老帛书》和老子'大象无形'、'大音希声'的思想接近，是说有形的物生于无形的'道'，无形比有形更为根本，有形的物在时间空间上都受到局限，而'道'则是至高无上独立不二的，没有任何限制性"。② 这一段解释基本没有什么问题。关于开头"恒无之初，迵同大（太）虚。虚同为一，恒一而止"即便在目前所见最古的郭店楚简《老子》中也能找到相似的段落："有状混成，先天地生，浼漻，独立不改，可以为天下母。未知其名，字之曰道，吾强为之名曰大。"③ 可见在强调宇宙创生之初道体的湛然静一、无名无形方面黄老与老子并无不同。而陈鼓应等则都有将此处"道"别作"气"解的倾向。"宇宙天地还处于混沌的状态，空虚混同成为先天一气，除此恒定的一气（道）之外，别无他物。"④ 丁原明认为这一段"虽然没有用'气'释'道'，但它却用'无形'描述宇宙的原始混沌状态"⑤，即尽管作者没有明确地描述"道"的物质属性，但已经暗含了从原始道家之"道"到《管子》"精气"说的过渡。丁先生引

　　① 注：以上及后文所引黄老帛书原文均引自陈鼓应《黄帝四经今注今译——马王堆汉墓出土帛书》，商务印书馆 2007 年版。

　　② 任继愈主编：《中国哲学发展史（秦汉）》，第 107—108 页。

　　③ 丁四新：《郭店楚竹书〈老子〉校注》，武汉大学出版社 2010 年版，第 173 页。

　　④ 丁原明：《黄老学论纲》，第 30 页。

　　⑤ 陈鼓应：《黄帝四经今注今译——马王堆汉墓出土帛书》，第 399 页。

用了黄老帛书这段文字却又另借助《管子·心术》来论证黄老道家由"道"论到"气"论的转化，足见勉强。帛书并没有体现出像上博简《恒先》那样的"气"一元论。① 也就是说我们从《黄老帛书》这一较成熟的黄老文本中是很难读出所谓"道"论到"气"论的转化之迹的。

那么从老子道家到黄老道家有什么形而上学上的变化之迹可寻呢？笔者以为这一承转可以由帛书道论所体现的"道"之"生"意来说明，表现在语词上就是"道""德"二词并置。我们知道在更早的时期，"德"并非我们今天讲的道德义。《国语·晋语》讲道："黄帝以姬水成，炎帝以姜水成。成而异德，故黄帝为姬，炎帝为姜，二帝用师以相济也，异德之故也。异姓则异德，异德则异类。异类虽近，男女相及，以生民也。同姓则同德，同德则同心，同心则同志。"炎、黄同出而异姓，姓的不同与他们所在的封地不同相关，而"异姓"也意味着"异德"，"德"显然是一个与族群凝合力、族群认同密切相关的词语。而《尚书·尧典》称赞尧能"克明俊德，以亲九族"，很可能就是指尧具有使族群团结、壮大的能力。"德"是内在于主体的、一贯的大能、禀赋，又可外显出来，并具有作用于他者的影响力。而在《易传·系辞下》讲"天地之大德，曰生。圣人之大宝，曰位"②，"德"的作用力演变为更积极的养育、繁衍的功能。

而在黄老道家这里，具有化育恩德之意的"德"一词开始大量出现在《管子》《文子》等黄老文献中，正是黄老道家侧重"道"论之"生"意一面的体现。"道"的生养的意涵，与道的法则性意涵，在多数我们称之为道家的文本中，同时存在。但"德"概念加入道家的宇宙论论述显然强化了"道"的前一层意涵。叶树勋认为"道家的'道'主要源于早期史官的天道思想，后者在很多情况下是指宇宙自然规律，虽然在某些情形下也具有

① 参见曹峰《〈恒先〉的气论——一种新的万物生成动力模式》，《中国哲学》2012 年第 5 期。

② 金景芳、吕绍刚：《周易全解》，上海古籍出版社 2005 年版，第 573 页。

一定的人文意义，但比起被视作衡量政治正当性之核心标准的'德'，它的价值意味显然要弱一些"①。这的确是比较重要的洞见。而在黄老道家的思想观念中，在我们看来具有相当价值意味的"德"的观念进入宇宙认知中，与对圣人主体"比德"于"道"的关切，密不可分。

对照《老子》版本，我们也可隐约看到这种宇宙论观念中的变化。通行本《老子》第 51 章"道生之，德畜之，物形之，势成之，是以万物莫不尊道而贵德。道之尊，德之贵，夫莫之命而常自然"并不见于郭店楚简《老子》。而通行本《老子》第 39 章"昔之得一者，天得一以清；地得一以宁；神得一以灵；谷得一以盈，万物得一以生；侯王得一以为天一贞"，与上文所引《黄帝四经》"鸟得而蜚（飞），鱼得而流（游），兽得而走；万物得之以生，百事得之以成"非常一致，但也不见于郭店楚简。当然，关于郭店楚简《老子》是不是通行本《老子》的原始前身，学界还有很多争议，但黄老道家所津津乐道的"道""德"之论均不见于郭店楚简这一现象仍值得注意，这使人不得不怀疑通行本第 51 章和第 39 章正是战国中后期黄老道家的发明添加。《经法·名理》有"有物始〔生〕，建于地而洫（溢）于天，莫见其刑（形），大盈冬（终）天地之间而莫知其名"。《称》篇"道无始而有应。其未来也，无之；其巳来，如之。有物将来，其刑（形）先之。建以其刑（形），名以其名"。讲的都是万物始生成形有名的过程。如果说老子深邃幽渺、幻化无端的"道"更是一种本体论道论的话，黄老所强调的可以说是一种道德生成论。《文子·微明》"道者，物之所道也，德者，生之所扶也"②，《自然》篇又有"道之存生，德之安形"③，"道"与"德"同时被用来表示万物生长化育中所受的作用力，"道"一般表示根本上使一物成其为它之所是，而"德"表现

---

① 叶树勋：《早期道家宇宙观的人文向度——以物德论为中心的探讨》，《文史哲》2017 年第 2 期。

② 王利器撰：《文子疏义》，第 327 页。

③ 王利器撰：《文子疏义》，第 356 页。

为这种过程中的畜养辅化功能。这样一来，我们在老子那里所强烈感受到的"道"之"无"的特征——无对象、无规定、无概念至黄老这里已焕然变为一种万有的哲学，而黄老学家也愿意以"一"称述之。

关于黄老道家为何要刻意突出"道"论之"生"的一面，杨儒宾先生《黄帝与尧舜——先秦思想的两种天子观》一文非常有启发性。杨先生引用伊利亚德的说法认为"早期的王权绝不只是政治的概念，它无可避免地也是神话的概念，斐济人将国王的登基称作世界的创造，维努何·雷弗的部族则称国王登基为'范畴天地'或'创造大地'"①。讲神话与早期王权的关系，新的统治者继位并不只是一次政治事件，更是一次宇宙事件，意味着对创世之初的又一次回返。人世的统治就处在这样回归与永生的循环之中。不过杨先生以黄帝与尧舜作为中国早期神话王权的叙事原型，可能还需要更多文本或考古学支撑。

伊利亚德的理论模型，毋宁更适用于黄老道家的道德生成论与圣王关系。黄老所谈论"恒无之初，迥同大（太）虚。虚同为一，恒一而止。湿湿梦梦，未有明晦"杳渺不可测度之境完全可以被视为一种创世叙述，而与"万物得以生，百事得以成"的"道"相对应的形象应是"执道者"，一个好的统治者就应该使天下的治理回归到生成之初所体现的秩序与得当。《管子·宙合》"道也者，通乎无上，详乎无穷，铉乎诸生"②，一方面可以被视为对"道"之神化妙用的赞叹，另一方面也可以视为一种对圣王"道"治的期许。《法法》篇有"道德定而民有轨矣"，《君臣下》"道德定于上"，都是强调执道秉德者应如道德生蓄万物一样为万民的生息繁衍设立一定的法度，使之"有轨矣"。这与神话王权叙事确实有逻辑上的相似性，但黄老归根到底是非神话、非宗教的。在一些黄老作品中，我们看到"道"相对于圣人也并没有时间上的先在性，特

---

① 杨儒宾：《黄帝与尧舜——先秦思想的两种天子观》，《台湾东亚文明研究学刊》2005 年第 2 期。

② 姜涛：《管子新注》，齐鲁书社 2009 年版，第 90 页。

别值得注意的是《鹖冠子》中的一些论述。《兵政》"贤生圣，圣生道，道生法，法生神，神生明"[1]。《能天》"故圣，道也，道非生也。道者，通物者也，圣者，序物者也。是以有先王之道，而无道之先王"[2]。强调"圣"先于"道"而有，若无"圣"之"序物"的作用，"通物"的"道"根本无从谈起。有相似思想但并不激烈的表述亦见于《管子·四时》"道生天地，德出贤人"[3]，也是强调圣人作为化育之另一极的重要性。当然，这些思想整体上在黄老文献中并不多见，但却也暗示出黄老道家寻求积极有为之治的一面。道德生成论本身事实上就是一种"有"的哲学，是可效仿、可致之的化育之道。阴阳、名、法、儒家学者加入黄老行列或者说黄老能够采儒、墨、名、法诸家要义也在于这一"道德"玄旨，凡其所言可务为治者、顺于道者皆可以为用。

三 因循、虚无以为用——"道德"之为治

如前所言，强调"道"之"生"意是黄老道家道论的一大特点，这种创世之初所达到的秩序之和谐、万物之自得是君人治理所应追求的最高理想型。而进入现实的学术、政治资源来看，阴阳家所提倡的天道四时，儒家所提倡的君臣、父子、夫妇无不在某一领域体现了"道"之通顺普正的特点，而黄老也正代表了百家学说融合的一次高潮。在《黄老帛书》中确实可以看到司马谈所论黄老兼采百家的形迹。如倾向于名家的论述：

> 故执道者之观于天下殹（也），无执殹（也），无处殹（也），无为殹（也），无私殹（也）。是故天下有事，无不自为刑（形）名声号矣。刑（形）名已立，声号已建，则无所逃迹匿正矣。（《经法·道法》）

---

① 黄怀信撰：《鹖冠子汇校集注》，中华书局 2004 年版，第 319 页。
② 黄怀信撰：《鹖冠子汇校集注》，第 371 页。
③ 姜涛：《管子新注》，第 322 页。

故执道者之观于天下也，必审观事之所始起，审其刑（形）名。刑（形）名已定，逆顺有立（位），死生有分，存亡兴坏有处，然后参之于天地之恒道，乃定祸福死生存亡兴坏之所在。（《经法·论约》）

又有似阴阳家言：

天建八正以行七法：明以正者，天之道也；适者，天度也；信者，天之期也；极而［反］者，天之生（性）也；必者，天之命也；［顺正者，天之稽也；有常］者，天之所以为物命也。此之胃（谓）七法。七法各当其名，胃（谓）之物。物各［合于道者］，谓之理。理之所在，胃（谓）之［顺］。（《经法·论》）

又有似《易传》者：

行法循［道］，［是为］牝牡。牝牡相求，会刚与柔。柔刚相成，牝牡若刑（形）。下会于地，上会于天。得天之微，时若［者时而恒者恒］，［地因而养之］；寺（恃）地气之发也，乃梦（萌）者梦（萌）而兹（孳）者兹（孳），天因而成之。弗因则不成，［弗］养则不生。（《十大经·观》）

又有：吾畏天爱［地］亲民，立有命，执虚信。（《十大经·立命》）

以上这些论述皆可看出黄老道家博取百家之长以归于"道德"之治的用意，尽管具体论述的内容不同，但其所归却在于"执道者之观"，在于"合于道者"，在于"行法循道"。

当然，在百家融为黄老的过程中最显著的就是道法的融合。陈丽桂先生认为"为了方便政治的运作，黄老之学还将'法'与'道'拉上关系，高远其所来，说'法'是'道'的孳生，由

'道'而来，'道'是自然而然的，'法'也显得惬理厌心了"①。
陈鼓应先生也有"黄老学说为稷下道家所倡言，它的中心思想为
'道法'"②。王中江《黄老学的法哲学原理、公共性和法律共同体
理想——为什么是"道"与"法"的统治》一文专门论述了黄老
学中"道"与"法"的关系："黄老学融合道家与法家的一个典型
形态，是将法家的法律规范建立在作为'自然法'的'道'的基
础之上，将'道家'的'自然法'之'道'（如'天网恢恢，疏
而不漏'）落实到可操作的'实在法'的实际规范上。"③ 学者们征
引了多处"道""法"并列的用语。如《经法·道法》"道生法"。
《管子·心术上》"事督乎法，法出乎权，权出乎道"。《韩非子》
中更有"道法万全"，"先王以道为本，以法为常"，"因道全法"
等说法。从字面来看，"法"在一定程度上甚至达到了本体的高
度。但笔者认为《韩非子》中的表述是相当成熟的法家口吻。如果
细察的话我们发现其实不管是在《黄老帛书》还是《管子》中，
"法"远没有那么独立、客观的地位。"事督乎法，法出乎权，权
出乎道"讲的其实是君人作为制法者因道权度而立法的过程。《任
法》篇就有"有生法，有守法，有法与法。夫生法者君也，守法者
臣也，法于法者民也"④。《慎子·逸文》"以力役法者，百姓也；
以死守法者，有司也；以道变法者，君长也"⑤。《经法·道法》
"故执道者，生法而弗敢殹（也），法立而弗敢废殹（也）"。故
"道生法"实际上即"执道者"生法，"生"也是"变"的意思。
因此与其说黄老中"道法"是其中心思想，不如说是黄老道家以
"道"为本，以"因循"为用在法律之根本治理方面取得的一项成

---

① 陈丽桂：《黄老与老子》，《汉代道家思想》，第364—389页。
② 陈鼓应：《先秦道家研究的新方向——从马王堆汉墓帛书〈黄帝四经〉说起》，
《管子学刊》1995年第1期。
③ 王中江：《黄老学的法哲学原理、公共性和法律共同体理想——为什么是"道"
与"法"的统治》，《天津社会科学》2007年第4期。
④ 姜涛：《管子新注》，第339页。
⑤ 《慎子·逸文》转引自蒙文通《略论黄老学》，《佛道散论》，商务印书馆2011
年版，第69—101页。

果。与黄老道家兼采其他各家学说一样，体现的正是其"因循为用"的方法论。

"道"与"法"的并置当是成熟时期的法家发明，"道"的内涵在这样的表述中实际上与"法"并无差别，都是智慧地理性权衡的意思。而在被司马迁称为"学黄老道德之术，因发明序其指意"的早期法家身上，"因"的方法很突出。如《荀子·非十二子》"尚法而无法，下修而好作，上则取听于上，下则取从于俗，终日言成文典，反纠察之，则偶然无所归宿，不可以经国定分……是慎到、田骈是也"①。就是针对上下因循取法的慎到等人的批评。我们知道荀子早年第一次游历稷下时正是稷下学宫最鼎盛的时期，但因继位后的齐愍王独行专断，荀到齐两年之后学者们便纷纷离去。而当荀子第二次返齐做稷下学宫祭酒时田骈等人已死，荀子与慎子的交集在时间上可见并不长，但《荀子》一书却反复将慎子作为其立论驳斥的对象，可见慎子在当时的影响极大。如果说荀子是宗法制下礼法的坚决捍卫者的话，慎子可以说是宗法崩解后寻求新秩序的革新派人物。慎子的革新就表现在其"尚法"的一面。而其"尚法"还没有像后期法家一样强调君主对法柄的操持，而是在更广泛的意义上讨论"法"的产生，而与虚无无形、潜藏幽微、遍布万物的"道"更一致。这或者才是黄老道家中倾向于"法"家一系更本真纯粹的面目。《庄子·天下》的描述中慎子"道"的色彩就更加突出："是故慎到弃知去己，而缘不得已，泠汰于物，以为道理……推而后行，曳而后往，若飘风之还，若羽之旋，若磨石之隧"②，慎子确有一种"不为天下先"的道家风度。与后期法家以"法"拟"道"、以"法"附"道"的坐实说法更多道家因循的本真色彩。

可以说，"因循"是黄老道家"道德"之治最核心、最根本的方法论。而"因循"之外另一重要的面向就是人君的空虚保德、安

---

① （清）王先慎：《荀子集解》，中华书局1988年版，第109页。

② 陈鼓应：《庄子今注今译》，商务印书馆2007年版，第1000页。

神逸形。《韩非子·十过》有讲到黄帝合鬼神于西泰山之上的故事。讲其"驾象车而六蛟龙，毕方并辖，蚩尤居前，风伯进扫，雨师洒道，虎狼在前，鬼神在后，腾蛇伏地，凤皇覆上，大合鬼神，作为清角"①，塑造了一个灵通鬼神而得音乐精华的黄帝形象。这当然是一个神话叙事，但君人力求神明之智的表述在《黄帝四经》《管子》中确有体现。《经法·论》"〔强生威，威〕生惠，惠生正，〔正〕生静。静则平，平则宁，宁则素，素则精，精则神。至神之极，〔见〕知不惑"。开头两句是据《商君书·去强》篇所补的，帛书出现这样的文字足可见黄老道家在强调君臣各当其位、君主处势而治的立场方面是非常鲜明的。不过，顺着"强""威"之势所要达到的最后效果仍是一般道家所主张的"静""素""精""神""知"。又如《文子·下德》讲体"太一"之帝能够"聪明照于日月，精神通于万物"。而要达到这种精神专一、动合无形的境界，最重要的办法就是《管子》中《心术》所讲的虚无守静"虚其欲，神将入舍。扫除不洁，神乃留处。人皆欲智，而莫索其所以为智乎。智乎智乎，投之海外无自夺，求之者不得处之者，夫正人无求之也，故能虚无"②。《内业》又有"心静气理，道乃可止"③。韩非子《解老》有"凡德者，以无为集，以无欲成，以不思安，以不用固"。均是强调执道者当以虚欲守静专致精神、保其内德，不论这种境界的取得是靠心的剔除还是气的调顺。黄老学中的理想型圣人正是因为能够做到精神湛一才能知"道"、才能拥有神明之智。按照《管子·心术下》的说法"形不正者德不来，中不精者心不治。正形饰德，万物毕得。翼然自来，神莫知其极。昭知天下，通于四极。是故曰：无以物乱官，毋以官乱心，此之谓内德"④。这种清虚自静的说法可谓"内德"。这也是笔者第一部分所论证的"道德"一词为黄老道家标识的另一层意义，在于统治者外

---

① （清）王先慎撰：《韩非子集解》，第 69 页。
② 姜涛：《管子新注》，第 355 页。
③ 姜涛：《管子新注》，第 293 页。
④ 姜涛：《管子新注》，第 300 页。

循诸道，内保其德。精神湛然如镜、虚无其欲，是"服道者"圣人"比德"于道的最重要内容。这也是黄老道家区别于其他诸家的治术要义。这种精神状态的修炼术所导向的现实结果就是守柔而后致强，群臣并至而君逸，这正是黄老道德之治"事少而功多"之所在。

综合以上所述，笔者认为以"'道德'之为治术"作为黄老道家的标识，具有形而上学与方法论两个维度上的可辨识性。从宇宙论层面说，黄老道家的"道德"生成论与老庄道家强调"道"之无形无名、玄妙莫测的特性很不一样，在黄老道家关于"道"的描述中对万物从无到有的过程描述较多，而"德"这一具有生成化育意味的用词大量出现在黄老文献中也是黄老强调"道"之"生"义的表现。而从方法论来说，正是"因循"的基本态度使得黄老能够最大限度地吸纳儒、墨、道、法、阴阳在国家治理上的既有经验，这在黄老早期代表人物慎到的主张中体现得最为明显。而与"因循"并列的另一方法论是"虚无"，黄老力求培养能够使群臣并至而君逸的"执道者"，而"执道者"最大的修为就是拥有精神专一、动合无形的"内德"，统治者无须像儒家所教导的那样做一个拥有美德的君子，其需要的更应该是"至神之极，〔见〕知不惑"的神明之智。

《文子》的"德"论

西北大学中国思想文化研究所　裴健智

摘要：《文子》的"德"分为形上之德、心性之德、政治之德三个方面。《文子》的"形上之德"，表现为对万物畜养，是与"道生之"并列的序列。"形上之德"落实在个人层面是"心性之德"，表现为"德""性"的关联、"真"的凸显，以此建立了从个人的心性修养到国家治理，即养生到治国的思路。"形上之德"落实在政治层面是"政治之德"，内含了"亲爱""敬贵"的伦理准则，对"德畜之"作出了政治层面的发展，为"德"嫁接"仁义礼"提供了新的可能途径。

关键词：形上之德　心性之德　政治之德

在道家哲学中，"道"是万物的总根据、总根源，是居于核心的概念，但要在万物中发挥作用，光靠"道"是远远不够的，还需要一个关键的概念，那就是"德"。然而，以往研究者或将"德"理解为"道"的附属概念，或将"德"理解为"性"的代名词，没有正视"德"在道家哲学中的重要地位，存在对"德"的忽视、简单化理解的倾向。① 事实上，"德"具有形上形下两个层面的内

---

① 王中江指出，"在老学史上'德'这个概念同'道'往往相提并论。但在老子学和道家观念史的研究上，人们对'德'的探讨是完全无法同'道'相比的"。叶树勋：《先秦道家"德"观念研究》，中国社会科学出版社 2022 年版，序一，第 3 页。曹峰指出，"目前中国哲学的研究，对于'道'的考察要远远多于'德'，对于儒家之'德'的考察要远远多于道家之'德'，'德'更多地被等同于伦理意义上的德性，被局限在人伦关系中加以考察"，叶树勋：《先秦道家"德"观念研究》，序二，第 6 页。

涵，当今学界已有不少论述。如王中江提出了形上之德与形下之德。① 叶树勋认为"德"具有形上形下的贯通性。② 曹峰指出，道家之"德"大体分为两个维度，实际上，与上述区分基本相同，第一个是"德"为万物之"性"，属于形下的维度，第二个是"德"为"道之功能"的落实与保证，是形上之德③。《文子》文本中的"德"大体也可以分为形上形下两个层面，考虑到形下之德包括心性之德、政治之德两个层面，故我们分为形上之德、心性之德、政治之德三个部分。

一　形上之德

研究《文子》的文本、思想，必然涉及文子其人其书的问题。《文子》一书无论是文子自作、文子弟子整理，还是托名文子而作，都与文子有莫大的关联，但目前学界对文子其人的看法还是莫衷一是，没有准确可靠的结论。而关于《文子》文本，有必要讨论本文使用的简本、今本《文子》的问题。据笔者研究，简本《文子》成书于战国中晚期，而今本《文子》比较复杂，经历了多次整理、变动，但主体内容仍然是战国中晚期的产物④。

---

① 参见王中江《道家形而上学》，上海文化出版社 2001 年版，第 169—182 页；王中江《道家学说的观念史研究》，中华书局 2017 年版，第 132—142 页。

② 参见叶树勋《从形而下到形而上——先秦道家物德观念的多层意域》，《哲学动态》2018 年第 2 期。

③ 参见曹峰《〈老子〉生成论的两条序列》，《文史哲》2017 年第 6 期。除此之外，郑开也有类似的论述，"德"既具有形上的同一性，也具有形下的分有性（万物之"性"）。郑开：《试论老庄哲学中的"德"》，收录于氏著《道家形而上学研究》（增订版），中国人民大学出版社 2018 年版，第 371—388 页。

④ 曹峰指出，"但即便此篇抄凑自《淮南子》，而《淮南子》成书于汉初，其思想意识也可以说反映着战国中后期至少秦汉之际的思想面貌。即便是魏晋之际好事者拼凑出此文，应该很大程度上也利用了先秦的资源。因此，我们有必要不带偏见地、认真地分析其思想成分，以期得出客观的结论"。曹峰：《〈文子·自然〉研究——兼论对"道法自然"的理解》，《现代哲学》2018 年第 5 期。

据统计，简本《文子》有 36 次"德"，是仅次于"道"的概念①，今本《文子》有 226 次"德"②。从字词出现的频率看，"德"绝不是或有或无的存在，在《文子》中具有举足轻重的地位。简本《文子》依托平王与文子的对话，讨论的是道德仁义礼用兵等各方面的政治问题，对"德"的论述集中在形上之德、政治之德中，而今本《文子》基本包含了简本《文子》的"德"的内涵，并且加入了心性之德的论述。

《文子》的形上之德，是从《老子》"道生之""德畜之"而来的，又加入了"亲爱""敬贵"的伦理准则，对"德畜之"作出了政治层面的发展。而且，《文子》还将"形上之德"与"上德"等同起来，突出了"德""与而不取"的特质。因此，我们对《文子》形上之德的论述体现在三个方面：一是《老子》的"形上之德"："德"对万物的畜养，二是《文子》的"形上之德"："德"对万物的畜养，三是《文子》的"形上之德"：上德。

（一）《老子》的"形上之德"："德"对万物的畜养

据研究，"德"在西周时期是形下的概念，没有强烈的价值属性，而到了老子那里，"德"与"道"一样，具有了形上的维度，主要体现在对万物的畜养上面。③"德"在《老子》那里，具有了形上的地位，实现了从形下到形上的突破。那么，《老子》是如何将"德"形上化的呢？最明显的论述是第 51 章。

> 道生之，德畜之，物形之，势成之。是以万物莫不尊道而贵德。道之尊，德之贵，夫莫之命而常自然。故道生之，德畜之，长之育之，亭之毒之，养之覆之。生而不有，为而不恃，

---

① 参见叶波《释义以游说——古本〈文子〉的论说特点》，《分析哲学与中西哲学》第 9 辑，华东师范大学出版社 2009 年版。

② 参见刘殿爵等编《文子逐字索引》，台北：台湾商务印书馆 1992 年版，第 387 页。

③ 王中江：《道家形而上学》，第 169—182 页。或者王中江：《道家学说的观念史研究》，第 132—142 页。

长而不宰，是谓玄德。①

从文本上看，此章"道""德"四次并列，两次出现"道生之，德畜之"，可见，"道""德"是此段文本的核心论述。此外，文本以"玄德"为结尾，"德"的次数多于"道"，从字数上看，或许此章侧重于论述"德"。

从思想上看，此段表达的是"道""德"与万物的关系。"道生之"，"之"是宾语，万物之意，表述的是"道"与万物的关系。《文子》"道"生万物的宇宙生成过程，体现在《九守》篇中，从"天地未形（道）—天地—阴阳—四时—万物（精气为人、粗气为虫）"的序列，表现为由道到物的生成序列。"德畜之"，"之"也是万物，表现为"德"与万物的关系。"德畜之"的"德"与"道"并列，是畜养万物之"德"（形上之德），而不是万物分有"道"之属性之"德"（形下之德）。该如何理解"德"畜养万物的功能呢？王中江指出，"'德畜养'万物，也许就是为万物提供所需要的各种条件和源泉，养育万物，使万物得以存在或成长"②。"德"与"道"一样，具有形上的功能，而"德"恰恰是对"道"效用的进一步彰显。

那么，"道生""德畜"是什么关系呢？"道""德"是一种相对并列的关系，具有不同的功能。③王中江指出，"如果说'道'是最高的养护者，那么'德'就是具有辅助角色（类似于保姆）的养育者，即万物要生存和发展，'德'起着畜养、促成的作用。

---

① 本文对《老子》的引用主要参考楼宇烈《老子道德经注校释》，中华书局 2008 年版。

② 王中江：《道家形而上学》，第 175 页。曹峰指出，畜之（使万物得以繁殖），长之（使万物生长），育之（使万物发育），亭之（使万物结果），毒之（使万物成熟），养之（使万物得以爱养），覆之（使万物得以保护），都与"德"的畜养功能密切相关，最后称之为"玄德"。参见曹峰《〈老子〉生成论的两条序列》，《文史哲》2017 年第 6 期。刘笑敢指出，"'德'的作用实际上就是'道'的功能的体现"。刘笑敢：《老子古今——五种对勘与析评引论》，中国社会科学出版社 2006 年版，第 503 页。

③ 叶树勋总结了当前学界道德关系的四种看法：道体德用、内在超越、总分关系以及并列关系。参见叶树勋《先秦道家"德"观念研究》，第 43 页。

但这种作用不限于事物自身内部，它也广泛地发生在事物之间，即每一种事物在生存过程中对其他事物都有取予"①。在《老子》第51章里，"道生之""德畜之"实际上是在一个宇宙生成论的序列之中。这在帛书《老子》中尤为明显，这章体现为"道""德""物""器"的生成结构。实际上，这种"道""生""德""成"的宇宙生成论，在《老子》中还表现为"无名""始"与"有名""母"的功能，如第1章的：

> 无名，万物之始；有名，万物之母。②

学界对《老子》的"无名"指代"道"没有疑问，但对"有名"的指向各家有不同的理解。如果我们结合《老子》第51章，可以理解为未形无名之时为万物之始，也就是"道"生成万物，有形有名之时则长养万物，也就是"德"畜养万物。在笔者看来，王弼对此句的注解"凡有皆始于无，故未形无名之时，则为万物之始。及其有形有名之时，则长之育之，亭之毒之，为其母也"。或许隐含这样的含义，后世如吴澄等学者，也会从"道""德"的角度理解，"无名者，道也，天地亦由此道而生，故谓之始。有名者，德也，万物皆由此德而生，故谓之母"。这虽与道生成万物、德畜养万物这两条生成序列有差距，但也是因为吴澄看到的《老子》版本已变为"无名，天地之始；有名，万物之母"。由此看来，"无名""有名"同样可以理解为"始""母"作为万物生、成的两个序列。类似的生成论也见于"大哉乾元，万物资始"，"至哉坤元，

---

① 王中江：《出土文献与先秦自然宇宙观重审》，《中国社会科学》2013年第4期。
② 帛书甲本、乙本皆作"无名，万物之始"。马叙伦曰："《史记·日者列传》引作'无名者，万物之始也'。王弼注曰：'凡有皆始于无，故未形无名之时，则为万物之始。及其有形有名之时，则长之育之，亭之毒之，为其母也。'是王本两句皆作'万物'，与史记所引合，当是古本如此。"马说是，王本亦原如帛书本作"无名，万物之始"。后人可能以为道当先生天地，然后再生万物，故改"万物"为"天地"。郭象曰："天地者，万物之总名也。"合万物以成天地，故所谓天地，与万物亦一而二，二而一之关系。根据王弼注，王弼本当为"无名，万物之始"。

万物资生"（《易传·象传》），乾（天）为万物之始，类似于道生万物，坤（地）为万物之母，类似于德畜养万物。这种思维方式很可能受到《老子》"道生万物，德畜万物"这种思维方式的影响。

（二）《文子》的"形上之德"："德"对万物的畜养

《老子》的"道生之，德畜之"，明确了"德"与"道"同样具有形上的地位，突出了"德"在畜养万物中的巨大作用。《文子》同样继承《老子》"道生之，德畜之"的结构，如简 0722 "子曰：'道产之，德畜之，道有博'。""道产之"，"道产"也出现于简 2439，产，生也，与《老子》"道生之"同义。虽然简文残缺不全，与今本《文子》也无对应，但依然能看出《文子》内含"道生""德畜"的结构。

《文子》是如何论述"德畜"的呢？"文子问德。老子曰：畜之养之，遂之长之，兼利无择，与天地合，此之谓德。……故物生者道也，长者德也，……不畜不养，不能遂长……"（《道德》）作者对"德"作了界定，把"畜之""养之""遂之""长之"理解为"德"的功能，除"遂之"外，全部见于《老子》第 51 章，是完成、成就之意。①同篇《道德》有"夫道德者，所以相生养也，所以相蓄长也"，简本"以相生养，所以……相畜长也，相□……""生"属于"道"的功能，"养""蓄""长"则是"德"对万物的功能。此段内容，作者界定了"德""仁""义""礼"的内涵，说明四者在政治统治中的不同功能。有趣的是，此段文子与平王并未讨论"道"的内涵，而后文却加入了"故物生者道也"，列于"德""仁""义""礼"之前，是否可能是后世加入的呢？简本"生者道也，养□"也有对应内容，因而，此文很可能原先就有。为何作者会加入与前文毫不相干的"故物生者道也"呢？我们知道，道生万物，是万物发生的首要前提，唯有以"道生之"

---

① 陈鼓应指出，"亭之毒之"有两种解释，一种是安之定之，另一种是成之熟之。参见陈鼓应注译《老子今注今译》，商务印书馆 2006 年，第 262 页。

为开始，"德仁义礼"才能发生效用。因而，即使这里没有"物生者道也"，也暗含了"道生之"的前提。

与《老子》一样，简本也把"德"的功能归结于"道"，表现为德为道之功能、作用。简本"元也，百事之根……生，侍之而成，侍"，对应今本《文子·道德》为"夫道者，德之元，天之根，福之门，万物待之而生，待之而成，待之而宁"，在简、今本中，虽有"百事""天"的差异，但都属于万物的范畴，基本可以等同。从语法上看，这里的主语是"道"，后文"之"字也当理解为"道"，整句都是对万物依赖于"道"的论述。这句话意为，"道"是"德"、"天"（百事）、"福"的根据，万物都依赖"道"而生、长养、安宁。如果根据简本《文子》，"德"为畜养万物的重要力量，"德"的功能是长养、畜养万物，是事物得以长养的重要一环。以此分析原文，是否可以将"万物待之而成"的作用，理解为"德"畜养万物的过程呢？答案是否定的。虽然此句"道"后提到"德"这一概念，还有"侍（待）之而成"，符合《老子》道生之、德畜之的结构，但此句的主语是"道"，而不是"德"，突出"道"非"德"的作用。但由于"德"为"道"所决定，属于"道"之显现，德的作用实际上就是道的功能的体现，我们仍可认为暗含"德畜之"的结构。

总而言之，简本《文子》也有类似于《老子》的两条生成序列，"道"作为万物的根源，是万物产生的根据，"德"则在万物具体的形成、生长过程中起着畜养的作用，这是与《老子》"德畜之"相同的地方。

（三）《文子》的"形上之德"：上德

在生成万物的过程中，"道"为万物之始，是万事万物得以生的根据，而"德"是畜养万物，作为万物之母而存在。"道"是万物得以产生的前提，而"德"是万物得以长养的保证。具体来讲，"德"是如何畜养、长养万物的呢？《文子·上德》指出：

> 天覆万物，施其德而养之。与而不取，故精神归焉。与而不取者，上德也，是以有德。……地载万物而长之，与而取之，故骨骸归焉。与而取者，下德也，下德不失德，是以无德。(《上德》)

《文子》用"天""地"的功能作喻，区分了"上德""下德"。何谓"上德"？作者认为，"天"通过"施其德"畜养万物，对万物没有一己之偏私、喜好，就是上德。这与《老子》"天地不仁，以万物为刍狗"（第5章）一样，"不仁"不是没有仁爱之心，而是天地不偏私于某一物，以平等的态度对待万物。"天"在施予的同时，不会因为自己的付出而要求万物回报，《老子》称之为"生而不有，为而不恃，长而不宰"的"玄德"，《文子》称赞"天"的德行为"与而不取"。何谓"下德"？作者用"地"负载、长养万物为喻，指出大地为万物的生长提供养分、水分，但万物凋零后还要回归大地，与"天""与而不取"的功能不同，还要求有所回报，《文子》称之为"与而取者"。

"上德""与而不取"的态度，尤其是"不×"的句式，用另一种方式表示，就是"无为""因循"，《文子》用类似的表述定义"上德"，意味着尊重万物的自发性、自为性。"故先王之法，非所作也，所因也；其禁诛，非所为也，所守也。上德之道也"（《自然》），"所因""所守"是因循万物、百姓的"自然"，是"无为"的结果。最后达到的效果是"天下归之"，《文子》有"夫名不可求而得也，在天下与之，与之者归之。天下所归者德也，故云：上德者天下归之……"（《上仁》）。

这段内容很可能是《文子》解释《老子》第38章"上德不德，是以有德；下德不失德，是以无德"。传统对"上德不德"句的解释是，具备"上德"的人，不会自以为有德，这就是真正的有德。而"下德"之人，则是固守"有德"的表现，表面上看起来没有"失德"的行为，实际却是"无德"。这里却将"上德"理解为，对万物"与而不取"的态度，"下德"为"与而取之"的态度，为我们解释《老子》第38章提供了一个新的视角。《文子》"与而不取"解释"上德"的讲法，让我们很容易联想到《老子》对"玄德"的论述，即"生而不有，为而不恃，长而不宰"（第51章），《文子》这里的"上德"与《老子》所言"玄德"基本一致。曹峰曾指出，《老子》圣人"无为"的实质，正是"玄德"的体现，因而指出，"上德"也是"玄德"的象征。① 这并非空穴来风，恰好可以将"上德"与"玄德"对应起来，《文子》对"上德""与而不取"的定义看，与《老子》的"玄德"恰好一致。

"生而不有，为而不恃，长而不宰"类似的话语，在《老子》中反复出现②，可令人奇怪的是，《文子》多处引用、解释《老子》，虽有一些与此类似的语句，却无对这句话的解释。如"天常之道，生物而不有，成化而不宰，万物恃之而生，莫之知德，恃之而死，莫之能怨"（《道原》）。这个主语是"天常之道"，但根据下文"万物恃之而生""恃之而死"，仍然是"道"的作用。"功成而不有"（《道原》），"余天下而不有，委万物而不利"（《九守》），"事成而身不伐，功立而名不有"（《自然》），"王公修道则功成不有"（《自然》），主语都是"圣人""王公"等，但他们的行为仍然是"道"的具体显现，落实在政治层面的行为。这里的主语是"道"或得道的"圣人"而非"德"，但正如前文所说，"德"是"道"作用、功能的显现，体现的正是《老子》所言的"玄德"③。

二　心性之德

上文指出《文子》的形上之德，而从这里开始就进入了形

---

① 参见曹峰《〈老子〉生成论的两条序列》，《文史哲》2017 年第 6 期。

② 曹峰：《〈老子〉生成论的两条序列》，《文史哲》2017 年第 6 期。

③ 《文子》中的"玄德"，仅仅出现了两次，与《老子》"玄德"的含义已有所不同。一个侧重于心性修养层面，"执玄德于心，而化驰如神"（《道原》），另一个侧重于政治层面"道深即德深，德深即功名遂成。此谓玄德，深矣远矣，其与物反矣"（《自然》）。

下之德的领域。关于形下之德，王中江曾指出，"道家形下之德，既是指形下万物所具有的'德'，又特别是指作为万物之一的形下之'人'所具有的'德'"①，从广泛的意义上讲，落实在万物之上为物之德，而具体到人身上为人之德，也就是心性之德。如果将人之德放在政治语境中，君主之德无疑具有政治语境的含义，表现为政治之德的意涵。因此，我们将形下之德分为心性之德、政治之德两种。我们首先看心性之德。《文子》关于"心性之德"的论述，主要包括德与性的关联；德与真性、真人两个方面。

（一）德与性的关联

上面讨论了"德"在形上意义上的内涵，如果形上之德无法落实在具体的万物、人类身上，这样"德"就会毫无意义。但形上的"德"并非直接可以贯彻到形下的世界中，需要经过"德者，得也"的过程。这一点，在《老子》中已有所萌芽，《庄子》《管子》大大发挥了。②《文子》多次出现"得道""道得"概念，《管子·心术上》有"德者，得也"的论述，显然"德"已具备"德者，得也"的含义。基于"德者，得也"的讨论，"德""性"才有相通的可能。徐复观指出，《老子》、《庄子》内篇虽未有"性"字，但"德"的含义与《庄子》外、杂篇的"性"基本等同，有本性之意。③ 罗安宪解释了为何"德"与"性"互通，在于"德者，得于道也。得于道为物之根本者，即物之性也；得于道而为人之根本者，乃人之性也"④。这就意味着，"德"得之于"道"，而人得之于"道"或"德"的那部分，

---

① 王中江：《道家形而上学》，第 178 页。
② 关于《老子》《庄子》的论述，参见叶树勋《先秦道家"德"观念研究》，第 216—220、390—393 页。
③ 参见徐复观《两汉思想史》（二），九州出版社 2014 年版，第 211 页。
④ 罗安宪：《虚静与逍遥》，人民出版社 2005 年版，第 92 页。

称为"性",突出了"德"为人之性的含义。①

简本《文子》很少涉及心性之德的内容,而今本《文子》心性之德的部分多了起来。《文子》并没有"德性"连用的现象②,但有多处"德""性"对举的情况。

静漠恬愉,所以**养生**也。和愉虚无,所以**据德**也……外不乱内,即**性**得其宜。静不动和,即**德**安其位。**养生**以经世,**抱德**以终年,可谓能体道矣。(《九守》)

故贤者尽其智,不肖者竭其力,近者**安其性**,远者**怀其德**,得用人之道也。(《上仁》)

世俗之学,**擢德搴性**,内愁五藏,暴行越知以譊名声于世,此至人所不为也。**擢德**,自见也。**搴性**,绝生也。(《上礼》)

由于"生之谓性","生""性"都是人的自然本性,后文"性""德"对举,上引《九守》中的"养生"实际上是"养性",故也算"德""性"对举的情况。《文子》"德""性"对举的情况,虽仅有几处,但仍然能够反映出当时"德""性"思潮的流行。这种"德""性"对举的情况,也见于《庄子》外、杂篇。徐复观指出,《庄子》"外篇、杂篇却常常将'性'字、'德'字对举",这与当时流行的"德""性"思潮的盛行密切相关。③

从上述的引文看,"德"与"性"主要是从"人德"的角度,即对"人"是否能够保养本有的德性,《文子》主要是对"人德"

---

① 郑开指出,"德"既具有形上的同一性,也具有形下的分有性(万物之"性")。[参见郑开《试论老庄哲学中的"德"》,《道家形而上学研究》(增订版),第371—388页]叶树勋也有类似的观点。(叶树勋:《先秦道家"德"观念研究》,第229—235页)我们同意这种观点,正如前文对"形上之德"的讨论,"德"不仅仅有"性"的内容,也包括了"形上之德""政治之德"的含义。

② 据笔者粗略统计,先秦文献仅有《中庸》"故君子尊德性而道问学"有"德性"连用的情况。

③ 参见徐复观《两汉思想史》(二),第339页。

的论述。此外，还有"抱德""含德"的说法。

> 养生以经世，**抱德**以终年，可谓能体道矣。(《九守》)
>
> 故至人之治，**含德抱道**，推诚乐施，无穷之智，寝说而不言，天下莫知贵其不言者。(《精诚》)
>
> 和阴阳，节四时，调五行，润乎草木，浸乎金石，禽兽硕大，毫毛润泽，鸟卵不败，兽胎不殰，父无丧子之忧，兄无哭弟之哀，童子不孤，妇人不孀，虹蜺不见，盗贼不行，**含德**之所致也。(《道原》)

"含""抱"都是人的行为，是从"人德"而非"物德"的角度而言。说起"含德"，我们会想到《老子》"含德之厚，比于赤子"(第55章)的论述，这里的"含德"与后文的"赤子"密切相关，强调人天性具有的醇厚之德。"抱道"并不见于《老子》，但《老子》有"载营魄抱一，能无离乎"，从修养工夫的角度，分析如何从失德的状态，复归于婴儿、赤子等状态①，虽强调的是个体尤其是圣人的状态，但并未推及政治语境。但《文子》显然有所不同，通过个人尤其是圣人修养意义的"含德""抱德"，固然强调个体生命保养意义上的"终年"，但更多地落实在"道德之治""至人之治"的语境中，这与《文子》对政治之道的强调密切相关。

(二) 德与真性、真人

"道"落实在人身上就是"德""性"，"德""性"直接秉之于"道"，所以"德""性"在诞生之初是完满的状态，《文子》

---

① 这里的婴儿、赤子，并非生理意义上而是哲理意义上的。李若晖指出，"没有对于欲望的认知，是生理性的婴儿。哲理性婴儿并非人间世的真实存在，生理性婴儿又必然要长大从而背离道——此两者都并非人间世合于道的生存状态"。李若晖：《自然与尊严：道家思想内核及其普遍意义》，《杭州师范大学学报》(社会科学版) 2018 年第 6 期。

经常用"真"来表示"德"性的完美无缺、不受杂染的样态。①
《庄子》中"真"出现 65 次，徐克谦指出，"在现存的、《庄子》
之前的先秦古籍中，'真'这个字几乎从未见使用。'真'字是在
《庄子》书中才突然开始大量使用起来，并成为一个具有重要意义
的哲学概念的"②。《文子》中"真"字也有 32 次之多③，仅次于
《庄子》，在《文子》特别是人性论中同样扮演极其重要的地位④。

　　由于先秦两汉文本流传的复杂性，其实很难判断《庄子》《文
子》中"真"概念出现的早晚，我们也暂时搁置这样的问题。无
论如何，《庄子》《文子》都是继承《老子》思想，"真"概念无
疑继承自《老子》，基本是无疑问的。陈静曾指出，《老子》中
"真"出现了 3 次，大致有两层含义，一是"道"之实有，如"其
精甚真"（第 21 章），二是质之纯朴，如"质真若渝"（第 41 章）。
而另一次出现的"其德乃真"（第 54 章），兼具了"道"的实存性
与人性纯朴的双重含义。⑤

　　《文子》显然是继承了《老子》"真"的思想，"莫知其情，莫
知其真，其中有信"⑥，"情""真""信"并列，都是实在的意思，
这是对《老子》"其精甚真"的继承，"真"的含义为道之实存。
此外，"修之于身，其德乃真"句多次出现。

---

　　①　罗安宪称，道家秉之于道的人性为性之本真，老子突出的是性之本然、自然，
庄子更强调的是性之本真、自由。参见罗安宪《虚静与逍遥》，第 105 页。

　　②　如徐克谦统计，《诗经》《尚书》《易经》《春秋》《论语》《孟子》《左传》均
未出现过"真"字，其他一些可能较早的典籍，如《国语》《晏子春秋》《管子》《商君
书》，也没有出现"真"字。《墨子》仅出现一次，但也存在后世篡入的可能性。《老
子》中出现了 3 次。参见徐克谦《庄子哲学新探》，中华书局 2005 年版，第 64—66 页。

　　③　参见刘殿爵等编《文子逐字索引》，第 387 页。

　　④　陈静认为，与儒家从善恶谈人性不同，道家的人性论着眼于真伪而论，可以称
为论人之真伪的人性论。参见陈静《自由与秩序的困惑》，云南大学出版社 2004 年版，
第 250—275 页。

　　⑤　参见陈静《自由与秩序的困惑》，第 252—253 页。

　　⑥　"夫道无为无形，内以修身，外以治人，功成事立，与天为邻，无为而无不为，
莫知其情，莫知其真，其中有信。"（《道德》）

大道坦坦，去身不远。**修之于身，其德乃真**。修之于物，其德不绝。(《上德》)

人之将疾也，必先不甘鱼肉之味；国之将亡也，必先恶忠臣之语。故疾之将死者，不可为良医；国之将亡者，不可为忠谋。修之身，然后可以治民。居家理治，然后可移官长。故曰：**修之身，其德乃真**。修之家，其德乃余。修之国，其德乃丰。民之所以生活，衣与食也。事周于衣食则有功，不周于衣食则无功。事无功，德不长。(《微明》)

文子问治国之本。老子曰："本在于治身。未尝闻身治而国乱者也，身乱而国治者，未有也。"故曰：**修之身，其德乃真**。(《上仁》)

上述两处"故曰"，显然是解释《老子》第 54 章。当然，《文子》"真"的观念并不仅仅继承《老子》，还有所发展，《文子》"真"概念与《庄子》大体类似可以分为三类："真人""真知""真性"。① 由于与"德""性"密切相关的是"真性""真人"，故我们主要讨论这两点。我们先看《文子》关于"真性"的讨论：

夫人道者，**全性保真，不亏其身**……遭急迫难，精通乎天……若乃未始出其宗者，何为而不成？(《精诚》)

圣人事省而治，求寡而赡，不施而仁，不言而信，不求而得，不为而成，怀自然，**保至真**，抱道推诚，天下从之，如响之应声，影之像形，所修者本也。(《精诚》)

夫**抱真效诚**者，感动天地，神踰方外，令行禁止。(《精诚》)

饰其外者伤其内，扶其情者害其神，**见其文者蔽其真**，无

---

① 徐克谦认为，《庄子》"真"的观念，主要通过"真人""真知""真性"来进行形象化、具体化的表达。参见徐克谦《庄子哲学新探》，第 70 页。

须臾忘其为贤者，必困其性，百步之中无忘其为容者，必累其形。（《九守》）

天下莫易于为善，莫难于为不善。所谓为善者，静而无为，适情辞余，无所诱惑，**循性保真**，无变于己，故曰为善易也。（《下德》）

清静之治者，和顺以寂寞，**质真而素朴**，闲静而不躁，在内而合乎道，出外而同乎义，其言略而循理，其行悦而顺情，其心和而不伪，其事素而不饰，不谋所始，不议所终，安即留，激即行，通体乎天地，同精乎阴阳，一和乎四时，明朗乎日月，与造化者为人，机械诈伪，莫载乎心。（《下德》）

这里"真"为名词，与"德"类似，表示人的本性之意。《文子》的"真"具体落实在个人身上，有"质真""保真"的讲法，暗示了"性"的本来状态是"真"，"全性保真""循性保真"意味着人需要保持自己本有的天性。同时，这也意味着，人很容易为外物所惑，"真"的本性被丧失。一旦人不能好好保养，就会出现"失其真"的结果，"下至夏殷之世，嗜欲达于物，聪明诱于外，性命失其真"（《上礼》）。需要指出的是，《文子》并未像《庄子》那样，提出了"仁义礼乐"对人本性的束缚，并从马之"真性"来论述人的本性为自然自在自由。①

"真"作为形容词，可以表示那些保全德性之人。"真人"在《文子》中至少出现了 17 次。

真**人**体之，以虚无、平易、清静、柔弱、纯粹素朴，不与物杂，至德，天地之道，故谓之**真人**……**真人**者，知大己而小天下，贵治身而贱治人……不以物滑和，不以欲乱情……故**真**

---

① 参见徐克谦《庄子哲学新探》，第 75—77 页；罗安宪《虚静与逍遥》，第 109—113 页。

人用心仗性，依神相扶，而得终始。是以其寝不梦，觉而无忧。（《道原》）

所谓**真人**者，性合乎道也。……此真人之游也，纯粹之道也。（《九守》）

虚无、平易、清静、柔弱、纯粹素朴，为道之五种形象，不仅从形上层面说明了"道"的无形无象的特性，同时指出了"道"在心性论上具有可把握性、可操作性，也为圣人、真人的修养工夫提供了可能。这里虚无、平易、清静、柔弱、纯粹素朴的五种道之形象，也具有了心性论的意涵。罗安宪指出，道之本性即虚无、平易、清静、柔弱、纯粹素朴，同样这也是人之本性。① "真人"正是在体会了道之本性，认识到物我、身国之别，重视己身之修养，不为外物所动，达到至高的修养境界。

"真人"的修养工夫，要超越耳目鼻口等视听官能，通过"无形""无声"的方法实现。"精存于目，即其视明；在于耳，即其听聪；留于口，即其言当；集于心，即其虑通。故闭四关，即终身无患，四支九窍，莫死莫生，是谓真人。地之生财，大本不过五行，圣人节五行，即治不荒。"（《下德》）"真人者，通于灵府，与造化者为人，执玄德于心，而化驰如神。"（《道原》）"灵府"指"心"。《文子·九守》有《守真》一章，专门讲如何"守真"。通过"无形""无声"的工夫，达到不以耳目等感官视听，而用"心""神"的体道、体德的工夫。

三　政治之德

上文指出，如果将人之德放在政治语境中，君主之德无疑具有政治语境的含义，"德"就有政治之德的意涵。《文子》关于政治之德的论述，带有功利性即对实现现实政治秩序的考量，包括：从

---

① 参见罗安宪《虚静与逍遥》，第102页。

形上之德到政治之德的"上德"、君主的"布德"与万民的"怀德"两个方面。

（一）"上德"：从形上之德到政治之德

《文子》形上之德不仅落实在具体的个人身上，还用于政治的治理，即君主统御百姓的政治策略上。《文子》虽然讲了不少心性之德，但政治之德才是作者最关心的内容。我们在上文提到，形上之德的主要功能是对万物畜养的功能，并表现出"与而不取"的豁达姿态。如果落实在政治实践上，德（道）与万物对应的是圣人与百姓的关系，即圣人对百姓要"施德"，并不是有为的"布德"，而是"无为"不干涉的态度，对待百姓一视同仁的姿态。

> 文子问德？老子曰：畜之养之，遂之长之，兼利无择，与天地合，此之谓德。……故修其德则下从令，修其仁则下不争，修其义则下平正，修其礼则下尊敬。四者既修，国家安宁。故物生者道也，长者德也，爱者仁也，正者义也，敬者礼也。不畜不养，不能遂长。不慈不爱，不能成遂。不正不匡，不能久长。不敬不宠，不能贵重。故德者民之所贵也，仁者民之所怀也，义者民之所畏也，礼者民之所敬也。此四者，文之顺也，圣人之所以御万物也。君子无德则下怨，无仁则下争，无义则下暴，无礼则下乱。四经不立，谓之无道。无道不亡者，未之有也。（《道德》）

在定义完"德"后，作者接着对"仁""义""礼"作了界定。从"德"的定义看，如上文论述形上之德时所说，《文子》"德""畜之""养之"的功能，无疑具有宇宙生成论层面的含义，显示出体现为"道生""德畜"的生成论序列。但从后文"修其德则下从令""德者，民之所贵""君子无德则下怨"等语句对"德"的论述，以及"四者既修，国家安宁""四经不立，谓之无道，无道不亡者，未之有也"来看，这里主要侧重的不是宇宙论的形上之德，而是针对政治语境中君主如何修德的问题。形上之德与政治之德，并非完全不相关的，《文子》形上之德为政治之德提供了基础和保证，具体体现为，"德"对万物普遍畜养的功能，体现在政治语境中，表现为君主对百姓的一视同仁、平等的姿态。

以此理解"畜之养之，遂之长之"，不仅可以看作生成论意义上的作为畜养万物的"德"，而且是政治意义上的，能够兼爱无私、一视同仁地对待百姓的"德"。《文子》明确将"畜之养之，遂之长之"归结于"德"的作用，都是代表"德"能够长养万物，只不过这里的"德"兼具形上之德与政治之德而已。这里主要表示"德"如何长养万物，以及"德"落实在政治治理中，统治者应该扮演怎样的角色，或者君主对百姓的态度。相反，如果"德"不能发挥畜养万物的作用，百姓就无法顺利成长、生活，统治者也无法有效地治理国家，政治治理也无法有效地运行。

以此理解"兼利无择，与天地合"，是代表统治者的行为。具体来讲，"兼利无择"，并不是指《墨子》中的一切个体之间的相爱、相利关系，既指"德"（"道德"）对万物的平等、一视同仁的态度，又指政治意义上的"统治者"与"百姓"的关系问题，尤其是"统治者"对"百姓"采取平等对待的态度。而且此理论是以"德"对"万物"的长养为前提的，因此，无论从理论基础还是从理论内涵看，简本《文子》的"兼利"不同于墨家的"交相利"，而且有较大的距离，因而不能用墨家的理论来解释简本《文子》的"兼利"。统治者通过"畜养""兼利"百姓，最后的目的是达到"与天地合"的效果。因为"天地"本身也是没有偏私的，圣人或统治者以此就可以达到与"天地"同功的境界。

这种"德"其实就是"上德"，在形上之德中表现为，德对万物"与而不取"的姿态，落实在政治实践中，是君主对百姓"无为"的姿态，即对待百姓一视同仁、无所偏私的态度，也就是《老子》提出的"生而不有，为而不恃，长而不宰"的"玄德"。"玄德"也不仅是形上的概念，在面对君主与百姓的问题上，也进入了伦理学、政治哲学的范畴。① 值得注意的是，除"德畜"的功能外，增加了"亲""爱""敬""贵"的论述，问题的关键在于，是否可以理解为"道""德"对万物的态度是，亲、爱、敬、贵呢？按照《文子·道德》的讲法，"亲""爱"属于"仁"的范畴，而"敬""贵"则属于"礼"的范围②，属于伦理的判断，与形上之"道""德"有些距离。该如何理解这一现象呢？我们不必拘泥于儒道之异，默认道家的"道德"不包含任何伦理的判断，继而认为，《文子》中的"道德"不能包含"仁""礼"。恰恰相反，《文子》的"德"既表示形上之德，又内含了"亲爱""敬贵"的伦理准则。在这个意义上，"道""德"对万物的态度，不仅仅是"生""畜"的功能，还包含仁、礼关于的亲爱、敬贵的内涵，这就为《文子》的"上有道德，下有仁义"，"德"接纳"仁义礼"提供了条件，而这恰好是《文子》的特色。

（二）君主的"布德"与万民的"怀德"

由于道家对"无为"的提倡，君主、圣人"虽圣无所施其德"（《精诚》），君主的"不布施"、百姓的"不求德"（《道原》）才是道家最理想的统治境界，这正是上文所提出的"上德"概念。"无为"并不是无所作为、碌碌无为之意，而是对当时统治者对百姓过度的干涉、控制的反思，君主要激发百姓的自我管理、自我约束的潜能，对百姓少干涉、少干扰。虽然如此，在现实政治中，"布德""施德"也是必要的，关键在于把握合适的方式，以此，《文子》提出"下德"的概念，体现为君主的"施德""布德"行为，百姓才能有"怀德"的政治现象。

---

① 关于这点，参见郑开《玄德论——关于老子政治哲学和伦理学的解读与阐释》，《商丘师范学院学报》2013 年第 1 期；曹峰《〈老子〉生成论的两条序列》。最终实现的是"至德"。

② 《文子·道德》"故物生者道也，长者德也，爱者仁也，正者义也，敬者礼也。不畜不养，不能遂长。不慈不爱，不能成遂。不正不匡，不能久长。不敬不宠，不能贵重。"慈爱，对应的是仁，正匡对应的是义，敬宠对应的是礼。

地载万物而长之，与而取之，故骨骸归焉。与而取者，下德也，下德不失德，是以无德。地承天，故定宁。地定宁，万物形。地广厚，万物聚。定宁无不载，广厚无不容。地势深厚，水泉入聚。地道方广，故能久长。圣人法之，德无不容。（《上德》）

如上文所说，此段内容是解释《老子》第38章，这里的"下德"虽然用来解释"下德不失德，是以无德"，但也并非完全否面的评价，与传统对"下德"的解释不完全一致。关于《老子》的"下德"，一般理解为，下德之人刻意追求"德"，想做到保有"德"即"不失德"，反而为下德之举，这主要是反对从意识上有意求德，主张无为的方式。这里的"下德"虽然被定义为"与而取之"，但并非完全否定的评价，从后文以大地为喻，用"深厚""方广"的德性形容，可以看出"下德"是较高的境界。

《文子》的"下德"以大地为喻，将地的德性归结为厚广，也是君主面对百姓，所应有的德性。《文子》关于"布德""施德"的论述，即君主所施行的政治之德，并不完全相同，有厚薄、大小之别。这里的"下德"，与"上德""与而不取"的姿态不同，是"与而取之"，表现为"布德""施德"后并不是无所欲求，而是或想要个人的福报，或想得到国家治理的长治久安。"厚德""广德"会带来福报、天下大治的积极效果，《文子》有"德厚者大，德薄者小"（《上仁》），对于《文子》推崇之德，有"厚德""广德"①，这种说法来源于《老子》"含德之厚"（第55章），"广德若不足"（第41章），这里的"厚德""广德"显然类似于"上德"。《文子》显然继承了这种说法，如"故大白若辱，广德若不足"（《上德》），此处的"广德"，引自《老子》，可能是对"上

---

① 王中江将《老子》中的"玄德""孔德""常德""上德""下德""广德""建德"都列为形下之德，他认为，这些合成词，大都是在"德"前加上形容性的定语，对"德"的程度或性质所作的规定。参见王中江《道家形而上学》，第178页。

德"的描述。而"德厚者大，德薄者小"（《上仁》）的上句为"古者，修道德即正天下，修仁义即正一国，修礼智即正一乡"，类似的说法还见于"古之为君者，深行之谓之道德，浅行之谓之仁义，薄行之谓之礼智，此六者，国家之纲维也，深行之则厚得福，浅行之则薄得福，尽行之天下服"（《上仁》）。"是以圣人因天地以变化，其德乃天覆而地载，道之以时，其养乃厚，厚养即治，虽有神圣，夫何以易之。"（《自然》）这里的"道德"、天覆地载之德是最厚广之德，虽类似于"上德"，但并非"与而不取"的态度，所以理解为"与而取之"的"下德"可能更加合适。当然，需要注意的是，"厚德""广德"的说法，有些能直接归结入"下德"的范围，与大地的广厚之德遥相呼应。如《上义》有"人有厚德"，《上德》有"地广者德厚"。通过"厚德""广德"，最终实现个人的"厚得福"、政治层面的"正天下"。

《文子》所反对之德，有"小德""德薄"的说法，并提出"小德害义"（《微明》），"德薄然后任刑"（《自然》），"民怨即德薄"（《上仁》），"德薄，勇者不为斗"（《上仁》）的社会政治的乱象。《道德》有"夫罪莫大于无道，怨莫深于无德，天道然也"，"无德"必然会导致民众的怨声载道，以及政治统治的失败。值得注意的是，简本《文子》提出了"王德""殆德"的说法，类似于这里的"厚德""薄德"的提法。君主努力修德就能实现"王德"，如"□鬼，鬼则服矣，是谓王德"。相反，如果不修德就是"殆德"，会受到国破家亡的下场。"德。平王曰：不修德"，"者是殆德也"，"是殆德也，人□□"，"有殆德，王若知"，"者必残亡，德义在人者"。

通过"厚德""广德""小德""德薄"的论述，我们知道，在《文子》看来，"德福一致"似乎是理所当然的事情，《符言》有"其施厚者其报美，其怨大者其祸深。薄施而厚望，畜怨而无患者，未之有也，察其所以往者，即知其所以来矣"。君主的"厚施"与"报美"、"大怨"与"祸深"具有一致性，道家高扬人的主观性，强调人可以凭借自己的努力获得自身的幸福。"厚德""广德"主要针对的是人君而非百姓，因而，修德所要面对的主体也应当是君主。具体落实在政治层面上，强调君主在政治统治中的决定性作用。

《文子》多处提出，天下治乱兴亡的关键在于一人，也就是在上位的天子。平王对此很疑惑："今贤人虽有道，而遭淫乱之世，以一人之权，而欲化久乱之民，其庸能乎？"（《道德》）《文子》则突出了君主在政治统治中的决定作用。"天下安宁，要在一人"，并提出了具体的方法，"人主者，民之师也，上者，下之仪也。上美之，则下食之。上有道德，则下有仁义；下有仁义，则无淫乱之世矣"。既然人主是人民的表率，那么君主的一言一行都会影响百姓的生活，作为人民表率的君主如何具备"厚德"呢？《文子》提出了"积德"的方法。政治之德并不是一蹴而就的，而是需要不断积累而成，《文子》有"积德成王，积怨成亡，积石成山，积水成海，不积而能成者，未之有也。积道德者，天与之，地助之，鬼神辅之，凤皇翔其庭，麒麟游其郊，蛟龙宿其沼。故以道莅天下，天下之德也；无道莅天下，天下之贼也"。张丰乾指出"'积'是日积月累的过程，怨和德都可以积，但是'天之道也，不积而成者寡矣'，'积'是'成'的前提。竹简《文子》有'多积'与'毋多积'之词，多积的对象是'德'，毋多积的对象可能是'财'"①。如何在淫暴之世治理国家的策略，是平王咨询文子的问题，文子提出君王要有不断积累"道德"的过程。《文子》以自然现象为喻，从小石到高山、小河到大海，从小到大的渐进过程。人也一样，对人来说，"德""怨"的不断积累，不仅可以成王，而且会导致灭亡。由于君主在政治统治中的决定地位，如果君主能不断积德，可以实现"德流四方"（《精诚》），"德泽流"（《上德》），最终达到"远方怀德"（《自然》），"泽施于下，万民怀德"（《上礼》）的效果。如此，君主就可以实现自身的"功德"，《文子》有"功德至大"（《精诚》），"功德不衰"（《九守》）的论述。

---

① 张丰乾：《出土文献与文子公案》，社会科学文献出版社 2007 年版，第 102 页。

养成与变化

——《吕氏春秋》以"全生"为核心的圣德论

北京大学哲学系　李秋红

摘要：生命的健全和保养是黄老学的核心议题，也是其政治理论的基础。《吕氏春秋》重视黄老道家的"全生"之说，并进一步拓展至政治领域，认为真正的"天子"应当是以使民"全生"为政治目的的人，而实现这一目的则有赖于圣王之德的作用。圣王之德具有天地的属性和功能，这是全生的根据和保障。在政治场景中，圣王为人民提供有利的生存环境以及通过"教"辅助人民养成其"生"的"成"，使人民的天然本性与政治性相统一，从而实现全民之生的政治效果。《吕氏春秋》强调统治者对人民有"养成"之职责，肯定人民的生存权、尊重人民的天然本性。

关键词：《吕氏春秋》　全生　德　黄老

本文拟讨论《吕氏春秋》的圣德论，"圣"是"德"的主体，通常是指得道之人与政治典范，亦即《吕氏春秋》理想中的统治者。《吕氏春秋》书中的"圣王""古之王者""皇""帝"等都是"圣"①，《吕氏春秋》是成于众手的杂家著作，概念不统一就是"杂"的主要表现之一。然而，若《吕氏春秋》中完全没有意义一

---

① 《吕氏春秋》中其他表示统治者的概念如"世主""俗主""王""霸"等则不具有典范性，甚至是被批判的对象。

致的概念就无法构建理论了。① 有学者指出，《吕氏春秋》中的有些概念是"跨越复数篇章的共同主题或理论目标"②，这可能意味着在商定成书的过程中，编写者对这些概念的重要性达成了一致认可，从而作出了整体性的安排。"德"就是这样的一个概念。以往有关《吕氏春秋》"德"观念的讨论基本上都着眼于轻徭赋、宽刑法、施恩惠、利群、爱民、顺民、用贤、纳谏、孝治等具体内容③，这些内容都符合先秦政治思想中的德政范畴，却并非《吕氏春秋》论"德"的主要目标。整体而言，《吕氏春秋》的圣德论在天人的向度中展开，将"全生"作为政治的出发点和最终依归。④ 在承认君主的绝对统治地位的同时，赋予人民的生命权、生存权以崇高的价值。

一 全生："天子"之名与实

公元前 249 年，吕不韦率兵消灭东周，周朝早已名存实亡的"天子"不复存在。秦国在争霸战争中显示出压倒性的优势，由秦国统一天下已成定局。正如佐藤将之所言，在此历史背景中，吕不

---

① 在《吕氏春秋》研究起始的阶段，不少学者，如傅斯年、冯友兰等，都认为《吕氏春秋》只是保存了许多先秦诸子的思想，没有自己的创见，因此只有资料价值，没有理论价值。参见傅斯年《战国子家叙论；史学方法导论；史记研究》，上海三联书店 2017 年版，第 68—69 页；冯友兰《中国哲学史新编》上，人民出版社 2001 年版，第 799—801 页。

② ［日］佐藤将之：《〈吕氏春秋〉的"理"与"理义"概念探析》，《东亚观念史集刊》2013 年第 5 期。

③ 参见田凤台《〈吕氏春秋〉探微》，台北：台湾学生书局 1956 年版，第 123 页；洪家义《吕不韦评传》，南京大学出版社 2001 年版，第 208—228 页；宗晓兰《〈吕氏春秋〉"德"观念论析——兼论对〈老子〉之"德"的继承发展》，《贵州社会科学》2018 年第 5 期；杜云、杨明《〈吕氏春秋〉"君德"思想简论》，《伦理学研究》2016 年第 5 期。

④ 事实上，胡适和贺凌虚都曾指出，"全生"是《吕氏春秋》的政治思想的核心内容之一，但二人对全生的依据、如何实现政治上的全生等问题没有详细讨论。本文从"德"的概念出发，说明全生的依据、途径与意义，从而揭示《吕氏春秋》政治思想的内在理路与思想特色。参见胡适《读〈吕氏春秋〉》，载于《胡适谈读书》，百花洲文艺出版社 2016 年版，第 188 页；贺凌虚《〈吕氏春秋〉的政治理论》，台北：台湾商务印书馆 1970 年版，第 46—47 页。

韦率宾客创作《吕氏春秋》是为了探寻"秦主如何提升为'新天子'而君临天下诸侯和人民的方法"，换言之，如何将秦王提升为真正的天子是《吕氏春秋》的核心关切。① 这一基于史实的观察也能够得到文本上的验证，因为《吕氏春秋》开篇就讨论了"天子"的问题：

> 始生之者，天也；养成之者，人也。能养天之所生而勿撄之谓天子。天子之动也，以全天为故者也。此官之所自立也，立官者以全生也。（《本生》）

这里显示出一种天人相分的立场，"天"是创生者，而"人"是养成者。"人"又分为两种：一种是"能养天之所生而勿撄之"的"天子"，"勿撄"是静，"之"是指天所降予个人生命者（"天之所生"）；一种是需要天子"立官以全生"的普通人，"立官"是"天子之动"，"全生"即"全天"，亦即"天之所生"。② 可见"天子"是静以全己之生，动以全民之生的人。"天子"由于能够凭借自身的能力独立实现"天之所生"而具有"天之子"的意味。同时，"天子"又是"立官"者，也就是政治意义上的统治者。这一养生与治国合一的"天子"也就是"圣人"或理想统治者。③ 用今人的眼光来看，养己之生分别对应于两种理论域，即养生论与政治

---

① 参见［日］佐藤将之：《"周鲁时代"的终结与〈吕氏春秋〉的登场》，《科学·经济·社会》2021 年第 1 期。

② 王范之就说，"天、生、性，完全是属于一个同一的概念。因为全天全生全性，都是讲的全此一个'性'字。按照这篇的意思说：人的性是秉于天，性即是天，因此生也是天"。王范之：《〈吕氏春秋〉研究》，内蒙古大学出版社 1993 年版，第 128 页。

③ 注家对此的意见并不一致，孙锵鸣认为这句话是专就养生论而言的，"官"是指"耳目鼻口"之官，"全生"是"天子"全自己之生。而李宝洤、陈奇猷等人则认为这句话是兼养生与政治而言的，"官"是指"官吏"，"全生"是全百姓之生。孙说之失恰在于将养生与政治分为两事，然而，学者已经指出，从养生到治国是黄老道家思想的一条主要脉络［参见曹峰《黄老道家研究的几个基本问题》，《四川大学学报》（哲学社会科学版）2021 年第 5 期］。此外，从文意来看，"确立官职"意义上的"立官"相当常见，而"确立感官"的说法不仅难以找到文本依据，甚至是违反常识的，因为耳目鼻口之官是与生俱来的，这是古人的共识。

理论，但是在《吕氏春秋》看来，这两方面之间是融贯一体的。如果说上面的一段话似乎还不足以说明这一点，《吕氏春秋》中还有其他论述可以提供佐证：

> 昔者先圣王，成其身而天下成，治其身而天下治。(《先己》)
>
> 故圣人之事，广之则极宇宙、穷日月，约之则无出乎身者也。(《执一》)

圣王"成其身""治其身"，就意味着"天下成""天下治"，二者从结果上来看是一而二、二而一的。只不过治身相对于治天下而言，具有简约的特征，可以使统治者避免对己生的过度耗损，所以治身就具有根本性和优先性，故《吕氏春秋》主张以治身为根本。在"为天下"问题上，一方面是要避免自身的过度参与，另一方面是应当借助"官"的力量来完成。这是典型的黄老道家君无为、臣有为的君臣分职之论，《吕氏春秋》的特色在于它不是从"术"而是从养生的角度来说明其必要性与合理性。[1]

《吕氏春秋》认为"天子"应当以养生为治国之本，而养生的方式是"勿撄"天之所生，这是它对道家思想的继承。但《吕氏春秋》强调政治的积极作用，认为百姓在政治生活中才能"全生"，这就与道家思想有所不同。"全生"见于《庄子·养生主》《文子·微明》《淮南子·氾论训》《列子·杨朱》等道家文本。在这些文本中"生"主要指人的生命，"全生"的对立面是"名""刑"所带来的早亡和形体的伤残。如《庄子·养生主》就说："为善无近名，为恶无近刑，缘督以为经，可以保身，可以全生，可以养亲，可以尽年"，就是说人必须小心谨慎地处理社会上的

---

[1]　君无为、臣有为的君臣分职之道是《吕氏春秋》的核心议题之一，《圜道》《审分》《勿躬》《分职》《处方》等篇都有相关论说，其中《圜道》篇"主执圜，臣处方，方圜不易，其国乃昌"可视为纲领性的表述。相关论述请参见刘咸炘著，黄曙辉编校《刘咸炘学术论集（子学编）》，广西师范大学出版社 2007 年版，第 295 页。

"善""恶""刑""名",才可能保全自身,延长生命。《吕氏春秋·贵生》篇介绍子华子的思想,以"六欲皆得其宜也"为"全生",这与《庄子》等文本中的"全生"概念一样,指对个体生命的保养和存续。《明理》篇又引子华子之言说"夫乱世之民,长短颉牾,百疾,民多疾疠,道多祸殃,盲秃伛尪,万怪皆生",是说君主昏乱,会造成人民畸形、生病、疫疾等各种生理上的怪病。可见子华子已经关注到政治对人民之生的影响,《吕氏春秋》将"全生"作为德治的结果应当与此有关。

周人已称最高统治者为"天子","有命自天"是"天子"的基本内涵(《诗·大雅·大明》),但在《吕氏春秋》看来,"天子"不仅是受天之命,还要全天之功、养天之所生。而这既是指尊重个体生命从而实现全己之生,也是指建立社会组织,助成人民皆全其生。这是《吕氏春秋》在面对新的历史使命时对"天子"之名与实作出的新思考。

二　全生的根据:圣王之德的天地属性

万事万物,包括人的"生"都是由天地所赋予的,圣王为何能够实现百姓的全生呢?这是由于《吕氏春秋》认为圣王之德与天地之德的性质相同,天地对万物生成长养、恩惠爱利,圣人也应当如此:

> 天地大矣,生而弗子,成而弗有,万物皆被其泽、得其利,而莫知其所由始,此三皇、五帝之德也。(《贵公》)

"生""成"与"弗子""弗有"作为"天地"之"大"的两个方面。此"大"的主要意义是"公",即"天无私覆也,地无私载也,日月无私烛也,四时无私行也,行其德而万物得遂长焉"(《去私》),由此可见,天地并不意欲生成万物,只是在自然运转的过程中造成了万物"生""成"的结果,这是"无私"即"公"

的体现。"弗子""弗有"则是"公"的另一方面，它们表明天地在"生""成"之后对万物采取不主宰、不掌控的态度，所以万物不感受到天地对自己所施加的"泽""利"，此即"莫知其所由始"。总之，天地在生成万物的过程中无意志、无偏好，在生成万物之后也不掌控、不主宰，此种至公无私的品格被称为"大"。

《吕氏春秋》对天地与万物之关系的看法与《老子》对"道"与"物"之关系的看法相近。天地对万物"生而弗子，长而弗有"，这与《老子》第51章中道对万物"生而不有，为而不恃，长而不宰"的态度如出一辙。且《去私》篇强调使"万物得遂长"的"德"是去除了私意造作的"大"且"至公"的"德"，这与《老子》第38章中对"上德"的规定也十分相近。第38章有言"上德无为而无以为"，此句应解读为"'上德'之人不会以'德'为念，也没有别的意图"。《老子》强调"上德"，是对行为动机作出反思，强调一种"毫不着意"的"德"以对抗"德"的异化与"道"的失落。①《吕氏春秋》所言天地"无私""弗子""弗有"的态度可谓"无为而无以为"的具体表现。

圣王之德除了生成长养但不控制、不主宰之外，圣人之德的天地属性还表现在覆载万物、光耀万物、变化万物等方面。《本生》篇描述"全德之人"说，"其于物无不受也，无不裹也，若天地然"，这就直接点明"德"对万物的覆载与天地无二。类似的还有《勿躬》篇的"圣王之德……极烛六合……变化万物"，《上德》篇"古之王者，德回乎天地，澹乎四海，东西南北，极日月之所烛，天覆地载"等。《吕氏春秋》将天地的功能和属性交给圣王，极大地提升了圣王的地位，使圣王成为天地之道的代言人与执行人，因此，圣王有资格、有能力承天之功，终天之事，辅助人民乃至万物皆全其生。确立了圣人对"物"的统御和主宰地位。

战国中期以后，大国政治成为主流，中央集权体系逐步建构，

---

①　参见叶树勋《先秦道家"德"观念研究》，中国社会科学出版社2022年版，第122—131页。

面对复杂的政治局面，诸子纷纷发起对何谓理想统治者，如何有效地管理，如何实现良好社会秩序等问题的追问，在这一背景中，统治者的德性、才能、欲求，与臣下、百姓的关系，统治技术、秩序建构等都成为政治哲学关切的对象。黄老道家顺应时代潮流，强调理想统治者的内在之"德"，并由此塑造了黄老道家式的理想统治者。《黄帝四经·经·立命》中黄帝说"余一人［德］乃配天……允地广裕，［吾］类天大明"①，"允地"的"允"是遵从、效法的意思，"配天"与最后的"允地""类天"都是说黄帝之"德"与天地相类。不过，《黄帝四经》中与天地相配的"德"主要用于建立人间秩序，到了《管子》《韩非子》中，圣人的"德"就不仅能够作用于人类社会，同时也具有统御万物的力量了。《管子·心术下》说"正形饰德，万物毕得"，《韩非子·解老》说"重积德"则能"御万物"等，都表明了内面化的"德"对"物"的主宰性和掌控性。《吕氏春秋》将理想统治者（"三皇五帝"）之"德"与天地之德等同起来与黄老道家高扬圣人之"德"的做法是一致的。

　　然而，《吕氏春秋》中的"德"与道家又有所不同。首先，老庄道家认为"德"以"无为"为根本特征，《庄子·天地》篇说"玄古之君天下，无为也，天德而已矣"，《天道》篇说"虚静恬淡，寂漠无为"是"道德之至"。此篇还把圣人比拟为"万物之镜"，就是强调"圣人之心静"，不与万物相往来。《吕氏春秋》虽然也认为圣王之德具有至公无私、"弗子""不宰"的特征，但同时也说"德"要覆载万物、变化万物、泽被万物，归根结底就是要"利万物"，因此《吕氏春秋》中的圣王之德是有为的"德"，是对万物有积极责任的"德"。黄老道家把利物之德与"刑"并列起来，认为治国应当"刑德相养"，恩威并施，《黄帝四经·经法·论约》说"三时成功，一时刑杀"，《十六经·观》也说"春夏为德，秋冬为刑"。但《吕氏春秋》则主要强调"利"的方面，不仅没有德刑并举的说法，还经常将"刑"作为"德"的对立面，认

---

① 魏启鹏：《马王堆汉墓帛书〈黄帝书〉笺证》，中华书局2004年版，第97—98页。

为"而数用刑罚，乱莫大焉"（《审分》），宁愿过赏、不可过罚
"宁过而赏淫人，毋过而刑君子"（《开春》）。这应当也与《吕氏
春秋》始终将"全生"作为圣王之德的核心有关。

三　全生的方式：德对民性的养成与变化

《吕氏春秋》认为圣王之"德"在政治上的效用主要表现在
两个方面，一是人民的归附，如《功名》篇所言，"善为君者，
蛮夷反舌殊俗异习皆服之，德厚也"；二是政治伦理与政治秩序的
实现，如《精通》所言，"德也者，万民之宰也……圣人形德乎
己，而四方咸饬乎仁"。由此可见，圣王之"德"不是纯然内在
的精神境界，它同时也是一种施政方式，对人民具有主宰、支配
的地位。不过，作为统治方式的圣王之"德"，是以全民之生为
前提与依归的：

> 故古之王者，德回乎天地，澹乎四海，东西南北，极日月
> 之所烛，天覆地载，爱恶不臧，虚素以公。小民皆之其敌而不
> 知其所以然，此之谓顺天；教变容改俗而莫得其所受之，此之
> 谓顺情。（《上德》）

这段话首先描述了"古之王者"之"德"的主要特征，即光明、
昭著（"若月之始出""若日之光"），覆载宇宙万物（"回乎天地"
至"天覆地载"）以及"德"没有一己之好恶、公平无私（"爱恶
不臧，虚素以公"）。这三种特征在前文的分析中都已经提及，这
里不再赘述。这段内容的后半部分则指出在"古之王者"之"德"
的治理下，人民的天然性情可以养成。这里"天""情"的意义相
当，就是前文所说的"天之所生"的意思。"顺"注家理解为"顺
应"[1]，这并不完全准确。从文本来看，"顺"的主语是"小民"而

---

[1]　张双棣等注译：《〈吕氏春秋〉译注》，北京大学出版社2011年版，第570页。

非"圣王","顺"描述的是小民被政治化、被教化但不自知的状态。是故,这里的"顺"应该与《重己》篇"凡生之长也,顺之也"的"顺"相同,表示人民的"之其敌"和"变容改俗"是顺着自身"天""情"固有的内在趋向的行动。人民的"天""情"顺向成长,不被戕害,故能得"全生"。

《上德》认为,人民归附于统治者和接受统治者的教化都是符合人民天然本性的。"皆之其敌"句中,"敌"通"适",意为"往";"其"指的是统治者。此句说的是人民趋向于、归附于统治者。《下贤》篇通过声训的方式将"帝"与"适"联系起来,说"帝也者,天下之适也",与这里"小民皆之其敌"的意义相同。《吕氏春秋》认为,小民的"适"是为了寻求合适的生存环境,如寒而求暖、热而求凉,"大寒既至,民暖是利;大热在上,民清是走"。"寒""清"等适宜人民的生存环境被进一步抽象为"利"的概念,《吕氏春秋》认为,既然人民是"见利之聚,无之去",那么统治者要使人民归附,就要"务其所以归",也就是示民以"利"。(《功名》)甚至,《吕氏春秋》把"利"作为"君道"的主要内容规范下来,《恃君》篇说"君道何如?利而物利章"①,《贵公》篇也有"利而勿利也"的说法,此句下高注"务在利民,勿自利也",即君主之职责在于利民,而非为了满足一己之私利。②正是因为"利"在实际上指向了人民的"生",所以《贵公》篇将"利而勿利"与天地对万物的"利"即"生而弗子,成而弗有"等同起来,把它们同样看作"至公"的体现。由此可见,君主为人民创造适宜的生存环境,全民之生是"小民皆之其敌"的前提条件。

"教变容改俗"句中,"教"的意义比较宽泛,《劝学》称"先王之教,莫荣于孝,莫显于忠",《义赏》篇则把统治者示范给人民"忠信亲爱"的道理称为"教",这些行动准则、人伦价值综括

---

① "物"即"勿","章"即"焉"字,为句末语气词。参见陈奇猷《〈吕氏春秋〉校释》,学林出版社1990年版,第1335—1336页。

② 参见陈奇猷《〈吕氏春秋〉校释》,第48页。

于"理"或"理义"的概念之中,故"教"归根结底是"教民平好恶、行理义"(《适音》)。《吕氏春秋》把"教"与"性"联系起来,认为"教"不是"性"的改变,而是"性"的实现。首先,从"教"的方式上来说,"人之情,不能乐其所不安,不能得于其所不乐",所以施教必须"反诸人情"。又因为人情具有"天"保证的普遍性,所以"反己以教,则得教之情也"。其次,从"教"的结果上来说,百姓能把"教"的内容内化于己,并"安之若性",如此才可谓"教成"(《义赏》)。可见"教"就是把"理义"变成"性"。但"理义"原本并非外在于人的东西,《序意》篇谈到,天、地、人之"行",从根本上来说是"行其理也",可见"理"是天、地、人本有的特质。但是,现实中的人极易出现不"嗜乎理义"(《诬徒》)或不能"行理"(《离俗》)的状况,所以才需要圣人重新教人以理义。正因如此,圣王之"教"既能使民"变容改俗",又能使民"安之若性",两者之间毫无冲突。①

"之其敌"与"教变容改俗"象征着人民的政治化,归根结底,《吕氏春秋》追求的是人民"易用"。虽然它在表达方式上不像法家那样冷酷无情,但其思想内里也绝非温情脉脉的以民为本。《适威》篇将君民关系比喻为印章与封泥:"故民之于上也,若玺之于涂也,抑之以方则方,抑之以圜则圜……此五帝三王之所以无敌也。"这种关系隐喻表明,人民如何生活应当完全由统治者的意愿决定。《吕氏春秋》提倡的人民服从管理,为上所用,必要时"乐为其君死",为了国家的利益而献身。这种君民关系已经十分接近法家,尤其是《商君书》的立场,《商君书》就提倡使民性纯朴,为君所用,以至于"为上忘生而战,以尊主安国也"(《农战》)。

虽然如此,《吕氏春秋》与法家的不同之处更为关键。法家主张通过强制手段使人民安于农、"无得擅徙",如学者所言,"这实

---

① 此外,《尊师》篇说,"凡学,非能益也,达天性也。能全天之所生而勿败之,是谓善学"。认为"学"是为了充分实现"天之所生",这就与"教"的最终目的是使人"安之若性"相互呼应。

际反映国家意志对民众需求的一种强力压制，君主帮助民众做出选择"①。相反，《吕氏春秋》却反对统治者用强力的管控手段对待人民，认为理想政治一定是弱掌控力的，是使百姓"不知其所以然""莫得其所受之"的。并且，《吕氏春秋》认为律法、政策不能违背人的本性，《适威》篇说，"乱国之使其民，不论人之性，不反人之情，烦为教而过不识，数为令而非不从，巨为危而罪不敢，重为任而罚不胜"。总之，《吕氏春秋》希望在尊重人民生命权、尊重天情真性的前提下达成理想的统治效果。

结　　论

　　《吕氏春秋》借"皇""帝""古之王者"等理想统治者展开其圣德之论，说明尊重人民、使人民全其生的政治才是好的政治。在《吕氏春秋》看来，由于人性含有复杂的因素，仅凭人民的力量无法实现好的政治秩序，所以统治者的角色必不可少。不过，统治者的行动目的应当是为人民提供有利的生存环境，统治手段也要以是否有利于人民的生存、是否符合人民的性情为判准，避免过度。《吕氏春秋》强调为政者对人民的弱控制力的思想与道家密切相关，在统治者的地位极大提升的历史环境和理论环境中，《吕氏春秋》强调统治者不能滥用其势位，而是应当承担起帮助万民乃至万物"生"与"长"的责任，确立"全生"为"天子"的首要意义，这是《吕》书圣德论的贡献所在。

---

① 孙闻博：《商鞅"农战"政策推行与帝国兴衰——以"君—官—民"政治结构变动为中心》，《中国史研究》2020年第1期。

老子的"道"与"道说"

陕西师范大学马克思主义学院　康中乾　谢玉环

摘要：迄今为止，人们仍把老子的"道"定性为客观唯心主义的概念，当然也有人认为"道"是个唯物主义的概念。但无论是把"道"视为唯心或唯物的概念，这都是对"道"的对象性、概念化处理，这是难以把握"道"的思想本质的。人们之所以屡屡要把老子的"道"定性为唯心或唯物的概念，是由于对恩格斯"哲学基本问题"不正确的理解所致。"哲学基本问题"的实质内涵在思维与存在相关系的**关系**上。从思维与存在的**关系**出发审视老子的"道"，它乃情境性、境域性本体，其内在结构是"有—无"性。而把握这个情境性"道"的思维方式和方法就是现代西方哲学现象学等所谓的现象、显现法，这是让语言自己说话的方法；在老子这里就是让"道"自己开现、显现的"道说"法，这就是老子所谓的"玄—玄"法。

关键词：道　情境本体　"有—无"性　道言

先秦道家因讲"道"而得名。"道"是道家思想的核心范畴，也是中国传统哲学中极为重要和影响深远的思想理论。那么，道家的这个"道"是什么？它是什么哲学性质的概念？如何认识和把握这个"道"？这些问题迄今依然值得我们深思。

一　人与世界的一体存在及哲学本体

关于老子的"道"，学界一直有不同的看法。撮其大要，代表性的观点有四个。（1）认为老子的"道"是彻底的唯心主义概念。如吕振羽、杨国荣如此说。（2）认为老子是唯物主义者，他的"道"是唯物主义的概念。如范文澜、杨兴顺等人如此说。（3）认为老子是"道"与"德"的二元论者。侯外庐就持此说。①（4）认为老子既有唯物主义思想，也有唯心主义思想。例如任继愈原主张老子是个唯物主义者，后又认为老子是唯心主义者；现在他认为老子思想中既有唯物主义因素也有唯心主义因素。②对老子"道"的这些不同看法表明，关于"道"的哲学性质是个很复杂的问题，值得深思。

　　人们为什么要把老子的"道"定性为或唯物或唯心呢？这是因为人们手中都有一把衡量哲学思想之性质的标尺，这就是"哲学基本问题"。"哲学基本问题"是恩格斯在1886年写的《路德维希·费尔巴哈和德国古典哲学的终结》一文中明确提出和阐发的，关于其思想内容，哲学业内人士都耳熟能详，不必赘言。关键的问题是如何认识、理解和把握这个"哲学基本问题"。这个问题提得当然对，也很有意义和价值。但这里的关键是**必须在思维与存在的关系中来认识和理解哲学基本问题，绝不能脱离思维与存在二者的"关系"而单独地从思维或存在出发来对思维或存在说三道四。**为什么呢？因为思维（心、精神、意识、思想、观念、灵魂等）只是思维，它不是存在，它不能自己存在，它只能"被存在"（萨特语）；而存在（自然或自然界、物质、物等）只是存在，它不是思维，它不会和不能思维，它只能被思维或被思想。这就逻辑地决定了思维和存在这二者天生的关系和联系，即思维要去认识和把握存在，而存在只能被思维来把握和认识。存在若不被思维来把握和认识，存在若彻底地处在思维之外，它就没有存在的价值和意义，它的存在与否就是不可知的；若思维不去认识存在，不去把握自己面前的对

---

① 以上观点参见任继愈主编《中国哲学发展史（先秦）》（人民出版社1983年版）一书的"老子的哲学思想"章。

② 参见任继愈主编四卷本《中国哲学史》，人民出版社1979年版，第3册，第四章和附录一。

象性的那个存在，思维就是空的和虚的，它就没有内容，这就导致了它归根结底的非存在。——有人可能会说，思维就是思维，思维即使不去认识和把握存在，它仍然是思维，它仍有，仍存在；它说它自己不行吗?! 它把握它自己还不行吗?! 怎么就成了非存在或不存在了呢? 其实，铁的事实就是思维若不去与它之外的存在相结合，若不去认识和把握存在，它就是纯粹的空无或虚无，它就是非存在或不存在。试想：当你振振有词地说有思维或思维存在着时，你这时难道不是正在用你自己的思维对它作认识吗，即思维自己对自己作把握和认识吗?! 此时的思维实际上是把自身分化为认识主体和认识对象两部分，它自己这个主体性的存在把握着它自己的对象性存在，所以思维自己才能并才会肯定自己的有，自己的存在，这不仍然是一种思维与存在的**关系**吗?! 倘若真的不关系、不关涉存在了，就纯思维言，思维是不能存在和不可存在的。——因此，思维与存在的关系作为"哲学基本问题"，其中心、重心、核心当在思维与存在的**关系**上，而不在和不能在思维或存在各自的自身上!

说到这里，我们有必要澄清一个哲学上长期以来的认识，这就是：在人（人类）出现以前自然界早就存在了，甚至当人类灭亡了后自然世界依然存在着。这个断语对吗? 乍看是对的，人们不仅振振有词地作这个肯定判断，还会援引大量的天文史、地质史、生物史等的事例来说明人出现以前太空星球、山河大地、花草树木、虫鱼鸟兽等的存在这一铁的事实。但是，这个观点或看法实则是错的! 请问：当你在十分自信地说"人（人类）出现以前自然界早就存在了"时，你自己存在还是不存在? 这时这个世上究竟有没有你在? 你来到了这个世上还是没有来? 倘若此时没有你存在，倘若你真的还没有出生或者已经死亡了，那么你能作出"人出现以前自然界早就存在了"这个肯定的判断吗? 事实是，当你说"人出现以前自然界早就存在了"时你自己已经出现了，已经存在了，你就正在存在着。不仅你（人类）存在着，自然界当然也存在着。正因为你（人或人类）和自然界同时存在着，自然界是你面前的对象，你才能去认识和把握它，它也才能被你认识和把握；否则，倘若没有了你（人或人类）或没有了自然界，一切就都归于虚无或空无，还遑谈什么自然界的存在呢！所以，当没有人的时候，当人在这个世上还没有出现的时候，那个自然界可以有，可以存在，但它是什么，它怎么样，这一切的问题就都是空的或虚的，没有任何意义和价值。是人来到了这个世上后，自然界才进入了人的存在和活动中，自然界才与人发生了关系和联系，自然界的存在才是可把握的，它的存在才有了意义和价值。南宋的陆九渊说："宇宙内事乃己分内事，己分内事乃宇宙内事。"①"宇宙便是吾心，吾心即是宇宙。"② 明代的王阳明说："我的灵明，便是天地鬼神的主宰，天没有我的灵明，谁去仰他高？地没有我的灵明，谁去俯他深？鬼神没有我的灵明，谁去辨他吉凶灾祥？天地鬼神万物离却我的灵明，便没有天地鬼神万物了；我的灵明离却天地鬼神万物，亦没有我的灵明，如此便是一气流通的，如何与他间隔得！"③《传习录》中还载有一事："先生游南镇，一友指岩中花树问曰：'天下无心外之物，如此花树在深山中自开自落，于我心亦何相关？'先生曰：'你未看此花时，此花与汝同归于寂；你来看此花时，则此花颜色一时明白起来；便知此花不在你的心外。'"④ 如何看待陆、王的这些话？人们几乎是不假思索地将其判定为十足的主观唯心主义呓语，说它是反动的说教。其实，陆、王说的是对的，讲的是哲理，这说的正是人与世界（实际上就是思维与存在）的**关系**问题，即人给世界带来了意义和价值！倘若没有人存在，倘若人只是个躯壳而没有思维或心在，那么世间的一切东西都就没有意义和价值了，它们存在了能怎么样，不存在又能怎么样呢！萨特屡屡强调，是人这个自为把存在的意义和价值带给世界的。他指出："人当然是唯一使毁灭得以发生的存在。地震和风暴并不造成毁灭，或至少不直接地毁灭：

---

① 《陆九渊集》卷三十六《年谱》，中华书局 1980 年版，第 483 页。
② 《陆九渊集》卷三十六《年谱》，第 483 页。
③ 《传习录》下，《王阳明全集》上，上海古籍出版社 1992 年版，第 124 页。
④ 《传习录》下，《王阳明全集》上，第 107—108 页。

它们只是改变存在物团的分布。存在在风暴后并没有比风暴前有所减少。……（人）这个见证者不在场时，存在在风暴前和风暴后都是一样，如此而已。"①

从思维与存在的**关系**出发，而不是仅仅从思维或存在各自的自身出发，我们就必然逻辑地得出关于哲学上常讲的本原或本体，这就是思维与存在的关系这个**"关系"**本身，即思维与存在的联系、关系、结合、一体、统一才是和才能是真正的本原、本体！这也就是海德格尔说的"人在世中"（In-der-Welt-sein）或"在之中"（In-Sein）的"中"。海德格尔指出："'在之中'意指此在的一种存在建构，它是一种生存论性质。但却不可由此以为是一个身体物（人体）在一个现成存在者'之中'现成存在。'在之中'不意味着现成的东西在空间上'一个在一个之中'；就原始的意义而论，'之中'也根本不意味着上述方式的空间关系。'之中'［in］源自innan-，居住，habitaye，逗留。'an'［于］意味着：我已住下，我熟悉、我习惯、我照料；它具有 colo 的如下含义：habito［我居住］和 diligo［我照料］。我们把这种含义上的'在之中'所属的存在者标识为我自己向来所是的那个存在者。而'bin'［我是］这个词又同'bei［缘乎］'联在一起，于是'我是'或'我在'复又等于说：我居住于世界，我把世界作为如此这般熟悉之所而依寓之、逗留之。若把存在领会为'我在'的不定式，也就是说，领会为生存论环节，那么存在就意味着：居而寓于……，同……相熟悉。因此，'在之中'是此在存在形式上的生存论术语，而这个此在具有在世界之中的本质性建构。"因此，"只有当一个存在者本来就具有'在之中'这种存在方式，也就是说，只有当世界这样的东西由于这个存在者的'在此'已经对它揭示开来了，这个存在者才可能接触现成存在在世界之内的东西。因为存在者只能从世界方面才可能以接触方式公开出来，进而在它的现成存在中成为可通达的。如

---

① ［法］萨特：《存在与虚无》，陈宣良等译，生活·读书·新知三联书店 1987 年版，第 35 页。

果两个存在者在世界之内现成存在，而且就它们本身来说是无世界的，那么它们永不可能'接触'，它们没有一个能'依'另一个而'存'"①。当然，在具体思考人、世界的问题时，是可以和应该将人与世界分开来予以思索、探讨的，可以分别就人的问题和世界的问题予以分门别类的研究。但这是"流"上的问题，而不是"源"的问题，在哲学思想的源上，在其阿基米德点上，人与世必须是也一定是一体存在而不分彼此的，如若分开就错了，也就根本无法作哲学思考了。

《庄子·秋水》中有庄惠"濠梁观鱼"的故事，曰："庄子与惠子游于濠梁之上。庄子曰：'儵鱼出游从容，是鱼之乐也。'惠子曰：'子非鱼，安知鱼之乐？'庄子曰：'子非我，安知我不知鱼之乐？'惠子曰：'我非子，固不知子矣；子固非鱼也，子之不知鱼之乐，全矣。'庄子曰：'请循其本。子曰"汝安知鱼乐"云者，既已知吾知之而问我，我知之濠上也。'"人和鱼是两种东西，那么人能否知道鱼？如何能知道鱼呢？从逻辑上讲，惠施之言的确有理。但惠施在此却犯了一个根本性的哲学错误，这就是将世上的一切存在者都孤立化、个别化了，就是说在惠施看来这个世界上根本就没有和不会有存在者之间的关系和联系，世上的每一个存在者都是孤立存在的，都仅仅有它自己而已。这当然是极其错误的，因为倘若世上的每一个存在者都是孤立的单子，这就等于说整个世上仅有一个存在者而已，别的一切都是虚无或空无；既然仅仅有一个存在者存在而一切都是虚无，那么这个仅有的存在者就只能在虚无中存在或存在于虚无中，那么这个唯一的存在者还能存在吗？它非成为虚无、空无不可！事实是，世上的每一存在者要能够存在，必须和必然有至少两个存在者的同时并存或共存，这样一存在者依赖于他存在者才能各自都得以存在。**这个一存在者和他存在者本来就构成了一个存在构架。**大千世界有众多的存在者，这本来就是一个存

---

① ［德］海德格尔：《存在与时间》，陈嘉映、王庆节合译，生活·读书·新知三联书店 2006 年版，第 63—65 页。

在构架，这就是"世"或"世界"。倘若没有了这个世或世界，一切的存在者都会失去存在之根基而无一存在。庄子所谓的"请循其本"，循的就是和正是与每个存在者都息息相关的、须臾不可离的这个世或世界。正是在世或世界中，人的认识行为和活动才是可能的和可以进行的，因之人才能认识自己面前的存在者。所以，"人—世"或"人在世中"就是哲学活动的地基和原点，就是本原、本体。这个"人—世"也就是哲学上所谓的思维与存在的"关系"问题。中国古代哲学"天人合一"的基本原则和方式、方法，秉持的也正是这一人与世的"关系"原则或"人在世中"的哲学铁律！这个铁律是人的一切活动的根基，丝毫动摇不得！否则，就会差之毫厘而谬以千里！

话说到此，我们大概对把握老子"道"的哲学性质问题有了一个基本的认识原则和方法了。就是说，要认识老子"道"的哲学性质，根本不能只看某个概念，而要把其思想还原到关涉人与世界之存在的整个存在根基上，这个根基就是我们常说的哲学上的本原、本体。而这个本原、本体的实质内涵就是思维与存在之关系的"**关系**"自身。若从思维与存在的关系之"**关系**"出发，可以看出，老子思想原本就不是什么唯心主义或客观唯心主义的，当然亦不是什么唯物主义的或二元论的，它就是个"**道**"论。那么，老子的"道"是什么呢？

二 老子"道"的"有—无"性存在
结构及其情境本体性

"道"是老子思想的核心范畴，《老子》共五千余言，其中有37 章出现"道"字，共有 76 见，出现频率是很高的。那么，老子的这个"道"究竟是什么？实际上，说它是物质性的东西或精神性的东西，把它说成唯物的或唯心的概念，这都有偏颇，都是望文生义的臆测。笔者以为，**这个"道"及非物质又非精神且既是物质又是精神**。看到这个话有人会说你这是胡诌，等于没说。其实，笔者的确说了，而且还要再强调一下："**道**"**的确就是既非物质又非精神且既是物质又是精神！**这里的关键是要把握物质与精神相互关系的"**关系**"，而不是单纯的物质或单纯的精神。物质与精神的关系，就是思维与存在的关系，也就是人与世或世界的关系。前已指出，真正的存在根基既不是单一的物或物质，也不是单一的精神或思维、思想，而是且必定是物质与精神的联系和关系。若世界单纯是物，没有富有思想、意识、精神的人，那么这个世界是可以有，可以存在的，但它的存在没有任何的意义和价值，它除了存在还是存在，这就只是自在的存在而已。而世界如果是单纯的精神或意识、思想，那么它就只能是虚无缥缈的虚无或虚幻，根本不会真实、现实地存在，因为精神就是精神，思想观念就是思想观念，它根本不能和不会自己变成有如物质一样的实体性存在。比如说，头脑中想象一座楼阁终究是观念性的东西，是不会自己把自己实现为真实楼阁的。再说，思想、观念等的精神性的东西本来就是人脑的功能，只有人存在了，人有正常的头脑在，才会有精神这种现象存在。所以，若根本就没有物质性的那个自然世界的存在，若只是或只有个精神世界在，那么这个精神世界永远是空幻、虚幻的，是根本不能实际存在的。可见，单一的物质（自然世界）或单一的精神（精神世界、思想世界等）都不是和不能实际存在，只有物质与精神相互关联、关系了，这二者才都能现实存在，才都有存在的意义和价值。因此，不是单纯的物，也不是单纯的心（精神、思想等），而是**心—物**（或精神—物质、人—自然、人世—物世等）才是这个世界存在的真正本原、本体。

老子的"道"作为一个哲学范畴，表征和揭示的就是人世与物世或人与物或精神与物质的一体存在这一真正的、实际存在的存在性质及其存在状态。《老子》第1章言：

> 道可道，非常道；名可名，非常名。无，名天地之始；有，名万物之母。故常无，欲以观其妙；常有，欲以观其徼。此两者同出而异名，同谓之玄。玄之又玄，众妙之门。

此章是《老子》开宗明义的第 1 章，这里讲的就是"道"的存在性质和存在结构问题，即"道"的"有—无"性结构。"有"和"无"都源于"道"，是"道"的存在结构。正因为有这一"有—无"性存在结构，所以"道"才能自己支撑起自己，才能自我存在，它才是自本自根者，才是本原、本体。倘若"道"只有"有"性，那么它当然可以有，可以存在，但这就会一有到底，这就成了一个死存在，这样的死存在当然不能是本原、本体。同样，倘若"道"只有"无"性，那么它就会一无到底，这就成了空无或虚无，这样的空无当然也不能是本原、本体。"有"和"无"的有机结合，就是"有—无"性，在这里有向无趋进且无向有趋进，有而无之且无而有之，有无相生而生生不息，这就是和才是活的当场生成着和构成着的存在，这就是和才是真正的本原、本体。"道"的"有—无"性结构表明，"道"不是那种有开端和终结的"线"，而是两端敛合、闭合了的"圆"或"环"或"圈"，这就是"道枢"。正如《庄子·齐物论》所言："彼是莫得其偶，谓之道枢。枢始得其环中，以应无穷。是亦一无穷，非亦一无穷也。"

海德格尔在《语言的本质》一文中提到老子的"道"，他说："老子的诗意运思的引导词语叫做'道'（Tao），'根本上'就意味着道路。但由于人们太容易仅仅从表面上把道路设想为连接两个位置的路段，所以，人们就仓促地认为我们的'道路'一词是不适合于命名'道'所道说的东西的。因此，人们把'道'翻译为理性、精神、理由、意义、逻各斯等。""然而，'道'或许就是为一切开辟道路的道路，由之而来，我们才能去思理性、精神、意义、逻各斯等根本上也即凭它们的本质所要道说的东西。也许在'道路''道'这个词中隐藏着运思之道说的一切神秘的神秘，如果我们让这一名称回复到它的未被说出状态之中而且能够这样做的话。"① 海德格尔认为，作为道路的这个"道"根本不是已完成了的一条现

---

① ［德］海德格尔：《在通向语言的途中》，孙周兴译，商务印书馆 2004 年版，第 191 页。

成的、对象化了的路，而是一条正在形成和构成中的即当场构成着
和生成着的活的路，这就是"道"的情境性、境域性。这样的活
"道"才是真正的本原、本体。

可见，老子的"道"根本就不是单一性的"什么"，所以仅用
"有"性或仅用"无"性来规定它，要么把它视为有或唯物主义概
念，要么把它视为无或唯心主义概念，这都是只见树木不见森林，
最终是会断送掉"道"的性命的。"道"是当场生成着和构成着的
活的情境、境域，它是情境化的形而上本体！

三　让语言自己说话的"道言"方式

人如何把握"道"？如何才能认识到这个"道"呢？由于对老
子"道"的哲学性质的或唯物或唯心的判定，而不是就"道"的
情境性、境域性来厘定它，所以人们一贯把握、认识"道"的方式
方法就是那种对象性、概念化了的反思法。所谓反思，顾名思义就
是反过来予以思考和把握，这正是一种对象化了的思维方式，这也
是西方传统哲学的主流思维方式。此种反思方式当然是有用的。然
而，此种思维方式不无根本性缺陷。因为，当对一个存在作反思式
把握时，就不能不把这个存在对象化出来而搁置在思想面前予以操
作之，这就把这个存在提离开了其存在所应有的活境域，这样把握
的存在当然是死的，已失去了其应有的活的性质和价值了。以现象
学、存在论等为主要标志的现代西方哲学，追求的形而上本原、本
体不是那种被提离开生活情境的死的概念化的东西，这种本体论是
无根的（海德格尔语）和无用的，它寻求的是那种活在生活情境中
的有根的活本体，这就是海德格尔所谓的"存在"本身。与把握此
活的情境本体相一致，其思维方式和方法就是那种让本体自身自我
开现、显现的"现象"法，这也就是让语言自己来说话，而不是人
为地来替语言说话。若人为地替语言来说，就有可能说错，就不能
真正把握那种活的情境本体。情境本体一定是活的，它自己自我开
现着和显现着，即自己说着自己，这就是现代西方哲学中颇富现象

学思想识度的"道说"或"道言"法。

与老子情境性、境域性的"道"本论相一致，其把握"道"的方式方法正是那种让语言自己说话的"道说"法。老子对如何把握"道"的问题有自觉地认识和思考。《老子》一开篇就提出了一个非常重要的根本性哲学认识论问题，即"道可道，非常道；名可名，非常名"的问题。这里的第二个"道"字是言说、道说、道出等义。"道可道"是说"道"这个东西是可以言说、道说的，但是一旦对它作了道说后它就不是原本那个活生生的"道"自身了，就被提离开了活的情境而成了道说者面前的对象性存在了，这就成了个死东西。《说文解字》："名，自命也。从口从夕。夕者，冥也。冥不相见，故以口自名。"这是说"名"是在夜晚看不见的情况下为了联络、联系而自己称呼自己的名字。一称呼你自己的名字，对方就知道了你的存在，这就有了你、我的二分状态了。所以，名字是可以称呼（或自称呼或他称呼）的，但一旦称呼出来就失去了你我在冥中一体同在的情境性，就被二分开了。那怎么办呢？对这个"道"到底是道说还是不道说呢？答案只能是：**既道说又不道说，既不道说又道说**，是道说的不道说，又是不道说的道说。因为，若根本不道说，谁也不会知道有个"道"在；甚至于连老子自己都要想一下、说一下这个"道"，倘若他自己根本就不想或根本就不说这个"道"，那么他自己就不会知道有这个"道"在。所以，"道"还是要道说的。但是，一旦道说了"道"，它就成了道说者理性、思想面前的对象了，就与道说者成为主客两分的两截子，这样一来"道"就离人而去，这还有何"道"可言呢?！解决对"道"的道与不道之矛盾的方式就是"道言"，即不是人对"道"来说三道四地指手画脚一番，而是让"道"自己道说自己，也就是让"道"自己显现、开显之，即让"道"自己说话。《老子》第1章提出了对"道"究竟是道还是不道的问题后，自己回答了这个问题，这就是"此两者同出而异名，同谓之玄；玄之又玄，众妙之门"的"玄玄"说。"玄玄"就是"玄—玄"。《说文解字》："玄，幽远也。黑而有赤色者为玄。象幽而入覆之也。"玄的本义是隐蔽而深远，比如黑中泛红的现象就是玄，好像幽暗而有物覆盖着。玄是个会意字，作形容词。这里的"玄—玄"就是让"玄"自己来说话，在这里一个"玄"字可作形容词或名词用，代表什么是"玄"或"玄"这个东西；另一个一定是动词，即正在玄着或曰正在当场构成着、产生着、生成着的玄。这就是说：所谓玄就是正在当场玄着的东西，而正在当场玄着的东西才是玄，这就是让"玄"自己来说话。这里让"玄—玄"自己说话实际上就是让"道"的"有—无"性自己来说话，也就是让"道"自己来自我显现、现象或开显之。海德格尔在《语言的本质》一文中说："诗与思乃是道说的方式。而那个把诗与思共同带入近邻关系中的切近，我们称之为道说（Sage）。我们猜度，语言之本质就在道说中。道说（sagen），在古代斯堪的纳维亚语中叫 sagan，意思是显示（zeigen），即：让显现（erscheinen lassen），既澄明着又遮蔽着之际开放亦即端呈出我们所谓的世界。澄明着和掩蔽着之际把世界端呈出来，这乃是道说的本质存在。"[①] 老子的"玄—玄"法就是让"道"自己说话的"道说"法。

为了加深理解老子这种让语言自己说话的"玄—玄"法，我们且举孔子关于"君君"之说的例子。《论语·颜渊》言："齐景公问政于孔子。孔子对曰：'君君，臣臣，父父，子子。'公曰：'善哉！信如君不君，臣不臣，父不父，子不子，虽有粟，吾得而食诸？'"怎么理解这个"君君"等之谓？流行的解释是把这个"君君"仍作为一个"君"来看待，即君就是个君或曰君要像个君。其实这样理解并不确切。这里的"君君"实际上是"君—君"，在这两个"君"字中，有一个是名词，即君主、君王；另一个则作动词，即正在君临着天下、正在做着一个君主所要做的事情。这两个"君"字中的哪一个是名词或动词呢？两个"君"均可，若第一个是名词，第二个是动词，这是说所谓君主就是一个正在君临着天下的那个人；若反之，则是说一个正在君临着天下的人就是或才是真

---

① ［德］海德格尔：《在通向语言的途中》，孙周兴译，第 193 页。

正的君主。很明显，这就是让语言自己说话，而不是像人们解释"君"那样来替他说话，人为地来替他说三道四一番。人替语言说话的弊端就在于会把这个语言弄成一个光秃秃的对象，还可能会把这个语言说错。而让语言自己说话就是语言自身的当场开显、显现，这表达、传递的难道不正是那种活在当场的正在生成着和构成着的情境形而上本体吗?! 老子的这个"玄—玄"法与孔子的"君—君"法是一致的，都是让语言自己说话的、现象性或显现性的认识方法。

　　《老子》第 48 章在说"为道"即把握"道"的方式时说："为学日益，为道日损，损之又损，以至于无为。"这里的"损之又损"就是"损损"即"损—损"法，这也是让"损"自己来说话。损就是损减、损失，也就是减少。为学是经验性认识，越经历就知道得越多。而为"道"则相反，思维越向外走就离"道"越远，就会失去"道"，所以认识、把握"道"时思维要反转向内，这就是回到认识或思想、思维本身，这就是**我思**或**前反思**的认识活动。这时已经没有了通常那种主体与对象的二分架构了，所以不能说什么或不能说个"什么"，此时的思维是思而不思且不思而思，这就有如梦境一样的一种状态，即当你正在做着梦时你自己并不知道和不能知道这是梦，而只能老老实实地处在这一情境中，并真真切切地感受到它的存在；而当你知道了这只是个梦时，你已在梦之外了，已经苏醒了，已不做梦了。"损—损"说的就是这种梦境似的情况。损，就是减损经验性的东西。但当你要减损去经验性东西时一定有个执行着减损任务的"损"自身存在着，若这样一味地"损"下去就永远有个活的"损"存在着而不能露面，这就最终达不到损的目的。所以，所谓"损"就是正在损着，正在当场构成着、产生着损这种行动；而正在当场损着的行为才是真正的"损"，这样一来思维、思想才能进入自我"损"的过程中而达到自身的我思之情境、境域。《老子》在第 21 章所描摹的"道之为物"的那种"惚兮恍兮""恍兮惚兮""窈兮冥兮"的情境和状态，就是这种"损之又损"的"损—损"法所达到的我思或前反思的情境境界。

　　《老子》中富有让语言自己说话的、现象或显现的认识原则和
方法，这是深刻把握"道"的方法。《老子》第 4 章所谓的"挫其
锐，解其纷，和其光，同其尘"，第 10 章所谓的"涤除玄览"，第
19 章所谓的"绝圣弃智"，第 20 章所谓的"绝学无忧"等，都具
有认识的情境性、境域性，都是一种让语言自己说话的"道说"方
式。人们通常所用的那种抽象的对象性、概念化的方式方法是难以
把握到情境性的活"道"的，而只能将"道"阉割成或唯物或唯
心的干瘪僵尸。

《老子》"使有什伯人之器而不用"意义辨析[*]

中南财经政法大学哲学院　夏世华

摘要：河上公本《老子》第80章的"使有什伯人之器而不用"，已经为帛书本、汉简本证明是《老子》经文保存最完整的，但古今注家对"器"和该章文本结构的理解颇有不同，使得这句话迄无确诂。《老子》该章三个"使"字句的结构，第28章"朴散则为器，圣人用之，则为官长"中"器"和"官长"的关联，和先秦常见的"十人之吏""千人之官"等文例，都足以说明《老子》此章中的"器"指人之材器，"什伯人之器"指才能堪任治十人、百人之官长的贤能者，"使有什伯人之器而不用"即老子"不尚贤"的思想。

关键词：老子　尚贤　河上公　器　小国寡民

"使有什伯人之器而不用"见于河上公本《老子》第80章，在传世本与简帛本中，该句异文颇多，如在传世本中，有"'使'字无、'使'下有'民'字①、'伯'作'佰'、'什伯'作'阡

＊ 本文系中南财经政法大学研究生教育教学改革项目特色教材建设项目"中国哲学史史料学"（编号：JCAL202202）的阶段性成果。

① 刘师培说颇有代表性，其言云："河上本作'使有什伯人之器而不用'，傅奕本作'使民有什伯之器而不用也'，当以傅本为是。此文'使民'与下'使民重死'一律。河上本盖亦有民字，易民为人，又讹书入于什伯之下，遂误读'使有什伯'为句，以人属下别为句，非也。王本亦有民字，观王注'言使民'三字可见。傅本也字衍。"刘师培：《老子斠补》，载熊铁基、陈红星主编《老子集成》，宗教文化出版社2011年版，第11册，第725页。（为免烦冗，下文只标《老子集成》，第×册）

陌'、'伯'下有'人'字、又有'民'字、'之器'作'器之'"
等不同①，在简帛本中，帛书甲本作"使十百人之器毋用"，帛书
乙本作"使有十百人器而勿用"，高明曾指出，帛书甲本、帛书乙
本、王弼本"三者皆有夺字，均非全文"，"河上本此节经文保存
最完整"②，北大汉简本第43章作"使有什佰人之气而勿用"，再
次证明高明的判断准确无误。在传世本的异文中，有些可以直接根
据简帛本予以勘定，如"使"字本有且不当作"虽"③、"使"下
无"民"字、"伯"下有"人"字、"之器"不误等，有些属于较
为常见的文本变化，如"伯"作"佰"、"阡陌"当是"什佰"之
误④。从传世的《老子》注疏来看，"什百人之器，迄无确诂"⑤，
各种见仁见智的意见，有些看似受到了异文的影响，实则更多地受
到对"器"字和该章义理之理解的影响，这也在一定程度上影响了
简帛《老子》的整理。以下根据对"器"的不同理解，先分疏历
史上关于该句的几种主要解释方案及其源流，综合该章的文本语
境、异文、注疏等，对其意义予以辨析，然后进一步反思相关简帛
《老子》校读的意见。

---

① 参见蒋锡昌《老子校诂》，载《老子集成》，第 14 册，第 697 页。
② 高明：《帛书老子校注》，中华书局 1996 年版，第 150—151 页。
③ 马叙伦把"虽有舟舆，无所乘之；虽有甲兵，无所陈之"四句当作"使有什伯之器而不用，使民重死而不远徙"的古注文误入经文者，并据《文子·符言》篇"虽有什伯之器而不用"，谓"《老子》原文当如《文子》"。此外，汪桂年云："使之犹言虽也。使有什伯之器而不用，言虽有什伯之器而不用，犹虽有甲兵无所陈之，《文子·符言》篇引作'虽有什伯之器而勿用'，足可证也。"分别参见马叙伦《老子覈诂》，载《老子集成》，第 12 册，第 848 页；汪桂年《老子通诂》，载《老子集成》，第 14 册，第 386 页。
④ 《汉书·陈胜项籍传》"蹑足行伍之间，而俛起阡陌之中"，王念孙云："'阡陌'本作'什伯'，此因'什伯'误作'仟佰'，故又误作'阡陌'耳。"转引自王先谦《汉书补注》，上海古籍出版社 2008 年版，第 3130 页。《老子》传本中的"阡陌"，亦可据王念孙说，看作"什伯"之误。
⑤ 李零：《人往低处走——〈老子〉天下第一》，生活·读书·新知三联书店 2008 年版，第 207 页。

一　把"器"解为生活用器的解释

在众多较有影响的旧注中，有一些将老子的"什伯之器"理解为与人生活日用有关的各种器物。

第一，以财货解"器"。王弼把"使有什伯之器而不用"和"使民重死而不远徙"关联起来理解，其解前一句云："言使民虽有什伯之器而无所用之，何患不足也？"又解后一句云："使民不用，惟身是宝，不贪货赂，故各安其居，重死而不远徙也。"① 不难发现，王弼是以"货赂"解"什伯之器"的，其思路可以理解为，如果人不贪图货赂，专注于以身为宝，那么"什伯之器"便成无所用之物，人既不会感到不足，更不会冒死远徙去追求它。谷神子在"什伯之器"下云："殖财宝也。"在"而不用"下云："使遵俭也。"② 这和王弼的解释比较接近。这种解释，可能是把通行本第 80 章和第 3 章关联起来理解的结果。林志坚直接以"不尚贤使民不争"解"小国寡民，使有什伯"，以"不贵难得之货"解"民之器而不用"。③ 吴鼐也说："什伯人之器，难得之货也。"④

这类解释思路，看似源于王弼，实则可能始于《文子·符言》，其言云：

> 老子曰：得万人之兵，不如闻一言之当；得隋侯之珠，不如得事之所由；得和氏之璧，不如得事之所适。天下虽大，好用兵者亡，国虽安，好战者危，故"小国寡民，虽有什伯之器而勿用"。

① 《老子集成》，第 1 册，第 234—235 页。
② 《老子集成》，第 1 册，第 124 页。
③ （元）林志坚：《道德真经注》，载《老子集成》，第 5 册，第 682 页。
④ （清）吴鼐：《老子解》，载《老子集成》，第 9 册，第 663 页。

在这段话中，"什伯之器"被理解为诸如"隋侯之珠""和氏之璧"这样的宝器，小国拥有它，很可能会引来他国的争夺，战争随之而起。当然，《文子》的着眼点主要不在小国拥有宝器的危险性，而是意在批评为了争夺宝器而发动战争的行为。

第二，以家用器物解"器"。不同于王弼主要从"货赂"解"器"，也有解者将"器"与民生日用关联起来，又因对"什伯"的不同理解而有几种不同的解释。（1）以什伯指器物之数。如赵志坚云："什伯者，家具杂物之大数，或什或伯。物皆备有，无为省事，故不用之。修身者，国身也。人六识也，言寡小者，谦也。什伯之器谓伎术，伎术可用，故云器。言不用者，为虚忘也。"又说"舟舆则什伯器具之首"①。这看似提供了三种关于"什伯之器"的解释，实则一也，其特点在于从"家"这个视角来理解"器"，认为技术所造以满足家用的器物或什或伯，数量非常多，结合下文，舟、舆则是其中较为重要者。李约把这种解释思路说得更加简洁，其言云："什，物也。伯，成数也。器，民之所用生资也。由君无为，使民有此资业，虽数至于百，亦不税而用之。"②虽然同样强调"无为"，但是李约此注更强调民即便拥有很多资业，君主也不"税而用之"，这可以看作对"物皆备有，无为省事，故不用之"的一种新解。还有学者说，"什伯者，编物为行列，以一计十、以一计百之名。器以什伯称者，言外见风俗同而闾里裕也。器用虽多而不用，以其无贪求、不营为也"③。"器至有什伯，什即十，伯即百，言器之多也。器多至于什伯，宜乎用之者争胜斗奇，日入于奢。然以国小民寡，设使有之能以不用，而各安于俭朴，共处于清静。"④此外，还有将"什伯之器"解为十倍百倍之多的器

① （唐）赵志坚：《道德真经疏义》，载《老子集成》，第1册，第413—414页。
② （唐）李约：《道德真经新注》，载《老子集成》，第1册，第556页。
③ （明）朱得之：《老子通义》，载《老子集成》，第6册，第428页。
④ （清）宋常星：《道德经讲义》，载《老子集成》，第9册，第282页。

用的①，这与十数、百数之多的器用并无本质区别。（2）以"什伯"指人之数。比如："一家而具什伯人之器，是俗奢也。俗奢则民饥，民饥则轻死而远徙也。"② 小国"能省其虚费，裁其繁文，使有什伯人之器而不用，则縻费少而器物多，国家之富可致也"③。这种解释从器用分配的视角发挥老子崇尚俭朴、清静之义。（3）以众人所共解"什伯"。比如：

> 十人所共谓之什器，百人所共谓之百器。清静之治，务使民各遂其生理，而不妄兴作，终无连群聚众之事，故虽器有什伯而不用也。④
>
> 十人为什，百人为伯。什伯之器，重大之器，众所共也。⑤
>
> 什伯人之器，谓一器而可以供什人伯人之用，为什人伯人之敌，言其便且利也，舟舆甲兵是也。今人呼器物犹谓之什伍云。⑥

王雱强调"无连群聚众之事"⑦，吴澄强调"重大之器"⑧，侧重点有所不同，但他们都从众人共之这个意义解"什伯"。需要注意的是，先秦文献未见用"十人之器""百人之器"这样的表述来描述众人所共之器的例子。

---

① 如云："民生丰殖，器足以供人之用，至什伯倍之多，可谓至足矣，而民事少，故无所用。"（清）王定柱：《老子臆注》，载《老子集成》，第10册，第344页。又如："什伯之器，是说物产丰富、财力充足，有多于人类十倍百倍的器用。天下的物产，原是平均养人的，只须人人知足，平均享用，平均工作，天下太平，地力发达，人类不但没有饥寒的忧愁，且使人民有十百倍剩余的器物，人民也不及享用。"许啸天：《老子注》，载《老子集成》，第13册，第643页。

② （明）洪其道：《道德经解》，载《老子集成》，第7册，第687页。

③ （清）黄裳：《道德经讲义》，载《老子集成》，第11册，第177页。

④ （宋）王雱：《老子训传》，载《老子集成》，第2册，第733页。

⑤ （元）吴澄：《道德真经注》，载《老子集成》，第5册，第649页。

⑥ （明）王道：《老子亿》，载《老子集成》，第6册，第275页。

⑦ 还有一种与王雱相似的解释云："什伯之器，十人百人所共之器也。无共为之事，故不用之也。"徐绍桢：《道德经述义》，载《老子集成》，第12册，第396页。

⑧ 另有一种与"重器"相关的解释，"此喻其不见可欲。小国寡民，虽有什伯人所为之重器，固无用也。"胡远濬：《老子述义》，载《老子集成》，第13册，第358页。

以上第（1）（3）两种解释方案，都源于汉代的"什器"一词。奚侗云："《史记·五帝纪》'作什器于寿丘'，《索引》曰：'什器，什，数也。盖人家常用之器非一，故以十为数。犹今云什物也。'此作什伯，累言之耳。国小民寡，生事简约，故虽有什伯之器，亦无所用之也。"① 这点明了第（1）种解释方案的依据所在。《汉书·平帝纪》"天下吏舍无得置什器储偫"，颜师古《注》云："军法，五人为伍，二伍为什，则共其器物。故通谓生生之具为什器，亦犹今之从军及作役者十人为火，共畜调度也。"这是第（3）种解释方案之所本。范应元所引《音辩》之文，即本颜师古。② 《史记索引》和颜师古对"什器"之"什"的解释虽有所不同，但在汉代人的语境中，"什器"一词指家中常用的生生之具，盖无疑义。从解释《老子》的角度来看，这两种解释方案虽都有其语源学上的依据，但它们都是汉代人习用的术语。目前在先秦文献中，既未见过"什器"这个词，也未见过与"什器"意义相类的"伯器""佰器"之类的用法。③ 更为重要的是，目前简帛本和河上公本一样，在"什伯"后面都有"人"字，这意味着，即便先秦文献有"什器""佰器"之类的表述，也与《老子》文本无关。

第三，以器械解"器"。把"器"视为"器械"，一般也同时把"什伯"解为十倍百倍。比如高延第云："国小而事省，民寡而求给，有十倍百倍之器械，即无所用。"④ 胡薇元云"利器机械不用"⑤，也是从道家反对机械、机心的视角作出的解释。这种解释经由胡适的发挥，而为近人所重。胡适云："'什'是十倍，

---

① 奚侗：《老子集解》，载《老子集成》，第13册，第29页。

② 其言云："按西汉诏天下吏舍无得置什器储偫（音峙，颜师古注云：'五人为伍，十人为什。'则共器物故通谓之什伍之具。为什器犹今之从军及作役者十人为火，共畜调度也）。"（宋）范应元：《老子道德经古本集注》，载《老子集成》，第4册，第447页。

③ 《墨子·辞过》"大国累百器，小国累十器"是说时人奢靡，所用美食累百、十个容器，与作为"生生之具"的"什器"无关。

④ （清）高延第：《老子证义》，载《老子集成》，第11册，第329页。

⑤ 胡薇元：《道德经达诂》，载《老子集成》，第12册，第415页。

'伯'是百倍。文明进步，用机械之力代人工，一车可载千斤，一船可装几千人，这多是'什伯人之器'，下文所说'虽有舟舆，无所乘之。虽有甲兵，无所陈之'，正释这一句。"① 支伟成用其说。② 李零说"十百人之器"，"是指十人以上或百人以上使用的器物，技术含量较高，性能比较复杂，比如下文的'舟车'和'甲兵'就是这类器物"③。古棣曾举《孙子兵法谋政》"用兵之法，十则围之，五则攻之，倍则分之，少则逃之"及《商君书·更法》"利不百，不变法；功不十，不易器"的例子，说明古文中表示倍数，常常不用倍字，而直接用基数来表示。刘笑敢引述其说，并谓"准此解'十百人之器'为十倍、百倍于人之器，即用上新式工具一人可抵十人、百人之功，这是有语法根据的"④。这些还是顺着胡适的思路寻求不同的解释，这种解释往往将"十百人之器"和下文的舟、舆关联起来，下文对俞樾的辨析将会说明，这样的理解与《老子》本文三个"使"字句的文本结构是难以协调的。

二 把"器"解为兵器的解释

以兵器来解"什伯之器"，也是较为常见的，比如：

圣人理国，用无为之道，所有军戎器械，或少或多，若伯若千，皆悉不用。小国犹尔，况大国乎？⑤

使有道莅之，犹能使民虽有什伯之器，终不用之于戎事。

① 胡适：《中国哲学史大纲（卷上）》，载姜义华主编《胡适学术文集·中国哲学史》，中华书局1991年版，第49页。

② "什，十倍。伯，百倍。不用力抵十倍百倍于人之器械。如一舟可载百人，一车可载千斤，是皆什伯之器也。"支伟成：《老子道德经》，载《老子集成》，第12册，第706页。

③ 李零：《人往低处走——〈老子〉天下第一》，第207页。

④ 刘笑敢：《老子古今——五种对勘与析评引论》，中国社会科学出版社2006年版，第747页。

⑤ （唐）李荣：《道德真经注》，载《老子集成》，第1册，第388页。

故民乐其生而重其死，安乎土而不转徙。①

什伯乃军旅之长。器，兵，凶器也。不用，言有圣王在上，则君积于道，而吏积于德，民积于顺，则刑罚废而兵甲休。②

什，十也。佰，百也。器者，什物之器也。盖古者师行，二五为什，凡器物之类必共之，谓之什物什具也。③

什伯人之器者，盖行军众共之器也。④

器，兵器也。什，十倍；佰，百倍。状兵器之多，十倍百倍于人民之数也。⑤

这些解释都以老子对战争的批评为背景，强调无为之治，不用兵器。俞樾更细致地说明了这类解释的基本思路，其言云：

什伯之器，乃兵器也。《后汉书·宣秉传》注曰："军法五人为伍，二五为什。则共其器物，故通谓生生之具为什物。"然则什伯之器犹言什物矣。其兼言伯者，古军法以百人为伯。《周书·武顺》篇"五五二十五曰元卒，四卒成卫曰伯"，是其证也。什伯，皆士卒部曲之名。《礼记·祭义》篇曰"军旅什伍"，彼言"什伍"，此言"什伯"，所称有大小而无异义。徐锴《说文·系传》于人部下引《老子》曰"有什伯之器，每什伯共用器，谓兵革之属"，得其解矣。使有什伯之器而不用，使民重死而不远徙，两句一律。下文云：虽有舟舆，无所乘之，虽有甲兵，无所陈之。舟舆句蒙重死而不远徙言，甲兵句蒙什伯之器不用而言，文义甚明。河上公本什伯下误衍人

---

① （唐）陆希声：《道德真经传》，载《老子集成》，第1册，第618页。
② （清）马自乾：《太上道德经集解》，载《老子集成》，第8册，第646页。
③ （清）董德宁：《老子道德经本义》，载《老子集成》，第10册，第73页。
④ （清）邓晅：《道德经辑注》，载《老子集成》，第10册，第284页。
⑤ 谭正璧：《老子读本》，载《老子集成》，第15册，第680页。

字，遂以使有什伯四字为句，失之矣。①

俞樾所引《后汉书注》文是解释"赐布帛帐帷什物"（《后汉书·宣秉传》）的，此注本于前文所引颜师古对《汉书·平帝纪》"什器"的注解。从中可见，"什物"即"什器"。俞樾特别引《周书》来说明"其兼言伯"的原因，并明确认为"什伯，皆士卒部曲之名"，这应该是因为他已经注意到《史记》《汉书》等汉代文献中有"什器""什物"这样的用法，而没有"伯器""佰器"等词，这是其思考细密的地方。然而，俞说也有需要辨析的地方。

第一，俞樾称"彼言'什伍'，此言'什伯'，所称有大小而无异义"②，这一看法并不确当。"什伯，皆士卒部曲之名"，显然有取于河上公《注》的说法，下文将指明，这是从汉代军队编列之法来理解"什伯"之义。在先秦文献中，"什伍"一词较为常见，比如《韩非子·和氏》说"商君教秦孝公以连什伍"，《定法》篇又说"公孙鞅之治秦也，设告相坐而责其实，连什伍而同其罪"，其法可参考《管子·立政》，其言云：

> 分国以为五乡，乡为之师，分乡以为五州，州为之长。分州以为十里，里为之尉。分里以为十游，游为之宗。十家为什，五家为伍，什伍皆有长焉。筑障塞匿，一道路，博出入，审闾闬，慎筦键，筦藏于里尉。置闾有司，以时开闭。闾有司观出入者，以复于里尉。凡出入不时，衣服不中，圈属群徒，不顺于常者，闾有司见之，复无时。若在长家子弟臣妾属役宾客，则里尉以谯于游宗，游宗以谯于什伍，什伍以谯于长家，谯敬而勿复。一再则宥，三则

① 俞樾：《老子平议》，载《老子集成》，第11册，第675页。
② 林希逸也有类似的理解，其言云："小国寡民，犹孟子言得百里之地，皆可以朝诸侯、一天下之意。老子盖曰有道之人若得至小之国、不多之民，并而居之，使有什伯，如今人之保伍也，人人皆有可用之器，而不求自用。"（宋）林希逸：《道德真经口义》，载《老子集成》，第4册，第525页。

不赦。凡孝悌忠信、贤良俊材，若在长家子弟臣妾属役宾客，则什伍以复于游宗，游宗以复于里尉，里尉以复于州长，州长以计于乡师，乡师以著于士师。凡过党，其在家属，及于长家。其在长家，及于什伍之长。其在什伍之长，及于游宗。其在游宗，及于里尉。其在里尉，及于州长。其在州长，及于乡师。其在乡师，及于士师。三月一复，六月一计，十二月一著。凡上贤不过等，使能不兼官，罚有罪不独及，赏有功不专与。

《管子》一书中，频繁出现"什伍"一词，如"修乡间之什伍""修乡里之什伍""连什伍""什伍以为行列""定什伍口数""以什伍农夫赋耜铁"（依次见于《幼官》《幼官图》《地图》《禁藏》《度地》《轻重乙》篇）等。《晏子春秋》谓"昔吾先君桓公，能任用贤，国有什伍，治遍细民"。《周礼》"宫正"掌"会其什伍而教之道艺"，"司寇"掌"掌乡合州党族闾比之联，与其民人之什伍"。在这些文献中，"什伍"专指以管子、商鞅等法家所倡导施行的编户之法，因什家、伍家是其最基本的单位，故以"什伍"作为概称。然而，"什伯"一词在先秦文献中从未具有与"什伍"相关的意义，"或相倍蓰，或相什伯，或相千万"（《孟子·滕文公上》）与"游商得以什伯其本也"（《管子·七臣七主》）中的"什伯"意义全同，都指十倍、百倍。"什伯"与"行伍"相对，始见于汉代文献。高亨云：

> 俞说是也。《文子·符言》篇曰："天下虽大，好用兵者亡。国家虽安，好战者危。故小国寡民，虽有什伯之器而不用。"正解什伯之器为兵器也。《淮南子·兵略训》曰"正行伍，连什伯"，《史记·秦始皇本纪》曰"蹑足行伍之间，而倔起什伯之中"，皆以行伍与什伯对文，亦什伯为士卒部曲之名之证。①

---

① 高亨：《老子正诂》，载《老子集成》，第 14 册，第 83 页。蒋锡昌也赞同俞樾以兵器作解。

高亨引《文子·符言》来说明"什伯之器为兵器",可能是断章取义的结果。前文完整引用了《文子·符言》的话,从中可以看到"什伯之器"和"隋侯之珠""和氏之璧"很可能是相关的,《文子》并未将"什伯之器"指为兵器。至于举出《史记》和《淮南子》的例子来说明"什伯为士卒部曲之名"是汉代的常识,这当然是有说服力的,然而他和俞樾一样,都没有注意到这个意义的"什伯"在先秦文献中极为少见。如高氏所引,汉代常用的"什伯",是军队编列之法,常以"人""夫"等为单位,而先秦常用的"什伍"是编户之法,常以"家"为单位,甚至到汉代也还是如此。如《盐铁论·周秦》云"今以子诛父,以弟诛兄,亲戚相坐,什伍相连",《后汉书·王充王符仲长统列传》云"明版籍以相数阅,审什伍以相连持,限夫田以断并兼","什伍"与"版籍""夫田"并列,其作为编户之法的意义甚明。既然在汉代"什伯"和"什伍"都是所指不同的,那怎么能说它们"所称有大小而无异义"呢?①

第二,俞樾以"什伯之器"为兵器的另一个依据在于对《老子》文本结构的理解,即认为"使有什伯之器而不用,使民重死而不远徙","两句一律",并分别与下文"虽有舟舆,无所乘之,虽有甲兵,无所陈之"相对应。这种理解也颇为可疑。"俞氏释什伯之器为兵器,又谓兵革之器,虽言之有据,究与下文'虽有甲兵无所陈之'显有抵触。"② 这一批评是所有将"什伯之器"理解为兵器都难以回避的。《老子》该章在"小国寡民"后面以三个"使"字开头的结构,应该引起注意。若以三个"使"字作为理解《老子》该章文本结构的标识,则可以将"使民重死而不远徙,虽有舟

---

① 俞樾所引《礼记·祭义》文,全文作"军旅什伍,同爵则尚齿,而弟达乎军旅矣",这句话中的"军旅"与"什伍"应理解为并列关系,"什伍"仍当指编户之法。之所以最后仅言"达乎军旅"而不及"什伍",可能是因为《祭义》前文已经言及"达乎州巷",作为组织乡民的方式,"州巷"与"什伍"是不同的两种系统,都用"同爵则尚齿"的原则,但二者皆属于组织乡民的方式则无不同。"达乎州巷"与"达乎军旅"已经兼顾了乡里和军队两个方面,故不复言"达乎什伍"。俞氏大概把"什伍"理解为"军旅"的同义语,故以为先秦讲"什伍"和汉代讲"什伯"并无不同。

② 李大防:《老子姚本集注》,载《老子集成》,第13册,第441页。

舆，无所乘之，虽有甲兵，无所陈之"作为一个整体来理解，由
"甲兵"可知这句话与战争有关。古人云："兵马未动，粮草先
行。""舟舆"在这里可以理解为运送粮草的交通工具，老子只是
反对将"舟舆"作为服务于战争的工具，而未必如胡适所言是
"要想把一切交通的利器，守卫的甲兵"全行废除。① 照这样的思
路来理解这句话，就会发现老子对战争的批评，已经全面涉及了战
争中的各种要素，"民"既要驾"舟舆"以运送粮草，又要执持
"甲兵"以接敌应战，故"使民重死而不远徙"便可视为蒙下两
"虽"字句而言的，"使民重死"，故"虽有甲兵，无所陈之"；
"使民不远徙"②，故"虽有舟舆，无所乘之"。既然老子在第二个
"使"字所统的话中已经全面、清楚说明了其反对战争的立场，那
在前面又有何必要说一句意义与之全同却令人费解的话呢？

三　把"器"解为人之材器的解释

河上公《章句》是现存最早的全本《老子》注解，其文本与简
帛本一样有"人"字，作"使有什伯人之器而不用"，但将该句断
开，并解"使有什伯"云："使民各有部曲什伯，贵贱不相犯也。"
解"人之器而不用"云："器谓农人之器。而不用，不征召夺民良
时也。"③ 顾欢继承了河上公的断句，并进一步解释说："什百，部
曲之名也。十家为什，百人为百，使各部曲，以相总率也。""人谓
农人也。使各农人之器，而不相为用。谓在上无为，在（下阙）。"④
所谓"部曲"，《史记·李将军列传》"广行无部伍行陈"下司马贞

---

① 胡适：《中国哲学史大纲》（卷上），第49—50页。

② 帛书乙本、北大汉简本《老子》作"远徙"，无"不"字，帛书甲本作"远送"，整理者以"送"为"徙"之误字。简帛本和传世本在意义上可相通，作"远徙"，与前文"重死"对称为文，"重"意为"以……为重"，"远"意为"以……为远"，亦不重之意。传世本"不远徙"，则意为不迁徙到远地。相较而言，简帛本表意更准确，因为老子要说的是不徙，而非徙之远近。

③ （汉）河上公：《道德真经注》，载《老子集成》，第1册，第175页。

④ （南北朝）顾欢：《老子道德经注》（敦煌本），载《老子集成》，第1册，第246页。

《索隐》云："《百官志》云：'将军领军皆有部曲。大将军营五部，部校尉一人，部下有曲，曲有军候一人也。'"所谓"什伯"，《史记·秦始皇本纪》"蹑足行伍之间，而倔起什伯之中"下《集解》云："《汉书音义》曰：'首出十长百长之中。'如淳曰：'时皆辟屈在十百之中。'"由此可见，河上公是以汉代的军队编制方法来解"什伯"之义的，军队由上至下有部、曲以至于伯、什之别。上文对俞樾说的辨析中已经指出，"什伯"作为军队编列之法的意义，在先秦文献中极为罕见，河上公以汉人习以为常的用语解《老子》，虽影响深远，但得不到语言学上的证据。相应地，在这种理解之下所作的断句，也并不妥当，后人也多不采用。不过，河上公的解释并非一无是处。"器谓农人之器"，读者很容易把"农人之器"理解为农民用于耕作的生产、生活用器①，但这样就很难与后面主要与人相关的"不征召""夺民良时"关联起来。仔细推敲，河上公说的"农人之器"指的应是农人之有材器者，"不用"即不征召入伍，使其为什伯之长，既不征召，则农人之有材器者仍得为农，不夺民时便得以实现。若此解不误，则河上公当是最早实质上以材器义作解的。黄傅祁把该句改为"小国寡民，使有什伯，器之而不用"，并云："什伯即比闾族党之法，虽小国寡民，不能废此，况众大乎？器之者，随其方之大小成就其材，而非欲以资我之用。"②以"比闾族党之法"解"什伯"，可以看作基于耕战一体的古代社会结构对作为军队编制之法的"什伯"之义的合理延展，但其不取"人之器"的文本，而标"器之"的新说，实不足取。

唐玄宗可能是最早明确将"器"解为"材器"的，其言云："什，仵也。伯，长也。此章明人君含其淳和，无所求及，适有人材器堪为什仵伯长者，亦无所用之矣。"③其《疏》云："寡，少

---

① 严复评点河上公注云："汉阴丈人不取桔槔，则有什伯之器而不用者也。"这可以视为以《庄子》"桔槔"说河上公"农人之器"。严复：《老子道德经评点》，载《老子集成》，第11册，第564页。

② 黄傅祁：《道德经大义》，载《老子集成》，第11册，第520页。

③ 《唐玄宗御注道德真经》，载《老子集成》，第1册，第447页。

也。什，伍也。伯，长也。器，材器也。此论淳古之代也。言国小者，明不求大。言人少者，明不求多。不求大，则心无贪竞；不求多，则事必简易。简易之道立，则淳朴之风著。适使有出人之材器，堪为什伍伯长，以统于人者，亦无所用之矣。"① 把"什"训为"伍"，这应是考虑了"什伍"这种编户之法的。

　　按照唐玄宗的理解，"什"与"伯"之间不再是并列关系，河上公本、简帛本"什伯人"之"人"字也属多余。后来有一些解释虽也从"材器"的意义作解，但并不用如此迂曲的办法来理解"什伯"。比如王真说"什人之豪，百人之长"②，苏辙说"什伯之器，则财堪什夫伯夫之长者也"③，邵若愚说"使民有什（十人曰什）夫之器、伯（百人曰伯）夫之器，智识可为官长者而不用也"④，何道全说："什者，十人之长也。伯者，百人之长也。此人材器可为十百人之长，亦无所用也。如愚子云：'无为治化，不用才能。'"⑤ "什伯之器，并十曰什，兼百曰伯。器，材也。老子自谓以我无为之治，试于小国，纵使有兼十夫百夫之材者，亦无所用之，以民淳而无事故也。"⑥ 这都是认为"什伯"有十人、百人的意思，只是对十人、百人之材器尚有一般义和小材义的分别。⑦ 至此，"使有什伯人之器而不用"与老子"不尚贤"（王弼本《老子》第3章）的思想关联就呼之欲出了。董思靖云："人稀务简，君无事于尚贤，而民各安其性分之天，使有材器堪为什夫、伯夫之长者，亦不求用于世矣。"⑧ 李道纯更是直接以"不尚贤"注"使有

---

① 《唐玄宗御制道德真经疏》，载《老子集成》，第1册，第512页。
② （唐）王真：《道德经论兵要义述》，载《老子集成》，第1册，第582页。
③ （宋）苏辙：《道德真经注》，载《老子集成》，第3册，第30页。
④ （宋）邵若愚：《道德真经直解》，载《老子集成》，第3册，第583—584页。
⑤ （元明）何道全：《太上老子道德经》，载《老子集成》，第6册，第206页。
⑥ （明）憨山德清：《老子道德经解》，载《老子集成》，第7册，第440页。
⑦ 如邵若愚是取一般义，而苏辙就将"什伯之器"看作"小有材者"，李嘉谋也说："小国寡民，则什伯之才用。什伯之才用，则大者弃也。"（宋）苏辙：《道德真经注》，载《老子集成》，第3册，第30页；（宋）李嘉谋：《道德真经义解》，载《老子集成》，第3册，第651页。
⑧ （宋）董思靖：《道德真经集解》，载《老子集成》，第4册，第392页。

什伯之器而不用",并云:"国虽小,民虽寡,自以为足,使有才能者不得见用,则民自然,无知无欲。"① 更有甚者,直接以通行本《老子》第3章的"不尚贤"和"不贵难得之货"对应于"小国寡民"后的两"使"字句。② 以"不贵难得之货"解"使民重死而不远徙"显得较为牵强,但将"不尚贤"和"使有什伯人之器而不用"关联起来,则是富于启发性,也合乎老子思想的。

前文辨析了作为军队编制之法的"什伯"较少见于先秦文献,那么与"尚贤"相关的"什伯人之器"是否可以证之于先秦文献呢?③ 在先秦文献中,并无十人之器、百人之器这样的文例,不过,若以董思靖"材器堪为什夫、伯夫之长"作为对"什伯人之器"较通透的解释,则可以发现先秦文献中有很多例子都足以支撑这样的理解。比如《墨子·尚贤中》云:"不能治百人者,使处乎千人之官;不能治千人者,使处乎万人之官",这是"知不什益,而予官什倍,则此治一而弃其九"。官即长也,这里的"千人之官""万人之官"即治千人之官、治万人之长,而墨子此篇名《尚贤》,其所讨论的问题,正是一个人的材器与其所治范围应相互匹配,亦即材器能治百人者,就应让其处百人之官,能治千人者,就让其处千人之官。又如《鹖冠子》云:"十人爱之,则十人之吏也;百人爱之,则百人之吏也;千人爱之,则千人之吏也;万人爱之,则万人之吏也。""吏"也是官长的意思,这是从被治者的角度,来说明材器与官位相称,而这段话不仅出现了"千人之吏""万人之吏"的用法,而且出现了"十人之吏""百人之吏"这样的用法。此外,《文子·上礼》云:"天下之高,以为三公;一州之高,以为九卿;一国之高,以为二十七大夫;一乡之高,以为八十一元士。智过万人者谓

① (宋元)李道纯:《道德会元》,载《老子集成》,第5册,第23页。

② "不尚贤,即有兼人之材,而长无所用。不贵货,使民重死而不离其地。"(清)花尚:《道德眼》,载《老子集成》,第9册,第322页。

③ 鉴于简帛本和河上公本都作"什伯人之器",如前文所引何道全、憨山德清等人的意见,据传世本"什伯之器"将"什"解为"十人""十人之长",把"伯"解为"百人""百人之长",虽属通见,但已无必要另外列举先秦文献加以讨论。

之英，千人者谓之俊，百人者谓之杰，十人者谓之豪。"这里的"天下之高""一州之高""一国之高""一乡之高"的标准都是下文的"智"，亦即人的才智、材器，人能从十人、百人、千人、万人之中凸显出来，才是豪、杰、俊、英的人材。《鹖冠子·能天》说"德万人者谓之俊，德千人者谓之豪，德百人者谓之英"，虽然这里用"德"作标准，且以万人为俊、千人为豪、百人为英，但是其以百人、千人、万人这样的话来描述人材器、德能的差别则并无二致。《白虎通·圣人》引《礼别名记》曰："五人曰茂，十人曰选，百人曰俊，千人曰英，倍英曰贤，万人曰杰，万杰曰圣。"这可以视为对先秦以降各种说法的一次整合，构成了一个描述人之材器层级的完整序列。通过这些文例，可以证明从先秦到两汉都有以能够治理十人、百人、千人、万人等来区分人之材器的习惯，这实质反映了德位相称这一政治观念对语言使用的深刻影响。

其实，《老子》的文本自身也能佐证"器"的材器义。通行本《老子》第28章说"朴散则为器，圣人用之，则为官长"，"朴"是老子眼中的上德、常德，其"散"则降而为下德之器，圣人任用之，则从"器"转变为"官长"，这有助于看清老子用"什伯人之器"和上文列举的十人之吏、百人之吏、千人之官、万人之官之间的关系。

四　对简帛《老子》相关校读意见的反思

除了以上各种解释之外，尚有从道教导引之法作解的①，因其纯属借题发挥，今不具论。关于马王堆帛书和北大汉简《老子》的

---

① 成玄英将"小国寡民，使民有什伯之器而不用"连起来作解，其言云："国，域也，谓域心住空，故言小国。即小乘寡欲之人，亦是谦小寡欲之行。器即六根十恶之兵器也。根虽有六，用乃无穷。言什伯者，举其大数。而不用者，言静息诸根，不染尘境。"（唐）成玄英：《老子道德经开题序诀义疏》，载《老子集成》，第1册，第345页。"器有什伯，非止一处，皆傍门导引之法，可以一时见功，久必偾矣，非圣人流传之法，故而不用。"（唐）纯阳帝君：《道德经解》，载《老子集成》，第8册，第185页。"采取药物水火烹炼，皆是也。圣胎已结，抱元守一，一切药物水火之器，无所用矣。"（清）刘一明：《道德经会义》，载《老子集成》，第10册，第192页。

一些校读意见，倒是更值得关注。帛书甲本、乙本"小国寡民"章都抄在"江海之所以为百谷王"章之后，在帛书甲本"使十百人器毋用"下，整理小组注释云："乙本作'使有十百人器而勿用'，严遵本作'使人有什伯之器而不用'，傅奕、范应元本同，人作民。按《周礼·乡师》'闾共祭器，族共丧器'，十百人器盖指古吉凶礼乐之器，老子非礼，故言不用。"① 此解虽有取于前人"众共之义"，但从"老子非礼"出发，引《周礼》为据，以"吉凶礼乐之器"来解"十百人器"。这是前所未见的新解，这种新解也不无可疑。其一，此解从"老子非礼"出发，这固非不可，但其必待《周礼》之文才能将"器"引申到礼乐之器，且在先秦文献中，未见以"十百人器"这样迂曲的表述来指礼乐之器的；其二，前文已经指出，众共之义是从作为军旅编制之法的"什伯"中引申出来的，此解直接将其转入礼乐的语境中，也不太恰当。《长沙马王堆汉墓简帛集成》校正了原注的一些表述错误，"原注对'十百人器'的解释似也可疑，高明认为'十百人之器，系指十倍百倍人工之器'，'系指相当于十百倍人工之器'，可参考"②。这便是用高明的解说替代了原注。

高明试图辩驳俞樾的观点，他首先指出："俞氏之说曾颇得学者们赞同，但今同帛书《老子》勘校，甲、乙本虽各有夺文，唯'十百'之下皆有'人'字，同作'十百人之器'，而非'十百之器'，此绝非偶合，《老子》原文即当如此。"然后，他引用苏辙和日本学者大田晴轩的说法，说明"'十百人之器'，则谓材堪十人百人之长者"③。最后，又据胡适的解释，认为"'十百人之器'系指相当于十、百倍人工之器"。高明认为，俞樾之误体现在"'十

① 国家文物局古文献研究室编：《马王堆汉墓帛书（壹）》，文物出版社1980年版，第8页。
② 裘锡圭主编：《长沙马王堆汉墓简帛集成》，中华书局2014年版，第4册，第34页。
③ 朱谦之以为俞樾、奚侗"二说皆可通"，也曾援引苏辙、大田晴轩说，认为"此说较迂曲，并存可也"。参见朱谦之《老子校释》，中华书局2000年版，第308—309页。

百人之器'，其中并不排除兵器，但俞专指兵器而言，似欠全面"①。根据帛书本"十百"下有"人"字，指明俞樾立说所依据的文本非《老子》之旧，这至少到目前为止，仍是合乎校勘学原则的。然而，在对"十百人之器"的理解上，高说把苏辙、大田晴轩的解释糅合到胡适的解释中去，这种做法实在令人不解。从前文的梳理可见，苏辙是以材器解"器"的，其问题意识在于"不尚贤"；胡适是以器械解"器"的，其问题意识在于道家反对机械、机心，两者相去甚远。关键在于，即便十倍百倍于人力之器械勉强可以与道家反对机械、机心的思考关联起来，这样的命名也是十分奇怪的。此类器械，倒是称为"人多伎巧，奇物滋起"（王弼本《老子》第57章）的"奇物"更为合适。先秦文献没有十人之器、百人之器这样的表述，也表明胡适的解释缺乏语言学上的证据。

　　然而，高说成为后来进一步整理帛书和汉简《老子》的重要参考。《长沙马王堆汉墓简帛集成》以为"高明认为'十百人之器，系指十倍百倍人工之器'，'系指相当于十百倍人工之器'，可参考"②。汉简本整理者的注释也说"'什佰人之器'即十倍百倍于人之力之器"③，这也可看作对高说的一种肯定。本文完全赞同将简帛本和传世本结合起来，将该句中差异较大的文本校读为"什佰人之器"，然而，对于将其理解为"十倍百倍于人之力之器"则不敢苟同。

　　总而言之，结合简帛文献，《老子》"小国寡民"下一句本是"使有什伯人之器而不用"，"器"指人之材器，"什伯人之器"指才能堪任治十人、百人之官长的贤能者，"使有什伯人之器而不用"即老子"不尚贤"的思想。

---

　　① 高明：《帛书老子校注》，第151—152页。
　　② 裘锡圭主编：《长沙马王堆汉墓简帛集成》，第4册，第34页。
　　③ 北京大学出土文献研究所编：《北京大学藏西汉竹书（贰）》，上海古籍出版社2012年版，第143页。

试论《道德经》的反问句[①]

清华大学人文学院哲学系　袁　艾

摘要：本文尝试讨论反问句的使用与老子修辞表达和语义建构的关联。王弼本《道德经》中使用了单个、成组乃至连串反问句的章数，占全书比例约24%。反问句研究较多被纳入古汉语研究范畴，其研究重于何谓反问句，而非为何使用反问句，及其特定语境下使用的目的。本文认为《道德经》平行文本中对反问句使用的差异值得我们进一步探索。首先，不同版本《道德经》中反问句内容的显与隐，恰好传达了不同版本义理所蕴含的差别。其次，反问句具有反思性、对话性功能，有利于增强《道德经》的说服力，并将其与"权威式""断言式"的文本区分。最后，反问句传达的辞气常被用以打动读者、听众。借由反问句的表述，我们往往能够探察到那些蕴藉于文本语义的差异，而非仅是字词的差异。

关键词：反问句　《道德经》　意义建构　平行文本　修辞效果

---

① 本文翻译自英文论文"Rhetorical Questions in the Daodejing：Argument Construction，Dialogical Insertion，and Sentimental Expression"，见 Misha Tadd 主编特刊"Global Laozegetics：Engaging the Multiplicity of Laozi Interpretations and Translations"，*Religions*，Vol. 13，No. 3，2002，252。本文系北京市社会科学基金青年学术带头人项目之"默言：跨文化视野下的中国修辞逻辑"（21DTR002），研究成果在郭华苓翻译初稿基础上修改而成。感谢应文昱在校对工作上的帮助。感谢季磊在反问句统计上的建议。论文的错漏与不足皆由作者负责。

引　言

　　在《论语》最广为人知的首章开篇中，孔子一连抛出三个反问："学而时习之，不亦说乎？有朋自远方来，不亦乐乎？人不知而不愠，不亦君子乎？"[①]　同时，在《荀子·赋篇》所呈现的一系列君臣、师生以及发问者与智者之间的对话中，"王曰"与"曰"的内容，总是以接连不断的反问作为自己的答语。[②]　反问句在王弼《道德经》中更是有广泛的使用。

　　根据统计，王弼《老子道德经注》中使用了单个、成组乃至连串反问句的章节（共 20 章：第 5、7、10、13、15、20、21、23、26、39、44、50、54、57、58、62、73、74、77 章，以及第 79 章）比例甚至占到全书总体的 24%。[③]　反问句在中国古典文献中十分常见。由此，我们不禁产生疑问：为什么反问句经常被使用？使用反问句会带来怎样不同的修辞与论证效果？这种效果又是如何产生的？

　　本文旨在以《道德经》不同版本间的平行文本为关注对象，展开关于反问句功用及其重要性与哲学义理的探索。首先，本文反对将反问句仅仅作为断言命题进行读解的观点。本文提出，反问句的使用不仅有助于论辩的构建及行文逻辑的贯通，更能够帮助我们超越文辞歧义的视角、阐明"平行文本"现象背后文本构成的内在逻辑。其次，反问句呈现了文本"表演性""对话性"特征，及其所引导、促进的自我反思性。文本的"对话性"也使得文本性质区别于学者所判定的"缺乏叙述性"，以及"张扬个体观点"的特质。此外，当文本通过串联的反问句以调动受众的同感时，我们往往能

---

　　① 程树德：《论语集释》，中华书局 2008 年版，第 1—8 页。

　　② 参见 Lewis, Mark Edward, *Writing and Authority in Early China*, Hawaii：SUNY Press, 1999, p. 180。

　　③ 参见楼宇烈《老子道德经注校释》，中华书局 2016 年版。根据其中多个用例，可发现反问句具有的一些形式标记，如以"孰"（表"谁"或"哪个"义）作为起首；以助词"哉"结尾；以助词"乎"结尾；以"其（岂）"标示等。

够体察到愤怒、嘲讽乃至紧迫感等感性情愫。下文首先对前人较为分散的关于早期中国文本中反问句的研究成果进行综述，指出它们与《道德经》反问句使用的可能关联。

一 反问句研究的新进展

学术界在反问句及其意义与价值的思考上已经作出了推进。反问句研究涉及多方面议题，如反问句认知语用效力（cognitive pragmatic force）的作用过程及机制①；反问句的不同劝导效果②；以及反问句受众应当如何在论辩语境中展开回应③等。近年来，反问句研究也逐渐向哲学、政治学、神学等学科的文献领域投以关注。举例而言，科妮利亚·伊利耶（Cornelia Ilia）曾对国会问询及其他政治讲演中错综繁杂的反问句内容进行考察④。克里斯汀·帕德斯基（Christine Padesky）曾将心理、认知治疗活动中苏格拉底提问法（Socratic questioning）的展开过程形容为一种探索之中的导引，而非企图改变他人想法的尝试⑤。斯蒂芬·萨尔克费（Stephen Salkev-

① 参见 Wang, Xin, "A Cognitive Pragmatic Study of Rhetorical Questions", *English Language and Literature Studies*, Vol. 4, No. 1, 2014。

② 参见 Blankenship, Kevin L., and Traci Y. Craig, "Rhetorical Question Use and Resistance of Persuasion: An Attitude Strength Analysis", *Journal of Language and Social Psychology*, Vol. 25, No. 2, 2006。正如此处所指出的，很多学者意识到，沟通层面强势的说服效力，亦有可能出现被削弱的情形，这实际上受限于参与者同沟通活动之间保持的关系。还有一种观点指出，当参与者未能融入论辩中时，设问的使用反而会导致反向抵制的效果。

③ 参见 Cacioppo, John T., Richard E. Petty and Rachel Goldman, "Personal involvement as a determinant of argument-based persuasion", *Journal of Personality and Social Psychology*, Vol. 41, No. 5, 1981。学者们进一步发现，对于那些已经身于论辩中的参与者而言，设问的劝导效果更具强效性："当所传达的信息本身与其接受者的关联较弱，且接受者并无自发努力理解这些陈述句所传达信息的动机时，使用设问的形式进行表述更能激发其思考：具备强力论证的信息更具说服力。"（Athanasiadou, Angeliki, "The Discourse Function of Questions", *Pragmatics*, Vol. 1, Iss. 1, 1991）

④ 参见 Ilie, Cornelia, "Speech Acts and Rhetorical Practices in Parliamentary Question Time", *Revue Roumaine de Linguistique*, Vol. 55, 2010。

⑤ 参见 Padesky, Christine A., *Socratic Questioning: Changing Minds or Guiding Discovery*. London: European Congress of Behavioural and Cognitive Therapies, 1993, Available online: https://padesky.com/newpad/wp-content/uploads/2012/11/socquest.pdf（查阅时间 2021 年 11 月 9 日）。

er）则探讨了反问、问询在亚里士多德《尼各马可伦理学》（*Nico-
machean Ethics*）和《政治学》（*Politics*）中的广泛运用。① 此外，
吉姆·亚当斯（Jim Adams）基于"间接言语行为"（indirect speech
acts）的角度，向我们展现了希伯来文原本《圣经·旧约》中反问
句的表演特性，并对这些间接言语行为如何激发积极的自我投入进
行了说明。②

　　中文学界早前就反问句展开的研究多采取语言学、语法学的视
角。王海棻在其《古汉语范畴词典·疑问卷》一书中，不仅于
"反诘疑问"的类目下列举出 170 多个条目内容，同时还将它们分
为三种基本类型，着重阐明每一类型的基本语义内涵。③ 杨伯峻与
何乐士也指出了反诘问句所具有的四个特征，并对古代汉语反诘句
多具有的语法标记进行了归纳。④ 同时，还有不少研究着眼于从多
种中国古代文献中提取反问句并进行分类。⑤

　　英文学术界以《道德经》《论语》《庄子》作为对象的研究，
旨在挖掘反问句同有效说服、意义建构等表达功能之间的关联性。
首先，陆威仪（Mark Lewis）极具洞察力地指出，在充斥着谜语、
散文、悖论的文本中，反问句的使用实际上体现了原始道家文本

---

　　① 参见 Salkever, Stephen, "Teaching the Questions: Aristotle's Philosophical Pedagogy
in the 'Nicomachean Ethics' and the 'Politics'", *The Review of Politics*, Vol. 69, No. 2, 2007。
　　② 参见 Adams, Jim W., *The Performative Dimensions of Rhetorical Questions in the Hebrew
Bible*, London: Bloomsbury, 2020。
　　③ 参见王海棻《古汉语范畴词典·疑问卷》，社会科学文献出版社 2015 年版，第
368—437 页。王海棻将"反诘疑问"分为三种类型：其一为一般反诘，本身表达或肯定
或否定的意义；其二为否定反诘，通过否定性及反诘性词语的组合使用表达对陈述意义
的强调，例句如《庄子·山木》："安往而不爱哉"，此效果类似于在反问中使用"你知
道吗"等短语表达，意在引发听者的兴趣、对某个特定观点表示语气的强调（参见王海
棻《古汉语范畴词典·疑问卷》，第 108 页）；其三为是否询问，指向确定的"是"或
"否"回答。
　　④ 参见杨伯峻、何乐士《古汉语语法及其发展》第 2 卷，语文出版社 1992 年版，
第 889—893 页。杨伯峻、何乐士指出了一些可用于辨别反诘问句的标记特征。首先，他
们认为反诘句的标记常常出现在复合句的末尾或一个语段的结束部分。其次，疑问代词、
副词也常作为表反诘语气的标记，同时它们还会与助动词或副词等组成相对固定的词组
短语。
　　⑤ 参见李超《吕氏春秋的反问句研究》，《玉林师范学院学报》2003 年第 2 期。

（proto-Daoist texts）的雄辩气质，以此传达出一种"个人而诗意的声音"，并表明仪式传播（ritual communication）的崩溃。他进一步说明，《道德经》中的反问句，一方面就像我们在《庄子》中看到的那样，是对论辩理论家惯用理念与常见操作的挑战；另一方面，这些反问句也向我们指明了"应当如何做"的路径，如第 10 章中的一系列反问便提供了关于如何进行冥想的详细说明。①

陆威仪清晰、准确地指出反问句具有论辩功能，然而这并非反问句的全部作用。何莫邪（Christoph Harbsmeier）提示我们注意到《论语》中反问句所具有的表现力②，在阐明《论语》幽默之处的同时，何莫邪将关注点指向《论语》中呈现出的轻松而非正式的语气，以及其中对感叹语气助词的应用，包括"不亦×乎"等口语化反问以及句末语气词"夫"的使用等，这些现象均可用以解读《论语》文本颇具轻率与嘲讽的一面③。何莫邪认为，《论语》中的著名论断"未知生，焉知死"（《论语》11.12），实际上极具感染力且易引发争论，堪称一段"率真妙语与愠怒直言"④。而何莫邪提及的另一个《论语》中所用反问句的示例，则使我们进一步关注到个体通过反问句所自觉抒发的强烈情绪。在《论语·先进》篇第 10 章中，当孔子因为对爱徒颜渊之死"表现出过度的沉痛"（恸）而受到指责时，便以颇具愠怒语气的反问句回应道："有恸乎?! 非夫人之为恸而谁为?"⑤ 本文认为这种表现力在《道德经》中亦有迹可循。

项名健与艾斯特·帕斯卡（Esther Pascual）将《庄子》中的反

---

① 参见 Lewis, Mark Edward, *Writing and Authority in Early China*, Hawaii: SUNY Press, 1999, p. 180。

② 参见 Harbsmeier, Christoph, "Confucius Ridens: Humor in the Analects", *Harvard Journal of Asiatic Studies*, Vol. 50, No. 1, 1990。

③ 参见 Harbsmeier, Christoph, "Confucius Ridens: Humor in the Analects", p. 141。

④ 参见 Harbsmeier, Christoph, "Confucius Ridens: Humor in the Analects", pp. 143 – 144。

⑤ 参见 Harbsmeier, Christoph, "Confucius Ridens: Humor in the Analects", 1990, p. 145。

问看作一种"情境式的面对面交流"。借由帕斯卡提出的"虚拟交互融合"（fictive interaction blends）的交际构架，他们对反问句的特定功能进行了讨论，即一种能够将交流场景下双方彼此难以明察的心理空间进行概念整合（conceptual integration）的功用，同时指出反问句的使用还可强调交际参与者共处的语轮转换结构（turn-taking structure）。①

二　《道德经》反问句研究的可能突破

基于前人研究，本文旨在进一步探讨《道德经》中反问句的论辩及修辞功能。本文首先试图说明，反问句的使用不仅有助于论辩的构建及篇章行文的贯通，同时还有助于揭示"平行文本"间超出文辞层面的版本差异背后不断演化的文本组成的内在逻辑。这一点可以通过对比通行本王弼（226 – 249 C. E.）《老子道德经注》与郭店楚墓竹简、马王堆帛书而有所发明。②

反问句可以帮助我们思考"文本的内在对话性"。陆威仪指出，反问句的使用更加凸显个体观点的表达而非侧重集体性的仪式表

---

① 参见 Xiang, Mingjian and Pascual, Esther, "Debate with Zhuangzi: Expository Questions as Fictive Interaction Blend in an Old Chinese Text", *Pragmatics* Vol. 26, Iss. 1, 2016。与此处关注反问应用促进观点融合的视角不同，陆威仪更加注意分析《庄子》中的设问如何得以借由"以彼之言还之彼身"的方式来回击与其进行才智交锋的人。他还指出，《楚辞·天问》中的很多问题是不应也不需被解答的，它们的存在正是为了消解一种可靠的认知，使得宇宙能够以一系列难以破解的谜团的形象呈现自身（Lewis, Mark Edward, *Writing and Authority in Early China*, Hawaii: SUNY Press, 1999, pp. 182 – 183）。

② 夏含夷（Edward Shaughnessy）的文章使我们关注到基于不同版本《老子》相关文献文本性质的持续性讨论（Shaughnessy, Edward L., "The Guodian Manuscripts and Their Place in Twentieth-Century Historiography on the 'Laozi'", *Harvard Journal of Asiatic Studies*, Vol. 65, No. 2, 2005）。出于对反问使用情况及相关论述的考察，本文参考了罗浩（Harold Roth）的研究，暂时不使用模型来比勘、分析《道德经》的版本，但仍沿用"平行文本"的概念推测文本流传的"假设"（hypothetical source）。（Roth, Harold, "Some Methodological Issues in the Study of the Guodian *Laozi* Parallels", In *The Guodian Laozi: Proceedings of the International Conference*, *Dartmouth College*, May 1998, Edited by Sarah Allan and Crispin Williams. Berkeley: Society for the Study of Early China and Institute of East Asian Studies, University of California, 2000, pp. 71 – 88, p. 80）

演。本文则认为，《道德经》中一系列"自问自答"的反问句，实则揭示了文本"对话性"特征，尤其突出反问句能够调动受众参与到《道德经》教诲所引发的自我反省、自我发现的过程之中。这种对于自我发现的关注，也不同于后世将《道德经》内容视作"权威"（authoritative）话语的理解方式，如《淮南子·道应训》便多以"故老子曰"为套语援引《道德经》的文本内容。① 此外，尽管笔者认同白一平（William Baxter）所观察到的《道德经》文本缺乏情境叙事性的特征②，但《道德经》中反问句的使用亦可以唤起读者与文本之间展开对话的感受，文本自身的对话性与反思性特征也由此得以展现。

反问句能够传达紧迫、愤怒乃至嘲弄的感受。成组连串的反问句能够调用语言中的表演性、戏剧性元素，由此揭示语气同语力（linguistic force）之间超越概念、语法层面的关联性。一连串的反问句可用于加强话语的情绪力量（emotive force），从而达到力证观点的效果。反问句或可用于提出批评、暗示某种气愤与嘲讽的情绪，或可达到重复论点、暗示其普适性与确凿性的效果，还可将读者受众带入具体的理解情境之中，而非仅向其提供一定的结论。

三 《道德经》平行文本中反问句的显与隐

张丰乾在其书《训诂哲学：古典思想的辞理互证》中已提出，"虚词的损益所引起的重大的思想分歧"，并对帛书本"夫天下神器也"中虚词与思想的密切关联作出详细分析。③ 延续对虚

---

① 参见 Queen, Sarah A. , "The Creation and Domestication of the Techniques of Lao-Zhuang: Anecdotal Narrative and Philosophical Argumentation in 'Huainanzi 12'", *Asia Major*, Vol. 21, No. 1, 2008。

② 参见 Baxter, William, "Situating the Langaue of the Lao Tzu: The Probable Date of the Tao te ching", In *Lao-Tzu and the Tao-te-Ching*, Edited by Livia Kohn and Michael Lafargue, New York: State University of New York Press, 1998, pp. 231 - 54, p. 240。

③ 参见张丰乾《训诂哲学：古典思想的辞理互证》，巴蜀书社 2019 年版，第 53—59 页。

词重要性的论述，本文将通过三个案例分析说明平行文本中反问句的不同功用。尽管平行文本在所用词汇与概念方面极为相似，但其中所用助词、副词以及句首语等成分的变化则清晰地标示出平行文本在内部逻辑及哲学理念方面的差异。这些差异，一方面服务于平行文本各自的语境，另一方面也指明了不同文本意义生成路径间的差别。①

首先，让我们对王弼《老子道德经注》第15章及其在郭店楚简本《老子》中的平行文本进行比勘。② 以下为王弼《老子道德经注》第15章的内容：

> 古之善为士者，微妙玄通，深不可识。夫唯不可识，故强为之容。豫兮若冬涉川；犹兮若畏四邻；俨兮其若容；涣兮若冰之将释；敦兮其若朴；旷兮其若谷；混兮其若浊。孰能浊以静之徐清？！孰能安以久动之徐生？！③ 保此道者，不欲盈。夫唯不盈，故能蔽不新成。④

在王弼本中，文本内容清楚地传达了语言使用的不得已，以及对语言能否全面而准确描述现实的犹疑。与此章开头表达的观点相符，在描绘"善为士"者的"微妙玄通"以及"深不可识"方面，语言被视为一种"强为之"的被迫选择。此处反问句的作用恰恰表明了对语言使用及其功能的这一立场。反问句没有直接为人们提供行动建议，而强调了对断言命题的悬置。由此，上文中以"孰能"为

---

① 至于本文后续所讨论的平行文本案例，其间的差异不亚于《道德经》第26章与《吕氏春秋·慎势》中准引语（quasi-quotation）内容的区别，后者已由顾颉刚指出，夏含夷在文章中有所引用。（Shaughnessy, Edward L., "The Guodian Manuscripts and Their Place in Twentieth-Century Historiography on the 'Laozi'", *Harvard Journal of Asiatic Studies*, Vol. 65, No. 2, 2005）

② 有关郭店楚简本详情可参见荆州博物馆编《郭店楚墓竹简》，文物出版社1998年版。

③ 此处笔者对标点符号进行了修改，使用标点"？！"，以强调反问句修辞效果。

④ 楼宇烈：《老子道德经注校释》，中华书局2016年版，第33页。

标记的两个反问句只是对"浊以静之""安以久动之"的重要性与困难程度进行了探讨，并没有明确地给出任何行动指令或方案。它们只是描述了"徐清""徐生"的自然结果，也没有留下任何许诺或预测。反问句悬置陈述命题，消解了语言对事实的还原能力和对行动的规范性指引。以疑问的形式呈现观点，使得反问句明确区别于命令式教导的语气。

郭店楚简本平行文本体现了反问句的"隐"，转而变为条件句，这也使得郭店楚简文本表现出更为强烈的命令语气。这一点同王弼本《道德经》文本形成鲜明对比。郭店楚简中平行文本内容如下：

> 古之善为士者，必微妙玄达，深不可识，是以为之容：豫乎如冬涉川，犹乎其如畏四邻，严乎其如客，远乎其如释，纯乎其如朴，沌乎其若浊。孰能浊以静者将徐清。孰能庀以动者将徐生。保此道者不欲尚盈。

篇首出现的副词"必"，意指"基于早先阐明的原则所作出的对必然产生的结果的推断"[1]。与之相同，上引郭店楚简文本也向其接受者传达着"不可知"与"无可察"作为"为之容"的必然条件，而非上述王弼版本中所阐述的"强为之容"。"孰能"反问句在郭店楚简本的语境中，与另一显明标记"将"，共同组成条件句式，预示着满足充分条件后"徐清"与"徐生"的必然性，均传达着对于圣人品行与能力的确信。

第二组案例基于王弼本第 5 章及其与郭店楚简中平行文本的比较展开，着眼在"橐龠"隐喻的使用情况。夏德安（Donald Harper）曾颇具深见地指出《引书》（一种出土于张家山汉墓的医学文

---

① 参见 Wagner, Rudolf G., "A Building Block of Chinese Argumentation: Initial Fu 夫 as a Phrase Status Marker", In *Literary Forms of Argument in Early China*, Edited by Joachim Gentz and Dirk Meyer, Leiden: Brill, 2015, pp. 37 - 66, p. 63。

书）中也使用了"橐龠"隐喻来描述一种延年益寿的方法①，其原文如下：

> 治身欲与天地相求犹橐籥也虚而不屈动而俞（：愈）出闭玄府繆门阖（？/达？）力窍利启阖（胲）理此利身之道也。②

由助词"也"可知，《引书》在陈述句中援用了"橐籥"的比喻。与之不同，王弼及郭店楚简本《老子》中的"橐籥"则见于反问句中。不同于《引书》借由"橐籥"谈论"治身""利身"之道的情况，郭店楚简本《老子》仅欲以"橐籥"之反问来描述天地间的情形，其文本如下：

> 天地之间，其犹橐龠与？虚而不屈，冲而欲出。

较之郭店楚简本，王弼本中的反问则用于更加语境化的论述中，以驳论由"多言"导致的心智枯竭：

> 天地不仁，以万物为刍狗；圣人不仁，以百姓为刍狗。天地之间，其犹橐籥乎?! 虚而不屈，动而愈出。多言数穷，不如守中。③

王弼本以反问句的形式呈现"橐籥"隐喻，反映出"动"与"穷"，"虚"与"守中"的关联，将"橐籥"隐喻放置于语言与政治统治的语境中④，这与郭店楚简本中平行文本的描述性质有所

---

① 参见 Harper, Donald, "The Bellows Analogy in Laozi V and Warring States Macrobiotic Hygiene", *Early China*, Vol. 20, 1995。

② 参见 Harper, Donald, "The Bellows Analogy in Laozi V and Warring States Macrobiotic Hygiene", p. 382。

③ 楼宇烈：《老子道德经注校释》，第14页。

④ 参见 Harper, Donald, "The Bellows Analogy in Laozi V and Warring States Macrobiotic Hygiene", pp. 382 – 383。

区别。我们应如何阐释王弼本提供的语境意涵？一种可能的理解是，反问句本身假定了受众对于特定论述的熟悉感。正如夏德安所言，"橐籥"象喻较多地被《引书》类医学文献使用，随后可能进入《道德经》的相关论述之中。① 倘若如此，反问句形式实则强调了王弼本《道德经》中"橐籥"比喻应用的独到之处。以反问句形式呈现橐籥比喻，正是说明其表义不同于当时以"橐籥"比拟长寿治身术的普遍认识。由此，反问句形式能够促使受众对隐喻的新用法有所关注。

第三组案例围绕王弼本第 66 章与马王堆帛书《老子》中平行文本的对比展开。② 在王弼版文本中，我们可以看到由一连串含有"所以""故""是以"等标记的语句所构成的论述逻辑链。③ 原文如下：

> 江海所以能为百谷王者，以其善下之，故能为百谷王。是以圣人欲上民，必以言下之；欲先民，先以身后之。是以圣人处上而民不重，处前而民不害。是以天下乐推而不厌。以其不争，故天下莫能与之争。④

按照王弼本，"不争"通常被理解为对"天下莫能与之争"的原因以及充分条件。其中否定动词"不"的使用，表达了对"争"之行为的

---

① 参见 Harper, Donald, "The Bellows Analogy in Laozi V and Warring States Macrobiotic Hygiene", p. 384。

② 参见马王堆帛书文本详情可参见国家文物局古文献研究室编《马王堆汉墓帛书（壹）》，文物出版社 1980 年版。

③ 何莫邪指出"《道德经》中有四十三章文本的内容一定程度上缺乏论辩性，其文中出现的'故'字往往能够在上下文之间建立起相当朦胧的语义关联……较之一般的行文连贯性，（它在）议论系统性的展现方面更加不可或缺"。（Harbsmeier, Christoph, "The Philosophy of the Analytic Aperçu", In *Literary Forms of Argument in Early China*, Edited by Joachim Gentz and Dirk Meyer, Leiden：Brill, pp. 158 – 74, 2015, p.166.）同时，叶翰（Hans Van Ess）也曾基于《淮南子》等文本说明外显的逻辑标记对于文本理解的重要性（Van Ess, Hans, "Argument and Persuasion in the First Chapter of 'Huainanzi' and its Use of Particles" *Oriens Extremus*, Vol. 45, 2005）。

④ 楼宇烈：《老子道德经注校释》，第 169 页。

着重否定，与文中所言民众的一系列预期行为"不重""不害""不厌"等构成了表达方式上的一致——着重于对行动的否定。

从文本形式（literary form）的角度入手，耿幽静（Joachim Gentz）对王弼《老子道德经注》第66章相关平行文本进行分析。他指出马王堆帛书本中两种《老子》文献，较之于郭店楚简本，实则更接近王弼本与北大简本《老子》的情况。[1] 他认为郭店楚简本的论证构成方式主要依靠语句间"平行结构"（parallelisms），将独立表达特定意涵的两部分内容组合成一个整体的文本单元。与之相较，北大简本及王弼本《老子》第66章的文本构成方式则是通过"是以"等外化的逻辑标记，将文本形式层面发挥表义连接功能的平行结构转译为语言层面的逻辑词以连接文本结构。[2] 在耿幽静论述的基础上，本文进一步通过反问句，发掘王弼本与马王堆帛书《老子》之间存在的差异。

在马王堆帛书甲中，有关"无争"状态的观点是通过文末以疑问助词"与（欤）"为标记的反问句提出的："非以其无争与？"[3]

马王堆帛书本甲内容如下：

> □海之所以能为百浴王者，以其善下之，是以能为百浴王。
>
> 是以圣人之欲上民也，必以其言下之；是欲先□□必以其身后之。

---

① 郭店楚简中平行文本为："江海所以为百谷王。以其能为百谷下。是以能为百谷王。圣人之在民前也，以身后之。其在民上也，以言下之。其在民上也，民弗厚也。其在民前也，民弗害也。天下乐进而弗厌。以其不争也。故天下莫能与之争。"（Gentz, Joachim, "Defining Boundaries and Relations of Textual Units: Examples from the Literary Tool-Kit of Early Chinese Argumentation", In *Literary Forms of Argument in Early China*, Edited by Joachim Gentz and Dirk Meyer, Leiden: Brill, 2015, pp. 112 – 157, p. 119.）

② 参见 Gentz, Joachim, "Defining Boundaries and Relations of Textual Units: Examples from the Literary Tool-Kit of Early Chinese Argumentation", In *Literary Forms of Argument in Early China*, Edited by Joachim Gentz and Dirk Meyer, Leiden: Brill, 2015, pp. 112 – 157, p. 121。

③ 郭店楚简本则沿用以句末助词"也"为标志的名词化观点表述："以其不争也，故天下莫能与之争。"（Cook, Scott, trans., *The Bamboo Texts of Guodian: A Study and Complete Translation*, Ithaca: Cornell East Asia Series, 2013, p. 956）。

故居前而民弗害也，居上而民弗重也。天下乐隼而弗厌也。

非以其无诤与?! 故□□□□□诤。

上引马王堆帛书本文段对反问句的应用，使其在表述层面上不同于王弼本第66章的效果。一方面，反问句将"无诤"表达为一种理想状态，与前文"民弗害也""民弗重也"等形成呼应，均以"也"作为句末助词而达到名词化的效果。在王弼本中，文本着重通过否定词"不"来实现对于行动的否定。另一方面，马王堆帛书本甲文段采用反问句，使得"无诤"观点的表达更为易于接受。将这种观点作为公认的道理呈现，文本将"无诤"的价值作为一种超越一切论辩、无可争议的理想，传达给读者与听众。

此外，反问句使用的显隐，会造成对文本构成认知方面的差异，这一点在马王堆帛书与北大简平行文本的比较中可以体现。马王堆帛书甲中可见以"也"结语构成的"文本单元"（textual u-nit），此文本单元同时由外化逻辑标记"故"统冠，反问句"非以其无诤与"紧随其后，对前文所述保持"不争"状态而达到的理想结果进行强调。在北大简中①，正如耿幽静所论，其文本单元则以"是以"为标志，由此使得紧随其后的反问句仅与最末的文本单元产生关联，成为论证"天下乐推而弗厌也"的溯因。也就是说，基于文本构成的分析视角，同样可以看到，马王堆帛书本尤其重视"不争"的理念。

上述案例研究表明，反问句能够揭示意义构成层面的文本差

---

① 北大简中平行文本为："江海之所以能为百谷王者，以其善下之也。故能为百谷王。是以圣人之欲高民也，必以其言下之。其欲先民也，必以其身后之。是以居上而民弗重。居前而民弗害也。是以天下乐推而弗厌也。不以其无争邪? 故天下莫能与之争。"（Gentz, Joachim, "Defining Boundaries and Relations of Textual Units: Examples from the Literary Tool-Kit of Early Chinese Argumentation", In *Literary Forms of Argument in Early China*, Edited by Joachim Gentz and Dirk Meyer, Leiden: Brill, 2015, pp. 112 – 157, p. 120）

异，由此超越文辞层面的限制。换言之，反问句的显隐反映了不同版本哲学内涵的区别。在下一小节，本文将着眼于王弼本中嵌入式问答的内容。本文认为，《道德经》文本正是通过反问句的"自问自答"来传达文本对于自我反省、自我发现的重视与强调。

四　《道德经》的对话性特征

我们可在王弼《老子道德经注》的六章（第13、21、26、50、54章及第57章）内容中找到七个涉及嵌入式问答的实例。其中反问句的插入包括几种不同情况，如：说明经验观察之后紧随的原因询证问句（"夫何故""奈何"）；建言献策后以反问形式请求论证可靠性的问句（"吾何以知"）；又或提出对某一论述展开具体说明的请求（"何谓"），这些论述往往围绕具有争议性、可信性质疑、更加概念化的问题展开。

第21章尤为值得注意，此段文末提出了关于前文论述可靠性（"何以知"）的反问：

> 孔德之容，唯道是从。道之为物，唯恍唯惚。忽兮恍兮，其中有象；恍兮忽兮，其中有物。窈兮冥兮，其中有精；其精甚真，其中有信。自古及今，其名不去，以阅众甫。吾何以知众甫之状哉？以此。①

此处我们不能以自我证成（self-justification）的思路来理解《道德经》的内容，毕竟在《道德经》中不乏可见对"天下皆知"之所谓真理掌握者的嘲弄（第2章），以及对"无知"的肯定（第3章和第10章）。正如何莫邪曾指出的那样，早期道家文本确实显现出一种对于智者辩论（sophist debates），以及"理智层面的卓越"（intellectual excellence）和"科学知识"（scientific knowledge），又

---

① 楼宇烈：《老子道德经注校释》，第52页。

或是类似于"学术化的智识"（academic knowledgeableness）等知识观念的强烈消极态度。① 而这种对于"知"的明确宣扬，正如瑞丽（Lisa Raphals）所言，同样与道家在对名、辩进行彻底区分时以怀疑态度使用语言的方式相悖离。②

从沟通及说服力的角度来看，反问句的使用能够制造出对话效果，从而邀请文本接收者参与到论辩的过程中，不会使得他们因为作为被动的信息接收者而丧失兴趣、注意力及信任度，这一点与独白（monologue）的文本性质形成了鲜明的对比。论述的权威性与可靠性借由问答形式加以传达，说明整个教学劝导的过程建立于自我反省与自我发现的基础上，这也显然不同于诉诸权威或经验从而传授知识的模式③，反问句的使用关乎如何使个体具有自觉自知的能力。在上述《道德经》第 21 章中，与其说文末的答语"以此"仅仅是一句口头上的回应，不如说它实际上极具功能性，能够焕发受众有关"道"的体验与感受，引发其对于"道"之本质与可信性的自我发现与探寻。

此外，在王弼本第 57 章中，可见通过反问句表达反思论述有效性的示例，具体文本如下：

---

① 参见 Harbsmeier, Christoph, "Conceptions of knowledge in ancient China", In *Epistemological Issues in Classical Chinese Philosophy*, Albany：SUNY Press, 1993, pp. 11 – 33, p. 21。

② 参见 Raphals, Lisa, *Knowing words：Wisdom and Cunning in the Classical Traditions of China and Greece*, Ithaca：Cornell University Press, 1992, pp. 75 – 82。瑞丽指出，老子的元语言（metalanguage）关注"明"（illuminations）的概念，需要我们去认识、领会那些惊人变化下永恒不变的本质。而这样的元语言与元知识（metaknowledge）形态，绝不会被语言的极性（polarities）与约定性（conventions）特质压制（Raphals, Lisa, *Knowing words：Wisdom and Cunning in the Classical Traditions of China and Greece*, Ithaca：Cornell University Press, 1992, pp. 80 – 82）。

③ 戴卡琳（Carine Defoort）曾对庄子文本中所采用的特殊教学方法进行讨论，认为他们的教学更多关乎私人对话基础上的自我发现。这种方式不同于以知识传播为主要目的的现代公众演说。换言之，她认为中国早期哲学传统更注重探寻如何去做（know-how）的私人自我发现过程，早已超越了追问要做什么（know-what）的层面（Defoort, Carine, "Instruction Dialogues in the *Zhuangzi*：An 'Anthropological' Reading", *Dao*, Vol. 11, 2012）。

以正治国，以奇用兵，以无事取天下。吾何以知其然哉？
以此……①

反问句的"对话性"能够将读者引入作者自身的思维过程，使之具
备反观的视角，由此避免仅仅通过引述符合正统的"古曰"来树立
权威性的情况。反问句的使用，也不同于郭店楚简②所采用以"夫"
作为标记的句式，参考主流认可的观点来提供一般性原则的回答。③
在王弼本中，反问句一方面促使读者进行独立思考，同时通过提供答
复将受众置于设身处地、同作者一起思考新价值取向的境地。

借助反问句问答形式而产生的"对话"效果，可以补充陆威仪所
言《道德经》及原始道家文本中呈现的"个体"的观点。陆威仪指
出，较之于《周颂》这种"通过特定群体实践形成的具有共识的用
语表述"，《道德经》中所呈现的则是与传统价值对垒，充斥着悖论
与新奇意象，更能焕发共鸣的声音。④ 这一对比纵然成立，但不完整。
当我们将反问句纳入考量，将反问句如何邀请受众进入对话纳入对文
本性质的考虑之中，我们便能在陆威仪极具见地的观点之上再有所推
进。通过反问句自问自答的实践，文本与其接受者进行了反思性互
动，由此，一个与众不同的知识社群得以形成。社群的联结通过自我
反思而实现，而非凭借任何普世真理或古代权威的影响力。

---

① 楼宇烈：《老子道德经注校释》，第 149 页。

② 郭店楚简中的平行文本为："以正之邦，以奇用兵，以亡事取天下。吾何以知其然
也？夫天多忌讳，而民弥叛。" Cook, Scott, trans., *The Bamboo Texts of Guodian: A Study and
Complete Translation*, Ithaca: Cornell East Asia Series, 2013, p. 270.

③ 鲁道夫·瓦格纳（Rudolf Wagner）曾指出，语句中的"夫"应当被理解为用于表
述一般原则的短语标记（phrase status marker），或者作为一种例外说明、旁白标注，标示
阐明那些用以构建符合其哲学性质的文本的"论证程序"。Wagner, Rudolf G., "A Building
Block of Chinese Argumentation: Initial Fu 夫 as a Phrase Status Marker", In *Literary Forms of Ar-
gument in Early China*, Edited by Joachim Gentz and Dirk Meyer, Leiden: Brill, 2015, pp. 37 -
66, p. 38.

④ 参见 Lewis, Mark Edward, *Writing and Authority in Early China*, Hawaii: SUNY
Press, 1999, p. 180.

反问句所具有的对话性特征，同时还可与白一平所言《道德经》"缺乏叙事性"的特质进行比较分析。白一平认为，叙事性可以被视为《道德经》区别于早期中国其他哲学论述的依据。根据白一平的论述，如果将《道德经》文本同《墨子》《庄子》进行比较，便会发现，《墨子》《庄子》中的对话内容多含有具体人物设置、时间、地点及语境等相关信息，而《道德经》则只提供一般性的观点，文本的展开不基于任何特定场合或人物的设定。① 但是，应当指出的是，尽管反问句脱离具体的对话语境，其应用仍旧表明了文本呈现对话感的意愿，并试图进行对话的实践。也正由此《道德经》得以采取不同于独白的形式传达其价值意涵。《道德经》中提问与答复的插入，实际上营造出一种"对话进行中"的效果。

五　以反问作为情感表达的方式

何莫邪在指出《论语》常常使用反问句来表达愠怒、嘲弄或其他自发感受的同时②，他指出处于概念、语法层面之外的辞气、语力同语言效力间的关系③。反问句的使用在《道德经》中也反映了语言与情感表达，以及语言与行为实践之间的关系。《道德经》中

---

① 参见 Baxter, William, "Situating the Langaue of the Lao Tzu: The Probable Date of the Tao te ching", In *Lao-Tzu and the Tao-te-Ching*, Edited by Livia Kohn and Michael Lafargue, New York: State University of New York Press, 1998, pp. 231 - 54, p. 240。

② 参见 Harbsmeier, Christoph, "Confucius Ridens: Humor in the Analects", 1990。

③ 耿幽静及麦笛（Dirk Meyer）关于此问题的相关观点可见近期以论辩构建中助词标记应用为主题的学术研讨综论（Gentz, Joachim and Dirk Meyer, eds., Introduction: "Literary Forms of Argument in Early China", In *Literary Forms of Argument in Early China*, Leiden: Brill, 2015, pp. 1 - 36, p. 23, footnote 92）。萧阳在他的文章《实用转向:〈论语〉交际实践阐明》（"The Pragmatic Turn: Articulating Communicative Practices in the Analects"）中试图通过对助词及语气功用的评述展开关于中国古典文本中交际行为实用面向的系统研究。同时，他还指出，无论是古代还是现代的学者，都曾将助词视作具有实用效力的对象，认为助词能够呈现话语的上下文相关特征（context-dependent features），同时又谨慎地提示我们，助词本身可能具有多种实用功能，不能将其视为某一特定效力的指示标记。这也说明，尽管我们应当将语气（grammatical mood）同其实用效力结合起来考虑，也应意识到二者间相关性的紧密程度尚无严格定论（Xiao, Yang, "The Pragmatic Turn: Articulating Communicative Practice in the Analects", *Oriens Extremus*, Vol. 45, 2005）。

论"身"的核心话题多次使用了反问句。在《道德经》第 26 章中可见对"轻身"行为的批评,言语间情绪颇为"激愤":

> 重为轻根,静为躁君。是以圣人终日行不离辎重。虽有荣观,燕处超然。奈何万乘之主,而以身轻天下!轻则失本,躁则失君。①

这一文段点明了君主"身轻天下",即以轻率的态度治理天下的荒唐之处,从中也可察觉到由君主责任感缺失而激发的愤慨。这股情绪不仅反映在统治者漠视"重为轻根"的一般规范,乃至远离圣人的行为。更重要的是,以"奈何"引出的反问句通过自问自答的模式,在文末告诫君主"身轻天下"可能导致统治的合法性受到威胁("失君")。

此外,反问句的连续使用往往会表露出一种"紧迫感"。《道德经》第 44 章在谈论"身"时便使用了一连串的反问句,体现出这种将"身"放置于比较中所产生的紧迫感:

> 名与身孰亲?!身与货孰多?!得与亡孰病?!是故甚爱必大费;多藏必厚亡。知足不辱,知止不殆,可以长久。

三个反问句的接续使用,表明辩清"身"观念的严肃性与紧迫感。学者对以上三个反问句的预期答复持有不同理解。刘笑敢认为,这些反问句实际上暗示了人们应当如何思考的方向,由此均应以"身重"作为相应的答复。② 对比来看,瓦格纳则将反问句的作用理解为点明现实中人们所犯的错误行为。因此他将"与"理解为"加

---

① 楼宇烈:《老子道德经注校释》,第 69 页。
② 刘笑敢认为,"全文隐藏的答案显然是身比名亲,身比货重。……这是强调老子思想有重生或重身的一面,这里的身或生都是以肉体生命为主、兼及社会生存的"(刘笑敢:《老子古今——五种对勘与析评引论》,中国社会科学出版社 2006 年版,第 456 页)。

诸、结合"（joined to），认为"名与身孰亲"的答案是"名"；"身与货孰多"的答案毫无疑问是"货"。① 刘笑敢与瓦格纳的区别集中于前者将反问句理解为提供"应当"的答案，后者将反问句读作点明现实的问题。

然而，如果我们不从答案入手，而从反问句中隐含的自我反思与自我发现的指涉入手，或许还存在第三种解读方式。反问句的使用旨在引起对"身"整体的关注，使我们意识到自己如何在"名"与"货"、"得"与"亡"的二元对立思维下，将"身"反复置于同他者的比较中。文本紧随其后提出，比较与二元对立的思维方式必然会造成对比较中一方的"多"与"甚爱"，而这一切的过度反而会造成与预期相反的结局。如此，这些反问句在读者心中激起的回响，并非由于某种终极答案通过反问句得到强调，相反，连续的反问句使读者心中的答案成了反思的契机。作者只想据此警示或提醒读者，那些他们最为珍视的宝物，包括他们自己的身体，反而极有可能将其引向损失惨重的结局。更为重要的是，我们需要有能力去反思自身将绝对价值付诸事物的心态。

《道德经》第 13 章同样使用了一系列反问句来告诫读者不要太过看重自身，否则会带来伤害。在此段论述中，反问句不仅有助于论点的阐明，同时赋予论述更为普遍化的视角，传达出一定的"确信感"：

> 宠辱若惊，贵大患若身。何谓宠辱若惊？宠为下，得之若惊，失之若惊，是谓宠辱若惊。何谓贵大患若身？吾所以有大患者，为吾有身，及吾无身，吾有何患?! 故贵以身为天下，

---

① Wagner, Rudolf G., *The Craft of a Chinese Commentator: Wang Bi on the Laozi*, New York: State University of New York Press, 2000, p. 270. 瓦格纳将"与"解释为"联结、结合"，同时将上述文本段落翻译为："When fame is joined to the body, which [of the two] does [in fact] become dearer?! [Fame, of course.] When the person is joined by goods, which [of the two] is [in fact] increased? [The goods, of course.]" (Wagner, Rudolf G., *The Craft of a Chinese Commentator: Wang Bi on the Laozi*, New York: State University of New York Press, 2000, p. 86)

若可寄天下；爱以身为天下，若可托天下。①

文中第一个同"身"有关的反问句（"何谓贵大患若身？"）以"何谓"引起，试图给出总论点的意义解释。反问提出后，首先得到的是表明"身"与"患"之间关联性的陈述性答复（"吾所以有大患者，为吾有身"）；其后可见从相反角度抛出的疑问，旨在再次申明论点："及吾无身，吾有何患？"单纯从逻辑推论的角度来看，第二个反问句是冗余的。但从修辞说服力的角度来看，如果说，前一个反问句"何谓"的提出意在论证观点，那么后一反问句便是对"身"与"患"关系的再确认，暗中肯定了前一反问句蕴含观点的可靠性，由此赋予此论点更具普遍意义的可信度与确定感。

六　结语

综合而言，本文通过比较王弼本《道德经》与出土文献中平行文本反问句的使用情况，试图回答在特定语境中使用反问句的必要性，以及反问句如何达到其论点建构和修辞说服的作用。首先，本文说明反问句在不同版本中的显与隐与哲学意义的构建具有密切关联；其次，本文考察《道德经》中的反问句如何推动其受众进行自我反思；最后，本文聚焦于《道德经》中与"身"有关的连串反问句，以讨论其中可能的语力和辞气。对《道德经》反问句的关注，既可以发掘超越文辞层面的《老子》版本间的哲学内涵差异，也能够充实由反问句所揭示的《道德经》的文本性质。

---

① 楼宇烈：《老子道德经注校释》，第28页。

杨朱的"贵己"思想及其渊源

中国社会科学院哲学研究所　任蜜林

摘要： 杨朱是先秦道家的代表人物，由于很多原因，杨朱的相关资料遗失殆尽，从而影响了我们对于杨朱思想的认识。从现有材料来看，杨朱的"贵己"思想实际有着不同的面向，先秦文献《孟子》《韩非子》《吕氏春秋》《淮南子》等书对于杨朱的记载并不完全相同，其中《韩非子》《吕氏春秋》《淮南子》中关于杨朱的记载比较一致，都反映了杨朱思想"贵己""轻物重生"的一面。而《孟子》的记载，则与杨朱的"贵己"思想有一定的出入。杨朱的"贵己"主要应从肯定个体生命最高价值的角度来看，而不应从自私自利的角度来看。老子对杨朱"贵己"思想有着重要影响。此外，《吕氏春秋》中还保存了很多杨朱后学的思想，由此可以看出，杨朱是从老子到庄子过渡的重要环节，在先秦道家思想史中有着重要的地位。

关键词： 杨朱　贵己　老子　庄子

杨朱是战国时期著名的思想家，其生活时期大概与墨子同时而略晚。他的言论现在主要散见于《孟子》《韩非子》《吕氏春秋》等著作中。在现存《列子》中，尚有《杨朱》一篇，然《列子》真伪历来存在争议，至今未有定论，大多学者认为其非先秦列子所著。但从思想内容来看，《杨朱》记载的有些内容与先秦典籍中的杨朱思想相似，因此，《杨朱》篇中的一些内容可以作为研究杨朱思想的材料。下面我们以先秦典籍记载的杨朱材料为主，然后参考

《杨朱》篇的内容，来对杨朱的"贵己"思想及其渊源作深入的探讨。

一　杨朱"贵己"思想辨析

关于杨朱思想的记载，现仅在《孟子》《韩非子》《吕氏春秋》《淮南子》等书中有些零散的论述：

> 杨氏为我，是无君也。墨氏兼爱，是无父也。无君无父，是禽兽也。（《孟子·滕文公下》）
> 杨子取为我，拔一毛而利天下，不为也。（《孟子·尽心上》）
> 今有人于此，义不入危城，不处军旅，不以天下大利易其胫一毛，世主必从而礼之，贵其智而高其行，以为轻物重生之士也。（《韩非子·显学》）
> 阳生贵己。（《吕氏春秋·审分览·不二》）
> 夫弦歌鼓舞以为乐，盘旋揖让以修礼，厚葬久丧以送死，孔子之所立也，而墨子非之。兼爱尚贤，右鬼非命，墨子之所立也，而杨子非之。全生保真，不以物累形，杨子之所立也，而孟子非之。（《淮南子·氾论训》）

从上面的记载来看，杨朱的思想主要包含"为我""贵己""轻物重生""全生保真"等方面。按照冯友兰的解释，"拔一毛而利天下"与"不以天下大利易其胫一毛"不同，前者指孟子对杨朱的理解，后者则是杨朱的学说。前者侧重"为我"，后者侧重"轻物重生"。① 后来冯友兰又对这两种说法进行了解释，认为"拔一毛而利天下"的意思是"只要杨朱肯拔他身上一根毛，全世界就可以都受到利益，这样，杨朱还是不干"。"不以天下大利

---

① 参见冯友兰《中国哲学简史》，北京大学出版社1985年版，第76页。

易其胫之一毛"的意思则是"只要杨朱肯拔他身上一根毛,他就可以享受世界上最大的利益,这样,他还是不干"。冯氏认为这两个解释都是正确的,分别说明了杨朱思想的一个方面。① 其实,从上面几则关于杨朱思想的论述来看,《韩非子》《吕氏春秋》《淮南子》中关于杨朱的记载比较一致,都反映了杨朱思想"贵己""轻物重生"的一面。而《孟子》的记载,则与杨朱的"贵己"思想有一定的出入。根据《孟子》所说,杨朱、墨子分别代表了"为我"和"兼爱"的两个方面。"兼爱"对于外人的亲疏远近不加区分,对于一切人都不加分别地予以爱,这实际上是"无我"。而"为我"则仅仅注重个人,对于个人之外的人和物无论对己有利与否都不加关注,这实际上是"无人"。正因为墨子不别亲疏,故孟子称其为"无父";杨朱只有自己,没有他人,故孟子骂其曰"无君"。其实,杨朱岂止"无君",简直亦"无父"。孟子主要从义利之辨的角度来对杨朱和墨子的思想加以评说,杨朱侧重以己为利,墨子的出发点则是以天下为利。在孟子看来,二者皆有一偏,墨子之偏在于无本,杨子之偏在于不能推己及人。可以看出,孟子对于杨朱的描述主要侧重自私自利的一面,但这种自私并不是建立在损人基础上的自私。这与《韩非子》《吕氏春秋》等书对于杨朱"贵己""轻物重生"的思想是不一致的。"贵己""轻物重生"主要从注重个体生命的角度来描述杨朱的思想,这并非自私自利思想所能解释得了的。这里的"己""生"皆指个体生命。所谓"贵己"就是以个体生命为最高价值。在杨朱看来,世界万物没有高于个体生命者,故"不以天下大利易其胫之一毛"。这一点可以从《庄子》《吕氏春秋》的相关记载中得到佐证,如《庄子·让王》说:

> 韩、魏相与争侵地。子华子见昭僖侯,昭僖侯有忧色。子华子曰:"今使天下书铭于君之前,书之言曰:'左手攫之则右

---

① 参见冯友兰《中国哲学史新编》上卷,人民出版社1998年版,第272页。

手废，右手攫之则左手废，然而攫之者必有天下。'君能攫之乎？"昭僖侯曰："寡人不攫也。"子华子曰："甚善！自是观之，两臂重于天下也，身亦重于两臂。韩之轻于天下亦远矣，今之所争者，其轻于韩又远。君固愁身伤生以忧戚不得也！"僖侯曰："善哉！教寡人者众矣，未尝得闻此言也。"子华子可谓知轻重矣。

此段记载亦见于《吕氏春秋·审为》。可以看出，这则故事与《韩非子》所说"不以天下大利易其胫之一毛"的思想在道理上是完全相通的。在子华子看来，与天下相比，身体是最重要的。因为如果没有身体，那么其他的外物都是没有意义的。后汉马融也引用了此种思想来说明生命的重要性，其说："古人有言：'左手据天下之图，右手刿其喉，愚夫不为。'所以然者，生贵于天下也。今以曲俗咫尺之羞，灭无赀之躯，殆非老庄所谓也。"（《后汉书·马融传》）马融明确把这种说法当作老庄思想，说明杨朱学派的思想在当时人的心目中是属于道家的。

在杨朱学派看来，生命之所以比天下重要，是因为相比生命来讲，天下虽大，但永远是外在的东西。《吕氏春秋》说：

> 身者所为也，天下者所以为也，审所以为而轻重得矣。今有人于此，断首以易冠，杀身以易衣，世必惑之。是何也？冠所以饰首也，衣所以饰身也，杀所饰、要所以饰，则不知所为矣。世之走利，有似于此。危身伤生、刈颈断头以徇利，则亦不知所为也。（《审为》）

身体是目的，天下是手段，只有这样才能知道何者为重？何者为轻？在《吕氏春秋》看来，牺牲生命来获得利益，是不知轻重的结果。

可以看出，杨朱之所以"贵己""轻物重生"，在于他看到了生命的高贵性和重要性。因此，一毛虽然微乎其微，但其是自己身体的一部分；天下虽大，但对自己身体来说却是外在的。因此，其要"不以天下大利易其胫之一毛。"《吕氏春秋·重己》对此有进一步的解释："人不爱倕之指，而爱己之指，有之利故也。人不爱昆山之玉、江汉之珠，而爱己一苍璧小玑，有之利故也。今吾生之为我有，而利我亦大矣。论其贵贱，爵为天子，不足以比焉；论其轻重，富有天下，不可以易之；论其安危，一曙失之，终身不复得。此三者，有道者之所慎也。有慎之而反害之者，不达乎性命之情也。"《列子·杨朱》对此也有着很好的说明：

  杨朱曰："伯成子高不以一毫利物，舍国而隐耕。大禹不以一身自利，一体偏枯。古之人，损一毫利天下，不与也，悉天下奉一身，不取也。人人不损一毫，人人不利天下，天下治矣。"禽子问杨朱曰："去子体之一毛，以济一世，汝为之乎？"杨子曰："世固非一毛之所济。"禽子曰："假济，为之乎？"杨子弗应。禽子出，语孟孙阳。孟孙阳曰："子不达夫子之心，吾请言之。有侵若肌肤获万金者，若为之乎？"曰："为之。"孟孙阳曰："有断若一节得一国。子为之乎？"禽子默然有闲。孟孙阳曰："一毛微于肌肤，肌肤微于一节，省矣。然则积一毛以成肌肤，积肌肤以成一节。一毛固一体万分中之一物，奈何轻之乎？"

综上所述，杨朱的主要观点是"贵己"。正因为"贵己"，所以"轻物重生"。杨朱的这种思想其实与老子有着密切关系。

二 杨朱"贵己"思想与老子的关系

对于杨朱思想的渊源，冯友兰曾把其归为"隐士"。他还指出，孔子之时的隐士只是消极的独善其身，对于自己的行为并未作理论上的根据。杨朱则似有一贯的学说以作为此等独善其身行为的理论根据。冯友兰进而指出老子、庄子思想是杨朱之学的进一步发展。①
冯友兰的论述是从思想逻辑上来讲的。从思想史来看，这种说法并
不符合历史事实。根据《庄子》的记载，杨朱曾向老子问学。如
《寓言》说：

> 阳子居南之沛，老聃西游于秦，邀于郊，至于梁而遇老
> 子。老子中道仰天而叹曰："始以汝为可教，今不可也。"阳子
> 居不答。至舍，进盥漱巾栉，脱屦户外，膝行而前曰："向者
> 弟子欲请夫子，夫子行不闲，是以不敢。今闲矣，请问其过。"
> 老子曰："而睢睢盱盱，而谁与居？大白若辱，盛德若不足。"
> 阳子居蹴然变容曰："敬闻命矣。"

《应帝王》也说：

> 阳子居见老聃曰："有人于此，向疾强梁，物彻疏明，学
> 道不倦。如是者，可比明王乎？"老聃曰："是于圣人也，胥易
> 技系，劳形怵心者也。且也虎豹之文来田，猿狙之便、执斄之
> 狗来藉。如是者，可比明王乎？"阳子居蹴然曰："敢问明王之
> 治。"老聃曰："明王之治，功盖天下而似不自己，化贷万物而
> 民弗恃，有莫举名，使物自喜，立乎不测，而游于无有者也。"

这里的"阳子居"就是"杨朱"。《庄子》的内容虽然带有"寓
言"成分，但对杨朱向老子问学的记载应非无中生有、空穴来风。
因此，杨朱思想受到老子影响是毫无疑问的。

在现存《老子》一书中，我们可以看到"贵己"的思想，如
第44章说：

> 名与身孰亲？身与货孰多？

---

① 参见冯友兰《杨朱之学》，《清华周刊》1933年第39卷第1期。

在老子看来，相比生命来说，名誉与财货这些外在的东西都是次要的。但《老子》的"贵身"思想是与"治天下"联系在一起的。第 13 章说：

> 故贵以身为天下者，若可寄天下；爱以身为天下，若可托天下。

此句帛书甲本作"故贵为身于为天下，若可以托天下矣。爱以身为天下，女何以寄天下"。帛书乙本略同。与通行本相比，帛书甲本"寄"与"托"易位，且"以身为天下"作"为身于为天下"。王念孙、王引之父子根据《庄子·在宥》"故贵以身于天下，则可以托天下；爱以身于天下，则可以寄天下"，推断"于天下"就是"为天下"的意思。丁四新则根据帛书本，认为王氏父子的解释是错误的，认为"于""为"二字并非同义词，而是介词，表示前后二者之间的比较。① 不管哪种解释，都不影响我们对于文本的理解。这句话的意思是说：只有那些看重、爱惜自己身体超过天下的人，才能把天下托付给他使其治理。蒋锡昌说："此数语乃倒文。正文当作'故以身为天下贵者，则可以托天下矣；以身为天下爱者，则可以寄天下矣'。'以身为天下贵'，言圣人以身为天下最贵之物也。……'以身为天下爱'，言圣人以身为天下最爱之物也。……盖老子以为圣人所最重者为治身，治国则其余事也。然唯以治身为最重，清静寡欲，一切声色货利之事，皆无所动于中，然后可受天下之重寄，而为万民所托命也。"② 刘笑敢也认为此句话的意思是说："一个贵身胜于贵天下的人，必定是没有权欲、没有野心、不懂贪婪之人。把天下交给这样的人，才可以放心无虞。"③

---

① 参见丁四新《郭店楚竹书〈老子〉校注》，武汉大学出版社 2010 年版，第 294 页。

② 蒋锡昌：《老子校诂》，《民国丛书》（第五编第 05005 册），上海书店 1996 年版，第 75 页。

③ 刘笑敢：《老子古今——五种对勘与析评引论》，中国社会科学出版社 2006 年版，第 181 页。

　　可以看出，老子所说的"贵身"并非仅仅注重个体生命，其背后还有一个"天下"的理念。只不过"贵身"是"为天下"的基础。在他看来，只有"贵身"的人才能把天下治理好。第26章说："重为轻根，静为躁君。……奈何万乘之主，而以身轻天下？轻则失本，躁则失君。"这里说的"重"和"轻"分别对应的是"身"和"天下"。如果君主，重天下而不重身，则会失其根本，那么国家也就得不到好的治理。高明说："'以身轻于天下'……即轻以身为天下。则同第十三章'贵以身为天下'、'爱以身为天下'之反谊。……即以身为天下最轻最贱。万乘之王以身为天下最轻最贱，则纵欲自残，身不能治。身者人之本也，伤身失本，身且不保，焉能寄重托民。万乘之王纵欲自轻，急功好事，必亲离势危，丧国亡身。"① 盖老子认为身者天下之本，天下者身之末，本治则末治，本乱则末亦不治，此亦其内圣外王之道也。然老子之"贵身"尚有其基础，此即"贵身"要遵循"道"的原则。

　　何谓"道"的原则？一言以蔽之曰"无为"。在老子看来，要达到"贵身"，其方式则在于"不贵身"。第7章说：

　　　　天长地久。天地所以能长且久者，以其不自生，故能长生。是以圣人后其身而身先；外其身而身存。非以其无私耶？故能成其私。

天地所以能够长久，正因为其"不自生"。同样，圣人要想达到"身先""身存"也要首先做到"后其身"和"外其身"。因此，老子说："吾所以有大患者，为吾有身，及吾无身，吾有何患？"（第13章）表面看来，老子反对有身。实际上，按照老子的逻辑，只有"无身"方能更好地"贵身"。故接下来其说："故贵以身为天下，若可寄天下；爱以身为天下，若可托天下。"

　　这里的"外身""后身"并非真正的"外身""后身"，而是

──────────

① 高明：《帛书老子校注》，中华书局1996年版，第361页。

在"道"的原则下看似"外身""后身"。第 59 章说：

> 治人事天莫若啬。夫唯啬，是谓早服；早服谓之重积德；
> 重积德则无不克；无不克则莫知其极；莫知其极，可以有国；
> 有国之母，可以长久；是谓深根固柢、长生久视之道。

这里的"啬""有国之母"指的皆是"道"。

在老子看来，从修身到治天下也是一个在"道"的原则下逐渐展开的过程。第 54 章说：

> 修之于身，其德乃真；修之于家，其德乃余；修之于乡，
> 其德乃长；修之于国，其德乃丰；修之于天下，其德乃普。故
> 以身观身，以家观家，以乡观乡，以国观国，以天下观天下。
> 吾何以知天下然哉？以此。

这里"修之"的"之"指的就是"道"。只有按照"道"的要求来修身、治国，才能把这些事情做好。

由上可知，老子的"贵身"思想是与他的"治天下"思想联系在一起的，二者是不能截然分开的。这种思想在《庄子》等书中也有反映，如《让王》说：

> 道之真以治身，其绪余以为国家，其土苴以治天下。由此
> 观之，帝王之功，圣人之余事也，非所以完身养生也。

在道家看来，修道首先要修身。身体修养好了，治理天下国家则不在话下。治理天下仅仅是圣人不得已而为之的事情，是非常容易的事情。《庄子·在宥》说："故君子不得已而临莅天下，莫若无为。无为也，而后安其性命之情。故贵以身于为天下，则可以托天下；爱以身于为天下，则可以寄天下。"此亦《逍遥游》所说的藐姑射山神人之"尘垢秕糠，将犹陶铸尧、舜者也，是其孰肯以物为事"之意也。

不难看出，在《庄子》书中，"治身"与"治天下"的关系与老子已经有所不同。老子对于"治天下"还没有那么轻蔑，仅仅强调"治天下"要建立在"治身"的基础之上。《庄子》则对"治天下"有所轻视，认为其是不得已而为之的事情。杨朱思想处于老子与庄子之间，其"贵己""全生"思想对庄子产生了一定的影响。

三　从《吕氏春秋》看杨朱学派的"贵己"思想

从上述资料可以看出，杨朱继承了老子的"贵身"思想，并把其发挥到极致，以至于为了自身可以不尽社会责任。如《韩非子·显学》说的"义不入危城，不处军旅，不以天下大利易其胫一毛"，《淮南子》说的"全生保真，不以物累形"等。正因为注重个体生命，所以不入危城、不处军旅，因为这些皆可能对生命造成危害。"不以天下大利易其胫一毛"也是说天下之利虽大而不属于自己生命，因此，即使自己生命最微小的部分也不拿来与其交换。这也就是杨朱思想被总结为"贵己"的原因所在。

杨朱的"贵己"思想具体内容如何，由于材料遗失，我们不得而知。但从《吕氏春秋》等书中我们能够知其大概。胡适认为《吕氏春秋》中的《本生》《重己》《贵生》《情欲》诸篇"提倡的是一种很健全的个人主义，叫做'贵生'主义，大体上即是杨朱的'贵己'主义"①。蒙文通指出，《吕氏春秋》"《本生》《重己》《贵生》诸篇，殆皆取之杨朱、子华之说也"②。侯外庐等著的《中国思想通史》则根据杨朱一派的思想主旨，认为《吕氏春秋》中的《本生》《重己》《贵生》《情欲》四篇中保存了杨朱学派思想

---

① 胡适：《中国中古思想史长编》，《胡适文集》（6），北京大学出版社1998年版，第449页。

② 蒙文通：《杨朱学派考》，《蒙文通文集》，巴蜀书社1987年版，第1册，第245页。

的重要论点。① 冯友兰也指出，《吕氏春秋》的《本生》《重己》《贵生》《情欲》《审为》等篇中保存的一些辩论就是杨朱一派的学说。② 以上说法虽然没有可靠的证据，但从思想内容来看，这几篇的一些论述的确反映了杨朱学派思想的特点。其实除了上面提到的几篇外，《先己》篇也有类似的论述，反映了杨朱学派的思想特点。蒙文通认为《吕氏春秋》中记载的子华子、詹何等人的言论，实际反映了杨朱后学的思想，"得詹何、子华之说而附益之，而后此宗之学若可寻也"③。因此，通过《吕氏春秋》中的相关内容来研究杨朱学派的思想，虽不中亦不远矣。

在杨朱学派看来，每个人的个体生命是独一无二的，外物只是用来养生的，而不是用来被养的。如果不知道这个道理，就是不知轻重，本末倒置。"人之性寿，物者抇之，故不得寿。物也者，所以养性也，非所以性养也。今世之人，惑者多以性养物，则不知轻重也。不知轻重，则重者为轻，轻者为重矣。"（《本生》）因此，天子的职责就是成全每个人天然而有的个体生命，"始生之者，天也；养成之者，人也。能养天之所生而勿撄之谓天子。天子之动也，以全天为故者也。此官之所自立也。立官者以全生也"（《本生》）。在杨朱学派看来，人生在世，其欲望能够得到合理的满足才是最为可贵的。其次是部分的欲望得到合理的满足。最等而下之的是人的欲望都不能得到满足，在他们看来，这连死都不如。《贵生》篇说："子华子曰：'全生为上，亏生次之，死次之，迫生为下。'故所谓尊生者，全生之谓。所谓全生者，六欲皆得其宜也。所谓亏生者，六欲分得其宜也。亏生则于其尊之者薄矣。其亏弥甚者也，其尊弥薄。所谓死者，无有所以知，复其未生也。所谓迫生者，六欲莫得其宜也，皆获其所甚恶者，服是也，辱是也。辱莫大于不义，故不义，迫生也，而迫生非独不义也，故曰迫生不若死。

① 参见侯外庐、赵纪彬、杜国庠《中国思想通史》第 1 卷，人民出版社 1957 年版，第 338 页。

② 参见冯友兰《中国哲学史新编》上卷，第 272 页。

③ 蒙文通：《杨朱学派考》，《蒙文通文集》，第 1 册，第 245 页。

奚以知其然也？耳闻所恶，不若无闻；目见所恶，不若无见。故雷则掩耳，电则掩目，此其比也。凡六欲者，皆知其所甚恶，而必不得免，不若无有所以知，无有所以知者，死之谓也，故迫生不若死。嗜肉者，非腐鼠之谓也；嗜酒者，非败酒之谓也；尊生者，非迫生之谓也。"此种"全生"之说，显承杨朱之说而发挥之。蒙文通说："所谓全生之义，殆与杨氏之说不殊。"①

杨朱学派虽然主张"全生为上""六欲皆得其宜"，但这种欲望的满足并非为所欲为，而是看其是否对人的生命有利，有利则取之，无利则舍之，"今有声于此，耳听之必慊，已听之则使人聋，必弗听。有色于此，目视之必慊，已视之则使人盲，必弗视。有味于此，口食之必慊，已食之则使人喑，必弗食。是故圣人之于声色滋味也，利于性则取之，害于性则舍之，此全性之道也"（《本生》）。因此，他们又提出"适欲""节欲"的观点：

> 凡生之长也，顺之也；使生不顺者，欲也；故圣人必先适欲。室大则多阴，台高则多阳，多阴则蹷，多阳则痿，此阴阳不适之患也。是故先王不处大室，不为高台，味不众珍，衣不燀热。燀热则理塞，理塞则气不达；味众珍则胃充，胃充则中大鞔；中大鞔而气不达，以此长生可得乎？昔先圣王之为苑囿园池也，足以观望劳形而已矣；其为宫室台榭也，足以辟燥湿而已矣；其为舆马衣裘也，足以逸身暖骸而已矣；其为饮食酏醴也，足以适味充虚而已矣；其为声色音乐也，足以安性自娱而已矣。五者，圣王之所以养性也，非好俭而恶费也，节乎性也。（《重己》）

> 天生人而使有贪有欲。欲有情，情有节。圣人修节以止欲，故不过行其情也。……由贵生动则得其情矣，不由贵生动则失其情矣。此二者，死生存亡之本也……古人得道者，生以寿长，声色滋味，能久乐之。奚故？论早定也。论早定则知早

---

① 蒙文通：《杨朱学派考》，《蒙文通文集》，第 1 册，第 243 页。

啬，知早啬则精不竭。(《情欲》)

可以看出，杨朱学派说的"贵己""重生"思想，并非自私自利，也非毫无原则地满足自己的欲望，而是基于是否对个体生命有损这一原则之上的。文中关于"啬"的思想，显然受到老子的影响。

在老子那里，"贵身"与"治天下"有着密切的关系，前者是后者的基础。也就是说，只有懂得"贵身"的人，才能把天下治理好。而在《庄子》书中，"治天下"不过是"治身"之附带品，实在不值特意为之。那么在杨朱思想中，"身"与"天下"的关系如何呢？由于史料有限，我们无从知其详细内容。不过从《孟子》《韩非子》等书中的材料来看，其对自身以外的"天下"问题似乎不太关心，因此，受到孟子的激烈批评。然而根据《列子·杨朱》的论述，杨朱的思想并非不涉及"天下"的问题，"人人不损一毫，人人不利天下，天下治矣"。这种说法是不是杨朱本人的思想无从断定。不过，杨朱后学对于"天下"的问题确有涉及，《吕氏春秋·先己》说：

> 汤问于伊尹曰："欲取天下若何？"伊尹对曰："欲取天下，天下不可取。可取，身将先取。"凡事之本，必先治身，啬其大宝。用其新，弃其陈，腠理遂通。精气日新，邪气尽去，及其天年。此之谓真人。昔者先圣王，成其身而天下成，治其身而天下治。故善响者不于响于声，善影者不于影于形，为天下者不于天下于身。……《诗》曰："执辔如组。"孔子曰："审此言也可以为天下。"子贡曰："何其躁也？"孔子曰："非谓其躁也，谓其为之于此，而成文于彼也，圣人组修其身，而成文于天下矣。"故子华子曰："丘陵成而穴者安矣，大水深渊成而鱼鳖安矣，松柏成而涂之人已荫矣。"

这种思想认为自身修养好了，天下就能得到相应的治理，"成其身而天下成，治其身而天下治。"这里还引用了子华子的话来说明，因此，可以断定其与杨朱学派的思想主张是一致的。

综上所述，杨朱思想与老子是一脉相承的，其把老子的"贵身"思想发挥到极致，使得道家思想呈现出注重生命的一面。因此，杨朱思想是由老子思想向庄子思想过渡的重要环节，在早期道家思想史中有着重要的地位。

杨朱个体思想探微*

摘要： 按照先秦道家思想发展的逻辑进程，杨朱开辟了先秦道家个体思想发展过程中新的一页。杨朱在审视个体基础上，更加高扬了生命个体的价值，他通过对重生、贵己与全性、保真等的彰显，展现了其个体思想特征。杨朱把生命个体的乐生置于至高的地位，在杨朱看来，生命个体的存在在本质上是在先的、优越的，生命个体的价值是处于首要位置的，在每一个生命个体价值均得到充分实现后，群体利益及价值自然能得以实现。

关键词： 杨朱　个体　重生　贵己　全性　保真

一　杨朱及其思想的定位

对于杨朱及其思想的考察，十九世纪末以来，随着对《列子》①的讨论而日渐备受关注。近代以前对于杨朱存在的真实性几无异议，在《孟子》《庄子》《荀子》《韩非子》《吕氏春秋》《淮南子》等元典中均有杨朱呈现，但在文字表述上有所差异。可见，

＊　本文系国家社会科学基金冷门绝学研究专项项目（编号：22VJXG021）的阶段性成果。

① 对于《列子》的真伪问题，今人梁启超、郭沫若、杨伯峻、严北溟等学者主张《列子》为伪作；岑仲勉、李养正、严灵峰、许抗生、陈鼓应及日本学者武义内雄认为《列子》基本反映了先秦时期列子的思想。前贤所论均较具启发性，但从思想义理、思想逻辑及出土文献等方面审查，《列子》中有关杨朱的记载基本反映了杨朱的思想理路。本文从岑仲勉等诸贤所论。

在先秦及汉代对于杨朱的真实存在是没有疑问的，自汉之后，柳宗元、高似孙曾有质疑，并没引起重视。时至近代，久保天随、蔡元培认为杨朱即庄子，但为唐钺所驳斥。郭沫若认为："老聃与杨朱的存在如被抹杀，则彭蒙之师、彭蒙、宋钘、环渊、庄周等派别不同的道家便全无归属。"① 思想的传承具有连续性，如果贸然抹杀杨朱的存在，我们对先秦道家发展流变的诠释无法圆融，此说有理，可信。冯友兰、劳思光则认为杨朱应早于老子，但随着帛书《老子》、郭店楚简《老子》等文献的出土，使此说法难以成立。高亨与詹剑锋认为杨朱开创了杨朱学派，杨朱是为我主义的代表，老子代表着利物主义，笔者认为此解读具有较大偏差，不可取。基于诸贤所论，我们认为杨朱在先秦道家发展过程中乃承老子而启庄子。

老子实现了对人作为"自然个体"② 的整体发现与提升，而杨朱在审视人作为"生命个体"的基础上，高扬了生命个体的价值。杨朱通过重生、贵己与全性、保真等主张，彰显了其个体思想特征。但由于受资料所限，我们只能从传世文献中窥见杨朱其人及其思想的一斑。杨朱以生命个体为贵的主张，是在名实、贵生、乐生、逸生、爱身、全生、保真、生死、轻物等层面上的多维展开。在杨朱看来，生命个体的存在及价值在群己中应当处于首要位置，但杨朱并没有对群体与社会给予否定，他进一步认为群体及其价值在生命个体面前是处于次要位置的。对此，我们不能执于一偏而不顾其余，应辩证审视之。

二　名实之论

一直以来，人类倾向于追求名实一致，春秋战国时期，名实不相符现象日益加剧。对此，儒、墨、道、法、名等诸家对名实问题

---

① 郭沫若：《十批判书》，东方出版社 1996 年版，第 147 页。

② 参见王敏光《论老子对人"自然性"的发现——基于"自然个体"视角》，《哲学动态》2016 年第 9 期。

均有独特看法。杨朱的名论承袭于老子，老子意识到了名的局限性，他站在形而上高度强调自然个体不可拘泥于名，曰：

> 道可道，非常道；名可名，非常名。无名天地之始，有名万物之母。故常无欲，以观其妙；常有欲，以观其徼。此两者同出而异名，同谓之玄，玄之又玄，众妙之门。（《老子》第1章）

老子以大道无限性来衬托名的有限性，名与言无法名状大道的性状，故以无名来描述大道。站在人类视角上来看，有名可视为人类文明的发端，但同时意味着人类对自身束缚的肇始。在老子看来，无名是天地间一切的开始，有名则是人类名万物的来源。在源流处无名与有名本无价值上的差异，但自人类始制有名，发展到以名定上下、尊卑，名便逐步转变成一部分个体奴役另一部分个体的工具，此正是老子批判名的初衷。傅山对此解说为：

> "始制有名"，"制"即"制度"之"制"，谓治天下者初立法制，则一切名，从之而起，正是与无名之朴相反。无者，有之朴者，散之而有天下者之名。于是始尊圣人，念斯名也，非本初所有也，亦既有而已。……后世之据崇高者，只知其名之既立，尊而可以常有。天下者，非一人之天下，天下之天下也。①

傅山此番阐释，可谓深得老子思想义理。有名本只是人为设定而已，但生命个体却斤斤执泥于名，使名成为极少部分个体得利的工具，亦如天下本为天下人共有的天下，但却成为王侯鱼肉百姓、逞其私欲、争霸天下的工具，此名实不相符情形，自然为天下人所反对。正是基于此，老子进一步引出名与自然个体孰轻孰重的问

---

① （清）傅山：《霜红龛集》，山西人民出版社1985年版，第858—859页。

题。对此，老子曰："名与身孰亲？身与货孰多？得与亡孰病？"（《老子》第44章）部分自然个体往往看重名所带来的利，然自然个体被名异化后，随之带来的是对自我身心的戕害，此不但加快了自身灭亡，同时给他人、群体带来的也只能是伤害、混乱。

老子的名论思想，尤其是老子对名与身孰轻孰重的阐释，对杨朱名实之论产生着重要影响。杨朱直面痛陈名给生命个体带来的苦闷与负担，曰："名乃苦其身，燋其心。乘其名者，泽及宗族，利兼乡党；况子孙乎？""凡为名者必廉，廉斯贫；为名者必让，让斯贱。"（《列子·杨朱篇》）杨朱从自身深切感受中指出名的获得是以苦、燋自我身心为惨痛代价的。杨朱指出真正能做到名实一致的生命个体，只是在涉及个体与群体关系时，是以生命个体为先，为主导，并非为了一己之私而不顾及其他个体与群体的极端存在。

杨朱通过对现实的观察，进一步指出真名与假名的问题，他在讲述管仲、田氏同为齐相时认为前者一心为公，后者汲汲自利，两者结局反差之大，发人深省，杨朱曰：

> 实无名，名无实。名者，伪而已矣。昔者尧、舜伪以天下让许由、善卷，而不失天下，享祚百年。伯夷叔齐实以孤竹君让而终亡其国，饿死于首阳之山。实、伪之辩，如此其省也。（《列子·杨朱篇》）

既然名与实并非一致，两者关系又是如何呢？杨朱通过对儒家四圣舜、禹、周公、孔子一生的描述，得出对于四圣自身而言，"生无一日之欢，死有万世之名"（《列子·杨朱篇》），但这对于此四个生命个体而言又有什么呢？他们死后之名却成为其他生命个体谋取名利的工具；桀纣二凶"生有纵欲之欢，死被愚暴之名"（《列子·杨朱篇》），二凶骄纵一生，然活着时却享乐一世，与四圣在世时形成鲜明对比，然结局均是归于死亡。对此，杨朱言："名者，固非实之所取也……实者，固非名之所与也。"（《列子·杨朱篇》）杨朱认为名本来就是人为设定的存在，是虚妄不实的，只是附加在生命个体身上的负担而已，实本来就是本然地存在着，之所以出现名实不符，在于名的混乱导致人们无法清晰认识到实。可见，杨朱审视名实的准则，是以生命个体的生存为尺度，而后言及群体。

面对现实，杨朱进一步揭露了名实不一致的现象，他认为应以名实是否能给生命个体之生带来快乐为准则，对于死后的名利、荣辱对生命个体而言，既无法谈及又不可感知，不应当对此起执着之念。对此，杨朱曰：

> 老子曰："名者实之宾。"而悠悠者趋名不已。名固不可去，名固不可宾邪？今有名则尊荣，亡名则卑辱。尊荣则逸乐，卑辱则忧苦。忧苦，犯性者也；逸乐，顺性者也。斯实之所系矣。名胡可去？名胡可宾？但恶夫守名而累实。守名而累实，将恤危亡之不救，岂徒逸乐忧苦之间哉？（《列子·杨朱篇》）

在杨朱看来生命个体一切的困苦、忧愁均来自对名的执念，但如执着于去名，却又陷于为名所累的怪圈中，杨朱认为与其如此在名实之间忧苦，不如顺从生命个体乐的本性，着眼于当下人生中属于自我的一切内外在条件，快乐生存，不患生死。

三 生死之论

由于杨朱身处残酷的现实之中，生命个体朝不保夕，激发了杨朱对人生问题进行了深入思考。因此，生死问题成为杨朱较为关心的问题，杨朱的生死观受到了老子的影响。对于生死，老子主张"死而不亡者寿"（《老子》第33章），"强梁者不得其死"（《老子》第42章），老子从大道视域中来审视自然个体的生死，老子更重视生，生死之间的转化是老子所重视的视域，自然个体与道一体，方为长生久视之道，对于违背大道，强而为之的自然个体，老子认为其虽生犹如死。对于生死，老子曰：

出生入死。生之徒十有三，死之徒十有三。人之生动之于
死地，亦十有三。夫何故？以其生生之厚。盖闻善摄生者，陆
行不遇凶虎，入军不被甲兵，凶无所投其角，虎无所用其爪，
兵无所容其刃。夫何故？以其无死地。(《老子》第 50 章)

依此来看，老子虽对生死给予了辩证看待，但这是在依顺大道前提
下对生的慎重审视。对此，杨兴顺认为："生死相循是'道'的自
然法则之一……人类（人）违背了'道'的法则，去做力所不逮
的事，因而过早死亡了。"① 此论较为恰当地解读了老子对生的持
重，对于死的顺然，自然个体应遵循大道自然而然地生活，一旦违
背自我本性，则会过早地死亡。

面对生死，杨朱直接探讨生命个体人生的意义，曰：

则人之生也奚为哉？奚乐哉？为美厚尔，为声色尔。而美
厚复不可常厌足，声色不可常玩闻。乃复为刑赏之所禁劝，名
法之所进退；遑遑尔竞一时之虚誉，规死后之余荣；偊偊尔顺
耳目之观听，惜身意之是非；徒失当年之至乐，不能自肆于一
时。重囚累梏，何以异哉？(《列子·杨朱篇》)

在杨朱看来，人生当以乐生为主基调，如生命个体过分追求外在声
色之乐，就同身处刑法名分之中不能自拔一样，虽能带来一时的感
官享受，但最终均会对自我本性形成约束。接着杨朱讲道：

太古之人知生之暂来，知死之暂往；故从心而动，不违自
然所好；当身之娱非所去也，故不为名所劝。从性而游，不逆
万物所好；死后之名非所取也，故不为刑所及。名誉先后，年
命多少，非所量也。(《列子·杨朱篇》)

① 转引自陈鼓应注译《老子今注今译》，商务印书馆 2003 年版，第 257 页。

生死只不过是自然过程中一个阶段而已，生命个体不知道自我生存时间的长久，也无法得知死为何，生命个体能够做的就是在不违背自我本性基础上，不为名利所支配，不违背万物的规律，随自我本性而动，不在乎生命长短与否，而在乎是否快乐，这就是杨朱乐生、爱身的体现。

杨朱看到了生死是生命个体的一种自然现象，滞于任何一方，均是不可实现之事，只有在当下生存过程中，乐生、逸生，才是可取之道。对此，杨朱曰：

> 万物所异者生也，所同者死也。生则有贤愚、贵贱，是所异也；死则有臭腐、消灭，是所同也。虽然，贤愚、贵贱非所能也，臭腐、消灭亦非所能也。故生非所生，死非所死；贤非所贤，愚非所愚，贵非所贵，贱非所贱。（《列子·杨朱篇》）

杨朱认为一切生命个体的差异在于生，而死对于所有生命个体而言是无法感知的，死对于生命个体而言无法谈及个体性，只有共通性。

杨朱注意到生命个体对自身的把握，能做到的就是对当下快乐的体验，而在视生命如草芥的残酷现世中是一种难得的奢望。但若据此认定杨朱认主张"世间是一大苦海，悲苦时多，欢乐时少，故倾向极端的厌世"①，却是对他的误解。杨朱认为对于生命个体而言，生死均不可把握，但生命个体可以做的是乐生，杨朱以乐生的态度看待死，生命个体所汲汲索求的功名、贵贱，在死后只不过是一堆腐骨而已，在死面前所有生命个体是多么的平等。对此，他说：

> 然而万物齐生齐死，齐贤齐愚，齐贵齐贱。十年亦死，百年亦死。仁圣亦死，凶愚亦死。生则尧舜，死则腐骨；生则桀

---

① 张默生：《先秦道家哲学研究》，山东文化书社1933年版，第23页。

纣，死则腐骨。腐骨一矣，熟知其异？且趣当生，奚遑死后？
（《列子·杨朱篇》）

杨朱对生死的看法，意在警示生命个体不要以生前的种种痛苦来换取违背自我本然的快乐。因此，杨朱的"齐死论……这种论调是恨极那些想做圣贤豪杰而至扰乱世界的人，欲打破人们崇拜功名的痴梦耳"[①]。陈此生的这番论述较为恰当地阐发了杨朱的生死观。

由上可知，杨朱认为生命个体当自然而生，任然而死，生死是自我无法把握的，生命个体能够感觉到的只是在生时的状态。是以外在之物拘束自我，还是在短暂生命过程中以快乐坦然面对之，显然杨朱选择了后者。对于死，在杨朱看来，生命个体是无法得知的，对于无法获知的事物，恐惧、担心、烦闷都是枉然，既然不知死后为何，何必费尽心思、耗费生命呢。因此，对生的乐然处之及对死的任然顺之，是杨朱生死观要义的根本所在。勘破生死之道，对生死的通达权变，使得杨朱更加注重在当下生命状态中对生命的珍惜、爱护。对于死，自然对待即可，如是他极端厌世，就不会再谈全性保真，以及为天下的决心。总之，杨朱在谈及生死时，始终以生命个体为主导，视生命个体的生为本质在先，只有把生命个体的生置于首要之地，并加以慎重审视，才能合理看待死。

四　"贵生"与"爱身"

《列子·杨朱篇》有孟孙阳与杨朱的一段对话，曰：

"有人于此，贵生爱身，以蕲不死，可乎？"曰："理无不死。""以蕲久生，可乎？"曰："理无久生。生非贵之所能存，身非爱之所能厚。且久生奚为？五情好恶，古犹今也；四体安危，古犹今也；世事苦乐，古犹今也；变易治乱，古犹今也。

---

① 陈此生：《杨朱》，商务印书馆1930年版，第42页。

既闻之矣，既见之矣，既更之矣，百年犹厌其多，况久生之苦
也乎？"孟孙阳曰："若然，速亡愈于久生；则践锋刃。入汤
火，得所志矣。"杨子曰："不然；既生，则废而任之，究其所
欲，以俟于死。将死，则废而任之，究其所之，以放于尽。无
不废，无不任，何遽迟速于其间乎？"

从这段所论中，我们可得知贵生、爱身在杨朱生命个体思想中的根
基性地位，杨朱通过对生死问题的论述，引发了应如何看待个体生
命的问题。在杨朱看来执着于生抑或拒绝于死，对自我之身与生命
均是一种践踏，生命个体在五情、四体、苦乐、治乱中采取放达的
态度看待人生，就会产生廓然无累的人生态度。

杨朱生命个体思想具体还展现在其对身的阐释上，杨朱此说受
到了老子的影响。老子通过对身的描述，表达了对自然个体之身的
重视，在主张不应执着于身的基础上，对有身与无身作了进一步区
分。而杨朱认为爱身是生命个体得以生存的根本，一切依生命个体
能否得以畅然生存为前提与准则。对此，吴澄释曰：

知道之人，爱惜贵重此身，不肯以之为天下，宁不有天下
而不轻用其身。……杨朱为我之学原于此。①

吴澄指出杨朱为我之学源于老子贵身之说，而杨朱进一步把老子贵
身之说转化为爱身、贵己之说，贵身关怀的对象是每一个自然个
体，而贵己之说则把目光转向了生命个体本身。但并非孟子所言
"杨子取为我，拔一毛而利天下不为也"的片面，按照孟子的理
解，说杨朱贵己是极端为我，是自私自利的代名词，对他人、群体
与社会无任何积极价值而言，笔者认为综合看待杨朱学说，此是对
杨朱的片面理解。严复认为"乃杨朱为我、庄周养生之所本也"②。

---

① 转引自廖名春《郭店楚简老子校释》，清华大学出版社 2003 年版，第 426 页。

② 王栻：《严复集》，中华书局 1986 年版，第 5 册，第 1080 页。

此番评点显是受到孟子的影响，他指出杨朱贵己之说、庄子养生之说均受到了老子贵身说的影响，但杨朱贵己之说直接把生命个体的快乐置于人生首要处。孟子对杨朱为我之说虽有解释学上的偏差，但我们结合《列子·杨朱篇》以及《吕氏春秋》《淮南子》等元典，可知杨朱的根本出发点是己，而这个己即指生命个体自身，是己之生，这是杨朱生命个体思想的根基。对于杨朱学说，孟子之论影响较大，汉代因循之，宋明理学亦是如此看待。

近世以来，由于受外来文化影响，不少学者把杨朱学说概括为为我主义、个人主义、快乐主义等，更有甚者把杨朱之说概括为利己主义。其实在汉语世界里，个人主义与利己主义及为我主义是处于同一个层次的概念，是指："极端自私，以个人为中心，为了个人的一己小利而不惜牺牲他人及集体的利益并为社会所不齿的贬义词。"① 可见，有学者把杨朱生命个体思想误读为个人主义，是以自我为中心，自私自利的代称词。我们姑且撇开杨朱哲学是否可以用个人主义来指称，让我们来审视个人主义内涵在西方文化中的真实指谓，个人主义起源于西方，在古希腊文化中就潜含着个性解放、个体自由、自主、自我独立等文化因素，这种文化因子一直影响着西方人的思想世界；而利己主义（唯我主义）则是指对自我本身的一种畸形偏爱，个体关爱自我胜于一切、自我高于一切，这是以自我为中心的极端思想。故以利己主义等所谓的各种主义来比附杨朱贵生、爱身理论，实属比附之论。

杨朱思想诞生有着特殊的时代背景，杨朱针对焦灼的境况，提出"古之人损一毫利天下不与也，悉天下奉一身不取也。人人不损一毫，人人不利天下，天下治矣"（《列子·杨朱篇》）的主张，这既体现了杨朱对现实社会的控诉，也表达了他的治世理想，杨朱认为如生命个体之间秋毫不犯，则天下自然大治。杨朱的不与、不取、不损、不利，是以否定的方式来论证生命个体与天下间的关联

---

① 邓凡艳：《Individualism 与"个人主义"》，《湖南大学学报》（社会科学版）2005 年第 5 期。

的。在杨朱看来，生命个体与群体均是重要的，只不过有个主次、先后的问题，无生命个体就无所谓群体与天下。

依上可见，在西方文化背景中，个人主义强调的是个体在现实社会中所应当拥有的一切合理生存权利，以及在现实层面对平等、自由的追求；而杨朱贵生、爱身等主张主要是强调生命个体的存在，生命个体的快乐生存是第一位的，至于追求各种平等、自由权利，杨朱生命个体思想中还没有此观念出现。因此，个人主义内涵与杨朱生命个体思想虽有相通之处，但它们之间有着本质上的差别，用个人主义、利己主义、唯我主义来概括杨朱个体思想，均不妥。进一步来看，主张爱护生命个体的学说，无不涉及对待万物的态度，一种是与万物和平相处的理论，另一种是不计后果，主张万物尽为一己所用，只顾自我的感官享乐，不管他者死活的学说，这种极端主张，在任何文化传统均是被反对、遗弃的对象。因而，当我们阐释杨朱学说时会发现杨朱在爱惜自我生命的同时，对待自我生命之外的万物，采取的总体方式是轻之，以不累生命个体为前提。

五 "全性保真，不以物累形"

从上论述可知，杨朱并非一味地追求生命个体感官的享乐，而是有着"人人不损一毫，人人不利天下，天下治矣"的根本指导思想，此主旨在杨朱哲学思想中是一以贯之的，当此思想落实到生命个体层面时，即为"全性保真，不以物累形"（《淮南子·氾论训》）。对于全性及全生，高诱言："谓不拔骭毛以利天下弗为，不以物累己身形也。"（《淮南子·氾论训》）高氏此注认为杨朱对生命个体的关注，在于具体落实到生命个体身之上，笔者认为这是狭隘理解了杨朱全性保真思想。其实在杨朱生命个体思想体系中，全性是前提，在义理上是指保全生命个体天然的本性或天性；保真是目的，杨朱以生命个体为至贵，故保真在杨朱生命个体思想中，彰显为生命个体本性中乐的本然状态，生命个体的身只不过是生命个体的载体而已。

　　《庄子》中保留了杨朱学于老子的几则材料，这突出反映在关于生命个体自我修养方面。杨朱向老子请教生命个体如何修身的问题，老子指出应当"大白若辱，盛德若不足"（《庄子·寓言篇》），杨朱听闻老子一番高论后，受到了较大启发。杨朱于老子处学道前，与人相处是"舍者迎将，其家公执席，妻执巾栉，舍者避席，炀者避灶"（《庄子·寓言》）的境况，然受老子启发后出现了"舍者与之争席矣"（《庄子·寓言》）的融洽情形。当论及治国时，杨朱虽然学道不倦，但老子指出这只不过是"胥易技系，劳形怵心者也"（《庄子·应帝王》），真正的得道之人是"功盖天下而似不自己，化贷万物而民弗恃"（《庄子·应帝王》）的境界，这种治国境界中不但包含着生命个体在应对万物时的态度，而且蕴含着群己之间如何怡然相处的因素。可见，杨朱在其贵生、爱身、生死、全性保真等主张中，体现着依顺生命个体自然之性，无论对己还是对待外物均反对强为之，一切顺性而为。

　　《吕氏春秋》中明确提出阳生（杨朱）主"贵己"（《吕氏春秋·不二》）之说，并对此进一步释解为"轻天下而贵己"（《吕氏春秋·不二》），笔者认为此对杨朱学说的解释偏于贵己一面，而不见论及其他。我们从禽子、杨朱、孟孙阳间的对话，大体可见杨朱对个体与天下的总体态度。禽子对杨朱之说产生质问，曰："去子体之一毛以济一世，汝为之乎？"（《列子·杨朱篇》）对于禽子的质问，杨朱曰："世固非一毛之所济"（《列子·杨朱篇》），禽子则进一步追问："假济，为之乎？"（《列子·杨朱篇》）杨朱回应的方式是弗应，对于为何不应，学界有两种意见。一是认为杨朱被禽子之问驳倒，是对杨朱为我之说的批判；二是解读为禽子误解了杨朱学说，所问与杨朱之说并非处于同一层次，无法也无必要回答，故不应。结合杨朱生命个体思想整体观之，笔者认为第二种观点较为合乎杨朱思想文义。从禽子与孟孙阳进一步的对话中看到禽子无法真正理解杨朱学说的内涵，当孟孙阳反问禽子，禽子认为以一己肌肤之苦换取万金，可行，但当孟孙阳进一步表示以"有断若一节得一国"（《列子·杨朱篇》），禽子则沉默不言。依此，孟孙阳对杨朱之说给予了总结：

> 一毛微于肌肤，肌肤微于一节，省矣。然则积一毛以成肌肤，积肌肤以成一节。一毛固一体万分中之一物，奈何轻之乎？（《列子·杨朱篇》）

这段对话反映了杨朱全性保真思想的出发点与落实点。杨朱认为虽然生命个体是群体中的一员，在维护群体利益时自是有一份责任，但现实情形却恰恰相反，统治者作为生命个体往往为一己私利，打着保护群体的幌子，却为维护自我私利而伤害了大部分生命个体，杨朱不愿去自身之一毛而济世的原因就在于此。杨朱认为济世自然重要，但前提是生命个体要保存好自我，才有谈及为他人、群体的深入。

从上可见，笔者以为杨朱所论着眼于生命个体在与群体乃至天下相比中至为重要，正是这一个个鲜活的生命个体，才构成了群体、天下的根基。因此，杨朱无论在单独谈及生命个体时，还是在论述群己时均明确把生命个体放置在优先之位。但笔者认为杨朱是在生命个体与群体相比较而言应处于首要地位，如此看待杨朱生命个体思想才能恰当反映杨朱全性保真的思想主张。

全性保真势必涉及对"物"的看法，杨朱所言之物，当有两层含义，一是指自然存在之物，二是外在的功名利禄。杨朱主张人作为生命个体要冷静地看待万物，对于人，曰："人肖天地之类，怀五常之性，有生之最灵者也。"（《列子·杨朱篇》）杨朱对人的肯定，为其阐述养生、全生及和人与万物相处之论打下了基础。人依靠爪牙、肌肤、趋走不能立足于天地间，人无毛羽，但能御风寒，在于人能"将资物以为养，任智而不恃力"（《列子·杨朱篇》）。但杨朱认为人作为生命个体，最为突出之处在于快乐生存于世，故人能依靠自身智慧存我、全生。杨朱进一步认为，人依自身智慧生存于天地间，不在于名利的得失与否，而应以存我为贵，杨朱的存我并非以伤害其他个体而为我。他采取的方式是以侵物为贱，杨朱的存我是指把生命个体自我摆放在首要位置，并非全部为我，不是丝毫不考虑其他个体及群体的生存，而是在涉及群己时有个先后问题，并非自私自利，只是为我，而不顾其他的极端利己主义。

杨朱虽然主张全生，但他没有明确区分身心问题，我们从其对身及物的论述中得见。他对全生有着进一步的阐发，曰："然身非我有也，既生，不得不全之；物非我有也，既有，不得而去之。"（《列子·杨朱篇》）身并非属于生命个体自我所私有，对于暂时寄存在自身周围的物亦不可随意抛弃。那么，如何处理身与物的关系呢？杨朱主张"身固生之主，物亦养之主。虽全生，不可有其身；虽不去物，不可有其物"（《列子·杨朱篇》）。他物与自我之身只不过是自我在全生过程中暂时寄存而已，故不可执意于身与物。如若"有其物，有其身，是横私天下之身，横私天下之物"（《列子·杨朱篇》）。如把他物以及生命个体的身据为一己所占有，而这正是杨朱所要批判的横私。依此我们看不到杨朱有丝毫仅仅为我、为己的成分在内。杨朱通过其全生理论，并进一步认为公天下的身与物，是圣人、至人及至至者。从杨朱生命个体思想视域中的圣人、至人来看，生命个体的身与整个天下是融为一体的，每一个生命个体的全生、不累于物，目的在于实现所有生命个体的全性保真，这样天下自然可以大治。杨伯峻对此释为："天下之身同之我身，天下之物同之我物，非至人如何？既觉私之为非，又知公之为是，故曰至至也。"[1] 依上，笔者认为杨朱此论有以下含义：一是对生命个体的肯定；二是对执于小我的自私自利的批判；三是在生命个体价值得到肯定的基础上，追求群己在价值与境界上的统一。

从上可见，杨朱生命个体思想重点在于对人生的关切，但其人生哲学中有着在治国领域中的展开。如杨朱见梁王时所言治国之理，言：

> 君见其牧羊者乎？百羊而群，使五尺童子荷箠而随之，欲东而东，欲西而西。使尧牵一羊，舜荷箠而随之，则不能前矣。且

---

[1] 杨伯峻：《列子集释》，中华书局1979年版，第235页。

臣闻之：吞舟之鱼不游枝流；鸿鹄高飞，不集污池。何则？其极远也。黄钟大吕不可从烦奏之舞。何则？其音疏也。将治大者不治细，成大功者不成小，此之谓矣。（《列子·杨朱篇》）

杨朱认为梁王对自身治国方式的不认可，在于两人治国理念不同，梁王认为治国在于采取一种方法令国内之人步调一致，按照由统治者指定的规则行事，把国内之人治理成没有自身特色、无任何个性特征的木偶，这种治理方法可能有一时之功；而杨朱的治国则与之不同，杨朱治理国家首先考虑的是每个生命个体自身的特性，他认为牧羊与治国其理一也，管理者的作用在于引导，而非强制，合理引导生命个体顺性而为，自可达到欲东而东、欲西而西的效果，此不为梁王所理解，故杨朱发出知己者甚少的感慨！梁王与杨朱治国出发点不同，在治国方式与效果上自然不可同日而语。

由上可见，杨朱全性保真，不以物累形的理论是主张保全生命个体的自然本性，保持每一个生命的自身生命特色，强调生命个体在面对外物时不应当为外物所拘执与牵累。故杨朱此主张就其本质而言，在于潜含着对生命内在修持的思想倾向，正是在此生命内守之旅中，使得生命个体能够保持生命的活力，以达到杨朱所言乐生的目的。可见全性保真，不以物累形与杨朱名实论、生死论、贵生、全生、爱身、存我以及其治国论是一以贯之的，是杨朱生命个体思想一体多面的展开。

六　结语

综观杨朱思想的诸多方面，我们可看到他对生命个体在养生、贵生、全生、存我、全性保真等方面均有着适度的把握。但杨朱思想中确实潜存着离世、厌世的倾向及享乐、纵欲的维度。杨朱生命个体思想的重要起因在于意欲对社会堕落、人心苦闷寻找排解之路，但当此主张无法施展之时，生命个体唯有转而追求精神领域的自适，这点为庄子所深化。

《老子》中伦理学的可预测性、可控制性和有限性：对西方学术辩论的评议

华东师范大学哲学系　德安博（Paul J. D'Ambrosio）
宋嘉玥

摘要： 近年来，许多学者试图在《老子》和《庄子》这一书中寻找伦理或道德。焦点通常是讨论"自然"或"无为"作为伦理原则或准则。然而，在这些讨论中，一个关键问题经常被忽视，即可预测性和可控制性与伦理之间的联系。换句话说，伦理通常承诺对未来的结果有一定程度的可知性，如果一个人以某种方式行为并且思考，他们将会在自己、周围的人，甚至在社会和自然世界中预知确定的影响。其次，道德通常不会对任何超出自己控制范围的事情作出判断，例如一个人不应负责的任何事情不应该包括在道德评判中。当我们根据预测指标或以控制作为关键因素来考虑时，"自然"和"无为"是伦理讨论的糟糕选择。与其确保我们能够控制自己、他人和世界，或者我们所知足来预测我们自己、他人和世界将会发生什么，"自然"和"无为"要求一个人接受完全相反的事情。然而，《老子》确实注意到，尤其是在关于圣人的段落中，某些行为将可能引起一些线性影响，比如对自己、他人和世界。在伦理的预测和控制方面，本文试图表明，"自然"和"无为"可以给我们一个可预测性和可控制性的简单描述，因此尽管也许称之为"伦理"的一个宽松的伦理概念，在某些情况下是误导性的。因此，与其将"自然"和"无为"缩小归类为伦理，我们可以把它

们理解为帮助我们拥抱自己、他人和这个充满复杂的、自发的以及充满紧张和矛盾的世界。

关键词： 伦理学　道德　道家　老子　庄子

伦理可以被理解为一种方法，不仅试图使世界、社会或个人变得"更好"或"善"，还可以被理解为一种理解世界的方法。人类、相互作用和更广泛的世界都是非常复杂的。我们努力了解关于我们自己、他人和这个词的一般事情，希望降低复杂性，为我们的经验引入更多的可预测性和可控制性。但是我们不仅要处理复杂性，还存在着不断变化、转变和自发性的问题。一切总是基于与所有其他事物的相互作用而转变，由于所有事物本身在某种程度上都是独一无二的，这些变化是不知不觉地复杂和非常偶然的。伦理学承诺会推出某些原则、计算、想法或信仰，并将这些转变视为具有一种可以被抓住和理解的潜在流量。换句话说，伦理承诺我们可以了解关于世界、他人和我们自己的某些事情，在某种程度上我们可以作出预测并相应地控制它们。

将一个复杂、转变和根本偶然的世界引入某种程度的可预测性和控制，基本上是世界每一个"理解"的目标，无论这种理解可能采取何种形式。从这个角度来看，我们看到了从早期希腊故事到当代科学，或者从宗教到经济学的不同例子之间潜在的相似之处。所有这些都提供了某种形式的"理解"，最终承诺使世界变得更加可预测和可控。所有类型的"伦理"都是如此，在这里，规定性的建议被添加到可描述性论述中，希望为世界增加更多的可预测性和可控制性。换句话说，伦理学最重要的维度之一是它承诺使世界上的某些元素更可预测和可控。几乎每一种伦理体系或理论都可以被相应地加以看待。

在本文中，我们将比较《老子》中描述的"自然"和"无为"的"伦理"与其他主要的伦理传统。我们将特别关注伦理理论中讨论的预测和控制的类型，并与《老子》中与"自然"和"无为"相关的可预测性和可控制性进行比较。我们将首先简要概述一些主要的西方宗教伦理方法。在那里，我们发现了关于完美的可预测性和完美的可控制性的假设，尽管是基于一个两个世界系统，其中来世扮演着重要的角色。在论文的第二部分，我们将着眼于西方主要的伦理方法，包括美德伦理、义务论、结果主义和关怀伦理。在这些方法中，我们发现了不同程度的可预测性和可控制性。其中有些方法承认预测或控制有一定程度的偶然性，而另一些方法则强烈强调对预测的控制，或者相反。第三部分专门探讨儒家的伦理学。在这里，世界的复杂性、变化和自发性都被完全接受了。伦理学被引入儒家传统中，并不是为了避免复杂性、变化和自发性，而正如我们在许多西方宗教和伦理方法中所发现的那样，是作为一种与之同行的方式。在预测和控制方面，儒家思想允许复杂性、变化和自发性。换句话说，儒家思想在其伦理，以及对可预测性和可控制性的描述中允许偶然性。然后我们再来看看《老子》。如果我们把"自然"和"无为"作为指导的"伦理"概念，那么我们就会发现，对可预测性和可控制性的描述非常薄弱。相比承诺某些类型的结果，和成为"自然"和"无为"将确保自己、他人或世界将是某种方式，自然和无为允许完全相反的结果。"自然"和"无为"意味着一个人不太确定自己会怎么样，他们既不能预测也不能控制太多，除了注意到利己主义、自私、贪婪等的某种减少。同样，当我们在其他人身上推广"自然"和"无为"时，我们可能也期望避免利己主义、自私、贪婪等，但除此之外我们无法具体预测太多。这样，如果我们决定将"自然"和"无为"理解为伦理概念，我们至少必须承认它们代表了一个极其空洞的伦理概念。

一　西方宗教伦理学：完美的可预测性，完美的可控制性

　　一般来说，各种西方宗教，如基督教、犹太教或伊斯兰教都承诺，如果他们的伦理教义被遵循，他们在现世或来世就完美或具有

绝对的可预测性和可控制性。换句话说，如果一个人按照某一特定宗教的伦理教义生活，那么该宗教就承诺了完全的可预测性和可控制性。宗教所涉及的"信仰"本质上是相信，就可预测性和可控制性而言，结果实际上是正确的。人们必须相信宗教所提供的可预测性和可控制性，这样做，他们就会相信宗教。同样，该宗教的伦理指导方针本质上是关于如何将自己的宗教信仰或信条付诸实践的教导，也就是说，使自己、他人和世界更具可预测性和可控制性的指示。

从广泛的角度来讲，我们可以认识到基督教、犹太教和伊斯兰教都同意，我们所生活的世界以及我们与他人的交往是高度偶然的。我们所说的"偶然性"是指"运气""机会"，或者简单的"环境因素"或"具体细节"。这些事情通常都是我们无法控制的，有时甚至超出了我们的理解范围。然而，它们对我们的生活有重大的影响，甚至是决定性的影响。同样，当我们说世界是高度"偶然的"时，我们也认识到生活的不同方面，基本上是"运气""机会""环境因素""具体细节"等，而相互作用的方式也超出了我们的理解范围。"机会"的各种元素相互作用的方式，也进一步受制于"机会"。这样一来，这个世界就很难被理解了。它是自发的，高度复杂的，充满了紧张、冲突和矛盾。以认识世界偶然性的形式认识到这一点，西方主要宗教面临着一个根本性的挑战：面对一个高度偶然性的世界，伦理教导如何承诺可预测性和可控制性？

事实上，基督教、犹太教和伊斯兰教确实很欣赏世界是高度偶然的，正是在这个基础上，他们建立了各自的伦理理论和可预测性和可控制性的隐含承诺。例如，一般来说，这些宗教承认，作为一个好人，也就是说，根据他们各自的教义"道德"，但是可能不能保证预测或控制这个世界或生活中发生的事情。有无数的例子表明，人们非常密切地遵循宗教教义，根据他们真正相信的宗教信仰尽可能地行事，但是不好的事情却发生在他们身上。

我们已经在诸如《圣经》等核心文本中找到了这样的例子。在这里，即使是耶稣，他们生活在完美的信仰中，并尽他所能帮助人类变得更好，也被迫在十字架上受苦，最终死于暴晒。事实上，这些宗教中的许多圣人都可以说是过着相当悲惨的生活。主要的宗教不是否认这种可能性，或者试图解释我们真的应该把他们解释为美好的生活，西方宗教坚持他们的可预测性和可控制性的承诺，通过推迟伦理行为的成果或影响到来世。尽管这只是一个信仰的问题，但是有了来世的西方宗教可以保证的承诺，伦理实践确实确保了充分、完整和完全完美的可预测性和可控制性。

面对世界的偶然性，西方的宗教伦理通过引入来世的概念，作出了一个更有吸引力的承诺。这个承诺声称它可以是完美的，也可以是绝对的。在这些宗教的大多数教派中，来世是一个完美的世界，一切都将按照它应有的方式发生。首先这意味着，偶然性以及任何形式的运气、机会或财富，在来世都不存在。这是一个完美的抽象和客观的世界，每个人都能得到他们应得的东西。绝对没有什么可以分散宗教教义中承诺的完美可预见性和可控制性。宗教伦理所承诺的一切都将成真，真的有完美的可预测性和可控制性，人们会清楚地体验到这一点，但不是在这个世界上，只是在来世。总而言之，上帝完美地奖励某人，只有根据那个人能控制的那些因素，才有完美的可预测性和完美的可控制性。

这个世界上的生活是未来的试验场。人们现在所做的一切将为上帝在来世的审判提供材料。正是在这里，宗教伦理教义不仅引入了可预测性和可控制性，而且他们能够承诺完美的可预测性和可控制性。伦理学教会我们什么是对的？什么是错的？如果我们选择以正确的方式行事，我们将再次得到如果不是在今生，那么在来世的回报。像耶稣这样的模型告诉我们，即使我们在今生受到惩罚，这也毫无意义。完美的可预测性和可控制性是可能的，尽管事实上，甚至正是因为，这个世界是偶然的、不可预测的和不可控的。宗教伦理学说，它可以打破这个自发世界的所有混乱、复杂性和矛盾。在一个完美的世界里，好人总是得到应得的回报，坏人总是以正确的方式受到惩罚。

因此，与西方宗教伦理相关的预测类型比只对这个世界言语的预测更强大，并且因此受到偶然性的影响。这个世界是复杂的、不断变化的、偶然的，这意味着可预测性本质上是有限的，无论在作出预测中涉及多少科学、数据等。天气预报就是一个很好的例子，但在生物学，甚至是物理学中，我们最好的科学努力仍然必须承认某种程度的不可预测性。然而，相信来世的宗教可以承诺绝对和完美的可预测性，例如我们只需要等到我们死了，才能看到我们在来世的伦理实践的成果。

　　可控制性也是西方宗教伦理的核心。简单地说，承诺要么是永远的幸福，要么是永远的痛苦，或者两者之间的适当混合。这些宗教在很大程度上依赖于自由意志的根本抽象和原子主义观点。否则，如果个人的决定受到个人外部因素和他们自己自主的自由意志的显著影响，那么承诺的可预测性将陷入仅仅是机会和运气，因为它在人类控制之外。换句话说，如果偶然性被视为人们作出的选择中的一个有意义的因素，那么宗教教义就会受到严厉的批评。他们只是简单地允许某些条件和情况的运气来决定一个人是否会有一个愉快的或痛苦的永恒的来世。最终，这些宗教承诺的任何可预测性都只能在个人完全控制的领域中找到。这通常是通过一个"灵魂"的概念来描述的。灵魂是与完美的绝对世界或在某种意义上与上帝相连的东西，在决定时总是能够从偶然因素中退一步。对于某些类型的选择，特别是那些与伦理有关并受上帝的判断的选择，最终是灵魂选择，它以一种纯粹的方式选择它可能受到环境因素的影响，但最终是自己选择。通过这种方式，这个人对伦理教义中预测的管辖范围内的所有要素完全负责。每个人都可以控制什么是重要的，因此他们负责自己将发生在他们身上的事情。

　　当然，总有各种各样的偶发事件、环境因素、机会或者运气影响到个人应该拥有的控制力。宗教教义是微妙的，并被分为各种各样的教派。许多教派对宗教伦理以及他们自己的可预测性和可控制性的版本有自己独特的解释。有些对偶发事件所带来的各种挑战都有相当具体的反应。例如，我们可能会把一个人自己极其困难的童年、生活环境、特定的欲望、倾向或灾难性的事件作为"来自上帝的考验"。它们也可能是对信仰的考验，是建立性格的方法，或者是"上帝计划的一部分"。我们也可以像伊曼努尔·康德所做的那样，只关注个人自己的意愿，同时几乎不去吸引他们绝对和原子自主意志之外的任何东西。同样，重要的是要将意志视为自主的，并且在很大程度上排除了突发事件。只有那些他们可以绝对控制的人或者他们的意志才能计算可预测性和可控制性是不是完美的，这意味着那些在偶然性之外的部分。同样，这通常被认为是一个人的"灵魂"。如果意志的一部分不是自主的，或者意外事件发生，那么我们必须考虑到这一点，并得到理解或以其他方式被理解。

还有其他可能的方法来处理这些问题，甚至是更激进的方法，比如那些发现早期美国殖民地的清教徒的信仰。根据清教徒的说法，人们注定要进入天堂或地狱。生命与其说是一种考验，不如说是对一个人预先确定的未来的表现。虽然这在理论上是一个例外，但在实践中，它导致了一种在人类历史上几乎无与伦比的"职业道德"。人们努力证明他们是注定要进入天堂的，从而表明他们已经被选中了。因此，实际上，即使自主权完全脱离了伦理教义，由此产生的精神气质在很大程度上是关于可预测性和可控制性的，我们因此看到了一个强有力的证明。可控制性是这些宗教传统伦理理论的关键因素。而这种可控制性与可预测性的承诺是紧密相连的。

如上所述，我们可以理解这些由绝对完美的可预测性和绝对完美的可控制性所构成的宗教的伦理教义。在理想情况下，从一个非常宽泛的角度来看，基督教、犹太教和伊斯兰教的伦理教义表明，每个人最终都要对自己的行为负责。道德准则告诉人们他们应该如何行动，而这总是被认为是在个人可以控制自己的范围内。也就是说，每个人都能完美地掌控道德准则中的重要性。如果人们真的遵循这些道德规范，那么他们的未来将会是美好的。基于他们对道德教义的信仰，他们已经知道了他们最终将如何被评判。也就是说，有完美的可预测性。

这篇对主要西方宗教伦理教义的简要概述，集中在可预测性和可控制性上，是非常笼统的，可能会受到各种不同观点的挑战。诚然，尽管这些突发事件往往仍然为完美或近乎完美的可预测性和可控制性留出了足够的空间，但是这些传统中的每一种都极其复杂，它们对世界上的各种突发事件都有特定的反应。这一节的重点并不是要说这是对这些宗教传统伦理教义的一个完全准确的描述。相反，它是为了展示一些我们可能会思考伦理和完美的可预测性和可控制性之间联系的重要性的一些方式。在下一节中，我们将简要介绍西方哲学中伦理学的四种主要方法，再次指出它们对可预测性和可控制性的严格的遵守。

二　西方哲学伦理学：走向预测与控制

在西方学术哲学中，伦理学通常分为四种主要途径，即美德伦理学、义务论、结果主义和关怀伦理学（有时被称为"女性主义关怀伦理学"）。当然还有许多其他的方法，每一种方法都可以分解成更微妙的理论。例如，迈克尔·桑德尔当然是一个亚里士多德式的人，在很多方面都可以被理解为一个美德伦理学家。然而，他也认为，某些社会在培养个人美德、价值观和一般人生方向方面极其重要。因此，他的美德伦理学的版本不同于其他的版本，例如，阿拉斯代尔·麦金太尔的版本。类似的区别不仅可以出现在各种亚里士多德学派或不同版本的美德伦理学上，也可以出现在义务论、结果主义和关怀伦理学上。在确定这些方法的确切含义，或如何最好地理解或实施它们时，已经发生了许多学术争论。因此，虽然这些方法之间的比较是学术辩论的一部分，但通常重点是确定一个更一般的方法的细节。

然而，出于本文的目的，我们可以看这四种方法的模式，目的是欣赏它们关于伦理、可预测性和可控制性之间联系的一般假设。就像上面关于宗教的部分一样，虽然具体理论的细节可能会被遗漏，但这里提出的总体观点足够有力，可以提供一个可靠的解释，并且对于《老子》发展富有成效的交流很重要。这个一般性的讨论也有助于我们比较和对比西方的伦理学方法和儒家的方法，儒家的方法在传统上，也许在概念上都最接近于《老子》。

（一）美德伦理学

美德伦理学通常被认为是西方哲学传统中最早的伦理学方法。它通常与亚里士多德联系在一起，发展了集中于这个世界的哲学思考。如上所述，西方主要宗教基于两个世界理论。我们每天所经历的世界是具体的、特殊的、偶然的。它不断变化，且反复无常，它在很大程度上是不可预测和无法控制的。即使是几代人被认为是"真理"的简单观察，也可能随着时间的推移被证明是错误的，有时只有最粗糙的模型是可靠的。第二个世界，通常与来世联系在一起，是一个绝对和客观的世界，它是普遍的和永恒的，到达"不变"的程度。柏拉图的型相世界，或他的"理念"，是两世界思维的另一个例子，这个世界的一切都是一种理想或形式的不完美的反映。上面我们讨论了西方主要宗教也有关于如何吸引第二个世界，通常以"来世"的形式，以承诺完美的可控制性和完美的可预测性。如果一个人的行为的唯一相关方面来自另一个世界，同时另一个世界承诺了一个绝对的判断，那么我们就可以同时拥有完美的可预测性和完美的可控制性。亚里士多德对他的老师柏拉图的支持是只关注现在的世界。

美德伦理学主要关注这个世界，因此在可控制性和可预测性方面都承认悲剧或者"不完美"。在亚里士多德的理论中，美德伦理所作的承诺是关于"幸福"（Eudaimonia）的。这个术语可以被理解为"繁荣""幸福"，甚至是类似于"幸福感"的东西。这是关于给予幸福感的作用。这种"幸福主义"总是特定于事物的类型。当一个人以人类应该怎么做的方式或怎么成为人类的方式培养自己，那么他们就被给予了"幸福感"或表现出幸福。为了做到这一点，我们必须弄清楚是什么造就了人类，或者什么可以使人类幸福，这很重要。对于一些物体，比如种子或小狗，什么算是幸福是相当清楚的。种子应该变成植物，小狗应该变成狗。什么样的狗取决于品种和主人的期望，但这些通常是相当简单的。例如，牧羊犬应该去放羊，不要伤害羊群，而且要对狼具有攻击性。而人类则有点困难，因为我们没有像种子或狗那样明确的目的。幸福是我们的目的，它需要被理解为"成人之道"。在亚里士多德的《哲学伦理学》中，该伦理学将理性定义为人类的目的或功能。理性是人类区别于一切的原因，它与"幸福"密切相关。亚里士多德写道："如若人的功能就是灵魂根据理性的活动……如若如此，人的善就为'合乎德性的灵魂的功能'，或者，如果德性有不同的程度的话，人的善就是最圆满的德性。"① 亚里士多德继续定义了各种美德，所有这些美德都被理解为两种恶之间的一种方法，并在具体的公共环境中被决定。重要的是，这些美德是如何培养的，一个人是否成功，以及它们如何影响一个人和其他人，只是部分地取决于个人自己。

与美德相关的预测是有限的。美德伦理学所承诺的不是一个人一定会得到奖励，或体验幸福、快乐或者安宁。相反，这些美德可以帮助一个人处于一个他们最有可能经历幸福或者幸福的境地。人自己可以培养美德，变得更好，但不能保证即使努力也会成功。许多其他因素有助于体验幸福和快乐，这样一来，可控制性也相对较低。

一个人控制自己美德培养的能力会受到一切从丑陋到困难的生活环境的限制。例如，一个人的家庭对一个人的性格发展有形成性的影响，甚至会影响到他们发展美德的能力。即使是自己家庭的经济状况简单，以及自己成长的社会和政治环境，也能很大程度地决定灵魂的理性活动和美德的培养。同样，政治和社会环境也可能更具决定性。如果一个人生活在一个不利于培养美德的社会或政治环境中，那么他们就几乎不可能成为一个有美德的人。正确的条件，即适当类型的社会尊重和谴责以及公平和理性的政治制度等，都对

---

① ［古希腊］亚里士多德：《尼各马可伦理学》第1卷，王旭凤、陈晓旭译，中国社会科学出版社2007年版，第七章第64页。

一个人的美德的培养至关重要。

　　总之，美德伦理的预测因素是：如果一个人遵循这种伦理方法，他就更有可能体验到幸福、安宁或快乐。这意味着人们会预测一个人将如何发展或培养自己的性格，以及一个人与其他人的互动将如何在这个世界上发挥作用。尽管预测的准确性总是有限制的并且没有保证，但人们可以把自己置于一个发展的高尚的性格中和有可能发生成功的相互作用的情况下。可控制性也是有限的，一个人不能控制一大堆的因素，这些因素必然有助于美德的培养或美德在与他人打交道时的表达。因此，偶然性在美德伦理中起着重要的作用，这就是悲剧在这种方法中得到广泛认可的原因。

（二）义务论

　　义务论是一种伦理方法，通常与伊曼纽尔·康德有关，可以在各种类型的现代制度中看到，包括围绕"人权"的思想，如《世界人权宣言》。伦理学的义务论方法也是许多西方民主政治和法律理论的基础。义务是义务论的核心，它基本上要求人们按照他们合理设想的义务行事。结果并不是真正的问题，重点是明确职责并实施它们。但也要有正确的理由，即出于理性的考虑和责任感，而不是因为情感因素或其他偶然变量。我们可以把这看作一个基于规则的伦理理论，因为它关注的是规则，而不是遵循这些规则所产生的结果。

　　在康德的著作中，义务论可以概括为"绝对命令"及其主要形式之一，大致是说"把人当作自己的目的，而不是当作达到进一步目的的手段"。"绝对命令"是一种普遍的伦理原则，即一个人应该始终尊重他人的人性，而他应该只按照适用于所有人的规则行事。康德写道："我绝不能以这样一种我也所不愿意的我的准则成为一个普遍法则的方式行事。"① 换句话说，一个人必须总是以一

---

　　① ［德］康德：《道德形而上学的奠基》，李秋零译，中国人民大学出版社 2013 年版，第 45 页。

种可以普遍化的方式行事。一个人按照行为的标准或原则必须是其他人同样可以根据行动的而不会引起世界上矛盾的东西。

康德还将绝对命令重新定义为："你要如此行动，即无论是你的人格中的人性，还是其他任何一个人的人格中的人性，你在任何时候都同时当做目的，绝不仅仅当做手段来使用。"[①] 这里的想法是把人当作他们自己的目的，而不仅仅当作手段。把人当作目的来对待意味着尊重他们的内在价值。这对我们如何对待他人很重要，也对我们如何对待自己也很重要。当我们把人或我们自己当作手段时，我们认为他们有工具价值，换句话说，我们利用别人是为了别的目的吗？

康德认为，人是理性的，可以自主地决定该做什么。他们受到偶然因素的影响，如情感、倾向、本能或社会和政治因素，然而，他们总是保留着最终决定自己工作的自主权力。这种力量是道德的来源，这也意味着有完美的可控制性。尽管有许多甚至是非常强烈的疑义影响，一个人的自主性始终保持完整。康德声称自己总是对人内心的"道德法则"感到敬畏和钦佩，他也指的是选择正确事物的能力。所以我们有另一个版本的完美可控制性。

在义务论中，并没有真正的自我修养感。道德法则是在人内心存在的，他们的自主权并没有随着时间的推移而真正改变或发展。它就像一块宝石，可能会被发现更多或变得更亮，但它不会改变。即使它的表达方式发生了变化，自主性总是照常存在。这样一来，义务论就根本不关心可预测性。因此，除了简单地意识到道德法则是什么之外，对这个人将如何发展的预测并不重要。此外，对社会相互作用的预测在义务论中被明确批评为不重要。一个人按照绝对的命令行事，不是因为一个人的行为的结果很重要，而是因为这是正确的事情。无论发生什么结果都被视为偶然的，对义务论来说或多或少不重要。康德表达这些观点："一个出自义务的行为具有自己的道德价值，不在于由此应当实现的意图，而是在于该行为被决

---

① ［德］康德：《道德形而上学的奠基》，李秋零译，第52页。

定时所遵循的准则。"① 这意味着，如果决定背后的动力是好的，那么一个行为在道德上就是好的。这种动力是自主的和完全可控的。但结果，或"已达到的目的"无法控制，甚至无法可靠地预测，因此不是义务论的关注范围。

（三）结果主义

结果主义，经常用它的另一个表述来讨论，即功利主义，可以被视为义务论的极端相反。在结果主义中，重要的是结果，即康德上面所说的"要达到的目的"。这里的道德要求是要做那些能产生最好后果的事情。观看它的基本框架，我们可以看到它是相当简单的，正如我们将在下面讨论的，就可预测性和可控制性而言，结果主义伦理是相当简单的。

然而，这个理论有一些复杂性。事实上，它可以从几个不同的角度进行有争议的辩论。例如，我们无法理解"产生最好的结果"作为一个单一的原则意味着什么，除非我们至少知道三件事。第一，什么事情是好的，什么事情是坏的？换句话说，我们在寻找什么样的结果，是什么标志告诉我们什么是可取的，什么构成了我们不想要的东西。第二，我们应该让谁的利益最大化？当我们考虑产生一个好的结果时，我们经常提到"最大化"善，或效用，或幸福。但社会是多样化的，并且是由个人组成的。所以我们可以考虑哪些个体，我们正在考虑哪些群体，我们也需要考虑我们如何权衡其他因素，比如动物，或者自然世界。第三，是否采取行动、政策等。由它们的实际后果，即我们的行为实际产生的结果，或它们将基于我们拥有的证据的可预见的后果而对或错。这也意味着，在计算后果时，我们需要考虑如何衡量子孙后代。因此，尽管结果主义背后的逻辑相对简单，但实际上实施了这个想法，并思考如何权衡相关因素，是复杂的。然而，就可预测性和可控制性如何与这种伦理相联系而言，我们发现了一些相当容易理解的联系。

---

① ［德］康德：《道德形而上学的奠基》，李秋零译，第26页。

一个纯粹的结果主义者不考虑动机或行动，这两者都是西方宗教、美德伦理和义务论的核心。一个人是否出于正确的理由做了正确的事情，或者因为他们想做正确的事情，而类似的考虑对于纯粹的结果主义者来说根本不重要。只要行动的结果产生我们认为"好"的东西，那么行动就可以被称为好。同样，根据纯粹的结果主义思想，即使一个人真的想做一些好事，假设他们真的努力产生一个好的结果，但是实际结果是不好的，或者如果他们的意图不是遵循实际对世界的影响，那么我们不能认为它是好的。这里我们看到了一个与义务论的鲜明对比。在义务论中，只要一个人有适当的动机去履行他们的职责，并真正努力去做，那么我们就可以称他们为好的。无论由于他们履行职责而发生什么，都不是我们考虑的一部分。结果主义基本上恰恰相反，如果一个人即使偶然产生好的结果，我们仍然称他们的行动是不好的。因此，可控制性并不是这一伦理学中的一个主要哲学问题。在一个人可以选择的程度上，他们应该根据结果主义的演算来进行选择，但理论本身并不能说明选择本身。当然，为了想带来好的结果，我们希望能尽可能多地控制世界，但关于个人的行动权却很少。

尽管结果主义试图控制世界，但它认识到它不能控制世界。上面考虑的第三个因素，关于"是否采取行动、政策"等，我们的行为产生的正确或错误的实际后果，或者可预见的将发生的基于我们的证据的后果。这些都证明结果主义在通过试图预测事情会如何发生从而控制世界。虽然没有保证，但人们所作的计算恰恰是为了预测世界将会如何发展。从这个意义上说，结果主义可以被看作一种几乎完全专注于预测的伦理。

（四）关怀伦理学

关怀伦理学通常与女权运动联系在一起，并且有时也被称为"护理伦理"关怀伦理试图将自己与上述方法显著区别开来。根据关怀伦理，人际关系是至关重要的，而表达关怀是伦理行为的基本条件。这里的情感很重要。我们关心我们亲近的人，关心的感觉是自然产生的，进一步可以被理解为道德义务。上述三个理论主要与理性有关。虽然美德伦理学在某种意义上可能是一个异类，但在义务论和结果主义中，我们非常清楚地看到了对理性和合理性的巨大强调。情感和感觉不仅被淡化了，正如我们可能在美德伦理中看到的那样，在义务论和结果主义中，情感、感觉、倾向等正是导致大多数人误入歧途的原因。人的这些非理性方面是不道德行为的来源，并导致人们对什么是真正的道德的困惑。关怀伦理学认为，我们应该至少和理性一样认真地对待情感，或者可能更严肃地对待情感。

　　当然，一个人不能对每个人都有明显的情感。在关怀方面，道德偏见是思考我们关心谁，以及我们应该如何对待人的构成因素。这种偏爱天生就与一个人作为亲近关系中的一员的概念有关。而义务论、结果主义以及某种程度上的美德伦理都被视为原子个体，他们与社会的联系是部分的，潜在的有问题的，不同于伦理承诺和推理，关怀伦理强调人的关系方面。我们不仅受到与他人关系的影响，他们还帮助形成我们。因此，关心他人是自然的和合乎道德的，因为我们认识到，他们造就了我们，我们造就了他们。与此相关的是，偏爱是必然的。我们关心那些我们亲近的人，我们不能把这种关心扩展到很远，也不可能这样做。在义务论、结果论和某种程度上的美德伦理学中，我们被告知要保持公正。特别是在义务论和结果论中，偏袒被认为是一个主要问题，而公正是这些伦理方法的目标的一部分。

　　在许多方面，关于关怀伦理的可预测性和可控制性的观点与我们在道德伦理中发现的基本结构相呼应。两者之间的主要区别更多的是程度的问题。例如，一个人控制自己行为的能力被视为受周围人的更显著的影响。在亚里士多德的手记中，美德伦理学认为社会政治环境的形成范围是令人遗憾的。个人仍然可以批判性地反思他们，但如果他们没有受到这么深的影响，那会更好。关怀伦理学深入研究了这些关系，并试图以富有成效和合乎道德的方式来迎合它们。人们不应该把他们与他人的关系看作他们可能想要远离自己的东西，而是努力使两者都是积极的。

遵循关怀伦理，我们可以预测两件事。首先，我们将通过成为更好的"关怀者"而成为更好的人，我们与他人的关系也会得到改善。当我们以适当的方式照顾他们时，他们会变得更好。同样，对外部世界没有保证，它是偶然的和变化的，所以就像道德伦理一样，关怀伦理承认悲剧。事实上，我们可以看到美德伦理和关怀伦理在可预测性和可控制性方面的方法非常相似。

在这一节中，我们看到，尽管西方哲学中伦理的四种主要方法显著不同，甚至在彼此对立的程度上，它们共同看到了伦理与可预测性和可控制性之间的先天联系。

三　儒家伦理学

与上述概述的西方伦理学方法相比，儒家传统中的经典被解读为另一种"伦理教义"或伦理方法。就像西方主要的伦理学的方法一样，早期的儒家经典也声称有可预测性和可控制性，这表现在它们天生与"仁"的概念交织在一起，或者正如这些文本中的词语所说，是仁义礼智，培养一个理想人格等。

西方对儒家伦理的绝大多数处理都始于"儒家文本中代表了什么类型的伦理？"这是一个很奇怪的问题。其中有一个潜在的假设，可以被视为破坏了《论语》和《孟子》等文本中的方法。当我们问"某种存在是什么类型的伦理"，或者更具体地说，"在儒家文本中代表了什么类型的伦理？"我们已经表达了伦理模式优先于另一种风格，即欣赏伦理行为并试图模仿伦理行为或从中学习。要求减少儒家伦理的讨论进入模型的伦理应该已经优先一个抽象的描述：模式、一套原则、标准必然淡化的具体表现的行为，以及我们以后可能会称之为"道德的"或仁义礼智表达式，和演示培养理想人格等。换句话说，我们可以阅读像《论语》和《孟子》这样的文本，比如欣赏确定的行为、对世界的思考和感觉方式、一般观点等，以及制定策略来帮助他人以类似的方式思考、感觉和行动。不仅是在思考、感觉和以相似的方式行动方面，而且是在欣赏他人和以一种促进理解这些模式的重要意义的方式普遍看待世界方面。如果我们按照这些思路来看待儒家思想，那么几乎所有关于其伦理的"类型"，或是对它进行分类，或是添加标签或"主义"的讨论，都必然违反了它本身的教导。即使是"特殊主义"或"情境主义"的最微妙的版本，对于儒家思想的教导来说，也过于抽象和普遍化。然而，大多数西方人对待儒家伦理的方法都要粗糙得多，绝大多数人都寻求分类、标签、各种"主义"和其他方法来称它为一种特定的"类型"，或将它定义为一种"模式"。

近年来，西方学者，特别是北美学者，以及主要与北美学者一起工作和参与研究的中国和欧洲学者，都试图将儒家思想描述为"美德伦理"或"角色伦理"。这样做的原因是可以理解的。西方学术界的运作方式或多或少需要给儒家伦理贴上一些标签，而当将儒家思想与其他传统进行对话时，它促进了话语。换句话说，虽然我们很容易认识到儒家思想并不完全符合固有的类别，但我们也可以认识到，亚里士多德的著作中还有比"美德伦理学"所捕捉到的更多的细微差别。

无论如何，尽管将儒家思想描述为"美德伦理"或"角色伦理"，在西方话语中，尤其是北美话语中是一场激烈的争论，但当我们讨论儒家思想本身时，这两个标签似乎都走得还不够。当观察早期儒家文本中的伦理欣赏如何在可预测性和可控制性方面发挥作用时，我们肯定会看到与美德伦理的重叠，但也有与关怀伦理的重叠。与美德伦理的重叠使得学者们能够主张"儒家美德伦理"，正如我们将看到的，尽管强调在角色伦理中的角色也是不可或缺的。事实上，人们可以捍卫角色伦理，作为儒家道德观的可预测性和可控制性的更好标签，但这不是本文的目的。

根据本文的背景，我们将假设读者对儒家传统有高度的熟悉程度。我们的讨论主要是基于上面提到的《论语》和《孟子》，但在很大程度上是适用的。就像任何传统，例如基督教、犹太教、伊斯兰教，或伦理方法，如美德伦理、义务论、结果主义和关怀伦理，或亚里士多德、伊曼努尔·康德等思想家,对其他人来说,一概而论从不涵盖一切。讨论儒家伦理欣赏的目的是描述与可预测性和可控制性相关的思想,并为思考这些思想如何在《老子》中论证提供背景。因此,对儒家思想的讨论将是一般性的,并不意味着要完全描述这一传统。

和几乎所有的伦理传统一样,儒家思想都对可控制性作出了假设。一般来说,伦理学只对一个人自己所能控制的东西感兴趣。不在个人控制范围内的方面通常不被认为是"合乎道德的"。当然,这是有争议的,关于"道德运气"的讨论的目的也是研究这个问题。但对于大多数伦理理论来说,对人能控制什么,不能控制什么,总是有明确或隐性的理解。那些人可以控制的东西受道德判断,而那些不受人控制的东西可以原谅。与美德伦理学一样,儒家文本认为社会政治因素的影响是决定性的。在很大程度上,一个人无法逃避他人对自己的思维、感觉和决定所产生的影响。然而,这并不意味着没有可以进行反思的空间。人们总是能够批判性地远离他人的影响,并作出选择。但是这种行为或自主的力量并不表明一些预先存在的东西,也不是原子性的。

在儒家思想中,批判性地反思自身环境和他人影响的力量是通过与他人的交往而发展或培养的。一个人有或发展了选择的能力,换句话说,一个人通过向别人学习而拥有或发展能动性。在这方面,与关怀伦理也有显著的重叠。与亚里士多德不同,儒家学者并不贬低他人的影响。相反,他们支持它是学习的来源,例如学习正确的选择,学习明智的选择,以及学习以一种"道德"的方式进行选择。儒家思想中的人不是义务论或结果主义的原子论个体,这也与有多少美德伦理学家看待这个人有关,以及与正义理论通常如何设想这个人有关。完全拥抱与他人的相互关系同时也充分支持能力反思关系,儒家的人同时完全建立在他们的具体情况和环境之上,同时能够抽象/远离(在某种程度上)和批判性反思。

控制主要被认为是对一个人的情况和环境进行批判性反思的能力,最重要的是,包括帮助影响并且培养情境和环境的能力,从而使他们可能变得更好，即更有利于道德相互作用。认识到情境和环境对自己的高度影响，这个人应该尽最大努力培养情境和环境，从而有利于帮助他人成为好人。这样，我们就可以将儒家思想理解为一种培养运气的道德规范，这意味着有助于促进道德相互作用的环境。换句话说，它是一种寻求培养有利于使自己、他人和子孙后代尽可能合乎道德的情境和环境的伦理学。由于情境和环境总是影响着人，而且他们也有一定程度的"运气"或不可控制性，一个好的儒家人试图使情境和环境尽可能合乎道德，希望帮助自己和他人有道德。同时与此相关，儒家思想提醒人们选择交往对象和居住地时要有所选择，因为它认识到环境对人们的影响。

培养情境和环境，以帮助自己和他人合乎道德，使我们具有可预测性。儒家伦理的承诺，或者它所预测的，是双重的。它预测这个人将会如何，以及社会和周围的其他人将会如何。修身，实际上是通过与他人的相互作用来培养自己，是一个道德工夫，承诺让一个人成为一个善的人。从事修身的人会像尧和舜，或者孔子和颜回。也许他们不会完全达到像这些圣贤或接近圣贤那样的卓越和道德理解的水平，但修养确实承诺了这个人将走在这条道路上。从成为一个好的统治者，到成为一个好的家庭成员，以及任何介于两者之间的一切，都是儒家伦理教义的承诺的一部分。最平常的内容包括，子曰："唯仁者能好人，能恶人。"（《论语·里仁》）以及最理想主义的内容："君子之德，风也；小人之德，草也。草尚之风必偃。"（《论语·颜渊》）"德"可以在日常生活中理想化或实现，是一种思考人如何通过培养转变，以及周围的其他人如何在道德上改变的方式。

当一个人按照儒家的道德伦理教义培养自己时，他们的培养实际上总是与他人一起或通过他人进行。坐在房间里看书，或者关注特定的性格特征，并不是所谓的"自我培养"。"自我培养"是指关注一个人与他人交往的能力，以道德的方式影响交往的路径。孔子提醒我们："三人行，必有我师焉。择其善者而从之，其不善者而改之。"（《论语·述而》）这篇文章的重点是在一个人的环境中的其他人如何影响他们。但这个想法也是另一种方式。人们也应该认识到，他们将成为其他人的"师"。因此，一个人希望确保他们在交往中会表现出其他人想要模仿的品质，这不是个人发生的，而是相互关联的。在这里，我们看到了环境对一个人的"控制"的影响，以及在儒家的伦理解释中，预测是如何运作的。

还有更多突出的关于预测的讨论，也直接涉及社会政治问题。例如，有子曰："其为人也孝弟，而好犯上者，鲜矣；不好犯上，而好作乱者，未之有也。君子务本，本立而道生。孝弟也者，其为仁之本与！"（《论语·学而》）首先，我们可以注意到，这也是一个预测，关于如果他们遵循儒家的伦理教导，一个人将会怎样。如果一个人成了遵守孝悌之人，他们就不太可能给上级制造麻烦，这样他们就可以帮助促进一个有序的社会。同样，这并不是一个纯粹的因果关系。没有绝对或完美的承诺那些孝悌的人不会给上级带来麻烦。这个想法只是说，他们不太可能这样做。再比如，就像对"三人行"段落的不那么明显或反射性的阅读一样，这段文章预测了如果遵循伦理教导，一个人的环境可能会是什么样子的。在《孟子》中，我们发现了类似的段落，据说人们会搬到那些统治良好的州，而远离那些没有统治良好的州。

因此，我们至少可以找到两种一般的预测途径：关于人和社会。它们并不完美，就像儒家伦理教导的可控制性一样，有很多环境影响，一般来说，预测是关于一个人或环境可能如何变化的，没有保证一定如何变化。另一种思考问题的方法是区分因果思维和关联思维。对于西方的宗教，以及义务论和结果主义，伦理教义以因果的方式预测结果。在儒家思想中（这里也与美德伦理有重叠），思考伦理，和我们基于伦理思维可以预测的是相关的。例如，一个"孝悌"的人将不太可能给上级制造麻烦，但当然制造麻烦仍然是可能的。

儒家思想既包含对伦理的方法，也包含对伦理模式和例子的欣赏。在这方面，它明显不同于义务论和结果主义，后者主要是伦理学的方法。但它类似于美德伦理和关怀伦理，其中也包含了对伦理模式和例子的欣赏。我们可能会注意到儒家思想、美德伦理和关怀伦理之间的区别，因为儒家思想更认真地把伦理模式和例子作为要遵循的模式和例子。换句话说，儒家思想并不是试图根据模型和例子来抽象和提出原则或标准，从而减少它们，使它们更狭隘，而是要求人们自己认真对待它们，并反思它们的重要性。子曰："人能弘道，非道弘人。"（《论语·卫灵公》）这并不是说儒家思想也不代表一种研究伦理的方法。当然，儒家伦理也是一种方法，但它不能脱离它对伦理模式和例子的欣赏。

因此，我们在早期儒家文献中发现的可控制性也是广泛的，并不集中在一个抽象的原子个体中。人们可以而且确实可以决定如何交往，但受到外部偶然因素的严重影响。因此，重要的是要发展一个人的批判性反思，并确保自己所处的情况有利于作出道德决定，并帮助他人做同样的事情。

在儒家伦理中，我们与可预测性和可控制性有很强的联系，但它们之间的关系是困难的，因为它们反映了世界的复杂性，并没有假设世界变窄或将其简化为简单的公式。我们将看到在《老子》中更复杂，虽然我们可能称一些想法"道德伦理"，但是我们会看到他们说可预测性和可控制性相对模糊，或有可预测性却又并不预测，而是开放式的。同样，在《老子》中想象出来的控制在理想情况下不是有意识的控制，所以把它看作"控制"也有些奇怪。

四　《老子》中的道德规范

早期的道家文本与伦理学之间的关系一直有些奇怪。例如，王弼认为《论语》和《老子》很相似。他认为《老子》和孔子最终讨论的是同样的问题，并且有非常相似的方法。但具体地说，这意味着，就伦理而言，我们没什么能说的。孔子和《老子》一样，不愿谈论道德，然而，孔子谈论道德表明道德是不能谈论的，而《老子》则停留在不可言说或"道可道，非常道"的层面。当王弼说道德行为可以被欣赏，并且也应该被注意时，王弼似乎在创造一个

渠道连接孔子和《老子》的哲学,但我们不能以提供直接的指导的方式发展关于道德的理论。在王弼注《老子》第 19 章时写道:

> 圣智才之善也。仁义(人)[行]之善也。巧利用之善也。而直云绝。文甚不足,不令之有所属,无以见其指。故曰此三者以[为焉]文而未足。故令人有所属,属之于素朴寡欲。①

在他的《老子指略》中,他更直接地写了道德如何转变,以及如何不能被完全知道或有被意识地引导:

> 故象而形者,非大象也。音而声者,非大音也。[……]用大音则风俗移。[……]风俗虽移,移而不能辩也。是故天生五物,无物为用;圣行五教,不言为化。是以"道可道,非常道;名可名,非常名"也。[……]虽古今不同,时移俗易,此不变也。②

其他思考伦理的方式不同于《老子》并且采取另一条路线,表达如庄子:盗亦有道。尽管不完全相对论,但有一种认识是,假设存在一种正确的方式,或者我们可以清楚地描绘出一种正确的方式来行动或交往,这是《老子》所挑战的。从这个角度来看,从当代的角度来谈论《老子》中的"伦理学"是相当奇怪的。

然而,当代西方学者一直试图在《老子》中寻找"伦理学"。这些研究的重点几乎总是集中在"自然"和"无为"上,作为其本身的"伦理性",或作为指导方法或原则。简而言之,解释是这样的:《老子》主张成为"自然"和"无为",而提倡或促进一个人应该行动的方式构成了一种伦理。换句话说,一个"伦理"是指

---

① 楼宇烈:《王弼集校释》,中华书局 1980 年版,第 45 页。
② 楼宇烈:《王弼集校释》,第 195 页。

一个人应该如何行为，因为《老子》说一个人应该是"自然"和"无为"的，"自然"和"无为"本身就是伦理概念。此外，《老子》更喜欢"自然"和"无为"而不是其他类型的行为，这只会进一步显示他们的"道德"特征。

首先看看"无为"本身，我们发现《老子》甚至将"圣人""治"和"无不为"与"无为"联系起来。这当然意味着"无为"是很受重视的。实际上，没有其他概念似乎比这更高或更值得称赞，但是"自然"是一个可能的例外。在《老子》第 38 章中，这一点被清楚地表示为："上德无为而无以为；下德为之而有以为。"在这里，我们不仅发现"无为"被称为上德，而且"为之"被认为是"无为"的反面，被认为是不好的，或者下德。对于那些认为"无为"是有道德的人，或者那些想认为无为是有道德的人，第 57 章提供了一个坚实的基础："故圣人云：我无为，而民自化；我好静，而民自正；我无事，而民自富；我无欲，而民自朴。"在这些地方，毫无疑问，《老子》认为一个人应该无为。在许多西方学者看来，这已经构成了一种伦理学。

"自然"在《老子》中出现的次数较少，但与"无为"密切相关。许多学者认为这两者或多或少是非常相似的观点。成为"自然"也被认为是"道德的"，因为它与人们经常采取的非自然行为方式相反。这些不自然的方式在《老子》中以"不争""知足""知止"等的形式被反击。此外，其他积极的想法，如"虚""无""静""柔"等也被认为与"自然"有关。虽然由于本文的局限性，我们将不会详细介绍"不争"、"知足"、"知止"、虚、无、静、柔或其他概念，但我们对"自然"和"无为"的看法通常也适用于这些概念。

在进一步讨论"无为"和"自然"之前，需要注意的是，这些概念表明的是态度，而不是具体的行为。上面提到的大多数伦理理论都包括了对具体行动的不同程度的特殊性。例如，《圣经》《律法》《古兰经》就相当详细地告诉人们他们应该做什么和不应该做什么。当然，也有解释的空间，但当我们看宗教原教旨主义者时，我们会发现人们希望从字面上阅读他们所信仰的任何神圣的书。我们在这些书中有明确的指示，从饮食和婚姻到与邻居的互动和商业交易。在主要的西方伦理方法中，包括美德伦理、义务论、结果主义和关怀伦理，我们找到了人们到底应该如何行动的指导方针或原则。遵循这些方法，一个人可以学到任何东西，从成为一个素食者，为国家而战，人工智能的发展，到让谋杀犯知道你的朋友在哪里，或者在流行病期间给谁提供呼吸机。儒家思想也告诉了我们很多关于如何在日常生活中，以及在更大的社会政治环境中采取行动。例如，《论语》第 10 章，详细描述了孔子的日常习惯，显然是要作为其他人的榜样，无论是字面上的还是精神上的。更重要的是，整个传统是关于帮助人们反思如何在任何环境或生活领域与他人交往。

《老子》在这些方面已经完全不同了。正如王弼在上面的引语中所表达的那样，即使我们认为"无为"和"自然"是"合乎道德的"，他们也并不完全提倡具体行为。事实上，当我们把它们理解为态度时，这就是《老子》似乎如何使用它们的，那么就很难确定什么构成了无为或自然行为。同样的动作可能是一个人的无为或自然，或者一个人某些时候的无为，而另一个人则非常相反。事实上，王弼和郭象都强调了遵循"迹"的危险。在他们的理解中，"迹"是由伟大人物留下的教导或事例。我们研究他们说了什么或做了什么，但我们只是在研究之前的足迹或剩余的痕迹。我们真正想要追求的不是这个迹，而是它留下的"所以迹"。所以做孔子或颜回做的，即使在非常相似的情况下，根据王弼和郭象所说的完全不是无为或自然，而当孔子或颜回做他们自己应该做的，完全是无为或自然。因此，行动或行为本身并不是构成无为或自然的东西，而是人们在做任何事情时所采取的态度或心态。这并不是说任何事情都是允许的，因为有些类型的操作似乎并不容易与"无为"或"自然"相关联。然而，"无为"或"自然"的重点是培养一种态度或心态，而不是特定的行为。

这使得"无为"和"自然"明显不同于儒家的自我修养，例如从仁或孝，以及在西方宗教和伦理方法上的讨论。虽然儒家思想也要求一个人培养对世界的确定态度和举止，但它仍然具体地关注特定的行为。不仅期望采取一些特定的行动，而且进一步期望通过以特定的方式行动，包括按照礼行事，一个人将以特定的方式培养自己。因此，虽然我们可能认识到仁或孝也是态度，但有某些类型的行为或取向是明显不同的。例如，子曰："今之孝者，是谓能养。至于犬马，皆能有养；不敬，何以别乎？"（《论语·为政》）毫无疑问，这是在描述敬的态度，但它也包括了一个相当强有力或更密切的相关行为的概念。正如我们将在下面讨论的，《老子》和其他伦理教义之间的主要区别正好出现在相关的规定行为的细节上。

美德伦理也要求人们以规定的方式行事，目的是发展美德，这些美德有相当具体的实体表达。同样，亚里士多德的美德可以大致推断为《论语》中的仁或孝，所以美德与态度有关，尽管也许可以更好地理解为有修养的特征。这些美德的表达，就像仁或孝一样，被理解为有一些最低限度的相似性，这些相似性相对严格地规定了什么构成了道德行为。

西方宗教也让人们培养一种"态度"，即通过"信仰"或"信念"，但同样，这种态度必然与确定的行为有关。就像儒家思想和美德伦理一样，有很大的解释空间，但也有普遍一致的表达。即使在实践者或学者不同意的地方，共享理解的基础也相对粗略。例如，作为一个好的天主教徒，可以有不同的表达，但有很多表达是不被允许的，甚至不同的表达也有很多共同之处。

在义务论和结果主义中，这个问题或多或少是没有意义的。这两种方法都不是真正培养一种态度，因此他们各自对道德的讨论总是"激烈"，即使竞争激烈，也不会有变得过于微薄或裸露的风险。

所以在思考与"无为"和"自然"相关的行为方面，我们在《老子》和大多数其他伦理教义之间有了一个显著的区别。如果我们说无为和自然是有道德的，我们必须首先认识到它们主要是态度。这些态度在具体的行为中没有强有力的基础，也不意味着具体的行动，甚至以类似的方式找到表达。与"无为"和"自然"相关的主要担忧实际上是人们会试图有太多的共同点，正如"迹"所表达的那样，它担心人们彼此关注得太紧密。例如，在儒家思想中，建立榜样是一种被称赞的方法。当然，一个人必须有正确的心态，而不是在不培养自己的心态的情况下模仿别人，但是模仿别人用正确的态度所做的事情正是一个人培养自己的方式。

"无为"和"自然"的相对薄弱也在相关概念中被发现。想到"不争""知足""知止"或"虚""无""静""柔"，我们发现这些术语比儒家价值观如仁或孝更广泛和迟钝，当然不像西方伦理或宗教中的讨论那么具体。这些概念："不争""知足""知止""虚""无""静""柔"在其表达式中都缺乏太多的丰富的伦理教义。作为"不争"并不能告诉我们一个人会如何行动，它主要表明了他们可能避免做的一些事情。同样，"知足"和"知止"对于不同的人可能有很大的不同，并且在很大程度上也取决于其他环境因素。看着"虚""无""静""柔"，我们再次发现人们实际上应该做什么的描述非常少，而且应用这些概念非常间接，以至于想象它们在某种程度上构成了西方宗教伦理、西方哲学伦理方法或儒家传统的必然结果，这是很奇怪的。

当我们转向可预测性和可控制性，这是西方宗教伦理、西方哲学伦理方法和儒家传统的核心，我们发现甚至有更少的理由认为"无为"或"自然"是伦理的。从可控制性开始，我们可以再次记住，道德评估通常不会因为人们无法控制的事情而指责或赞扬他们。虽然这种情况在实践中经常发生，但几乎所有的伦理教义都说，只有那些在一个人的控制下的方面才应该受到伦理审查，而任何超出一个人的控制范围的东西都不在伦理学的范围之内。因此，大多数伦理教义集中于控制，例如宗教中灵魂的概念，义务论中的自主，以及道德伦理、关怀伦理和儒家思想中培养的自我、行动或意志，以及我们也可以在这里放各种版本的功利主义。但当我们看"无为"和"自然"时，我们既没有发现人们有某些权力来选择或控制他们的决定，这是先于偶然因素或情况的细节的（如在宗教和义务论中），也没有培养道德自我、行动或意志的想法。例如我们在儒家中发现的，有些人认为《老子》的一切都是关于培养的，它通常被认为是一种"反栽培式的培养"：例如，"为学日益，为道日损"，这条线继续到无为："损之又损，以至于无为。"如果我们把这看作一种"修养"，一种发展道德自我、行动或意志的方式，我们必须注意到它是相对空洞的，或者最多是非常不实际的。它并没有真正告诉我们这个人将能够做什么，或者一个人将以何种方式对某些行为负责。当然有一个松散的控制概念，《老子》将人们描述为在作出选择，并希望统治者选择某些类型的行为。但这个概念却很无力。我们不应该在批判性反思方面发展出一个更有力的控制，而是最好地意识到如何妥善地适应这种情况。

同样，根据无为或自然与作用相关的预测也非常无力。有很多话说，如果人们以某些方式行事，某些事情就会发生，例如，正如上面第 57 章所引用的："故圣人云：我无为，而民自化；我好静，而民自正；我无事，而民自富；我无欲，而民自朴。我们还有不尚贤，使民不争；不贵难得之货，使民不为盗；不见可欲，使心不乱。"在第 3 章中，还有许多其他类似的句子。在这些地方，肯定有一种基于《老子》的"伦理"的预测。然而，如果我们与西方的宗教伦理、西方的哲学伦理方法和儒家传统进行比较，我们可以再次看到，这种类型的预测是极其平庸的。说人们会使用自化、自正、自富或自朴并没有告诉我们他们会做什么，这不仅是消极的，也就是说，它告诉我们他们不会做什么，而且这也是非常间接的。基于这些预测，我们对人们的未来发展情况只有一个非常简单的描述。基本上，我们可以希望人们不会以自我为中心，自私或贪婪，但除此之外，关于人们将如何发展，我们没有真正的承诺。

同样的预测"不足"在"不争""知足""知止""虚""无""静""柔"等其他概念中也有发现。所有这些概念都告诉我们《老子》赞扬什么和谴责什么。然而，它们并不是对人未来的具体描述。这些观点与我们在上述的西方宗教和哲学方法中发现的任何观点都有明显的区别。此外，当我们看儒家思想时，我们会发现像"仁"或"孝"这样的美德比《老子》中的这些思想有更具体的描述。因此,如果我们想说,在《老子》中发现的思想构成了一种肯定是合理的伦理学。然而,我们必须记住,《老子》在预测和控制方面说得很少,而且与西方的宗教和哲学方法或儒家思想相比,它所希望培养的东西是极其无力的。

五　结论

将《老子》与西方的宗教和哲学方法或儒家思想进行比较,说道家文本包含"伦理"或者至少像西方的宗教和哲学方法和儒家思想那样包含"伦理",似乎有点奇怪。控制是《老子》希望人们放弃的东西,而不是保留或培养它。至于预测,虽然我们有各种预测基于无为或自然,甚至相关的概念"不争""知足""知止""虚""无""静""柔",他们告诉我们自己将如何,我们的行为将如何,世界将如何,是相对不足的。西方的宗教和哲学方法以及儒家思想都比《老子》有更具体和实体的描述。由于这些原因,我们可能会注意到,虽然我们当然可以说《老子》有一个"道德",但称之为"道德",就像西方的宗教和哲学方法和儒家思想一样,是具有误导性的。在控制和预测的缺陷方面的差异,确实是一个程度上的问题,但它也构成了一个分类上的区别。

因此,与其将"自然"和"无为"狭隘地归类为"道德",我们可以将它们理解为帮助我们拥抱自己、他人,以及复杂的、自发的、充满张力和矛盾的世界。因此虽然它们确实告诉我们人们应该如何表现,但"自然""无为"或"不争""知足""知止""虚""无""静""柔"的真正美德,甚至更广泛地来自《老子》和道家本身,来自帮助我们欣赏复杂性、自发性、紧张和矛盾。《老子》并没有试图提出一种模式来清除我们自己、他人和生活的模糊方面,而是为我们提供了反思这些方面的工具。

"道家'德'论的思想内涵、历史演变和当代价值"学术研讨会综述

南开大学哲学院博士研究生　李志鹏

　　"德"往往被视作儒家哲学的专属概念，但事实上，"德"观念在道家哲学的体系中也占据着非常紧要的位置。司马迁在《史记·老子韩非列传》中就曾指出老子其人"修道德"，其书"言道德之意"，"德"和"道"共同构成了老子其书其术的主要内容。甚至，"德"一度成了道家哲学的标识性概念，以至于我们今天习用"道家"一词所指称的思想流派和学术群体，在学术史的早期也曾一度被称作"道德家"，如司马谈的《论六家要旨》便说："夫阴阳、儒、墨、名、法、道德，此务为治者也。"（《史记·太史公自序》）此间所谓"道德"，就是我们今天所说的"道家"。但如此重要的道家"德"观念也确实曾一度被人淡忘，直至近些年，随着对道家哲学研究的不断深入，道家"德"观念才再次走入了学者们的视野，有关道家"德"观念的讨论和研究也逐渐多了起来。

　　为了进一步深化对道家"德"观念以及老子学和道学的研究，加强对道家哲学核心概念的阐释，推动中国哲学观念谱系的探讨和话语体系的建构，由老子学研究会和西安外事学院共同主办的"道家'德'论的思想内涵、历史演变和当代价值"学术研讨会于2022年12月17日—18日以线上会议的形式召开。来自北京大学、清华大学、中国社会科学院、中国人民大学、韩国首尔大学、复旦大学、南京大学、北京师范大学、华东师范大学、中山大学、南开

大学、山东大学、西北大学、山西大学等国内外高等院校、研究机构的八十余位专家学者云端论"德"，对道家"德"论的相关问题展开了深入的研讨与交流。

开幕式环节，西安外事学院校长黄藤代表西安外事学院对大会的胜利召开表示祝贺，并谈到学术研究应该以道德信仰为前提，每一位从事学术研究的学者都应该知行合一、明道修身。鹿邑老子学院院长宋涛代表鹿邑老子学院向大会召开表示祝贺，并向与会学者介绍了鹿邑老子学院自成立以来所取得的成就，表示鹿邑老子学院将继续努力，为道家思想的研究和传承作出新的贡献。老子学研究会会长、北京大学哲学系教授王中江向西安外事学院和鹿邑老子学院对老子学研究会工作的支持表示了感谢，并指出讨论道家的"德"观念既有思想和学术的意义，同时也可以引领我们过一种更好的生活，以此来唤起道家哲学或者早期中国哲学作为一种体验之学的特点。

开幕式后，来自全国各地的专家学者以道家"德"观念为中心，对老庄哲学、黄老学派、汉晋道家及道教哲学等问题展开了广泛而深入的讨论。闭幕式环节，西安外事学院老子学院教授张丰乾作了会议总结。张丰乾教授谈到，当前复杂多变的现实境遇使我们更深切地体会到道家"德"思想的深邃意涵，希望本次会议能为思想研讨、文化建设和文明交流贡献力量。老子学研究会副会长、中国人民大学哲学院教授曹峰作了闭幕致辞。曹峰教授首先向西安外事学院在疫情当下成功组织本次会议以及各位与会学者的大力支持表示感谢，并谈到"德"是一个无穷无尽的话题，本次会议极大地深化了对"德"观念的讨论，希望今后有更多关于道家"德"观念的研究成果问世。至此，为期两天的"道家'德'论的思想内涵、历史演变和当代价值"学术研讨会圆满结束。

本次研讨会共设置四场大会发言以及十二场次的分会场发言，相关话题涉及的时间跨度从先秦到民国，讨论的内容以道家"德"观念为中心，辐射老庄哲学、黄老学派、魏晋玄学、道教哲学以及道家哲学诠释史等，对道家的形而上学、道德哲学、政治哲学、关系学说、心性理论等问题展开了广泛而深入的讨论，极大地拓展了道家思想的诠释空间，将当前学界对道家哲学及其"德"论的研究推向了新的高度。

一 "德"观念及道家哲学通论

对道家"德"论的理解本质上是一种对"德"所承载及关联的思想和理论的把握，而对相关思想和理论的深入解读，则有赖于对承载这些思想和理论的"德"观念本身有所理解。这种理解应当包括两方面的内容，既要有对"德"观念的语义内涵的澄清，也要有对"德"观念的历史演化的把握。此外，对道家哲学本身的整体性理解也有助于我们更好地认识道家"德"论。李锐认为，早期中国的"德"类似文化人类学意义上的"马那"概念，指一种不可思议的"力"或"能量"，是各种能力的本源。郭沂讨论了"德"观念与早期人性论的关系，认为"德"是中国古代神道主义人性论用以表达人性的概念，指的是得自天之所"命"的善性。王晨光考察了"德"观念的早期使用场景，认为"德"指的是宗法体系下宗子效法先王、效忠周王的品质。陈霞认为，道家道德哲学的根基和特征是"孔德之容，惟道是从"，"德"建基于"道"之上，具有道德形而上学的性质。康中乾认为，道家的"德"指的是人对"道"的自觉把握，"道"与"德"的关系在老子之后，经过庄子和稷下道家的发展，逐渐形成了先秦道家的"道—德"形而上学。叶树勋讨论了道家的关系学说，认为道物关系、道人关系、己他关系和王民关系是道家哲学的基本关系架构，"德"观念在这四组关系中均处于枢纽和关键的位置。孔令宏考察了道家"自然"观念的体系义，认为"自然"观念贯通了道家哲学形而上与形而下两个层次。刘静围绕"自然"观念讨论了道家的物性论，认为道家哲学表现出"自然为人立法"的思想倾向。

二 老子的“德”观念及其相关问题

老子是道家的开山鼻祖，也是道家最具代表性的符号人物。考察老子对“德”的哲学思考，不仅有助于我们把握道家“德”论的原初形态，而且为我们进一步考察老子之后的道家“德”论奠定了理论基础。罗安宪认为，老子对“德”的贡献主要表现在两个方面：其一，老子将“德”与“道”联系起来；其二，老子厘定了道家之“德”的主要内容。曹峰认为，“玄德”是老子“德”论中最中心的概念，借助“玄德”概念可以打通《老子》中“道”“德”“无为”“自然”等重要概念。张建敏认为，老子的“玄德”使得本体之“道”有了现实的意义，“自然”则是老子“德”论在逻辑和价值上的必然选择。陈大明、陈辰认为，老子“尊道贵德”之论引导人们进入无欲无我的“玄德”境界。宁镇疆认为，老子“建德若偷”之“建德”的本义为“立德”或“积德”，时间上强调积久，与表怠惰、苟且义的“偷”构成对反。李晓英认为，老子的“上德”和“下德”之论体现了老子对伦理和政治的双重思考。张涅认为，老子之“德”是经验性认识的结果，有形而上、政治伦理以及人生修养三个方面的意义。刘韶军认为，老子之“德”是人对“道”的掌握，是“道”内在于己身。陈成吒讨论了郭店楚简三组简《老》各自的主题，认为三组简《老》都或隐或显地讨论了“德”。刘固盛考察了“道法自然”的诠释史，认为以人为中心的诠释进路阐扬了人的价值，符合老子道家思想的精神实质。德安博（Paul J. D'Ambrosio）认为，老子的“自然”和“无为”观念可以提供有关道德和伦理的可预测性描述。张磊认为，老子强调人性的无知、无欲等自然状态，主张恢复人先天素朴的本性，这是其人性思想的合理内核。郑开认为，理解老子哲学中的道物关系有不同层次、不同逻辑的多元进路和多样方法，反映了老子文本诠释上的开放性和丰富性。袁艾考察了老子对反问句的使用，认为反问句反映了老子“正言若反”的思想。季磊认为，老子哲学中的“不争”

既是圣人无为而治的治理结果，也是统治者的行为准则及普遍的价值原则。安世民认为，老子的修养工夫论旨在通过主体的修养实践实现体道者的归根复朴。周耿认为，"孰能有余以奉天下"是"有道者"效法"天之道"的结果，旨在通过无为改变不公平的"人之道"。夏世华认为，《老子》第 80 章"小国寡民"的下一句本是"使有什伯人之器而不用"，反映了老子"不尚贤"的思想。才清华认为，《老子》中的圣人既是"道"的人格化，又是现实的政治统治者，圣人之"知"成就了其无为而治的"玄德"。李健认为，老子的"道"哲学实为行哲学，其深刻意蕴是"言行之辨"。徐会利考察了老子哲学中"门"的隐喻所内蕴的三重意涵，即道门、心门、欲门。张茂泽认为，老子哲学中的"无"有事物存在上的无、人生存在上的无以及句型上的无三个层面的意义。谢扬举认为，老子的慈爱思想源于普遍、超越的道对万物的终极关怀，属于一种深层道德，可以为环境德性伦理学提供支撑。徐仪明认为，老子哲学所表现出来的直觉思维与现代科学思维具有一致性和相似性。唐旭东考察了鹿邑老子传说对老子哲学思想的吸收和接受。王敏光依照先秦道家思想发展的逻辑进程，认为老子的哲学影响了杨朱的个体思想，具体表现在名实论、生死观、"贵身"等方面。谢清果、包文静介绍了其在厦门大学开设《道德经》相关课程时，积极主动地运用《道德经》资源开展课程思政、落实立德树人根本任务的宝贵经验。

三　庄子的"德"观念及其相关问题

庄子是老子之后道家的重要代表人物，庄子哲学也是道家哲学在战国之际重要的发展方向之一。庄子对"德"观念的思考不仅是庄子哲学的重要组成部分，也是道家"德"论在战国之际的哲学形态的代表。所以，不管是就庄子哲学自身的研究而言，还是就道家"德"论的研究而言，对庄子的"德"观念及其相关问题的考察都是非常必要的。陈赟认为，《庄子》中的"浑沌之死"是原初秩序经验分化的符号化表达，庄子立足于秩序的现实分化，在分化前提下达成秩序与失序之间的动态平衡，并将这一平衡与原初的秩序经验相连接。郭美华认为，庄子用"德充符"与形体残缺作为比喻，以否定"形"为前提来表达"德"与"道"的通达。张永义认为，庄子之"德"涉及了人性善恶问题，庄子主张忘"形"始能全"德"是对儒家修身说的批评。许春华认为，"游心乎德之和"指内心陶醉于淳朴和谐的自然状态和臻于至德终极之境，"和而不唱"更注重对内在淳朴自然德性的絪缊坚守。孙明君认为，"用心若镜"和"与物为春"构成了庄子哲学中的全德境界，全德境界是展现德性的最高境界。朱金晶讨论了《庄子·德充符》中道、人、物的关系，认为王骀寓言呈现的是"由道、及人、及物"的进路，而哀骀它寓言则呈现了"由人、及物、及道"的进路。杨勇分析了庄子哲学中的道天关系，认为庄子对"道"有弱化的倾向，而对"天"则多有正面的建构。黄燕强认为，庄子的"心斋"含摄了方外与方内之法，在消解主体性的同时，又隐含挺立主体之意。罗祥相认为，庄子"无己"思想所无的"己"是为物欲所累的"己"，而作为物之使用主导者以及独立自主之人格与素朴本真之性情的"己"，则是庄子所欲保留者。郑随心认为，庄子之"德"具有"成己"与"及物"的双向维度，也内在地具有突破个体，向他者开放的冲动。廖浩认为，"德之至"是"至人"的核心本质，表示"至人"的德性修养臻于极致。武娜、郭武认为，"支离其德"是庄子对伪"德"的解构，而"全德"则是其对真"德"的建构。李延仓认为，庄子消解了人的"担当"精神，反对人"担当"天下，也认为天下无须"担当"。钟浩以"婴儿"与"至人"的比喻为中心，考察了庄子对老子自然人性论的改造。

四 黄老道家的"德"观念与黄老学研究

黄老学是道家哲学在战国不同于庄子哲学的另一发展形态，在历史上曾产生过非常重要的影响。囿于文献不足，学界对黄老学的研究曾一度陷入低迷。近年来，随着《黄帝四经》《太一生水》《凡物流形》《恒先》等一批黄老学性质文献的出土，学界又重新燃起了对黄老学的研究热情。而"德"论作为黄老学的重要内容，深刻地反映了黄老学派对"德"这一主题的哲思。张丰乾认为，竹简《文子》在坚持"道"的主宰地位的同时，用"德"来统率"仁、义、礼"。裴健智认为，《文子》所论的"德"包括"形上之德""心性之德""政治之德"三方面。罗启权从道、万物、人性以及政治治理四个层面考察了今本《文子》的"自然"观念。李翠琴认为，"'道德'之为治术"是黄老道家的标识，"道德"生成论是其形而上学底色，"因循"与"虚无"是其方法论。荆雨认为，《管子》之"理"具有反私、抑情、立公的倾向，表现了其对规则、秩序、法度的重视。徐莹考察了《黄帝四经》的刑德关系，认为帛书"先德后刑"的刑德观不仅是一种刑德并重的思想学说，而且也是一条先秦时期礼法结合的新路线。姚裕瑞认为，《黄帝四经》重视"异"的价值，强调个体的自由、分工与多样性正义。李秋红认为，《吕氏春秋》以"全生"为核心的圣德论是对道家"上德"论的新发展。

五　汉晋道家与道教的"德"观念

道家在汉魏晋三代发展出了不同于前的哲学形态。汉武帝崇儒更化，经学大盛，读书人热衷于注解经书，钻研章句。这股注经之风也吹到了道家哲学的领域，老学史上除《解老》《喻老》外的早期《老子》注本多成于汉代。玄学是道家哲学在魏晋之际发展出的新的哲学形态，魏晋名士除了承两汉经学传统开展注经活动以外，每多依托老、庄哲学谈玄论道、深究名理，开辟了道家哲学的新境界。道教则是依托道家哲学而成立的中国本土宗教，《老》《庄》俱为其教经典，对道家哲理亦多有宗教性的阐发。因此，汉晋道家和道教的"德"论是我们把握道家"德"观念的历史演变不可回避的环节。郡谧侠（Misha Tadd）认为，《河上公章句》在道德问题上存在着表面上的文本矛盾，但实际上《河上公章句》揭示了"道"的道德理性，为执道者提供了指引。樊波成认为，严遵在《老》《庄》原始性浑沌的基础上，强调浑沌的复杂性与不确定性，既"治其内"又"治其外"，其思想在汉唐时期影响深远。萧平考察了魏晋以前道家精气神观念的历史演变，并对学界相关研究作了述评。刘飀娇认为，王弼的民情论既顺应民"情之正"，又去除民"情之邪"，对于传统的儒道两家民本主义思想是一个巨大的理论推进。吕锡琛认为，道教《太平经》重视道德教化，倡导积德行善，继承和发展了老子"德"论。章伟文认为，王重阳的内丹心性学强调每一个个体都秉承普遍的道性，倡导通过"真功"修炼，回复其未经异化的清静本性，通过"真行"修炼，重建理想人生与理想社会。孙亦平认为，杜光庭的生死观受到了老子的影响，生命被视为精神和肉体的双重存在，而人生超越问题也就由此既包括对肉体有限的超越，也包括对精神束缚的超越。

六　道家"德"观念及其相关学说的诠释史

不管是老庄道家还是黄老道家，不仅在历史演进中形成了各自的哲学体系和理论形态，而且发展了各自的诠释传统。考察道家"德"观念及其相关学说的诠释史，不仅有助于展现道家"德"观念的丰富内涵，也可以为今天的学界理解道家"德"观念提供历史资源。王威威认为，《韩非子·解老》是从"德"观念开始诠释《老子》的，且澄清了"德"与"无为""虚""静""道""理"等概念的关系。任蜜林关注到了《老子》王弼注本与汉简本在义理与文字表达方面的相同之处，认为《汉简》本的发现，不仅对于我们认识《老子》的文本变迁有着重要意义，而且也有助于我们深入了解王弼注《老子》所依据的底本。白延辉以王充和严遵为例，考察了汉代道家对"道""气""性""命"观念的阐释。袁青考察了汉魏道家对《老子》第38章"上德""下德"的解释，认为王弼的解释更为圆融，与《老子》原文更贴合。曲经纬认为，庄子美学研究应关注郭象《庄子注》对《庄子》美学思想的继承和突破，为郭象在庄子美学发展进程中找寻其对应的思想位置。李智福认为，章太炎基于庄子齐物哲学所形成的自发秩序理论与哈耶克的自发主义理论不谋而合，可以从中看到道家哲学对于接应和显发西方古典自由主义传统所具有的重要意义。王晓洁认为，章太炎在《齐物论释》中不仅运用佛教唯识宗的理论资源分析了庄子的"吾""我"，而且解决了如何"丧我"的问题，对"吾丧我"进行了佛学化的解读。

七　"德"观念与儒道思想会通

在相当长的历史时期里，人们都更愿意将"德"观念放置在儒学语境中进行讨论，而鲜少关注道家"德"论。在这样的学术史背景下，开展儒道两家"德"观念的比较研究就很有必要：一来可以在比较中澄清儒道两家在"德"观念上的不同哲思，进一步明确道家"德"论的思想特色；二来也可以在对照研究中发现儒道两家"德"论的某些共识，以实现二者在现代学术语境中的会通。李大华认为，儒道墨三家的道德学说及各自的社会行为构成了中国德性学说的互补格局，三家所思考的道德问题也是跨越了时代的。邓联合讨论了《老子》与《诗经》的关联，认为《老子》在成书之初就受到了《诗经》的影响。谭明冉认为，《孟子》与《庄子》有共同的术语和话题，二者在心、性、气、神、智、故等方面的思考和论说有共通性。刘欢认为，孟子的性善论和由此成就的"圣"之理想具有平等和超越之双重面向。许亮、刘炳良认为，《易传》中的"德行"不仅是指人的德行，还指"易"、卦、乾坤、天地等事物的属性、性质、功用和作用。李志鹏认为，马王堆帛书《要》篇"后其祝卜，观其德义"的哲学意涵是：君子在祝卜之后超越祝卜，道德理性在对《易》的诠释活动中占据主导地位。

本次会议作为讨论道家"德"观念的专门会议，具有重要而深远的学术意义。在为期两天的研讨中，与会学者以"德"观念为中心，对道家的形而上学、道德哲学、政治哲学、关系学说、心性理论等问题展开了深入的交流和论辩，相关研究紧跟学术前沿，充分反映了当前学界对道家"德"观念及其相关问题的研究动态。同时，广泛而深入的研讨也极大地深化了学界对道家"德"观念的理解，为今后对道家"德"观念的研究开辟了更为广阔的诠释空间，相信在本次会议的推动下，未来将会有更多的深入阐发道家"德"观念的学术成果问世。

编 后 记

中国哲学史上存在一些贯通古今的巨链型观念，"德"是其中重要的一个。在此观念的历史长流中，道家起到了非常重要的塑造作用，对后世发生了深远影响。《老子》又名《道德经》，《史记·太史公自序》将道家称为"道德家"，都提示着"道"与"德"是道家哲学中相辅相成的两个基本观念。但相比于赫赫有名的"道"，"德"受到的关注远远不及。谈起道家，人们首先想到的是"道"；论至"德"的观念，大家想到的往往是儒家。这种思维习惯一直制约着我们对道家之"德"的认识。

有鉴于此，老子学研究会和西安外事学院在 2022 年 12 月 17 日至 18 日，共同举办了以"道家'德'论的思想内涵、历史演变和当代价值"为主题的学术研讨会。来自国内外的数十位专家学者齐聚一堂，围绕道家哲学中"德"的意义、角色及其关联的种种复杂问题展开了深入研讨，以前所未有的广度和力度，打开了道家"德"观念研究的新局面。

为反映此次会议所取得的丰富成果，本刊将分作两辑对参会论文进行发表。有些论文虽不是直接探讨道家"德"观念，但也与之相关，我们将其收入，以不同的专题予以呈现。会议结束后，适逢新冠流行的岁月，学者们不辞劳苦，对论文进行修改加工。中国社会科学出版社的郝玉明编辑为本辑的出版付出了辛勤的劳动。在此一并致以诚挚的感谢！

本辑组稿人 叶树勋
2023 年 1 月 19 日

投稿须知

　　《老子学集刊》是由老子学研究会、鹿邑老子学院（研究院）、郑州大学老子学院共同主办的学术辑刊，每年出版二辑，每辑25万字左右。为了便于编辑，来稿请注意以下事项：

　　一、来稿篇幅一般以8000字至15000字为宜。

　　二、来稿引文和注释格式，采用页下注，引文务请仔细核对原文，引用著作依次注出作者、论著名称、出版社和出版年、页码。引用论文依次注出作者、论文题目、刊名、出版年和期号。

　　三、来稿请发来电子稿。

　　四、来稿请在文后注明作者详细地址、邮政编码、联系电话和电子信箱地址，以便及时联系。

　　五、来稿一经发表，即按统一的稿酬标准寄上稿酬。

　　六、本刊编辑将对采用的来稿进行必要的技术处理，一般不删改内容，如果需要将与作者联系。

　　《老子学集刊》竭诚欢迎国内和海外道学研究者来稿。

　　编辑部地址：（300350）天津市津南区海河教育园区同砚路38号南开大学哲学院《老子学集刊》编辑部

　　联系人：叶树勋

　　邮箱：shuxunye@163.com